国众联集团 20 周年系列丛书

足迹与梦想
评估行业回顾与展望

黄西勤　著

中国建筑工业出版社

图书在版编目（CIP）数据

足迹与梦想：评估行业回顾与展望/黄西勤著．—北京：中国建筑工业出版社，2019.10
ISBN 978-7-112-24106-4

Ⅰ.①足… Ⅱ.①黄… Ⅲ.①资产评估行业-经济发展-研究-中国 Ⅳ.①F123.7

中国版本图书馆 CIP 数据核字（2019）第 179173 号

责任编辑：周方圆　封毅
责任校对：张惠雯

足迹与梦想
评估行业回顾与展望
黄西勤　著

＊

中国建筑工业出版社出版、发行（北京海淀三里河路9号）
各地新华书店、建筑书店经销
北京光大印艺文化发展有限公司制版
北京圣夫亚美印刷有限公司印刷

＊

开本：787×1092毫米　1/16　印张：25　字数：501千字
2019年10月第一版　　2019年10月第一次印刷
定价：58.00元
ISBN 978-7-112-24106-4
　　（34612）

谨以此书献给新中国成立 70 年为评估行业砥砺奋进的行业
领导和业内同仁！

谨向本书出版给予鼎力支持与帮助的深圳市资产评估协会
表示由衷的感谢！

编 委 会

主　　任：黄西勤

副 主 任：余锦雄　　江建华

编　　委：毛小源　　孙丹桂　　陈　军

委　　员：黄荣真　　黄维芬　　陈金洋　　司徒荣轼　　丘　文　　黄丽娟
　　　　　邢贵祥　　邱海波　　段振强　　谢　琦　　　王梁忠　　段嘉来
　　　　　李何勇　　聂平安　　高泽新　　白　瑛　　　张永林　　吴　雄

参编单位：
　　　　　国众联资产评估土地房地产估价有限公司及北京、湖南、
　　　　　东莞、惠州分公司
　　　　　国众联（香港）测量师行有限公司
　　　　　广东国众联行资产评估土地房地产估价规划咨询有限公司
　　　　　国众联建设工程管理顾问有限公司
　　　　　深圳市国众联保险公估股份有限公司
　　　　　深圳市国众联勘测设计有限公司
　　　　　上海市国众联土地房地产咨询估价有限公司
　　　　　北京市国众联土地房地产评估咨询有限公司

　　1988年修改宪法之后，土地使用权可以依法转让，由此带来中国内地房地产市场重新出现，至今历史不过31年，服务房地产市场的评估行业历史更短。

　　40年的改革开放为国家带来举世瞩目的成就，然而我们在不断努力深化改革、扩大开放、不断前进的过程中，历史轨迹留下了不少空白。

　　我们要坚持"将改革进行到底"，就要对改革的历史有充分的认识，也要对现状有客观的评价。今天，中国内地的房地产市场规模已经十分庞大，但相关的产权问题、法规、政策以及市场行为并不成熟，市场操守更是差强人意。

　　房地产评估并不需要高深的学问，评估服务的使用者以至全社会对评估行业的要求，除了专业技术以外，更重要的是专业操守。

　　要将土地使用制度改革进行到底，就要继续向先进国家和地区学习。在房地产评估问题上，要集中力量学习的，不是技术，是操守，换句话说，是要学做人，不仅学做事。

　　境外的经验说明，股市崩盘、企业倒闭和银行出现大量房地产坏账的主要原因，往往是不规范的房地产评估。因此，中国内地房地产评估行业日后的发展，不仅是对量的需要，更是在操守上问题上对质的需要。

　　《足迹与梦想　评估行业回顾与展望》一书，填补了40年改革开放历史轨迹的一方空白。我感谢编作者们的付出，并希望此书对土地使用制度的后续改革和评估行业的高质量发展做出贡献，引起大家的关心。

梁振英

曾任第十届、十一届全国政协委员、香港特别行政区第四任行政长官，现任全国政协副主席

序二
Preface

评估行业的核心工作内容，可以说是对各种有用且稀缺的物和权利的经济价值进行专业计量或测量，是现代专业服务业的重要组成部分。评估行业虽然规模相对不大，但在经济社会中发挥的作用却不小，犹如经济社会这个大机器中的一颗重要的螺丝钉，有助于大机器顺畅运转。

我国的评估行业是个古老而又年轻的行业，例如土地和房屋估价已有数千年历史。1978年开启的改革开放，又使我国的评估行业焕发了青春，得到快速发展。1994年颁布的《城市房地产管理法》规定"国家实行房地产价格评估制度""国家实行房地产价格评估人员资格认证制度"；2016年颁布了专门的《资产评估法》，对评估的基本原则、专业人员、机构、程序、行业协会、监督管理、法律责任等作了全面规定，使各个评估专业领域有了较完整、具体的法律依据，提高了评估行业的法律地位。

回顾评估行业的发展历程，特别是改革开放以来取得的成绩，总结有关经验，进而展望未来，以便更好地发展，是很有必要的。同时，由于早期历史资料缺失或不成体系，这项工作也十分艰巨。然而，黄西勤董事长有这份行业责任，她率领国众联团队，勇于做这件难事，是值得钦佩和肯定的。

本书的作者们付出了大量辛勤劳动，收集整理了大量历史资料，较全面地反映了他们经历和了解到的评估行业的发展历程。本书涉猎范围广泛，不仅包括房地产估价和土地估价专业领域，还包括财政部门管理的资产评估专业领域，以及矿业权评估、保险公估、二手车鉴定评估、珠宝评估；不仅包括中国内地的评估行业，还包括中国港澳台地区的评估行业，甚至包括世界评估行业；不仅对评估行业过去的发展历程做了追根溯源和比较全面的描述，还对评估行业未来的发展做了较为前瞻性的思考和探索。这些内容，既有历史价值，也有很大的现实意义，特别是可供评估行业后继者在了解相关历史时参考。

　　评估行业持续健康发展，需要一代又一代的评估人秉持改革开放精神，既要脚踏实地，又要怀揣梦想，与时俱进地奋勇向前。愿评估行业在新的历史起点上更加发展壮大！

中国房地产估价师与房地产经纪人学会副会长兼秘书长　　柴　强

自序
Preface

岁月不居，时节如流。从 1992 年进入评估行业、1996 年考取资产评估师、1997 年考取房地产估价师、1998 年考取土地估价师至今，转眼间已与行业同行27 年。二十多年春秋，风华正茂，二十余载耕耘，硕果累累。发展至今，行业专业化、规范化、法治化、精细化水平越来越高，在国家经济社会发展中发挥着至关重要的作用。

改革开放 40 年，也是评估行业适时而生、发展壮大的 40 年。40 年来，社会主义现代化建设取得翻天覆地伟大成就，评估行业乘着改革开放的春风不断发展壮大，跟着党的十九大指引向高质量发展转变，逐步走出了一条适合中国市场经济的评估服务专业之路，形成了涵盖资产评估、房地产估价、土地估价、矿业权评估、保险公估和二手车鉴定评估等众多专业领域的评估服务体系，服务于社会主义经济生活的方方面面，在维护国有资产权益、促进交易公平、保障金融安全、维护司法公正、保障社会稳定等方面发挥着非常重要的作用。感谢改革开放的伟大时代，为评估行业彰显专业价值提供空间；感谢砥砺奋斗的评估行业，为我们评估人搭建实现梦想的舞台。

胸怀行业，热爱评估，所以总想为评估行业发展贡献绵薄力量。知所从来，思所将往。展望未来的同时，也要回溯历史。以改革开放 40 周年为新的起点，回顾行业从哪里来，展望行业到哪里去，让更多的人认识评估行业，是我与团队撰写本书的初衷。让我们在梳理回顾评估行业发展历程中，一起感受这一生机勃勃的专业服务业的历史厚重。

不忘初心，方得始终。有幸在党和国家的培养下，在行业协会的关心支持下，与行业共同成长，我逐渐从一名小小的评估师到企业管理者，再到省政协委员、常委，再成长为可以在全国政协的大舞台为行业健康发展呼声的委员，实现了人生价值。同时，作为深圳市不动产估价协会会长，深知使命在肩、责任重大，所以一直以来，在推动评估行业创新和转型升级发展上，我始终尽心竭力，不敢有丝毫懈怠；在推动粤港澳评估行业规则对接、人才培养、打造"湾区标准"等方面更是不遗余力，期许在未来评估行业能更好地服务好社会经济发展，服务好粤港澳大湾区，能伴随着"一带一路"倡议，走出国门，进而服务世界。天道酬勤，心系行业、常怀感恩，积极践行行业本职是我一直以来的坚持，专业报国、引领行业发展是评估人一直以来的追求，希望《足迹与梦想 评估行业回顾与展望》一书能达成我们的初衷、发挥其价值。

从2017年开始执笔撰写至今，两年时间，我们几易其稿，广泛征求业内专家学者意见，以不断完善、精益求精，在此特别感谢参与本书撰写和提供帮助的各位国众联同仁，以及为本书修改完善提出宝贵意见的各位专家。我深知时间仓促、水平所限，还有很多不足与缺憾，恳请各位批评指正。

九万里风鹏正举，继往开来再出发。愿同诸位追梦人一起为新时代评估行业实现更好、更高水平发展竭尽全力。

国众联集团董事长　黄西勤

前言 / Foreword

法国伦理学家拉罗什·福科说过：上帝赋予人类最伟大的天赋莫过于估算万物价值的能力。评估是科学与艺术的有机结合，把客观事物价格揭示、表达出来的过程。为此，可以说评估不仅是一门科学，也是一门艺术。

评估行业与律师、注册会计师行业并称三大专业服务业，在经济社会发展中都扮演着不可或缺的角色。19世纪晚期，英美等国已开始评估理论和实践的探索；20世纪80年代末，美国在经历了由不动产泡沫引发的经济危机后，美国国会于1989年通过了《不动产改革评估法》《金融改革、复原和强制执行法案》，规范涉及国家财产、社会公共利益等重大不动产领域的评估行为；德国1991年2月颁布了专门规范评估行业的《德国评估法》；俄罗斯1998年出台了《俄罗斯联邦评估法》，确立了政府管理与自律组织管理相结合的管理体制；2016年中国颁布了《中华人民共和国资产评估法》，进一步增强了评估市场监管，促使评估体系进一步完善。随着社会的进步与发展，健全的法律制度减少了市场经济带来的不稳定性，增进经济发展的稳定健康，也促进评估行业的发展。

20世纪70年代以来，随着经济全球化的发展，1981年国际资产评估准则委员会成立，世邦魏理仕、仲量联行、道衡美评等逐步发展为全球知名评估机构。截至2018年底，全国资产评估机构4270多家，执业资产评估师36235人。其中代表机构有中联、中企华、国众联等，在中国资产评估行业发展的进程中涌现了许多的行业优秀代表，例如梁振英从测量师逐渐过渡成香港特别行政区第四任行政长官、全国政协副主席，此外，还有刘公勤、谢伟铨、樊芸、黄西勤、范树奎等杰出行业代表，这些杰出的评估专家始终立足于本职工作，严格遵循"诚实守信、勤勉尽责、谨慎从业"从业要求，坚持"独立、客观、公正"的评估原则，从细微处严格树立自身的职业形象，竭心尽力发挥着专业优势，全身心致力于提高行业公信力和推动中国资产评估行业的有序发展，让中国标准和中国服务走出国门而不懈努力，在一定程度上对推动社会经济健康稳定发展起了很积极的作用。

资产评估行业在国外已有上百年的发展历史，在一些西方发达国家和我国香港地区，专业服务业对社会经济贡献度很高，评估行业被认为是崇高的社会行业，评估师受到社会普遍尊重与认可。我国的评估行业诞生于20世纪80年代末期，起步较晚，对社会大众而言，普遍不了解评估行业，深入的认知更无从谈起。回顾评估行业发展历史，重温评估行业那段峥嵘岁月，展望评估行业美好未来，让社会大众全面认识评估行业，了解评估行业的前世今生，熟悉评估行业的构成，感知评估行业在社会经济中的地位与作用，我们撰写了《足迹与梦想　评估行业回顾与展望》一书。

历经几十年的起伏发展，中国的评估行业经历了从无到有、从小到大、从弱到强、不断发展壮大的过程。如今中国评估已经进入了新的历史发展阶段，尤其是《中华人民共和国资产评估法》颁布实施后，评估行业管理体制不断健全，行业监管力度进一步加大，评估准则体系进一步完善，评估服务领域不断扩展，行业公信力进一步增强，行业法律地位不断提高，行业做优做大做强的政策条件和外部环境进一步改善。今天，随着中国改革开放的全面扩大，供给侧结构性改革全面深化，粤港澳大湾区建设及"一带一路"倡议的发展，未来将会有更多的志同道合的朋友加入评估行业中来，中国评估也并将随着"一带一路"倡议走出国门，融入世界发展的大潮流中去。正如作家史铁生的一句话，"生命就是这样一个过程，一个不断超越自身局限的过程，这就是命运，任何人都是一样。在这过程中我们遭遇痛苦、超越局限、从而感受幸福。所以一切人都是平等的，我们毫不特殊"，在这里借助这句话，旨在希望广大读者及评估人士能学习本书并以此为鉴，使得越来越多的人能关注到评估行业的发展，促使评估人士不断超越自身局限与环境局限，发挥好自身作用，持续探索行业发展，尽心尽力地做好评估事业，不断增强自信心，打造更多的国际知名大型评估咨询机构，从而在实处上增强中国发展的软实力，从深层次上助力我国实现经济高质量发展，让"中国标准"随"一带一路"倡议走出国门，进而更好地服务于全世界。

本书的出版是为了服务于广大评估行业的从业人员。在编制过程中，得到协会领导、行业专家和企业员工的大力支持，在此表示诚挚感谢！由于编制时间紧张，编写水平有限，本书部分资料与图片来源于网络，如遇版权疑问，请联系本书作者。欢迎大家提出宝贵意见和建议。

目录
Contents

第三篇　中国房地产估价

第四篇　中国资产评估

第五篇　中国港澳台地区评估

第六篇　中国其他评估

第七篇　中国评估行业未来发展机遇

绪 论

　　评估作为一种服务领域广泛的市场活动，是市场经济发展到一定阶段的产物，在一定程度上解决了市场规律失调造成的问题，体现了人类的高度创造力。评估的应用使正常市场秩序得到维护、市场交易得以有效开展、社会公众利益和国家经济安全得到保护。

　　世界评估理论起源于 17 世纪西方古典经济学的价值理论，此后经过长期的理论发展与演变。现代意义的评估理论在 19 世纪中叶的西方正式兴起，新古典主义经济学代表人物马歇尔是掀起这一理论建设序章的标志性人物。马歇尔在 1890 年出版的经典著作《经济学原理》中，从均衡价值论出发，提出和发展了许多现代评估理论中广为应用的基本概念，包括根据收益折现确定价值、探讨建筑物及土地折旧对供求价值的影响等。此后，世界各国的经济学家对资产评估的原理和方法从不同视角进行了深入的探讨和研究。这些评估理论的创设、发展与完善，为现代评估行业的兴起与发展奠定了坚实的基础。

　　纵观世界，得益于众多经济学家在评估理论领域的积极探索创造和发达的资本主义市场经济制度，美国、英国、日本、澳大利亚等发达国家评估行业发展水平处于世界领先地位，其评估理论、评估制度、评估技术和评估组织与机构等都在国际上拥有巨大的影响力，为其他国家评估理论和评估制度的发展完善提供了重要的借鉴。

　　细看中国，评估是个既古老又新兴的职业。远至古代，已有土地、田宅评估思想萌芽和相关活动开展，从事评估的人员也有"评议人""庄宅牙人"等职业称谓。时至现代，我国评估行业伴随改革开放的时代潮流获得新生，迄今近 40 年来的辛勤耕耘、创新发展，在认真引进和学习英国、美国等西方国家先进评估经验的基础上，取得了一系列成就，走出了一条适合中国特色社会主义市场经济的评估专业服务之路。

　　一是确立了评估行业的法律地位。1989 年《关于对地方国有资产管理工作的意见》、1990 年《城镇国有土地使用权出让和转让暂行条例》、1994 年《城市房地产管理法》等规定的国有资产产权转让交易价格、土地使用权出让价格和房地产交易价格评估制度，使评估成为国家法定制度。特别是 2016 年《中华人民共和国资产评估法》

颁布实施，使评估行业法律地位极大提升，与律师、会计行业并称三大专业服务业，标志着评估行业发展步入新纪元。

二是建立了专业领域较为全面的评估服务体系。中国评估并非只专注于某些领域，而是在国民经济发展的各个领域都发挥着专业价值，其服务体系涵盖资产评估、房地产估价、土地估价、矿业权评估、保险公估和二手车鉴定评估等众多专业领域。

三是建立了较为完善的评估法律制度体系。以资产评估法为统领，各专业领域行政法规、部门规章和行业守则等相辅相成，使评估行业始终保持着规范化发展，行业治理水平不断提升。

四是创立了一套符合并服务于中国经济社会发展的评估理论体系。立足国情，学习借鉴国际先进理念，在不断摸索和研究中，中国评估行业创立了与社会主义市场经济相适应的评估理论体系，其中囊括了市场、预测、风险、产权和评估技术等专业理论知识。随着经济全球化不断发展和改革开放的全面深化，中国评估行业的理论体系将在实践中得到进一步的发展与完善。

五是构建了较为完善的评估行业监督管理体系。对评估机构实行资质（资信）等级动态管理，建立评估机构和评估师（估价师）信用档案，建立了行政主管部门、行业协会与评估机构层次分明的行政管理和自律管理相结合的监督管理制度。

六是形成了执业资格考试、继续教育培训与实务操作相结合的人才选拔和培养体系。目前已形成了资产评估师、房地产估价师、土地估价师、矿业权评估师、保险公估人、珠宝评估师等执业资格考试制度，截至 2018 年底，中国评估行业已培养和选拔了超过 13 万名各专业领域的评估师（估价师）。

七是建立了一支职业道德水平高、专业服务能力强、独立客观公正执业的评估队伍。截至 2018 年底，中国评估行业已有逾 1.4 万家评估机构，年业务收入超过 500 亿元，为促进社会主义市场经济健康发展发挥了重要作用。

八是开拓了广泛的评估服务领域。估价无处不在，评估行业从主要为国有资产产权交易、房地产交易和土地使用权转让交易等提供价格参考依据，发展到为企业上市、并购重组、IPO、海外投资并购、知识产权保护、房地产抵押拍卖、司法鉴定、房地产税收、PPP、财政预算绩效管理、尽职调查、生态环境保护和城市更新改造等各种经济活动提供专业服务，服务领域基本涵盖社会经济生活的方方面面。

中国评估行业用近 40 年来的创新实践、不懈努力和积极作为，成长为推动中国特色社会主义市场经济持续健康发展不可替代的专业力量，赢得了社会的尊重、政府的认可、市场的信赖。作为规范市场交易行为的价值尺度，评估在维护各类资产权益、促进市场资源优化配置与规范市场交易秩序、防范金融风险、推动城市更新升级、维护公共利益和全面开放格局下的国家利益等方面发挥着积极作用。

一是维护各类资产的权益。评估的主要目标是为资产交易以及产权变动提供服务，评估专业人士通过利用相应的评估方法和技术手段，对各类资产在进行资产交易和产权变动时的价值进行科学判断，从而在公平、公正、客观的基础上，使交易价值最大化，维护交易各方以及其他利害关系人的资产权益。

二是促进市场资源优化配置和经济秩序规范化。一方面，评估专业人员通过对资产的时点价值进行合理评估，为市场交易各方提供合理的价值参考，以引导市场资源向价值最大化方向流动，从而提升市场资源配置效率。另一方面，在市场主体开展的资产、房产和土地等交易和产权交易过程中，评估价值尺度的职能正好可以帮助其实现交易的公平和利益最大化，既抑制了交易主体的非理性行为，也为政府强力监管提供了"数据库"，由此使市场经济秩序得以维护和完善。

三是规范资本市场运作，防范金融风险。一方面，评估已成为上市公司重大资产重组定价的核心环节。2017年全年，上市公司重大资产重组的评估项目272项，评估机构的评估报告成为上市公司资产重组并购的重要依据。据统计，2017年我国主板市场上市公司中完成IPO的96.30%使用了评估服务，评估后资产增值率62.0%。经过评定估价，使市场主体资产市值得到提升，也为市场投资主体进行科学理性投资提供了价值参考，有利于防范金融风险。另一方面，通过对知识产权、国有建设用地使用权等无形资产进行评估，可以有效解决知识产权抵押融资、国有建设用地使用权投资入股等难题，促进无形资产与金融市场的对接，拓宽融资渠道，提高融资效率。此外，在应用广泛的房地产抵押价格评估领域，银行以评估机构出具的房地产评估报告评定的房产价值为参考，向贷款申请人发放贷款，从而有利于降低银行自身的金融风险。最后，评估机构开展的"以财务报告为目的的资产评估"，通过运用合理的评估方法，挤干上市公司账面价值的水分，提高了会计信息的质量，为上市公司投资决策、新股发行、股权分置改革和广大市场投资者理性投资提供了良好的价值参考。

四是推动城市更新升级。近年来，评估机构已广泛参与城市更新改造的服务中，除了提供传统的房地产价值评估、地上附着物价值评估等服务，还开展了有关城市更新、土地整备、利益统筹、棚户区改造等业务涉及的开发及合作可行性研究分析、社会稳定风险评估、协助签约谈判、综合整治运营方案编制、集体资产合作开发或运营招商方案编制、政策研究顾问和个性化解决方案编制等全过程咨询服务，有力地推动了城市更新升级的进程，使城市存量土地资源不足的问题得到缓解，发展空间得到拓展，有利于产业转型升级，也使城市居民的生活品质得到提高。评估机构已经成为快速推动城市更新升级一股必不可少的专业力量。

五是维护公共利益和全面开放格局下的国家利益。评估可以维护公众利益。一方面，评估通过促进市场资源的优化配置，为政府实现增收节支、企业增加经济效益、全社会经济总量提高作出了重要贡献，从而提升了社会公众的整体福祉。如评估服务于资本市场，能够为投资者进行投资提供一定的参考意见，避免盲目投资造成损失；服务于 PPP 项目，有利于公共基础设施建设项目顺利开展，提高社会公共基础设施建设水平，促进人民生活水平进步。另一方面，评估通过规范市场经济秩序，保障了纳税人的合法权益。同时，通过开展林权评估、碳排放交易评估、生态环境评估等相关业务，有利于消除外部不经济、不可持续发展的因素，加快资源节约型和环境友好型社会建设。此外，评估通过进入司法纠纷和司法鉴证领域，在提高人民法院财产处置效率、节约司法资源和防治贪腐、实现司法公正方面发挥着越来越突出的作用。

评估可以维护全面开放格局下的国家利益。对外开放是我国的基本国策，当前，我国对外开放的领域不断扩大、层次和水平不断提高，全面对外开放的格局逐渐形成。在引进外国资本、技术和先进管理经验的过程中，评估机构可以为中外企业合资、合作提供专业服务，使双方交易在公开、公平、公正、客观的基础上顺利达成，避免中方资产被低估和外方资产被高估的事情发生，从而提高利用外资的水平，促进国内企业技术进步、管理水平提高和产业转型升级。在国内企业走出去，开展跨国投资并购的过程中，评估机构可以为其提供投资可行性研究分析、投资风险评估、投资管理等配套专业服务，提高投资效率，降低投资风险，从而有力支持我国企业在全球范围内开展资源的配置与整合，提高国际竞争力。

改革发展新形势，为评估行业带来了新的发展机遇。服务宏观经济的评估业务领域不断拓展，服务市场体系建设的评估需求日益增加，服务知识产权战略实施的评估业务日益增多，服务中国企业国际化发展的评估需求日益迫切，服务财税改革的评估领域向纵深拓展，服务企业管理、政府决策的信息咨询需求层出不穷。

我国评估行业发展历史较短，属于年轻朝阳行业。目前，我国正处于完善社会主义市场经济体制、全面建设小康社会、加快推进社会主义现代化建设的关键时期。新的起点、新的形势，为评估行业的发展提供更加宽广的舞台，也提出了新的更高的要求。随着区域经济规划及总体经济快速发展，评估行业涉足于经济社会各个方面，评估队伍也将越来越壮大，复合型国际人才和大型综合国际评估咨询机构也有望不断涌现。

在未来，参与"一带一路"建设的国家数量增加、参与活动范围扩大，我国的全球影响力将会持续增强。自"一带一路"倡议提出的这 5 年来，全球舆论对"一带一路"倡议的态度经历了"观望—质疑—支持—合作"的转变，对"一带一路"倡议的互动交流产生的积极反响。随着"一带一路"的深入推进，中国越来越多的企业将会搭乘这趟发展列车走出国门，世界各国政府、企业及民间交流必将加强，巨大的海外评估市场已悄然打开，"一带一路"建设是我国今后相当长一个时期内对外开放和合作的重要规划，对于全面提升我国全方位开放水平具有重大意义。所以，中国资产评估行业在未来发展上，将会在交通基础设施、融资平台建设、知识产权保护等方面迎来重大的行业机遇。

为全面回顾我国评估行业的发展历程，展望评估行业美好发展前景，使广大评估人和社会公众对评估行业有一个更加全面和深入的认识，本书从世界评估的理论源头着笔，讲述其发展和演变的过程，历数众多具有较大国际影响力的评估组织与机构，介绍一些西方发达国家的有关评估制度；同时，以中国评估行业为核心，从古到今，系统梳理了土地估价、房地产估价、资产评估、矿业权评估、保险公估、珠宝评估和二手车鉴定评估等专业领域的历史脉络；叙述了我国港澳台地区评估行业的发展沿革与现状，并多角度比较了内地评估行业与港台的差异，以期对内地评估行业借鉴学习港台先进经验有所裨益；最后，从"大评估"的视角，阐述了在新时代背景下，评估行业立足自身专业服务水平和管理水平提高、依托国家大政方针和发展战略实现更好更高质量发展的广阔机遇。

回首过往，中国评估行业历经艰难探索与奋斗，谱写了壮美的诗篇；展望未来，中国评估行业紧扣时代脉搏、紧抓发展机遇，必将大有可为。以市场为导向，以服务为依托，评估机构要探寻差异化经营策略，加强内功修炼，提升评估业务水平；坚持平台建设，提升评估效率；加强大数据建设，拓宽评估覆盖范围；坚持客户利益，秉承自身的专业和客观性；增强内部管理，加强风控措施。我们坚信，在党和国家政策指引下，在财政部、住房和城乡建设部、自然资源部等主管部门的领导下，在评估行业60多万人的共同努力下，在社会各界的关心支持下，中国评估行业必将取得更大的成就。

世界上第一个证券交易所成立于 17 世纪荷兰的阿姆斯特丹，现代商品经济制度的创造者，毫无疑问是荷兰人，他们把银行、证券交易所、信用以及有限责任公司有机地统一起来，成为一个相互贯通的金融和商业体系，并带来了爆炸式的财富增长。

阿姆斯特丹证券交易所（图 1-1）可以看作是资本主义初期商品市场与资本市场融合的开始，而资产评估是对资本及消费品价值的评估。最初的资产评估（包括后来出现的典当价值评估）是个体的、无组织约束的、凭个人经验的行业。直到 200 多年前，英国人率先成立了专业评估机构，出现了专职评估人员，评估行业进入科学发展阶段，逐步发展为全球经济最重要的行业之一。

图 1-1　阿姆斯特丹交易所

第一章

探寻世界评估的悠久起源

第一节　世界评估理论的由来

世界评估理论的起源可以追溯到 17 世纪初期，当时的西方正处于由封建主义向资本主义转变时期，随着贸易特别是海外贸易的发展，产生了重商主义思想。在重商主义思想的影响下，古典经济学认为：土地、资本、劳动和协作是创造价值的根本。

英国古典政治经济学之父威廉·配第（William Petty）适时地提出级差地租的概念，对地租理论作出了启发性的贡献。他认为地租是农用地的一种剩余价值或者净报酬，即农作物交易价扣除农作费用后的剩余部分（地租＝市场价格－生产成本）。然而，配第的地租理论存在缺陷，这种表达方式没有区分地租和利润，也没有区分价值和使用价值，并且该理论认为地租是土地的附属价值，而不是工人劳动的产物。英国古典经济学家理查德·坎蒂隆（Richard Cantillon）补充到，地租不仅要扣除农作费用，还应扣除租地农场主的利润，即地租是剩余部分扣除利润的余额（地租＝市场价格－生产成本－利润）。坎蒂隆的观点对配第地租理论的发展具有深远的历史意义。

另一位英国古典经济学代表人物亚当·斯密（Adam Smith），1776 年在其《国富论》一书中，大篇幅探讨了地租量的问题，为房地产估价理论的发展奠定了稳固的基础。他认为商品效用可以有效反映出价值的存在，而短缺会影响商品的价值，土地、劳动力和资本等基本生产要素的成本决定了商品的基本价值或自然价值。亚当·斯密的成本价值论成为现代成本估价法的理论基础之一（图 1-2）。

到了 18 世纪，英国古典政治经济学的杰出代表大卫·李嘉图（David Ricardo）

（图 1-3），以土地边际收益的报酬递减概念为基础，通过劳动价值理论确定地租价值，为级差地租理论的发展作出了卓越奉献。土地边际收益价值理论继而派生出的土地剩余价值估价技术和最大化收益原则的理论基础，使得收益资本化法成为现在广泛使用的房地产估价方法。

1803 年，法国古典经济学派的代表人物让·马蒂斯特·萨伊（Jeam Baptiste Say），在其《政治经济学概论》中认为只有在劳动、资本和土地共同发挥作用下，产品的价值才能得以体现。他提出的"生产三要素论"成为地租理论的基础。

19 世纪晚期，德国伟大的政治家、经济学家卡尔·马克思（Karl Heinrich Marx）（图 1-4），在经济学领域为古典价值理论带来了全新的视野。他在李嘉图级差地租理论的基础上批判、吸收和发展了古典地租理论，并根据劳动价值理论对地租理论进行了创新。他认为资本主义地租的本质是剩余价值的分配，将地租从性质上划分为绝对地租和级差地租。绝对地租是土地所有者凭借土地所有权垄断获得的地租，级差地租是土地所有者租用较优土地所获得的超额利润。根据条件不同，级差地租又可分为两种不同的形式。一种是当土地肥沃程度及地理位置存在差异时，等量投资在相同面积但不同地块上产生的超额利润总和；另一种是在同一地块上连续追加投资，使该土地具有更高的生

图 1-2　亚当·斯密《国富论》（1776）

图 1-3　大卫·李嘉图（David Ricardo，1772-1823）

图 1-4　卡尔·马克思（Karl Heinrich Marx，1818-1883）

产效率所生产的超额利润。马克思就此提出了计算地租量的公式：地租＝市场价格－个别生产价格，并进一步认为地价是地租的资本化，其表达式为地价＝地租÷利息率。

现代西方房地产价值理论的奠基人英国经济学家阿尔弗雷德·马歇尔（Alfred Marshall）是近代英国最著名的经济学家，也是剑桥大学经济学教授，他成功融合边际效用理论中的需求价格和古典学派的供应成本，创立了当代西方价值论的基础——新古典综合派理论。马歇尔综合使用供求分析和边际分析对地租进行探究，他认为供给与需求像一把剪刀的双刃，互相存在着紧密的联系，又相互制衡，谁也不能单独决定地租或价格，在市场机制的参与下，三个变量使价格与成本达到均衡，形成了市场经济的基础条件。马歇尔的这种理论成为现代西方房地产估价理论和现今房地产估价三种基本方法（市场法、成本法、收益法）的基石。

1909 年，德国经济学家阿尔弗德·韦伯（Alfred Weber）创立了工业区位论。他的贡献在于对运输、劳力及聚集因素三者之间的相互作用进行了分析和计算，得到了工业产品的生产成本最小值，这对现今房地产估价的成本法产生了巨大影响。1933 年，地理学家华尔特·克里斯塔勒则创立了中心地理论，深入探讨了人类经济活动与社会、自然等其他事物和要素间的相互内在联系与空间分布规律，体现在市场、服务、交通、行政等土地区位的划分上。可以说，掌握了城市空间分布规律及价值区间，能大大提高房地产估价结果的精确度和公允性。

20 世纪 20 年代，美国城市社会学家欧尼斯特·伯吉斯（E. W. Burgess）在研究芝加哥城市规划的基础上，提出"同心圆模式"，同心圆模式描绘城市土地利用空间结构形式为五个同心环状地带，核心地带为中心商务区，其余土地利用由此向外扩张，此模式影响了后来对城市土地利用分布的研究（图 1-5）。40 年后，威廉·阿朗

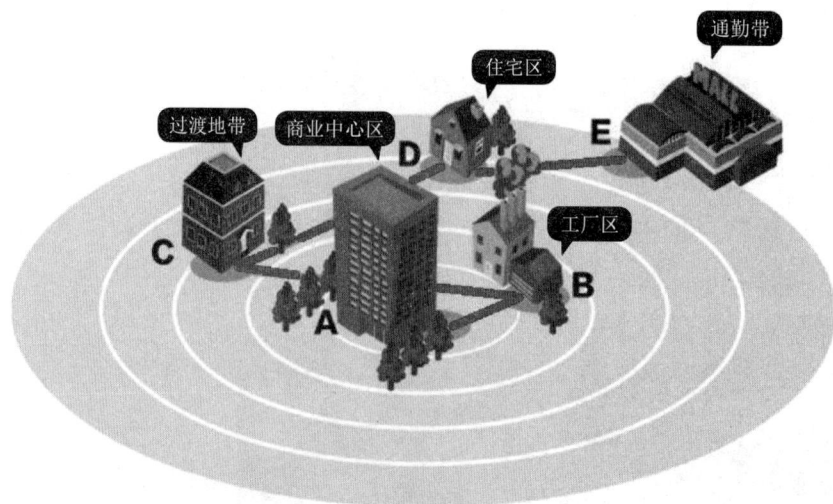

图 1-5　伯吉斯的城市同心圆模式

索（William Alonso）成功引入区际均衡和区位边际收益等空间经济学理论，提出竞标地租的观点，他根据"同心圆模式"制作了市场经济条件下的城镇土地租金梯度曲线，非常直观地表达出土地在不同用途及区位下的租金变化（图1-6）。

英国作为评估行业的发源地，将近200年以来主要以房地产估价作为主要的应用领域与理论研究方向，直到美国在借鉴多个国家的丰富的评估理论与经验的基础上，将资产评估的思想和实务在20世纪早期逐渐发展成

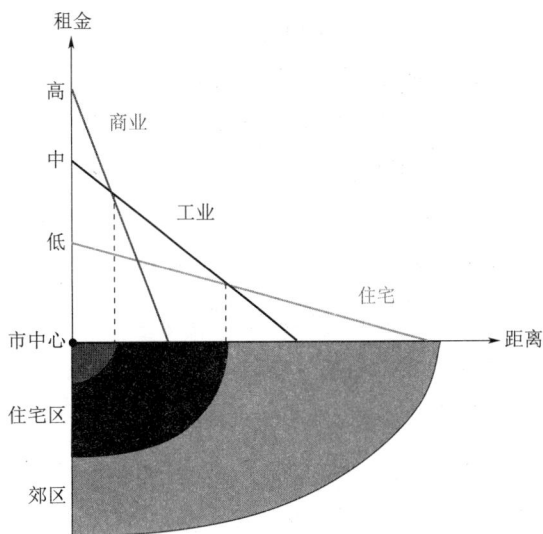

图1-6　城镇土地租金梯度曲线

了一门正式的学科，专业书籍、工作报告和杂志的出版使得评估专业教育和培训更为流行，并通过建立相关专业组织与机构，研制并制定了行业发展所必需的实务标准、价值评估理论和方法论，资产评估得到了更广泛的传播，为评估行业在未来多个领域的应用与发展创造了条件。可以说，英国是评估行业的创始者，而美国是评估行业的推动者，两国在理论研究、专业塑造与传播等方面，都为评估行业的发展起到了奠基式的作用。

20世纪70年代出现了被称为"经济学家式"的新的一批资产评估研究学者，他们受到了城市经济学和金融学的系统性教育与培训，能用更为合理的方式处理以往评估研究中存在争议的问题。传统资产评估理论与新的观念产生了碰撞，为资产评估行业的专业发展带来了革命性的突破。随着世界资本市场日益扩大，资产评估行业为各类资本价值衡量提供了一个平衡和参照点，更多传统的资本资源、定价水平及其动态，在资产评估系统化发展的背景下，更加密切地反映出更广阔的资本市场的情况。

第二节　专业评估方法的基石

作为现代评估行业发源地的英国，早在1884年便出版了有关评估方法的专著，详细论述了收益法的理论及使用方法。其后近百年间，该方法几乎没有什么大的变动，时至今日，收益法已成为房地产估价的三大基本方法之一，为以后各代房地产估价师所沿用。英国主要采用五种房地产估价方法：比较法（comparison method，comparative method）、投资法（investment method）、利润法（profits method）、承包

商法（contractors method）也叫作成本法、剩余法（residual method）即假设开发法。英国对房地产估价理论的研究，不仅一定程度上有助于缓和英国金融危机，更为萌芽阶段的评估行业提供了诸多经典的实操案例。

到了19世纪中叶，西方主要国家进入城市化快速发展时期，房地产业出现明显的增长趋势，发展潜力显露，房地产估价行业应运而生，逐渐成为重要的专业服务业，继而带动了世界评估行业理论研究的发展，评估方法的研究历程可以分为三个阶段：

第一阶段是以土地经济学派为主流的土地价值论发展时期。这一时期的代表著作有美国著名经济学家欧文·费希尔（Irving Fisher）（图1-7）1923年发表的《房地产原理》、巴比科克（Frederick M.Babcock）1924年发表的《房地产估价》、伊利和莫尔豪斯（Ely & Morehouse）1925年合著的《土地经济学原理》等。

第二阶段是以1927年摩茨科（Arthu.J.Mertzke）的《房地产估价过程》为核心理论发展的时期，这本著作在房地产估价界的成功发表具有划时代意义，他沿用了马歇尔的思想体系，将价值理论与估价理论进行了紧密的结合，指出在完全竞争的均衡条件下，正常价值、长期成本和资本效益价值之间可互

图1-7　欧文·费希尔（Irving Fisher，1867-1947）

为等值，这个理念已成为现代房地产估价中不同评估方法相互验证的理论基础。

第三阶段的代表人物是海德（Lee Hyder）、阿特金森（Harry Grant Kinson）和舒姆茨（George L Schmutz），他们分别创立和推广了市场比较法、收益法和成本法中的价值评估技术，特别是舒姆茨在《估价过程》（1941）一书中构造的估价模型被美国估价学会（AI）收录在1951年首次发表的《房地产估价》一书中，该书是西方房地产估价界最具权威的著作，至今再版超过20次。房地产估价理论和方法，仍在伴随着房地产业的发展处于不断更新与完善过程中。

美国所采用的三种房地产评估方法为成本法（cost approach）、市场比较法（market comparison approach，sales comparison approach）、收益法（income approach）。20世纪初至40年代是房地产估价作为学术领域的起步阶段，也称为"三方法"时期，美国发动来自各城市的房地产局或课税局的估价研究人员搜集丰富的实际资料，拟定各种估价法则。弗雷德里克·巴布科克（Frederick Babcock）是美国第一本房地产估价专业著作的作者，于1924年创作了《房地产估价》，他提出房地产估价人员应当根据房地产的类型选择合适的评估方法。同时，他还指出，不同的评估目的可能存在不

同的评估方法，而不同的评估方法将得到不同的评估值，如对同一宗地的购买、销售、收购、抵押、偿债、赔偿、开发和保险就属于完全不同的评估目的，这就可能导致不同的评估值。就此看来，房地产的估值就有了非唯一性，这个性质的发现对"三方法"的研究、发展及使用都产生了巨大的影响。此外，日本的房地产评估方法与美国的评估方法一样，主要为收益法、成本法、市场比较法。

德国的房地产评估方法主要有三种：比较法、收益法和成本法。德国房地产评估价格有两种类型，主要是市场流通价格和课税标准价格，市场流通价格反映了当前市场情况下的房地产价格，由资金或供求决定；课税标准价格则是房地产的通用价值，主要是为征收房地产购买税、地税、财产税、工商税和遗产税提供依据。

总的来说，世界多个国家和地区的房地产估价专业组织在房地产估价发展中扮演了至关重要的角色。英国、美国、德国早在上百年前就成立了各自的房地产估价协会，研究、制定、实行房地产估价制度，并形成了整套房地产估价理论和方法。由于各个国家和地区房地产发展情况不同，房地产估价方法的研究与应用也有所不同，总体上可以分为两大派别。以英国为代表的英联邦国家和地区，在进行房地产估价时注重市场信息、估价师的经验及个人艺术，在测算过程中较少使用数学模型，主要运用五种基本方法，即比较法、投资法、利润法、成本法和剩余法。而以美国为代表的北美、日本等国家和地区，更注重数学模型和计量分析，即从技术理论中推算房地产的价值，通过建立特定的数学模型来评估更为公平合理，对一宗房地产的估价经常同时采用三种方法，以便作出对比分析，主要运用到三种基本方法，即市场比较法、收益法、成本法。

我国房地产估价同时受英国和美国的影响，评估方法的选用上以美国的"三方法"为主，外加假设开发法（即英国的剩余法），实操过程中一般注重评估经验和艺术，至今仍然不断有评估专家学者探讨引入各种数学模型，如回归分析、层次分析法（AHP法）、灰色预测、模糊数学等，资产评估业务所涉及的评估方法和评估模型在房地产市场成熟的国家和地区仍在不断创新中。

第三节 评估组织与机构的来源

一、评估组织与机构的来源

房地产交易源于社会心理因素，房地产估价作为市场行为亦是诞生于此，当市场的规模发育到一定阶段，房地产价格的决定因素越来越复杂，房地产交易双方尝试自行定价的难度随之加大，于是拥有专业资质的房地产估价人员出现了，作为"中间人"，房地产估价人员运用科学评估方法，承担起房地产估价的工作，并最终确定一个合理的房地产估值，作为交易双方的定价依据。

随着房地产估价市场不断扩张，房地产交易数量也陡然增高，当估价人员难以独立完成全部的估价事务，专门的评估机构就出现了。资产评估机构（包括房地产估价机构）在西方发达国家大致分为三类：一是专门的房地产估价公司，专营房地产估价业务；二是综合性的资产评估公司，不仅评估房地产价格，也评估其他资产价格；三是部分会计师事务所、财务咨询公司等兼营房地产估价业务。不论哪种评估机构，从事资产评估及房地产估价业务的人员，必须是通过资格验证取得相关专业资格的从业人员，并严格遵守相关法规制度。

初期房地产估价机构并没有很严格的监管制度，其估价结果既要使交易双方都接受，以带来最大的交易回报，又要能符合市场运行规律，如何在精确估值的基础上平衡这种关系，似乎成为房地产估价人员的技术难关，这也是专业房地产估价人员的本领所在。然而，当涉及多个利益方或是更复杂的情形时，职业道德规范的约束会顾此失彼，估值因而有可能发生失衡。当大量不精确或不道德的估值进入房地产市场，必然会对健康的房地产市场产生巨大冲击，甚至引发金融风险，间接导致社会波动。为了避免经济灾难的发生，这时就需要政府部门的适时介入，于是就有了房地产估价相关的立法出现，通过立法来规范房地产估价市场的规则，稳定房地产市场及社会的健康秩序。现代发达国家和地区基本上都走过一个房地产估价立法体系从不完善到逐渐完善的过程。

英国与美国早在 20 世纪就已经意识到这点，英国作为房地产估价行业的发源地，而美国作为现代资产评估业的主导者，两国在漫长的百年发展历程中，无论在专业人员组成，还是评估行业制度建设上都是相当完备的。历史上有诸多两国评估机构合并的经典成功案例，也成了今日的国际专业评估机构代表，如第三章将要介绍的"世邦魏理仕"、"仲量联行"与"道衡美评"。

俄罗斯从 1918 年到 1991 年苏联解体的这段时期是评估行业发展的停滞期，在此期间，国家对所有市场物品进行了统一的定价，评估活动仅存于不多的涉外投资项目中。随着俄罗斯经济的不断发展，市场经济的客观需求使得评估行业得以复苏，"评估师"这一职业在 1996 年重新出现，最初的评估对象主要为房产与汽车。随着全球金融危机的影响波及俄罗斯与其他国家一样，面临大量企业的破产与重组，财产清算成为经济调节的必要环节，俄罗斯的评估行业因此得到了长足的发展。在此背景下，俄罗斯政府与物业、私有化和经济活动委员会经过两年的讨论和协商，于 1998 年出台了《俄罗斯联邦评估法》，为俄罗斯的评估行业发展提供了法律支持，由俄罗斯经济发展部（The Ministry of Economic Development）主管评估行业。俄罗斯评估行业有良好的历史基础，而健全的法律法规和完整的自律组织，也为中国《资产评估法》的建设与评估行业的发展带来诸多的启发与借鉴。

德国 1870 年就开始土地估价工作。当时德国的地籍制度刚刚建立，土地估价主要为征税服务。到 1934 年颁布了《土地评价法》，开始在全国范围内进行农用地估价，土地估价工作由此开始走上法制轨道。德国的土地估价从无到有形成了一个包括《土地评价法》《联邦建设法》《土地整理法》及其他有关法律法规在内的完整法律体系。

日本的房地产估价法律体系较完善，1964 年以后，陆续形成了一个以《不动产鉴定评价法》及其施令和实施细则、《国土利用规划法》、《地价公示法》等为主要内容的法律体系。其中《不动产鉴定评价法》对不动产鉴定士补资格、不动产鉴定业者的开业登记等进行了详细规定，并规定了监督程序和罚则等。

二、评估组织与机构的作用

各个国家的评估管理组织与机构所制定的一系列规范及准则所产生的作用是深远的，这使得评估行业的发展得以保障，继而在预防金融风险、为评估专业人士提供资源交流平台、为政府提供房地产课税咨询服务等方面为社会经济健康发展产生更大的作用。

（一）政府房地产课税咨询

古今中外，人们在谈论个人、家庭或企业财产的多少时，其主要参考指标之一是拥有房地产量的多少，甚至以此标准来判断个人是"有产者"还是"无产者"。各种利益相关者总是对房地产的价值非常感兴趣，就此催生出房地产估价行业。在发达国家，有很多人拥有住房。欧洲约有一半的居民拥有住房，占居民总人口的40%~60%，而美国达到了近 2/3 的占有率。西方发达国家如美国和英国已有百年的房地产估价历史，行业形成规模的初期主要是确定房地产交易、房地产抵押、房地产保险及房地产经济纠纷中的合理价值。随着房地产在国家财富中的份额增加，房地产课税成为政府税收的重要来源之一，而房地产估价恰恰能为政府提供合乎规范的房地产课税依据。

在征收房地产税费方面，"从价计税"是全世界通行的做法，为了适应这一点，许多国家的税务部门发挥评估组织机构的作用，设有专门的财产评估机构，例如英国的资本税收办公室，美国的财产管理处和财产评估办公室，新加坡的产业估价及核税处等。除设立上述机构外，英国早在 1910 年就成立了"房地产评估局"。其主要任务是为政府提供房地产服务、咨询和建议，辅助政府对房地产市场进行宏观调控。

（二）预防金融危机

当金融业与房地产业的联系越来越紧密，房地产市场发展的健康与否直接关系到一个国家甚至全球的金融安全。如 20 世纪 80 年代的"泡沫经济"破灭对美国和日本经济的冲击、90 年代东南亚相继爆发的金融危机以及 2007 年美国次贷危机席卷全球，这些经济灾难都与房地产市场过度投机有关，大量的银行贷款无节制地流向房地产市场，造成银行业巨额不良资产，最终酿成银行支付困难，发生货币支付信用危机。房地产估价行业作为连接房地产业与银行业的桥梁，其发展不仅直接影响到房地产业的良好发展，也影响着银行业所能承受的风险规模，也可以说，房地产估价行业与国民经济的命脉是紧密相连的。从西方国家评估行业过去近百年的发展来看，经济发展促进了评估行业发展，其主要内容是房地产估价的发展，未来房地产估价将会直接或间接对世界经济产生持续的重大影响。

评估行业从最初的个人评估行为，到评估组织与机构的出现，评估行业逐渐走上规范化和专业化的发展道路。美国评估行业的发展有一百多年的历史，最初的评估目的主要是财产保险、维护产权交易双方利益、资产抵押贷款、家庭财产分割等。在美国，税收的特殊规定在一定程度上促进了美国资产评估的发展。按税法规定，每进行一次资产交易都必须向政府交纳一次财产转移税，纳税额的大小依交易资产的价值额而定。美国公司会计都是按统一的规则来记账的，比如会计规则规定，所有的资产都是按现值记账。如果不进行资产评估，公司的内部会计核算就无法进行。随着美国商品经济的发展和交易规模的扩大，美国评估业务变得更加普遍，原始偶然性评估逐渐发展成为经验评估，即根据对交易商品的了解和评估经验来进行评估，在这个阶段还是缺乏规范和统一的评估标准。直到 20 世纪初期，美国房地产行业的发展促进了相关行业的成长和规模化，形成了相互独立的体系。美国评估行业性组织出现后，不仅制定行业标准，促进相关行业之间的交流合作，还能推广专业知识培养行业专业人员。美国资产评估行业性组织的代表有美国估价学会和美国评估师协会。

以美国评估师协会（ASA）为例，它是美国历史最为悠久的评估专业协会，也是最大的综合性评估协会，在 20 世纪 60 年代就认识到发展评估行业和评估理论的重要性，适时地进行改革，既拓展了多元化的评估领域，同时也促进了经济的健康发展。世界经济迅速发展必然结果是资本市场的全球化，评估协会的创立，很大程度上保障了经济行为各方的合理权益。

（三）业内资源共享

除了负责房地产估价标准的制定、维护行业市场秩序、估价师资格授予等职能之外，各国房地产估价行业组织均致力于房地产信息服务平台的建立。如美国各个估价师组织向其注册会员提供庞大的市场数据库、交易数据等网络资源，这一网络资源也成为估价师和客户沟通的平台。日本的不动产鉴定协会建立了"信息银行"，为会员提供最新房地产交易案例和市场变动信息。

以美国评估师协会（ASA）为例，每年6月份都会举行隆重的国际性评估交流大会，来自全世界的评估专业人士及相关行业人士聚在一起讨论评估行业的统一操作标准与规程、前沿的发展理念，以及相关行业的促进与合作等，并邀请各领域的专家展示最新的科研技术成果、行业先驱的最新著作与理论、经济学家对于美国及世界经济的回顾与预测等。

三、评估组织与机构的新机遇

从18世纪古老欧洲版图上的皇室战争，再到19世纪"二战"的海陆空炮火硝烟，直至今天的和平年代，世界评估行业的发展从未停止过步伐。21世纪的今天，科技正在飞速发展，计算机已然成为生活的重要元素，无时无刻不影响着全世界每一个人，从办公、教育到娱乐、沟通，计算机都发挥着巨大的作用。尤其是在网络办公领域上凸显出的高效率，更是功不可没。

现代社会是一个科技化发展的社会，在高速信息网络中，人们之间的交流越来越密切，生活也越来越快捷，大数据就是这个高科技时代的产物。麦肯锡全球研究所对于"大数据"的定义为：一种规模大到在获取、存储、管理、分析方面远远超出了传统数据库软件工具能力范围的数据集合，具有海量的数据规模、快速的数据流转、多样的数据类型和价值密度低等特征。数据本身就是一种资产，这一点在业界已形成共识。经历了多年的讨论、质疑之后，大数据以科学的实际运用效果终于迎来属于它的时代。作为个人、社会财富的重要参考指标，数据中蕴含了各种商业价值，通过专业化的处理，提高对数据的"加工能力"实现增值在各社会领域已成为共识。

展望未来的评估行业信息化的发展，实质上是通过应用各种类型的数据平台实现信息化查勘工作、系统化数据采集、自动化评估分析及估价结果集约化发布，整个流程以大数据采集和分析为核心，通过移动设备及智能软件简化以往估价工作中的人工实地勘察、纸质资料采集、讨论形式的价格测算和报告撰写等工作。这一跨时代的变革将使评估机构和评估师需要作出适当的调整。

在大数据时代背景下，评估机构有必要收集足够多的数据并不断提升处理数据的能力和覆盖面。同时，评估组织与机构，将为自己和客户迎来更科学高效的工作模式，伴随着互联网高新技术的发展，大数据逐渐朝着市场细分化的方向发展。评估行业的行业特征本质上就与大数据有密切的关联，评估机构可以利用好大数据并脚踏实地整合资源，成为评估组织与机构创新发展的突破点。

第二章

世界专业评估组织发展综述

国际及区域性评估行业组织是在全球及区域范围内推动评估行业发展的重要力量，在准则制定、职业能力建设、公众利益维护、信息交流、沟通协调等方面发挥了积极作用，主要职能也各有侧重。为了便于了解这些组织的基本发展情况和职能，本章及第三章选取了一些极具代表性的世界专业评估组织及评估机构进行介绍。

第一节　国际评估准则理事会（IVSC）

一、国际评估准则理事会的基本情况

国际评估准则理事会（International Valuation Standards Council，简称 IVSC）注册于美国伊利诺伊州，运营总部位于英国伦敦，是一个独立的、不以营利为目的的国际评估组织。IVSC 为维护公众利益而成立，负责制定国际公认的《国际评估准则》（International Valuation Standards，IVS），内容涵盖不动产、企业价值、无形资产、机器设备和金融工具评估等。

国际评估准则理事会历经沿革，几经更名，前身是 1981 年成立的国际资产评估准则委员会（The International Assets Valuation Standards Committee），于 1994 年更名为国际评估准则委员会（International Valuation Standards Committee），后于 2008 年

10 月会员全体大会宣布改组并更名为国际评估准则理事会。

国际评估准则理事会旨在提高国际评估的实践标准，并对成员组织及机构起到监督和指导的作用，其核心目标在于：

1. 制定并推广高质量的国际评估标准（IVS），确保全球评估专业水准的一致性、透明度和置信度，促进国际评估行业的发展，服务国际公共利益；

2. 鼓励成员组织及相关机构采用国际评估标准，以确保相关评估机构提供专业化的评估服务。

国际评估准则理事会还鼓励并促进成员组织及机构之间的学术交流及商务合作，这些成员包括来自世界各地的专业评估组织及机构、金融服务企业、商业监管机构、学术机构等，由 100 多家共同组成，其中包括美国注册会计师协会（AICPA）、美国评估师协会（ASA）、特许金融分析师协会（CFA Institute）、英国皇家特许测量师学会、日本不动产鉴定士协会联合会、加拿大评估协会、全球"四大"会计师事务所等，中国资产评估协会于 1995 年加入，并于 1999 年当选常务理事单位。

2016 年 10 月，IVSC 会员全体大会宣布调整组织架构。目前组织架构包括三个委员会及一个咨询论坛组。三个委员会分别为管理委员会、准则审核委员会、会员资格与准则推广委员会。管理委员会主要负责 IVSC 的组织管理、战略导向、筹资以及其他委员会的监督及任命工作。准则审核委员会负责更新并发布高质量的国际评估准则，下设三个专业组，分别为有形资产组、企业价值组和金融工具组。会员资格与准则推广委员会负责促进国际评估准则的推广和使用，并通过当地的评估专业组织帮助各国评估行业发展。咨询论坛组是评估专业组织代表会晤和讨论的平台，也是向各委员会提供建议或进行咨询的窗口，组员来自 IVSC 的评估专业组织会员。

每一年，国际评估准则理事会召集各成员组织及机构的领导人参加盛大的年会，在年会中各领导人针对所属地区展开专业演讲，主要内容涵盖所在地（国家）专业评估组织及机构的发展概况、经济与社会发展情况、专业评估技术的开发及运用等。这些专业评估理念之间的碰撞与最新的信息交流，为参会成员们提供了及时的发展机遇与新思路，其中有建树的理念及重要数据会收录到公开发布的年度总结报告书里，以供更多的评估专业人士参考。

二、国际评估标准的作用

国际评估准则理事会所制定的国际评估标准主要涉及市场价值评估，非市场价值评估，为财务报表和其他相关会计事务而进行的估价，为贷款担保、抵押和发行债券而进行的评估等四个主要部分。每一部分包括该类型评估中的基本定义、评估活动中应遵循的基本原则、评估中容易混淆的概念以及为了避免对公众产生误导所应采取的措施等。

在国际评估标准出现之前，评估标准来自 20 世纪 70 年代的英国，也称之为"英国标准"。当时英国爆发不动产危机，许多英国金融界的银行家、会计师、不动产交易商都对不动产的贬值感到痛心疾首，另一方面也来自对不动产价值评估缺乏统一的规范。为了解决这一难题，全球首家专业评估团体，英国皇家特许测量师学会履行责任与义务，开始制定适用于英国当前国情的评估标准。经过漫长激烈的讨论，1975~1978 年，英国制定出关于评估标准的红皮书，随后产生了关于不动产评估方法的白皮书，为专业评估的规范起到了重大的奠基作用。

随着欧洲房地产市场的发展，欧洲国家出现越来越多的评估组织及机构。1977 年，欧洲不动产评估集团成立（TEGOVOFA）。此后不断发展壮大，从起初的 6 个成员国，增加到 12 个国家，并将欧洲范围以外的其他国家作为联席成员。与此同时，美国也在房地产估价及资产评估领域有所发展，成立了多个专业评估组织及机构，国际交流的需求越发急切。1982 年，由英国人领导的国际资产评估标准委员会成立（TIAVSC），其成员大部分为英联邦国家、欧洲不动产评估集团的成员以及美国重大的评估组织及机构。1994 年，国际资产评估准则委员会更名为"国际评估准则委员会"。1997 年，欧洲不动产评估集团出版了适用于全欧洲的评估标准《蓝色纲领》，其中包括指导条规、经济背景材料及不动产评估的相关依据，而国际评估准则理事会的目标就是将"欧洲标准"（后来经过多次修订，成为国际评估标准）推广到全世界，共同创建统一的评估标准。

20 世纪 90 年代末期直至今日，世界经济发展到了高度一体化的阶段，各国和地区的政治、经济都发生着巨大的变化，彼此之间的联系也越来越密切，评估行业仍处于高速发展的时期。发展中国家和经济转型国家（包括欧洲、北美各国）在经济体制变革和本国经济起伏中，持续高度重视资产市场的变化，对于资产价值衡量的要求也越来越严格，资产评估在维护各方权益等方面的作用日益凸显，世界各国在加强资产评估理论、培养评估师队伍、发展评估行业的基础上，对于资产评估的管理和规范也更加用心。国际评估准则作为资产评估规范性的国际文件，吸收和借鉴了各国的评估方法和经验，其重要性得到了全世界各领域的重视，对标国际评估标准成为地区民间评估组织及机构通往国际平台的一条必经之路。

第二节　世界评估组织联合会（WAVO）

一、世界评估组织联合会的基本情况

世界评估组织联合会（World Association of Valuation Organisations，简称 WAVO）成立于 2004 年，总部位于新加坡，是由国际评估界专业协会和评估机构会员组成的专业组织，共有来自 14 个国家和地区的 19 个评估组织会员，设有 10 个常务理事会员。其中包括当今国际评估行业较有影响力的美国注册会计师协会、美国评估师协会、英国皇家特许测量师学会、中国资产评估协会、澳大利亚资产协会等。旨在将从业于工商领域、公共部门、教育行业的资产评估师、地产顾问及相关私人执业者所在专业评估组织以及与资产评估行业往来密切的专业团体汇聚在一起。世界评估组织联合会负责主办每年一届的世界评估组织联合会资产评估大会。该大会旨在加强来自世界不同地区的会员组织评估师成员加强对话与交流。世界评估组织联合会设置 WAVO 最佳评估报告奖，通过审查会员组织、机构所呈交的评估报告来评选出优秀的评估报告，评估领域涉及民用住宅、商业用地、工业用地、专类房地产、农业用地和新概念不动产（如绿色建筑）等方面。

二、世界评估组织联合会的作用

一是致力于教育、培训以及评估理论和评估实务的研究与发展，以推动在全世界评估行业使用统一的评估标准、评估方法和评估专业术语。它还倡导会员在评估实践中执行和遵守国际评估标准，推动全球评估行业的共同发展。

二是为转型国家和发展中国家提供帮助。经济全球化将使发展中和转型国家出现大量的资产评估需求，世界评估组织联合会帮助转型国家和发展中国家提高评估实践的能力，帮助会员认识评估对经济发展和繁荣的重要性，以建立适用于市场经济必需的评估体系，同时也帮助发达国家的评估师获得为转型和发展中国家提供评估服务的机会。

三是增强国际融资能力，发展战略合作伙伴。以世界评估组织联合会的名义与国际评估准则理事会、国际开发机构、国际金融组织、其他相关及潜在投资合作者进行商务对接，为转型国家和发展中国家获得本国发展所必需的物质资源与项目资源。

总而言之，世界评估组织联合会为转型国家和发展中国家不仅在评估专业的发展方面，而且在多国之间的外交方面都提供了巨大的帮助。

第三节　国际测量师联合会（FIG）

一、国际测量师联合会的基本情况

国际测量师联合会成立于 1878 年的法国巴黎，当时由法国、比利时、德国、英国、意大利、瑞士及西班牙的测绘学者在巴黎集会所发起，是一个国际测绘专业组织，也是联合国经济与社会理事会的咨询机构。旨在联合世界各国的测量师组织或机构，共同商讨任何关于测绘专业的问题，建立各成员国之间的联系，通过基金奖励在测绘相关的科研、技术、司法、经济和社会方面有卓越贡献的测量师，帮助成员学习并认知测绘专业的重要性，促进测绘机构、学院、政府部门之间的交流，组织学术会议和技术展览，提高公众对测绘专业的认知度，推动测量师工作及测量专业的发展。

国际测量师联合会下设 9 个技术委员会，按专业分为 A、B、C 三个大组。A 组是专业组织，包括第一委员会（专业实践）、第二委员会（专业培训）和第三委员会（土地信息系统）。B 组是测量、摄影测量和地图制图，包括第四委员会（水文测量）、第五委员会（测量仪器与方法）和第六委员会（工程测量）。C 组是土地规划和土地经济，包括第七委员会（地籍图测和农用土地管理）、第八委员会（城市土地系统、城镇规划与发展）和第九委员会（房地产估价和管理）。三个组分别由三个国际测量师联合会副主席进行管理。

国际测量师联合会专业系统化的会员服务得到了各国的一致肯定，现拥有超过 120 个成员，上千名测量师成员，以及 16 个通讯会员国。中国测绘学会于 1981 年正式加入国际测量师联合会，中国房地产估价师与房地产经纪人学会于 2006 年正式加入，且中国是最高级别的国家会员。

二、国际测量师联合会的作用

自 1926 年以来，国际测量师联合会每三或四年召开一次联合大会（除 1914~1948 年及 1939~1945 年受两次世界大战的影响而暂停），全世界各地的测量专业学者、专家、投资商及相关利益者汇聚一堂，对新的研究成果和工作经验进行交流分享。值得一提的是 1990 年 6 月 10~19 日在芬兰首都赫尔辛基召开的第十九届国际测量师联合会，参加这次大会的人员来自 78 个国家，会议人员及随行人员超过 3000 人。这次大会有常规的学术研讨会和研究成果展示会，以及技术参观及社交活动，会上首次对"测量师"进行了重新定义，表述如下：

测量师是具有认定学术数值和技术经验的专业人员，其素质和经验在于能实践测量科学，能汇集和评价与土地、地理有关的信息，能利用这些信息对土地、海洋及其构成物进行规划和有效管理，能推动这些实践的进步和发展。测量师的专业实际可能介入以下 9 个方面中的一个或多个，它们可能发生在土地或海洋的表面（on）、之上（above）或之下（below），并可能与其他的专业协同进行：

1. 确定地球的大小和形状；测量出定义地球表面上任何一部分之尺度、位置和形状所必需的全部数据；

2. 物体的空间定位，以及地球表面、之上或之下自然因素，构成物或工程建筑物的定位和监测；

3. 确定公共或私人土地和地理信息系统，以及对系统内数据的采集、储存、分析和管理；

4. 研究自然和社会环境，测量土地和海洋资源，并把数据用于城市、农村和地区的发展中；

5. 对城市和农村房地产的规划、开发和发展；

6. 对城市和农村房地产价值进行评估和管理；

7. 对建设工作的规划、测量和管理，包括成本预算；

8. 制作各种规划、地图、数据文件、海图和报告。

从以上国际测量师联合会对"测量师"的全新定义来看，测量事业已经大大超出过去的工作范畴，它不仅与各项建设的规划、设计、施工有关，也延展到了研究自然和社会环境、土地房地产登记和管理、房地产开发和价值评估等多个方面。在这里相较于英国皇家特许测量师学会的"英国皇家测量师"，虽然名称上都被称为"测量师"，但无论从专业划分，还是工作重心来看，两者是存在一定差异的。

第四节　英国皇家特许测量师学会（RICS）

18 世纪中期，英国的工业生产力在科技的推动下大大提升，促进了社会经济欣欣向荣。工业革命时期需要建立不同类型的工厂，大量农地因而被征用。因此，社会上便发展出了一门新的职业——"土地测量师"。土地测量师最初的工作是协助测量被征用土地的面积，从而制定征用土地的补偿。这便是测量师在英国的起源。

一、英国皇家特许测量师学会的基本情况

受到英国房地产市场发展的影响，1834
年，土地测量人员成立了"土地测量师学
会"，学会成员的业务已覆盖房地产管理、
土地测量和建筑工程造价预算。随着测量师
团体的不断壮大，1868 年，英国各地不同
的测量师组织和俱乐部经过一系列的协商
后，联合组成了英国测量师学会（早期形
态），创始人约翰·克劳顿（John·Clutton）
（图 1-8）被推选为测量师学会的首届主席。
办公室就设在伦敦著名的大本钟对面，至今
这里仍然是其全球行政总部。

图 1-8　英国皇家特许测量师学会
创始人　约翰·克劳顿

维多利亚女王在 1881 年为测量师学会授予"皇家特许"的称号。1964 年，学会
正式使用"英国皇家特许测量师学会"这个名称。皇家特许测量师学会为独立、非营
利的行业管理机构，制定了英国测量行业的规范和行为操守指引，为专业测量师定立
了严谨的教育和培训要求，建立了测量师在执业时独立、客观、公平、公正的形象，
为不同客户提供高质量的服务，行业因而稳健发展。皇家特许测量师学会在评估行业
发展中有较大影响力。

迄今为止，英国皇家特许测量师学会（RICS）已经有约 150 年的历史，目前有超
过 14 万会员分布在全球 144 个国家；拥有 400 多个 RICS 认可的相关大学学位专业课
程，每年发表超过 500 多份研究及公共政策评论报告，向会员提供覆盖 17 个专业领
域和相关行业的最新发展趋势的报告；英国皇家特许测量师学会（RICS）得到了全球
50 多个地方性协会及联合团体的大力支持。

二、英国测量师的作用

英国测量师团体可以说是在英国经济及房地产市场动荡时期发展起来的。这起源
于资本市场追求客观的价格，因而催生出专业的评估行业。由于缺乏专业评估师对资
本市场的价格定位，金融机构没有进行充分的尽职调查及风险管理，导致经济泡沫形
成，继而爆破。此时，资本市场才顿然觉醒，明白对资产给予一个合理价格的重要性，
至此测量师的作用得到了重视。

这场资本市场的动荡，可以从 20 世纪中期英国财政宽松政策出台之后说起，市场的流动资金大量增加，强劲的商业复苏周期再次启动，国际银行业和金融服务业得以扩张，导致了办公用房需求的急速上升。与此同时，伦敦市中心公共部门对写字楼的需求亦日益增加。放松后的金融管制增加了对伦敦办公空间的需求，导致租金和资本价值上涨，写字楼租金在 1970~1973 年期间上涨了 90%（而消费价格只上涨了 30%），虽然租户需求急剧增长，但英国房地产开发周期长，长期承诺租赁的约束条款在短期急剧上涨的租金面前失去约束力度，违约开始发生，租金收入难以得到保障，这意味着商业房地产市场的泡沫正在迅速形成，这一段时间伦敦写字楼建设热潮颇具投机的意味（图 1-9）。

图 1-9 开发中的沃克斯豪尔斯地产写字楼（1969 年 4 月）

除了商业房地产在火爆的增长外，英国政府亦放宽对资本市场的监管，希望推动更多的贷款活动，促进经济发展。英格兰银行业对管制松散的中等银行（二级信贷评级银行）采取放任态度，未能监控并限制他们对商业房地产市场的过度集中贷款。1971 年，竞争和信贷控制计划还通过取消贷款上限和降低准备金比率来放松对银行业的管制，从而释放贷款。放松管制导致银行之间竞争加剧，争夺市场份额，这些贷款并没有充分考虑潜在的风险，贷款的质量亦没有充分的监管及评估。这些宽松的金融政策已经为金融危机埋下隐患。

1973 年，出乎意料的石油危机进一步冲击了英国的通胀率。年度通货膨胀率从 1971 年的 7.1% 上升至 1975 年的 24.2% 的历史最高纪录，促使英格兰银行将其最低贷款利率从 1973 年 6 月的 7.5% 大幅上调至 1973 年 11 月的 13%。那些提取短期贷款（易受利率上涨影响）的房地产开发商开始面临资金流动性问题，许多房地产开发商无法如常偿债。同时，由于价格控制导致房地产价格停滞不前，限制了租金上涨和遏制了利润。

在此时，世界经济的变幻莫测容易引起资产价格的波动，资产价格容易受市场情绪影响，导致价格大幅波动，动摇投资者对市场运作的信心。市场渴望一群具有专业评估知识的人士对资产给予合理的估值，让投资者更能清楚在"乱世"中如何得悉资产的价值。为解决对评估行业的信心危机，英国皇家特许测量师学会便讨论统一行业管理协会，并制定统一的估价准则，希望可以保证评估的质量和保护估价师、客户的利益，以挽回公众对评估行业的信心，令市场进化更有效率，降低投资风险，避免因金融危机造成的损失，从而作出更为合理的投资策略。此后，评估行业在英国（乃至全球）的社会、经济、金融及房地产的地位就此大大提升。

第五节 美国估价学会（AI）

美国估价学会成立于 1991 年，由美国房地产估价师协会（AIREA）和房地产估价师学会（SREA）合并而成。美国估价学会是一个由专业房地产估价师组成的全球不动产评估师联盟，是美国目前最大的自律性组织之一，也是美国最具影响力的非政府组织。在全球拥有超过 100 家分会。其管理部门为董事会，另设 12 个委员会、5 个专题组和 4 个项目组。委员会包括入会与资格授予委员会、专业准则与指引委员会、审计委员会、多样性委员会、教育委员会、政府关系委员会、国际关系委员会及战略计划委员会等。

美国估价学会的主要任务包括：向合格的不动产估价人员颁发专业资格证书及授予称号；保持高水平的估价服务；制定和实施一套严格的行业规则，促进评估行业的专业化发展，包括加强职业道德、推行全球标准、研究评估方法与实践；发展和推行高质量的估价教育课程与培训计划；加强和促进有关研究工作；提供有关不动产估价各方面的出版物、教材和资料等，其服务还包括如表 1-1 所示内容。

美国估价学会的其他服务内容　　　　　　　　　　　　　　　表 1-1

序 号	服务内容	简 介
1	提供不动产评估方案	为美国和世界其他地区的专业人员提供不动产评估方案帮助
2	评估师教育	提供大量入门和高级评估课程，以及一系列专业相关研讨会
3	出版评估文献	美国估价学会是世界上最大的不动产评估文献出版商，发行了多份评估专业杂志
4	华盛顿话语权	在华盛顿特区设立政府联系办公室，与联邦和各州的立法部门及监管部门保持联系，促使相关政策的通过，尽可能保障公众和评估行业利益
5	行业资源库	为评估专业提供信息交流和职位搜寻服务
6	全球影响力	评估专业教育培训已扩展至亚洲、欧洲、中东等地，且国际参与度也大幅上升

美国估价学会通过指定项目、公共事务外联工作、相关教育和出版事业，维持其在房地产行业的领导地位，并成为美国乃至全球房地产行业最重要的贡献者。美国估价学会总部位于芝加哥，为不动产咨询服务的专业人员授予估价学会会员（MAI）和高级住宅估价师（SRA）两种行业资质，属于行业高水准的专业证书。

随着美国的银行、房地产投资公司、会计师事务所在世界范围内的扩张，以及海外公司到美国上市的数量不断增加，世界各地对美国估价学会会员的需求也不断加大。截至 2017 年底，美国估价学会在全球近 60 个国家拥有超过 22000 名专业评估人员。

第六节　美国评估师协会（ASA）

美国评估师协会于 1952 年在特拉华州成立，是一个国际性、多领域、非营利性的评估师组织，也是美国成立最早的全国性专业评估团体之一。ASA 的职责是通过遵从最严格的评估道德标准和专业标准，提升公众对 ASA 会员和评估行业的信任度。主要任务是评估复核与管理、具体评估科目业务、教育与培训、认证资格。评估复核与管理包括复核所有类型的评估项目，整合并培训涉及不同评估科目的评估师，针对即将进行的项目费用进行预算，为新评估业务制定计划。具体评估科目业务可分为企业价值评估业务、珠宝首饰评估业务、机器设备评估业务、动产评估业务和不动产评估业务。

ASA 在全国层面和地方层面为会员提供课程培训，授课教师多为各学科资深评估专家，会员可通过现场课程和电子课程接受基础教育和后续培训。ASA 根据会员的执业经验授予两种资质，即认证会员资质和认证资深评估师资质。社会业界普遍认为美国评估师协会资深会员的称号是极大的荣誉，更是对被授予者卓越能力的肯定。美国评估师协会现有成员超过 6500 人，由遍及全美及世界许多国家的 88 个分会和支会负责管理。

在组织结构方面，美国评估师协会属于盈亏自负的独立会员制社团。协会成员来自多个国家，并均以个人名义入会，并将分布在世界各地的会员划分为 17 个地区。协会的主要负责人由选举产生，包括会长 1 名、副会长 3 名、秘书长 1 名、财务总监 1 名。鉴于协会的国际性，其下设管理机构为国际理事会。国际理事会由协会的国际部主任、两名前任国际部主任以及 17 名地区主任组成。

美国评估师协会将还未正式取得注册会员资格的会员称为准会员（或预备会员）。美国评估师协会另外还可以为合作单位提供准会员资格，如公司、合伙企业、个人企业、信托机构、研究机构、拍卖行、大专院校等，包括律师、会计师、保险商、信贷机构人员，凡是与评估工作相关的社会人员均可申请成为准会员，全日制或半日制大专院校的在读学生也可申请在校生准会员。目的是能更好地在这些不同性质的组织机构中交换评估行业发展的意见和需求，从而引导美国评估行业能更快速地融入发展中的经济体制。

在专业资格考试方面，准会员都必须在 1 年之内参加由美国评估师协会举行的资格考试及职业道德考试，通过考试后，准会员即可申请成为注册成员（或称为注册评估师，Accredited Member）或高级注册评估师（Accredited Senior Appraiser）。注册评估师简称"AM"，取得该称号不仅要通过考试，还必须拥有 5 年以上的专职评估经验。高级注册评估师简称"ASA"，通过考试且拥有 5 年以上专职评估经验的准会员才可获得该称号。此外，荣誉高级评估师（Fellow of the American Society of Appraisers）简称"FASA"，是专门针对那些为美国评估师协会作出卓越贡献的高级注册评估师所授予的荣誉称号。除了通过考试及评估执业年限的要求，美国评估师协会还要求准会员必须取得大专及以上学历（包括同等学历），且获得注册身份后确定继续从事评估工作。

与许多专业的评估组织一样，美国评估协会也会举行隆重的国际性评估交流大会，每年 6 月份，来自全世界的评估专业人士及相关行业人士聚在一起讨论评估行业的统一操作标准与规程、前沿的发展理念，以及促进相关行业的交流与合作的途径，邀请各领域的专家展示最新的科研技术与成果、行业先驱的最新著作与理论、经济学家对于美国及世界经济的回顾与预测等。在许多这样国际性的交流论坛中，评估行业得到了来自全世界越来越多的关注与重视。

第三章

世界评估机构发展综述

第一节　英国和美国国际化商业评估机构的代表

一、世邦魏理仕（CBRE）

（一）世邦魏理仕的基本情况

世邦魏理仕是一家全球知名的综合性地产咨询服务公司的名字，拥有 100 多年的发展历史。世邦魏理仕来自于英国和美国两家大型公司的合并，美国的世邦公司（CB Commercial）1906 年成立于旧金山，到 1940 年发展成为美国最大的商业物业顾问公司。魏理仕公司（Richard Ellis）于 1773 年成立于英国伦敦，业务遍布世界各地。1988 年 4 月，两家公司合并成立了世邦魏理仕，欧洲和北美许多大公司都是其长期客户。世邦魏理仕的总部位于美国加利福尼亚州洛杉矶，在 2017 年营业收入为 142 亿美元，拥有员工超过 80000 名（不含联营公司）。自 2008 年以来，世邦魏理仕已连续 10 年入选《财富》世界 500 强，2017 年排名攀升至第 214 位，拥有全球化的智能资产、全面的综合业务平台和深入的本地市场知识，在房地产服务与投资市场均处于领导地位。

经过多年的发展，世邦魏理仕在亚洲地区拥有超过 50 个办事处的业务网络，包括联营公司和战略伙伴。1978 年，世邦魏理仕在中国香港设立办事处，在中国内地的业务始于 1988 年，当时是为北京国贸中心一期提供独家租赁顾问服务。在进入中国内地市场的 30 年时间里，在北京各热点区域开展了丰富的物业咨询业务（表 1-2）。例如北京中关村国际商城、联想融科资讯中心、大慧科技园等项目，在金融街有 F9

地块的中心区商业项目、F8 地块的写字楼项目，在大型体育场馆方面有奥林匹克公园商业设施、北辰大厦和奥运媒体村。1990 年，世邦魏理仕公司开始在台湾开展业务运营。此后其业务网络拓展至全国，已经设立北京、上海、广州、深圳、成都、重庆、天津、大连、青岛、沈阳、杭州、武汉、香港等 13 家分公司，建立了 10 家项目办事处，业务遍及中国的 60 多个城市。

世邦魏理仕主要业务　　　　　　　　　　　表 1-2

序　号	服务分类	具体内容
1	商业服务	①办公楼服务； ②工业及物流服务； ③商业房地产服务； ④住宅房地产服务； ⑤投资物业
2	租赁服务	①项目管理服务； ②设施服务； ③跨国企业服务； ④租户策略顾问服务； ⑤购置服务
3	管理服务	①物业管理； ②购物中心管理； ③资产管理； ④可持续性发展
4	咨询服务	①策略顾问； ②酒店服务； ③研究服务； ④能源及可持续发展服务； ⑤房地产金融服务； ⑥综合体项目服务； ⑦估值及咨询服务； ⑧海外客户服务

资料来源：世邦魏理仕官网

（二）世邦魏理仕的发展历程

世邦魏理仕的原始公司——库德威尔商业房地产咨询公司（Coldwell Banker Commercial and Residential）成立于 1906 年。1960~1970 年，随着美国房地产市场的升温，房地产咨询服务在全美范围内得到极速扩张，库德威尔一度成为美国西部最大的商业房地产咨询公司，并于 1971 年在纽约交易所上市。随后该公司于 1980 年被西尔斯（Sears，Roebuck and Co.）收购，西尔斯与我们所熟知的沃尔玛相似，是一家在北美地区具有悠久经营历史的大型零售公司，销售多种家用商品、服装和汽车产品，在美国和加拿大拥有超过2300家Sears品牌连锁超市。1991年，库德威尔商业房地产咨询公司正式更名为世邦公司（CB Commercial）。

野心勃勃的世邦公司随后陆续收购了多家房地产行业领军公司，如1995年收购了当时在投资管理方面一流的西标房地产咨询顾问公司（Westmark Realty Advisors）；1996年收购了在房屋抵押贷款业务方面有多方渠道和丰富经营经验的麦乐迪房地产咨询公司（L.J. Melody & Company），这次成功的收购为世邦公司带来了超过5000万美元的回报；1997年收购的科尔不动产咨询服务公司（Koll Real Estate Services）在资本市场投资管理方面以及物业管理方面具有丰富经验和资源，这些优秀公司的并入为世邦公司带来了强劲的竞争力。

英国伦敦一家成立于1773年并在世界多国享有深厚社会资源的房地产咨询公司，也就是前面提到的魏理仕公司，引起了世邦公司的注意。经过数次激烈的商议后，世邦公司于1998年成功收购魏理仕公司，并正式更名为今日的世邦魏理仕（CB Richard Ellis或者CBRE），英国、美国两大房地产咨询服务公司的合并，使得两国最新的房地产信息、技术、资源、渠道得到了多方位的融合与发展。同年，世邦魏理仕再次成功收购当时英国本土排名第一的席勒房地产管理咨询公司（Hillier Parker May & Rowden）。这两次成功的收购为世邦魏理仕带来超过10亿欧元的巨大收益，随后还在日本成立了合资公司。至此，世邦魏理仕成为世界上首家跨国平台化综合房地产服务公司。

此后世邦魏理仕陆续创造着非凡的成就，例如2003年收购了当时全球最强大的房地产服务商——显胜金融集团（Insignia Financial Group），收购之后，为世邦魏理仕的销售和租赁物业价值超过800亿美元，同年商业融资额超90亿美元；旗下管理的地产面积和公司物业超过7亿平方英尺，旗下管理的投资资产额为140亿美元，并为总资产价值4140亿美元的地产提供了4万项评估、估价及转让咨询服务，年收入逾17亿美元，在全球48个国家设立超过250家分支机构，成为全球第一大地产服务企业。

直至今日，世邦魏理仕所拥有的丰富地区资源和全球服务平台，以及出类拔萃的房地产咨询服务人才，加上百年管理经验，成了业内高标准服务的榜样，被多家测评机构评为最佳房地产商业服务品牌。

二、仲量联行（JLL）

（一）仲量联行的基本情况

与世邦魏理仕相似，仲量联行的成立也是源于英国、美国两家房地产咨询公司的合并，1999年，美国的拉塞尔合伙公司（LaSalle Partners）与英国的仲量行（Jones

Lang Wootton）合并后成立了仲量联行。依靠仲量行在欧洲和亚太地区的国际优势以及拉塞尔在北美的影响和其在房地产投资管理业务上的领导地位，仲量联行将具有丰富客户服务经验的两家企业有机地结合起来。截至 2018 年，仲量联行在全球 80 多个国家设有近 300 家分公司，员工总数超过 8.3 万人，全年收入超过 79 亿美元，物业管理及企业设施管理业务遍布世界各地，累计总面积逾 46 亿平方英尺，全年为房东及租户完成 3.37 万份租赁合约；旗下世界上最大的房地产投资管理公司当年管理的地产价值总额高达 581 亿美元。仲量联行与第一太平戴维斯（Savills）、高力国际（Colliers International）、世邦魏理仕（CBRE）、戴德梁行（Cushman & Wakefield）同为世界知名的五大房地产咨询机构，也是唯一连续 3 年入选福布斯白金 400 强企业的房地产投资管理及服务公司。

仲量联行在亚太地区开展业务超过 50 年。公司目前在亚太地区的 16 个国家拥有超过 83 个办事处，员工总数超过 3.6 万人。仲量联行在中国目前拥有超过 4500 名员工，所提供的专业房地产顾问及服务领域包括商铺、住宅、写字楼、工业、物业管理、企业设施管理、投资、战略顾问、项目与开发服务以及市场研究等。主要客户包括不同的政府机构、跨国公司和开发商，以及高档住宅和商业物业的业主。

（二）仲量联行的发展历程

早前的仲量行（Jones Lang Wootton）由理查·温斯坦利（Richard Winstanley）创立于 1783 年，当时只是位于英国伦敦帕特诺斯特街上的一家普通的拍卖行，名为温斯坦利拍卖行。理查·温斯坦利过世后，其子詹姆斯·温斯坦利与好友詹姆斯·琼斯（James Jones）在 1840 年成立了一家新的合伙拍卖公司，名为温斯坦利与琼斯（Winstanley & Jones）。詹姆斯·温斯坦利过世后，好友詹姆斯·琼斯的儿子弗雷德里克（Frederick Jones）在其父亲退休后接管了公司的经营，并将公司更名为自己的姓名，弗雷德里克琼斯拍卖公司。1872 年，弗雷德里克·琼斯退休后，公司传给了当时唯一的合伙人朗先生（C.A. Lang）。1939 年，在朗先生经营下，弗雷德里克琼斯公司与仲桑公司（Wootton & Son）合并，由此成为仲量行（Jones Lang Wootton），从英文名称来看，即是"琼斯、朗、仲"三人姓氏的组合。

1945 年，伦敦城在第二次世界大战的轰炸和战火中毁于一旦，一同被销毁的还有详细记录着土地分界线的图纸与资料，由此带来一系列土地产权混淆的问题。仲量行所积累的大量拍卖经验在这时成了优势，很快就掌握了土地测量与估价的基本技术，所以接管了小块土地权属调查的工作，编制了成千上万的小块土地分界线和所有权的证明文件。10 年后，伦敦开始战后重建，前期所积累的土地估价经验发挥出巨大的作用，房地产建设与开发为仲量行带来了丰厚的回报，使自己处于了令人羡慕的地位。

1958 年，仲量行敏锐地预测到澳大利亚房地产市场的潜力，在悉尼和墨尔本分别建立了办事处。接下来 6 年里，如仲量行所预见那样，澳大利亚房地产市场出现空前的增长，仲量行在澳大利亚安排了 22 位合伙人和超过 300 名员工，占领了大部分房地产咨询的市场。借鉴这次成功的经验，仲量行先后在新西兰、新加坡、吉隆坡、中国香港和东京开办了办事处，并继续在东南亚和太平洋地区扩展房地产咨询业务。

大西洋的另一边，在 1968 年美国得克萨斯州的埃尔帕索，几个专业房地产咨询人士成立了一家房地产咨询公司，其目标是给市场带来最专业的房地产咨询服务。随着美国房地产市场的升温，很快当地市场就无法满足这家公司的扩张需求，公司迁去了大兴土木的芝加哥市，这就是前面提到的拉塞尔合伙公司。由于所处环境的影响和面临的市场机遇，拉塞尔合伙公司在 20 世纪 70 年代和 80 年代通过扩大其客户群和业务范围得到迅速成长，成为当时美国领先的房地产服务公司之一。

在此期间，仲量行通过挖掘北美市场的巨大潜力继续其扩张战略，并于 1975 年在纽约开办了一家办事处。早期的成长使仲量行成功地打入了纽约市中心和商业区，其周密的市场分析使那些跟随其预测的人获得了丰厚的回报。英国、中东和亚洲的货币大量流入美国，从而为仲量行打开了机遇之门，以满足诸多外国投资者对不同的市场实践和方法、评估技巧、管理功能和专业标准方面的需求。

牢固的房地产咨询基础与管理基础使拉塞尔合伙公司和仲量行能够在经济变革时处乱不惊，并且抓住机遇。1999 年，仲量行和拉塞尔合伙公司携手组成了今日的仲量联行，合并后的公司仍然是全球领先的商业房地产服务和投资管理公司。

随后，仲量联行持续地在全球吸收优秀的房地产咨询公司，在收购潜在的竞争对手的同时，在英国、西班牙、德国、南非、印度、印度尼西亚以及中东成功地开拓了市场，完成了大量房地产交易咨询业务，进一步拓展了许多核心业务。2013 年简化其英文名称为"JLL"。

三、道衡美评（Duff & Phelps）

（一）道衡美评的基本情况

道衡于 1932 年在美国的芝加哥市成立，起初主要做房地产市场研究，后来随着房地产交易市场的火热，逐渐向资产投资管理领域拓展。直至今日，作为世界顶尖级的全球估值与公司财务顾问公司，在复杂估值、争议与法务管理咨询、并购、重组以及合规与监管咨询方面具备专长。公司有超过 3500 名员工，已在 28 个国家开设办公室，服务于多元化的客户群体。

与世邦魏理仕和仲量联行的理念很像，道衡十分注重客户服务体验。道衡认为，许多咨询公司由于规模过大，无法提供专注于企业持续增长、保持成功所需要的个性化、独立的服务。另一些公司由于专业性太强，规模太小，也无法提升其服务，难以满足客户越来越多的需求。道衡则在其自身与客户之间找到了平衡点，将道衡众多的服务链整合成快速反应小组，能够迅速应对每个客户独特的情况、机会和顾虑，提供精准的定制化服务。

2015 年 2 月，道衡收购了美国评值有限公司（American Appraisal China Ltd.，美评）。这次收购强化了道衡的全球估值能力，汲取了来自亚洲和欧洲的丰富资源。自此，道衡中文名称更新为"道衡美评"，而英文名则延续了"Duff & Phelps"，以示对中国市场的重视。

（二）道衡美评的发展历程

最初的道衡是一家常规的投资顾问公司，主要业务为销售信用评级和投资管理业务，由威廉姆·道夫（William H.Duff）和乔治·菲尔普斯（George E.Phelps）于 1932 年在美国芝加哥市成立。自成立以来的 70 多年里，道衡一直单一地专注于投资管理服务，直到 2006 年，道衡迎来了第一次具有重大意义的收购，收购查宁投资管理公司（Chanin Capital Partners，查宁），强有力地增强了道衡的金融咨询服务能力。

查宁是一家顶级的专业投资银行顾问公司，于 1984 年在美国底特律市成立。在伦敦、洛杉矶和纽约设有办事处，是最大的独立专业投资银行顾问公司之一，为中间市场和不良交易提供金融咨询服务，包括金融重组、兼并与收购、估值和偿付能力的意见书、资本筹集的规划方案等。历史上查宁为超过 290 亿美元的并购活动提供了咨询服务，促进了超过 1460 亿美元的金融重组交易，并提供了数百项偿付能力意见和估值报告。此次并购，不仅扩展了道衡的业务范围，也丰富了道衡的资源水平，优化了专业客户服务。道衡的首席执行官表示，"收购查宁将使道衡能够为陷入财务困境的公司、债权人和其他利益相关者提供更优化的服务。"

随后的 10 年里，道衡与世邦魏理仕和仲量联行的策略相似，在世界范围内大量收购同行公司，或是相关行业的咨询顾问公司，例如，2008 年收购杜宾斯基商业咨询公司（Dubinsky & Company，杜宾斯基）。杜宾斯基是一家专门提供纠纷分析，诉讼服务和法务会计服务的财务咨询公司。该公司的专业领域包括复杂的商业诉讼的争议分析，欺诈调查和各种商业评估事宜。该公司享有盛誉的客户群体包括著名的律师事务所、财富 100 强企业、商业企业和各种美国政府实体（包括美国司法部）。该公司负责人布鲁斯·杜宾斯基说："我们在商业诉讼、欺诈和法务会计方面的丰富经验加上道衡在法律管理咨询方面的专业知识，确保快速无缝对接成熟的业务及资源，为我们双方带来更强劲的发展动力。"这次收购，是一次成功的"强强联手"。

2015 年 2 月 3 日，道衡宣布签署了对美国评值有限公司（American Appraisal China Ltd.，美评）的最终收购协议。作为全球评估和企业财务顾问公司，道衡在评估、纠纷咨询、并购重组、合规与监管咨询等领域有着丰富的专业经验。美评是一家全球性的提供系统评估服务以及固定资产管理服务的顾问公司，服务范围主要包括评估、交易咨询、房地产咨询以及固定资产管理等。此次收购为道衡在全球增加了 50 余个办事处，扩大了其在欧洲和亚洲的服务范围，也为道衡进行专业评估服务提供了有力支持。

对于此次收购，道衡首席执行官表示，这对道衡来说将是一个重要的里程碑。美评在评估以及固定资产管理咨询服务领域已经处于领先地位，并曾为 85% 的全球 500 强提供专业服务，这与道衡在专业评估服务方面实现了无缝对接，侧重于四项关键能力——估值，交易咨询，房地产咨询和固定资产管理。收购完成后，道衡将在全球拥有多个评估市场，服务将涵盖所有资产类别，并将为客户提供独立而严谨的服务，客户也将因此受益。

美评是一家专注于资产评估的独立咨询机构，于 1896 年在美国创立，是评估行业的先驱，也是全球最大的独立资产评估及咨询机构，在全球 17 个国家设有超过 50 个办事处。其关联公司，美国评值（中国）有限公司（American Appraisal China Limited）于 1975 年在中国香港成立，是第一家在中国成立的外国独立专业评估公司，也是第一批获得证券业评估资质的评估公司之一，提供全面的评估服务，包括企业整体资产、无形资产、物业及土地使用权和机器设备评估等。随后在中国内地设立多个办事处，分布在北京、上海、广州及深圳，经过 40 年的发展，已经拥有丰厚而成熟的亚洲资源。

在 20 世纪 60 年代初，美国与亚洲的贸易额只相当于当时与欧洲贸易额的一小部分。而到了 20 世纪 90 年代末期，美国与亚洲的贸易额已比 60 年代初增长了近 2 倍。在此期间，日本、泰国、韩国、中国香港和其他亚洲国家及地区，在世界贸易活动中扮演了重要的角色。1975 年，为了适应这种发展趋势，美评在中国香港和曼谷建立了办事机构。其中，在中国香港的办事机构办理不动产估价业务，提供保险与抵押分析报告，以及中国香港房地产市场开发建设可行性研究报告。因为所掌握的大量资源与专业知识，中国香港美评致力于帮助世界范围内的企业和个人进入中国香港地区开拓业务。

从道衡美评、世邦魏理仕和仲量联行的发展历程中，我们可以发现相似的策略，即把握机遇，收购同行公司或相关行业的咨询公司，壮大业务范围和地区资源的同时，不断吸收高素质专业人员，新鲜的血液为这些公司带来更高水准的服务与效率，为房地产行业提供更高水平的专业服务。收购，几乎是道衡、世邦魏理仕、仲量联行三者共同的成功秘诀，也是三家公司成为当今世界顶级房地产咨询顾问公司的必经之路。

第二节　各国评估管理机构的简介

世界各个国家和地区评估制度基本包括以下内容：政府部门直接设立监管机构，对民间机构及协会进行监管，通过多种的培养渠道、严格的考核制度，培养和选拔专业的评估人员，并对其资格的获取实行严格的审查和登记，以明确的法律条款和职业道德规范对其执业行为进行约束，加强对评估行业和人员的管理。根据各个国家评估管理机构的特点，以下选取几个有代表性的国家进行介绍。

一、俄罗斯

20 世纪 90 年代的东欧国家经历了政治与经济的重大变革，评估行业在此过程中还处于起步和迅速发展的阶段，受东欧国家传统体制的影响，政府发挥了重要的管理作用。以俄罗斯为例，评估行业受政府管理，由俄罗斯经济发展部（The Ministry of Economic Development）主管评估行业，叶利钦总统于 1998 年签署了《联邦评估法》，又由普京总统于 2006 年签署了修订的《联邦评估法》，俄罗斯成为世界上第一个颁布实质性独立评估法的国家。

二、日本

日本政府建设部大臣主管全国房地产评价工作，国土厅长官、土地鉴定委员会及都道府县负责管理不动产鉴定士和不动产鉴定士补的考试、登记、注册事宜以及不动产鉴定业的资格审查、登记注册和业务管理工作。

三、韩国

韩国的评估行业产生于 20 世纪 70 年代，1972 年底，韩国建设部根据《国土利用管理法》等土地相关法律，建立了韩国"土地评价士"制度。土地评价士主要从事基准地价的调查和评估工作，为国有和公有土地买卖，为政府根据国家开发法、城市规划法对私人土地的征用补偿、课税税基的确定等提供地价标准。1982 年 2 月，土地评价士协会成立。1973 年底，韩国财务部根据"鉴定评价有关法律"建立了"公认鉴定士"制度。公认鉴定士主要从事银行贷款时抵押担保财产的评估，国有、公有财产的评估，根据国家"资产再评估法"规定的定期财产评估，诉讼财产评估，以及其他公证性财产评估的中介活动。1976 年 4 月，公认鉴定士协会成立。1989 年 4 月，韩国将土地评价士制度和公认鉴定士制度统一起来，统称"鉴定评价士"，鉴定评价士可以从事所有公私财产的价值评估业务。这两个协会也于 1989 年底合并，成立了现在的韩国鉴定评价业协会。

四、德国

德国的资产评估管理体制是典型的政府干预型模式，资产评估、房地产估价及其他领域的估价由独立的资产评估机构，也称评估委员会（具有强烈行政色彩的评估事务所）负责实施。该委员会是独立的专门机构，设有办公室负责日常的组织管理工作，一般设立在各级政府的地籍局。在德国，各地区设有高级评估委员会，县、市、镇均设有评估委员会，负责所属地区内的评估工作。各级委员会主席由同级地籍局长或城市测量局长等政府官员兼任，委员则是评估行业的专家。

五、新西兰

新西兰的评估行业主管机构是新西兰估价师协会，该协会是由奥克兰估价师与仲裁者协会、北岛土地估价师协会、新西兰政府估价师协会合并成立的。上述三个协会，均是由估价师于不同时间自动成立的，进而又合并成新西兰估价师协会。该协会的主要目的是提高会员的专业服务水平，通过法律得到政府的承认。该委员会有主席一人，由主任估价师担任，四名已注册的估价师担任委员。主要任务是为估价师提供注册、法律、上诉、财务支援等服务。

第三节　各国和地区专业评估人员的选拔

世界房地产业及其商品经济活动历史悠久，相应的评估活动也很普遍。这也促进了评估理论的发展和成熟，使评估成为一个专业的应用学科。如今，受到全球范围内新经济、新技术、新知识和新价值观念的日益影响，评估的对象由较为单一变得复杂多样，实际运用的评估方法更趋成熟，实操技术将在评估实践中得到不断改进和提高，各个国家对于专业评估人员的选用极为重视。

在英国，以最具权威的英国皇家特许测量师为例。获取英国皇家特许测量师资格的专业人员必须具备以下四种身份中的任意一种，即资产评估领域的学术人员、技术人员、高级专业人员或是评估专业的大学毕业生。

如果候选人在中国申请，则要拥有英国皇家特许测量师学会认可的相关大学学位或专业资格，并有不少于 10 年的相关工作经验，可加盟成为会员。自 1993 年以来，英国皇家特许测量师学会与我国自然资源部保持着非常良好且紧密的关系，在中国多所高校开设培训中心，以培训高水平的专业评估人员作为发展重心，旨在帮助会员持续积累专业经验，发展自身技能，加强与其他会员以及其他专业团体的交流，从而使会员的职业水准始终保持在业内的领先地位。候选人需研习并完成学会所规定的专业培训课程，提交相关的个人履历，包括候选人过去 10 年内，在专业领域中的个人发展、案例研究的记录等，并最终通过专家小组的面试。

面试成功后，准会员可使用"技术会员"（AssocRICS）这一称号，并有限享受相应的组织资源，通过会员对组织与行业的持续性贡献，称号可升级为"荣誉会员"（HonRICS）、"专业会员"（MRICS）、"资深会员"（FRICS）。持有"专业会员"和"资深会员"的成员，可进一步根据专业资格和从业领域使用更为专业的头衔名称，如"特许测量师"、"特许建筑测量师"或"特许工料测量师"等名称。英国皇家特许测量师受到学会的监管，以确保成员的工作符合英国统一的商业准则与世界一流的专业评估标准。

在美国，以美国估价学会（AI）为例。现在美国估价学会授予的专业资格称号有两种：一个高级住宅估价师（SRA），另一个是估价学会会员（MAI）。后者较前者资深，也是美国不动产估价行业中最高的专业资格。高级住宅估价师是授给那些在居住用不动产估价中有经验的估价师。而估价学会会员是授给那些在商业、工业、住宅及其他类型的不动产估价中有经验的估价师和在不动产投资决策中提供咨询服务的估价师。

成为高级住宅估价师的资格要求是：

1. 拥有受承认的教育机构颁发的大学学位；

2. 通过估价学会举行的"估价行业从业人员行为准则"课程；

3. 通过估价学会的住宅估价师委员会举行的 3 门或 3 门以上的课程考试；

4. 提出一份有关居住用不动产的估价报告书；

5. 3000 小时有关居住用不动产估价的实践经验。

成为估价学会会员的资格要求是：

1. 拥有受承认的教育机构颁发的大学学位；

2. 通过估价学会举行的"估价行业从业人员行为准则，估价报告书写作和估价分析"课程；

3. 通过估价学会的一般产业估价师委员会举行的 7 门或 7 门以上的课程考试，这些考试的课程每门 40 个学时，包括不动产估价原理、基本估价程序、资本化原理和方法、不动产估价实例研究、估价行业从业人员行为准则、估价报告书写作和估价分析等；

4. 提出一份估价报告书；

5. 4500 小时的在商业、工业、租售、农业和居住用不动产方面估价的实践经验。

在对评估师的教育方面，美国估价学会开发并确立了一套完整的评估人员培训课程，内容涉及资产评估的各项专业，各专业课程分级划分，层层递进，帮助评估师一步步掌握专业化的评估理论。除此之外，美国估价学会在全美范围内定期举办教育研讨会，使从事评估事业的专业人员能得到最新的评估理论及技术，最及时的评估行业发展动向，与此同时向公众推广对于评估行业的认知。

在新西兰，评估师须获得指定的林肯大学、梅西大学、奥克兰大学的相关学科的学士以上学位，专业人员需要 10 年内至少在新西兰有 3 年的评估专业实务经验；非新西兰籍专业人员 10 年内至少有 3 年的评估实务经验，且其中 1 年须在新西兰执业，另外需要通过评估师资格考试，方可注册为评估师。按新西兰评估师协会的评估师注册委员会的要求申请注册，符合所有规定条件者，即可成为评估师。

在德国，评估人员采用聘用制，要求具有一定的学历、知识结构和实际工作经验，具体如图 1-10 所示。

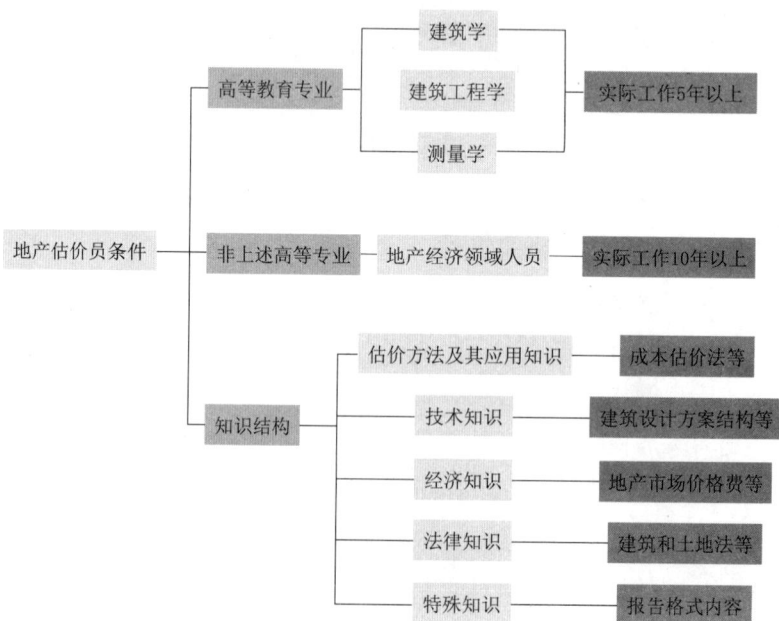

图 1-10 德国房地产估价人员需要具备条件

在日本，任何人要取得不动产鉴定士资格，需要通过三次考试并具有若干年实践经验。第一次考试主要是文化考试，相当于大学文化水平，具有大学毕业学历者可免试。第二次考试主要是判定是否具有作为不动产鉴定士补所应掌握的专门知识，考试科目有民法、有关不动产的行政法规、经济学、会计学、不动产评价理论等。通过第二次考试并从事两年以上不动产鉴定工作，就具备了不动产鉴定士补的资格。第三次考试是判定应试者是否具备不动产鉴定士所应具有的高等专业能力的考试，主要考不动产鉴定实务。通过了三次考试，就具备了不动产鉴定士资格。从事不动产鉴定业者和不动产鉴定士必须凭良心、公正诚实的进行职业服务，不得破坏不动产鉴定业及不动产鉴定士的信用，对违反不动产鉴定职业道德的种种情况，作出相应的处罚规定甚至判刑。

在中国香港，沿用英国的测量师制度，设有香港测量师学会。他们举办考试吸收副会员，经几年工作时间后，申请转为正式会员。具有正式会员资格，才可向香港特区政府申请营业执照，经香港特区政府有关部门的严格审批，合格者颁发营业执照，才可独立开业经营。

第二篇

中国土地估价

中国土地估价行业兴起于改革开放初期，伴随着 20 世纪 80 年代中期城镇土地使用制度改革的推进而活跃起来，迄今已发展 30 余年。在这 30 多年的时间里，土地估价行业从摸索建立、学习国外经验、自主发展、规范服务，一步步建立起了专业、规范的土地估价服务市场，为我国的土地市场发展提供了良好的助力。土地市场是实体经济发展的根本要素，因此可以说土地估价行业对国家的经济建设贡献了重要力量。

截至 2018 年底，中国土地估价机构数量约为 4100 家，土地估价师约 27000 人，其中 A 级资信机构有 120 家。土地估价行业已经形成了较大的发展规模，这些专业机构服务于中国经济的各个领域，满足着各行各业的评估咨询需求。

第一章

古近代土地估价

第一节　古代土地估价

　　追溯历史，人们都是过着耕地而食、构屋而居的生活，土地是人类最重要的生活资料之一。中国是一个农耕文明发达的国家，农业税赋是国家主要的财政收入之一，制定税赋标准和建立税收制度，都涉及对农用地特别是耕地等级的评估。

　　我国古代土地管理制度随着社会发展和王朝更迭不断发生变化，各朝代围绕着土地的分配、买卖、租赁、课税等管理制度制定不同的政策，见证着中国古代土地管理制度发展历程与变迁，也见证着中国古代人民对土地价值的认识和理解的不断发展。本书将通过对这段历史时期的相关制度加以梳理，以期对我们了解中国古代土地估价的起源有所裨益。

一、土地评估思想的萌芽

　　据史料考证，早在4000多年前，中国就有关于土地价值及其评估思想的萌芽。《尚书·禹贡》中记载到："禹别九州，随山浚川，任土作贡"。大禹治水后将天下分为九州，以土地肥沃程度将土地分为上上、上中、上下、中上、中中、中下、下上、下中、下下三级九等，作为征收赋税的标准，这就是任土作贡，也是我国最早关于土地等级评定的记录（图2-1）。

　　生产力发展，朝代更迭，为了适应生产力的需要，井田制开始出现。井田制出现

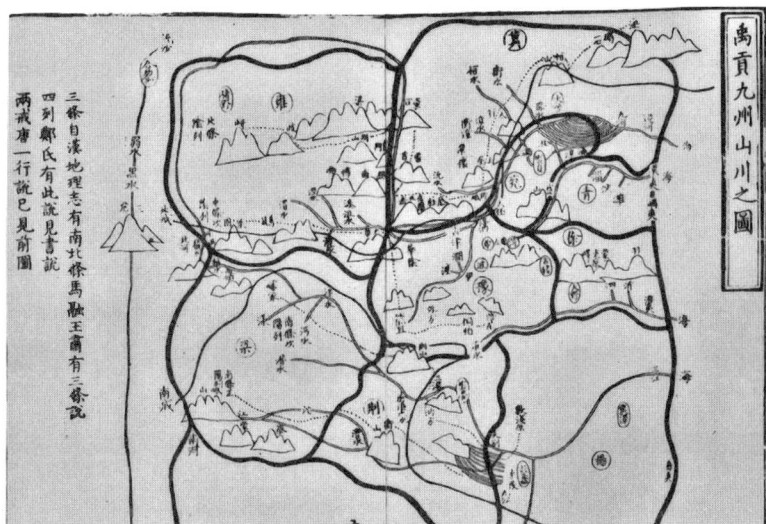

图2-1 任土作贡

在商朝，成熟于周朝。周朝采用分封制度管理天下，以井田制划分土地，授田与百姓。这一时期的田地延续着"任土作贡"的划分方法，将田地划分为上、中、下三等。《孟子·滕文公上》记载到："方里而井，井九百亩。其中为公田，八家皆私百亩，同养公田。公事毕，然后敢治私事"。即井田制下，每方圆一里内的九百亩土地划分为"井"字状的九块，周围八块作为私田，分予私人耕种，其收成全部归耕户所有；中间一块，由八家共同负责耕种，收入全归封邑贵族所有（图2-2）。

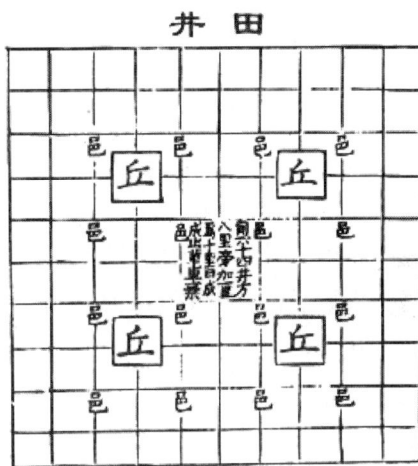

图2-2 井田制

西周中后期，周天子对诸侯的掌控力量下降，经济活动逐渐兴起，以土地和奴隶为对象的交易经常出现，这些交易部分记载在青铜器上。其中在一个叫"盉（hé）"的西周青铜器上，记录了我国历史上目前发现最早的一宗不动产交易。该"盉"主要记载了周恭王三年，一个名叫矩伯的奴隶主分两次把1300亩农用土地转让给一个叫裘卫的人，以换取觐见天子的礼物，即价值八十朋的玉质礼器和价值二十朋的皮裘礼服。裘卫把这件事情报告了执政大臣，得到了大臣们的认可，还进行了授田仪式，从而确认了转移土地归属的合法手续。当时关于土地的交易价值都是以双方洽谈商议决定，无专业估价人员和专业估价方法，属于原始估价，特点是交易双方自行定价、估价无科学依据。

任土作贡和井田制，是中国最早有记载的官方对土地进行等级划分的制度。当时的土地买卖是以物易物进行，没有具体的交易准则和规范，统治者也没有具体的管理办法。

春秋战国时期，《管子·地员》中记载了管仲的土地管理方法。管仲将土地分为3等18类，每类又分为5种，共90种。这是我国最早的关于土地分类和土地评级的专著。

土地的肥沃程度不同，产量不同，养活的人口数也不同。为了合理分配土地，当时土地的等级评定就是根据土地可以养活的人口数来确定土地等级。这种土地评级理念在《周礼·小司徒》中有记载："乃均土地，以稽其人民，而周知期数。上地家七人，可任也者，二家五人；下地家三人，可任也者，家二人"。

东汉时期，关于土地的等级评定《后汉书·秦彭传》中有记载，东汉建初元年，山阳太守秦彭"亲度倾亩，分别肥埆，差为三品，各立文簿，藏之乡县"。

西魏和北周时期实行的均赋役制、均田制关于田地的等级评定也是延续着以土地肥沃程度这一标准来评定。

二、土地评估思想进一步发展

（一）唐朝"均田制"

从东汉开始，土地兼并现象严重。同时魏晋南北朝时期，中原大地战乱不断，百姓为逃避战乱，离开生长的土地，颠沛流离。呈现一幅战乱年间十室九空，沃土肥田荒草丛生的现象。百姓渴望有稳定的环境，封建统治者希望其治下百姓安居乐业，缴纳更多赋税维持王朝的运转。由此西魏时期和北周时期实行的屯田制、均赋役制、均田制等都对土地评级和赋税制度做出了探索。隋唐迎来了大一统，日益活跃的土地交易行为促使土地评估的思想进一步发展。

唐朝是我国古代封建社会经济发展较为繁荣的时期，统治阶级实行三省六部制加强天子权威和中央集权，特别是三省六部中的户部，更负有："掌天下土地、人民、钱谷之政、贡赋之差"之责，推行均田制发展农业，使唐朝的社会经济繁荣发展，田宅买卖相较前代也更为活跃（图2-3）。均田制的推行，使大量荒地得到开垦，同时也在限制田地买卖和兼并上起着重大作用。首先，口分田是不允许出卖的，但是又有例外："卖充宅及碾硙、邸店之类"的则允许出卖；在"家贫卖供葬"以及因犯罪而被流放和移乡的情形下，永业田可以出卖；由地少人多的狭乡迁徙到地多人少的宽乡，无论永业田还是口分田都是可以买卖的；官员永业田和赐田都可以出卖。

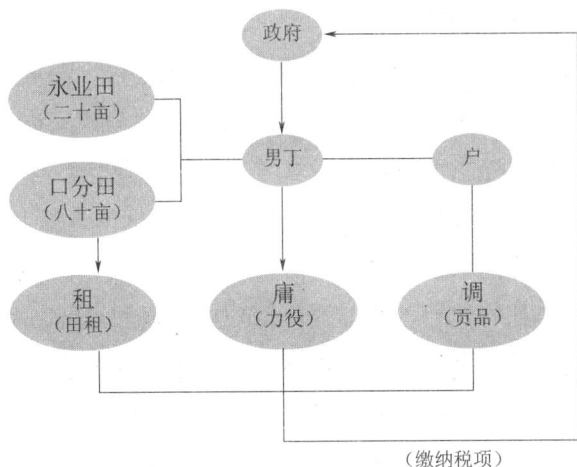

图2-3 唐朝均田制

根据目前可查找到的有关记录得知，唐朝时田宅交易已经十分活跃。《唐会要》卷61《弹劾》云："永徽元年十月二十四日，中书令褚遂良抑买中书译语人史诃担宅，监察御史韦仁约劾之。"《太平广记》卷16《杜子春》云："杜子春者，盖周隋间人……有一老人与……三百万……子春以孤孀多寓淮南，遂转资扬州，买良田百顷，郭中起甲第，要路置邸百余间，悉召孤孀，分居第中。"同书卷《道林》云："唐调露年中，桂州人薛甲……有金数千两。后卖一半，买地造菩提寺。"

田宅交易的活跃，也必然对控制和规范市场交易行为的制度产生相应的需求，所以唐朝对田宅买卖也制定了相应的政策，以免不法交易造成社会不安或不稳定因素。《唐律疏议》卷13《户婚》"妄认盗卖公私田"条中规定了"盗贸、盗卖公私田"的罪名。据疏议原文的解释，"盗贸"指"私窃贸易"，"盗卖"指"盗卖与人"，且"盗贸易者，须易讫；盗卖者，须卖了"，这就是"盗"之罪名成立的必要条件。同卷中在"在官侵夺私田"条疏议云："或将职分官田，贸易私家之地，科断之法，一准上条'贸易'为罪"，意即盗卖依职位分配的官田（公田）或他人私田的，一律以上条"盗卖、盗贸公私田"为罪。

唐朝在对田宅等买卖进行限制的同时，又对合法合规的田宅交易实行较为严格的契约制度。唐律规定："令无私契之文，不准私券之限。买卖田皆须经所部官司申牒，年终彼此除附。若无文牒，辄买卖，财没不追，地还本主。"文牒即当时买卖双方签订的契约文书，而契约在当时也主要指土地买卖契约，其内容也非常严格和完备，一般契约里都会写明交易双方的姓名、土地亩数、每亩地的价格、坐落四至和交易的中间人等。

（二）宋朝的评估人员——"牙人"

宋朝是我国古代田宅交易最为活跃的朝代，不同于以往历朝在土地国有制下对田宅买卖的各种限制，宋朝已经不复存在土地国有制继续存在的客观条件，取而代之的是土地私有制的盛行。商品经济的发达，使得土地流转关系复杂化，为更好地调整和规范田宅交易，宋朝统治者将有关田宅交易的内容正式入律，系统而全面地规定了有关田宅买卖的条件和程序等一系列制度。

宋朝法律规定，订立买卖契约必须找中间人办理，即使当事人双方已经商定完毕。在契约订立及完成交易的整个过程中，中间人穿梭于当事人双方之间，了解交易意向、协助达成合意、形成契约、执行契约的具体操作、监督和见证。可见，中间人在促成契约订立、完成土地房屋交易的过程中扮演着非常重要的角色，是成立契约的必要条件。牙人，是当时中间人的称谓，始见于唐代，后世也一直沿用。由于商品经济的发达，牙人的分工在宋朝进一步明确和专业化。其中，专门从事房屋、土地买卖中介的称为"庄宅牙人"。在进行房屋土地交易中介活动的过程中，宋代法律对牙人应承担的责任也进行了较为详细的规定：

其一，牙人要负责验证待交易房屋、土地所有权的归属及买卖的合法性。具体而言，由卖主以书面形式向牙人出具授权委托，一方面证明其对所卖田宅的所有权和出卖的合法性，另一方面意味着牙人可以开始着手验证卖主对所卖田宅是否具有合法所有权及出卖行为的合法性。

其二，牙人要评议田宅交易的参考价格。评议待售田宅的价格是牙人的主要功能之一，评议完价格之后牙人就需寻找合适的买主，以促成交易。对于牙人如何评议价格倒是没有很完善的过程和方法记录，但是当时已经有士大夫提出"计租定价"的理论，故而以地租水平来确定田宅土地的价格应该是当时牙人评议价格的方式之一。

（三）元朝"丁税地税执法"

元朝对外战争不断，赋税繁重，且国家疆域辽阔。元太宗时期实行"丁税地税执法"，《元史·食货志》记载："丁税少而地税多者，纳地税；地税少而丁税多者，纳丁税。"因此元时期对土地的评估要求就降低了，土地的评估活动较少。除了田地上的税收外，元朝还对房产进行征税，即房地租税，对房屋土地的租金收益课税。

（四）明朝"鱼鳞图册"

鱼鳞图册起源于南宋，明洪武时期朱元璋下令在全国清丈土地、编制鱼鳞图册，其作用是确定业户的土地产权，确保政府田赋征（图2-4）。《明史·食货志一》上记载："洪武二十年，命国子生武淳等，分行州县，随粮定区。区设粮长四人，量度田亩方圆，次以字号，悉书主名及田之丈尺，编类为册，状如鱼鳞，号曰鱼鳞图册"。

鱼鳞图册制度，是我国封建社会建立的科学的土地赋税管理办法，图册中详细登记了每块土地的编号、土地所有者的姓名、土地亩数、四至以及土地等级。就这些登记的项目而言，已经是相当完备的土地登记册。它的编制使赋役的征收具备了确实根据，防止了产去税存或有产无税的弊端，使政府税收有了保证，耕地及税额也有所增长。

明朝后期张居正推行"一条鞭法"，将官府一年所需费用换算白银分摊给百姓进行征税，减少了税种。"一条鞭法"的实行建立起了不依赖于土地评估值的税收制度，使得土地评估变得不再重要，土地评估较少。

（五）清朝牙行制度

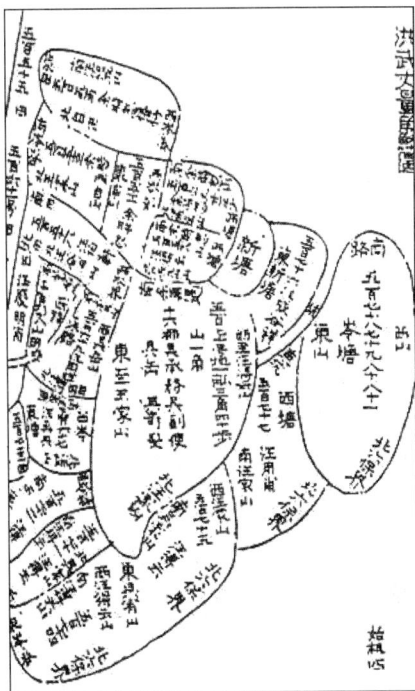

图2-4　明朝鱼鳞图册

唐宋时期的牙人更多的各行其是，牙人中介从事服务工作并没有形成行业的组织，也没有系统的规范来引导和控制牙人的服务行为，官方的法律规定还不足以对牙人中介的行为进行全面规制，所以中前期的牙人制度更多的是一种民间自发的谋生逐利方式，其发展还不完善。但是随着经济社会的发展，明清时期这种状况逐渐有所改变，牙人中介慢慢发展为一种官方引导并规制的、民间认可的行业机构与组织——牙行，其作为中介服务特许经营机构的专门性与其从事中介服务的专业性慢慢地凸显出来。

牙行是我国古代经营中介业务的机构，其组成人员称为牙人，又有牙侩、狙侩、经纪等称呼。牙人、牙行在商品交易中发挥着重要作用。清朝时，在法律上沿袭了明代原有的牙行制度并在此基础上予以补充和规范。康熙、雍正、乾隆年间牙行制度着眼于牙帖的管理，通过颁布一系列诏令和谕旨，整治了全国的牙行。官方颁发的牙帖有点类似于如今的从业资格证或营业执照，通过颁行牙帖，以实现对牙行的规范管理，只有得到官方认证、获颁牙帖的牙行才能在市场上从事相应的中介服务，由此牙行制度逐步走向规范化和制度化。

1. 牙帖的五年编审制

康熙中期以后政府开始着手调整和完善牙行制度，严格对牙帖的管理，开创了牙帖五年编审制。通过政府定期清查更换牙帖，革除不法牙行，减少牙行弊端。康熙初年编订的《现行则例》规定："凡在京各牙行，领帖开张，照五年编审例清查换帖。"

康熙四十五年将牙帖"五年编审例"推行全国,"嗣后一应牙行,照五年编审之例清查,更换新帖。"

2. 定额牙帖制

雍正年间,清政府实行定额牙帖制,严格控制牙帖的发放数量。牙帖的发放数额决定权由各省收归朝廷户部,牙帖的发放权限也由各州县上移至各省府一级衙门,"谕各省商牙杂税额设牙帖,俱由藩司衙门颁发,不许州县滥给","嗣后止将额内退帖顶补之处查明换给,再有新开集场,应设牙行者,酌定名数给发,亦报部存案。"将牙帖的发放权限收归至省府一级衙门,而各地牙帖数目的增加须报户部备案,同时经过其批准才能发放新增牙帖,一定程度上限制了牙行的无限制设立,维护了市场秩序。

古中国是农业大国,王朝的运转来源于对土地的赋税,土地作为根源,牵动国本。等级划分中,士农工商,士作为统治阶级,其次则为农,由此可见,我国封建时期土地和农民的重要性。

上千年的历史变迁,不论是王朝的更迭,还是社会制度由奴隶制转向中央集权的封建制,关于土地的等级评定古代中国一直都是延续使用以土地肥沃程度的评估标准来评定的土地估价观念。生产力的发展和社会的变革也进一步地推动着土地划分和评定发展,随之演变出各种土地制度和衍生出相关的官职、职业,因此我国土地估价的思想自古有之,并在实践中不断地探索与发展。

第二节　近代土地估价

近代以来,殖民主义横行和战火纷飞给我国带来了深重的灾难,但门户洞开客观上也使西方资本主义制度和思想文化在我国得到传播发展。众多仁人志士为实现民族独立和国家复兴,在将所学西方先进制度和思想付诸实践的过程中,我国近代意义上的土地估价也正式走上历史的舞台。旧民主主义革命时期,孙中山先生"三民主义"平均地权的思想便确立了以核定地价为核心的实现方法;国民政府统治时期也颁布了相应的土地法,对土地价值评估的内容进行规定;新民主主义革命时期,中国共产党在敌后根据地和解放区也通过在颁行的土地法、土地条例中划分土地价值以实现土地的合理分配。

但是,战争年代的动乱和内忧外患注定了当时的各种制度构想都无法善始善终,遑论一个实施基础薄弱的土地估价。虽然这项尝试未能成功引导我国现代土地估价制度的建立,但也在我国土地估价的历史上留下了重要的一笔。

一、孙中山"平均地权"思想

孙中山先生于 1905 年在同盟会宣言中正式列"平均地权"为国民大革命四大纲领之一。"平均地权"的办法为"规定地价，照价征税，照价收买，涨价归公""核定天下地价，其现有之地价，仍属原主所有；其革命后社会改良进步之增价，则归于国家，为国民所共享。"

1930 年 6 月，国民党政府颁布了中国第一部完整的《土地法》，其中规定了土地价值评估的内容，包括房地产租金确认、地价申报、地价评估机构、地价争议处理、建筑改良物评估等。

20 世纪 30 年代，中国土地价格测算中广泛应用了收益法。《中华民国地价平算规则》规定："以其租赁价格推算地价时，应由全年收益总额除去土地修缮及维持费、并地税与其他负担金额，用还元（原）率算出之。"

二、新民主主义革命时期的土地估价

1930 年 10 月，中华工农兵苏维埃第一次全国代表大会通过《中华苏维埃共和国土地法》，其中的第七条提出分配土地时"不仅应计算土地的面积，而且应估计土地的质量——（特别是收获量）……"

1946 年，陕甘宁边区政府颁布的《陕甘宁边区征购地主土地条例草案》第三章"地价之评定"，对地价的评估人、评估标准、计量单位、评估方法等方面作了规定。

解放战争中，东北一些地区解放后，一些省市在其房地产管理的办法中涉及了土地估价的内容。如《辽宁省土地登记丈量评级暂行办法》（1948 年 9 月）对耕地的丈量和评级做了规定；《哈尔滨市公有土地出租暂行条例》（1948 年 10 月）中规定："公有土地出租租金由哈尔滨市人民政府规定"和"公有土地租金如有必要可以每年评定一次"。

第二章

土地估价新篇章

　　中国土地估价经历了数千年的演变、发展、借鉴融合，形成了一些基础方法，为我国土地管理制度的建立和完善作出了重要的贡献。但在新中国成立初期，我国实行社会主义公有制经济制度和计划经济体制，土地归国家所有，由政府按人口多寡分配给人民使用，人民只有使用权没有所有权、处置权，土地没有流转市场和商品化，其经济价值得不到体现，土地估价活动基本消失。因此在我国的土地估价发展史中这一时期属于断层时期。

　　1978 年改革开放以后，随着土地制度改革，土地估价活动开始复兴，土地估价从新的起点开始出发。

第一节　改革开放与深圳经济特区的建立

　　改革是一个永恒的话题。齐国管仲、吴国伍子胥、魏国李悝、韩国申不害、楚国吴起之徒变法改革而有春秋五霸、战国七雄；秦国商鞅变法，使秦以尺寸之地，振长策而御宇内，图灭六国；清末一场洋务运动加速了中国自强图存的进程；罗斯福新政使美国摆脱了大萧条危机，迅速地恢复经济实力，为美国成为强大的资本主义国家奠定了基础。古今中外，无数例子都显现出改革的重要性。

　　1949 年，中国人民在满目疮痍、饱受战乱的神州大地上建立一个新的中国，自此中国人民站起来了。新中国成立后，关于新中国的建设、该怎么建，当时的领导人心里并没有答案。先辈们只能在探索中前进，用智慧和鲜血完成了社会主义"三大改造"，创造性地开辟了一条适合中国的特色社会主义改造道路，从此新中国进入了社会主义初级阶段。在探索中不仅仅有前进的喜悦，也有曲折和困难的烦扰。

1976 年，长达 10 年的"文革"结束，新中国百废待兴。

1978 年 5 月，《光明日报》刊载特约评论员文章《实践是检验真理的唯一标准》，引发了一场全国的真理标准大讨论活动，这场讨论冲破了教条主义和个人崇拜的思想，指出了实践是检验真理的唯一标准。同年 11 月，安徽省凤阳县小岗村实行"分田到户，自负盈亏"的家庭联产承包责任制（大包干），拉开了中国对内改革的大幕。12 月份，十一届三中全会召开，大会彻底否定了"两个凡是"的方针，重新确立解放思想、实事求是的思想路线；停止使用"以阶级斗争为纲"的口号，作出把党和国家的工作重心转移到经济建设上来、实行改革开放的伟大决策，为改革开放提供了政策和理论依据。1979 年 7 月 15 日，党中央正式批准广东、福建两省在对外经济活动中实行特殊政策、灵活措施，迈开了改革开放的历史性脚步。

1979 年前深圳市还叫宝安县，当时宝安县是广东省的一个小县城，是一个与香港新界一河之隔的边境小镇，人口不足 3 万。当时出现一种有趣的现象，一河之隔的两地，仿佛是两个世界。一边是高楼大厦林立，晚上霓虹灯灿烂的繁华；一边是千村万落荆棘丛生，晚上三两点小渔灯的寂静（图 2-5、图 2-6）。

图 2-5　20 世纪 80 年代的香港

二十世纪七八十年代，香港处于高速发展期，为适应发展的需要，香港大量地开展基建工程。香港面积不大、人口总数也不多，因此缺少大量的劳动力。在七八十年代，宝安县人和众多淘金者去往香港。缺少大量劳动力的港英政府毫无原则地给内地淘金者提供居住证和工作，吸引大量的人前往香港淘金。宝安县因离香港近，去香港的最

图 2-6　20 世纪 80 年代的深圳

多，可以说当时宝安县是十室九空、农田荒废，多数地区只剩下老人和小孩。

　　面对大规模的人口前往香港，邓小平说："这是我们的政策问题，不是部队所能管得了的"。在 1978 年十一届三中全会的鼓舞下，宝安县开始大胆地探索，相关领导向中央请示，借助其优越的地理位置，发展对外贸易，获得中央肯定。1979 年初，时任中共广东省委书记的习仲勋，经过长期深入调研，酝酿出了在宝安县蛇口公社创办工业区的设想，缩小广东和香港的差距。1979 年 1 月，广东省委发文，撤销宝安县，成立深圳市。1979 年 4 月，习仲勋在中央工作会议上提出，希望中央下放部分权力，让广东拥有一定的对外经济自主权[①]。面对习仲勋提出的请求，邓小平说："中央没钱，可以给些政策，你们自己搞，杀出一条血路"。就是这样艰难的条件下，1980 年 8 月，深圳市成立、试办经济特区，划分经济特区和宝安区、龙岗区两大部分，走在对外开放的前列。

　　中央给政策没有资金支持，地方通过灵活使用政策发展经济，这大概就是当时深圳经济特区领导人必须面对的现状。没有钱只有政策，那么政策怎么转化为财富呢？深圳市委书记梁湘给出了答案。1982 年 11 月，经过长期的考察，省领导与市委领导班子反复讨论，制定了《深圳经济特区社会经济发展规划大纲》，大胆地提出"四个为主"——产业以工业为主，资金以引进外资为主，产品以外销为主，经济运作以市场调节为主的发展战略。

　　"四个为主"的提出吸引了大量外资，有效地把经济特区现有的政策、产业资源转化为资金，利用资金兴建了大量的厂房和商业楼宇等基础设施，加快特区的建设进行经济运作，形成良好的循环，促进经济的发展。

　　在吸引外籍商人投资的同时，很多国外先进的经验和理念也跟随他们走进中国，

---

① 严宏伟，邱然　主访人．习仲勋与群众路线（上册）[M]．北京：中共中央党校出版社，2015.

深圳经济特区是最早接受先进经验熏陶的区域。现代估价的理念也正是这个时候在经济特区传播，并被政府和市场所接受。

　　深圳是广东对外开放的桥头堡，也是中国对外开放的排头兵，对中国的改革开放具有深远的影响。改革开放 40 年的探索和发展，深圳经济特区成了如今中国经济最发达的城市之一，有力地印证了中国走改革开放道路的正确性，印证了中国特色社会主义制度的优越性。从昔日的边陲县城，变成今日高楼林立的国际化大都市，先辈们暴霜露、斩荆棘，以尺寸之地建万世之基业只用了短短 40 年的时间。在深圳过去 40 年城市化进程中，走完了欧洲 270 年和美国 100 年的发展历程。

第二节　城市国有土地有偿使用制度改革

　　1978 年改革开放以后，中国打开了对外开放的大门，国外和港澳地区投资者开始进入内地市场，外来投资者与内地企业的经济合作揭开了经济发展的序幕。改革前土地使用制度规定所有土地均为行政划拨土地，土地无偿使用，导致我国的利益受到了损害。为了适应经济发展需要与国际经济接轨，我国政府决定对有外资的合营企业用地征收土地使用费，以保证国家利益不受损失。

　　1979 年 7 月 1 日，第五届全国人民代表大会第二次会议通过的《中华人民共和国中外合资企业经营法》规定：中国合营者的投资可包括为合营企业经营期间提供的场地使用权。如果场地使用权未作为中国合营者投资的一部分，合营企业应向中国政府交纳使用费。这是新中国成立以后第一次涉及"土地使用费"的文件。1980 年 7 月，国务院颁布《关于中外合营企业建设用地的暂行规定》指出：中外合营企业用地，不论新征用土地，还是利用原有企业的场地，都应计收场地使用费。1982 年深圳经济特区首先开始征收土地使用费，收费标准按土地的区位条件，每平方米 1~21 元不等，1982~1986 年全市累计收取的土地使用费共 3848 万元。当时征收土地使用费的出发点是为了解决城市基础设施建设资金长期短缺的问题，虽然对原有的土地使用制度触动不大，但这种尝试意味着我国城市土地从无偿使用向有偿使用转变，迈出了关键的一步。

　　1983 年，深圳通过《深圳特区经济房地产管理暂行条例》，并由特区发展公司向用地单位收取土地使用费。1988 年 9 月 7 日，国务院发布了《中华人民共和国城镇土地使用税暂行条例》，规定自该年 11 月 1 日起，开始对城镇土地按不同等级征收土地使用税，税率的标准为：大城市每年每平方米收税 5~10 元，中等城市 4~8 元，小城市 3~6 元，县城和小城镇 2~4 元。根据相关法规，城市土地有偿使用采取两种方式，对国内的土地使用者由中央统一征收土地使用税，对外商投资企业和外国企业在华机构用地由各地区、城市收取土地使用费。自此中国城市土地在法律上正式步入有偿使用的轨道。

第三节　城市国有土地交易市场形成与中国内地土地第一拍

征收城镇土地使用税（费）这一改革措施，是对传统的城市土地无偿使用制度的否定，也是新的城市土地制度的起点。它增强了人们合理用地、节约用地的观念，不少城市的企业单位把多年荒弃闲置不用的土地主动交还给国家。但由于土地使用税标准还比较低，征收范围还比较窄，远不能满足城市基础设施建设的资金需求。更为重要的是这项改革还没有从根本上触动传统土地使用制度的根基，还没有建立土地市场化的流转机制，土地使用权这一重要的生产要素依然不能进入市场。为了适应经济体制改革和对外开放发展的要求，必须寻找一种新的城市土地资源配置机制。

1987 年 7 月，深圳市政府提出以土地所有权与使用权分离为指导思想的改革方案，尝试将土地使用权作为商品有偿出让。此项改革的主要内容是在明确城市土地属国家所有的前提下，政府采取公开竞投和招标的方式出让城市土地使用权。1987 年 9 月 9 日，深圳首次以协议方式有偿出让土地，将 5300 平方米的地块以 106 万元的价格协议出让给中国航空技术进出口公司工贸中心。1987 年 11 月 25 日，深圳通过招标方式以 611 元 / 平方米的价格出售一块住宅用地使用权，深华工程开发公司在 9 家投标公司的激烈竞争中获得一块 46355 平方米住宅用地为期 50 年的使用权。

1987 年 12 月 1 日 16 点，轰动全中国的第一次土地公开拍卖在中央领导、17 个城市的市长和中外媒体的见证下正式开始。这是中国首次以公开拍卖的方式有偿转让国有土地使用权。时任深圳市规划国土局局长刘佳胜作为这场国内史无前例的拍卖举槌人，随着最后一声槌子落下，三宗土地拍卖成功（图 2-7）。这三宗土地的成功拍卖，使政府得到了 2336.88 万元土地使用费，等于特区内 1985 年、1986 年两年全部土地费用收入的总和，创造了中国改革史上一个重要的第一次。当时香港报纸发表了这样的评论："这是 1949 年新中国成立以来的空前创举，也标志着中国内地的改革开放进入了新时期。"

深圳"第一拍"为有偿转让国有土地使用权开了先例，为土地流转市场作出了伟大贡献。同年 11 月，国务院确定在深圳、上海、天津、厦门、福州等沿海城市进行土地使用制度改革试点，各试点城市按照土地所有权和使用权相分离的原则，国家在保留土地所有权的前提下，通过协议、招标、拍卖等方式将土地使用权以一定的价格和年期出让给使用者，出让后的土地使用权可以进行转让、出租或抵押。这是我国土地使用制度根本性的改革，彻底打破了长期无偿、无限期、无流动性的土地划拨制度。

图 2-7　深圳"第一拍"现场

1988 年 4 月，第七届全国人大五次会议对《宪法》进行修改，删去了第十条中土地"不得出租"的规定，增加了"土地的使用权可以依照法律的规定转让"的条款。随后政府发布《关于修改〈中华人民共和国土地管理法〉的决定》，允许土地使用权依法转让。自此我国正式形成了合法的土地流转市场，房地产行业进入了新时期。

1990 年 5 月，国务院颁布的《城镇国有土地出让和转让暂行条例》，对国有土地使用权出让、转让、出租、抵押、终止等问题作出了明确的规定。这些法律法规的颁布实施，意味着我国城市土地使用制度改革进入了一个新的发展阶段，也标志着土地管理体制改革开始步入了一个新的阶段。到 1990 年底，已有 10 个省、直辖市，38 个城市，19 个县、市先后出让 732 宗土地，共 1978 公顷，土地出让收入 19.5 亿元。

第四节　土地级差收益测算与分等定级

一、城镇土地分等定级

改革开放后，随着经济体制的改革，为了合理利用现有城市土地，优化城市用地结构，各地逐步开展了以适宜性评价为主、采用经验分等法和经验评分法对城市土地进行规划和现状用途的评价。

20 世纪 80 年代中期，随着城市规划的科学发展和对土地属性的进一步认识，在对城市内部土地注重适宜性评价的同时，开始了对土地综合属性、质量进行可比的等级评定工作研究。同时为体现国家土地所有者的经济权益，强化经济手段在优化城市土地利用结构上的作用，开始进行以研究土地经济效益及其差异为重点的土地级差收益测算工作。1984 年，安徽省巢湖市在城市规划工作中进行了土地综合等级划分的初步探索。1985 年，应征收土地使用费之需，北京、上海、武汉等城市开展了以测算土地级差收益、了解企业负担能力为主要目的的研究，其中涉及土地等级的划分。此间全国土地处于城乡分管体制下，土地评估及相关管理工作尚未在全国城乡系统开展。

1986 年，国家土地管理局成立，全国城乡土地开始统一管理，我国土地评估与地价管理事业进入较为系统的研究和实践阶段。

1987 年，为满足征收土地使用费（税）的需要，并避免与当时法律法规相抵触，国家土地管理局提出了在特定的目的下，依据土地使用价值优劣（土地的自然和经济属性综合鉴定结果）进行等别和级别划分的“土地分等定级”设想，组织起草了《城市土地定级规程（征求意见稿）》，并在上海市、黑龙江省双城市、湖北省宜昌市、湖南省岳阳市、福建省福州市、云南省昆明市等城市开展了城镇土地分等定级试点工作。1988 年 9 月，《城镇土地使用税暂行条例》的颁布，有力地推动了此项工作的开展。在此基础上，1989 年 9 月国家土地管理局发布《城镇土地定级规程（试行）》，确定了多因素分值和级差收益测算法评定土地等级的基本思路和方法，标志着我国土地分等定级工作进入统一、规范、有序、科学的新发展阶段。城镇土地分等定级工作迅速在全国开展。

二、农用地分等定级

我国农用地分等定级工作至少可追溯到 20 世纪 70 年代末。国家土地管理局成立后，根据 1984 年国务院第 70 号文件《关于各地在完成土地利用现状调查以后对土地质量进行评价的规定》，于 1989 年 8 月在河北省石家庄市召开研讨及试点座谈会，对农用土地分等定级的主要技术问题进行探讨，布置试点工作。

1989 年 9 月印发《农用地分等定级规程（征求意见稿）》及《农用土地分等定级方案的总体设想》，为此项工作的开展提供技术指导。陆续安排在黑龙江、山西、四川、湖北、江苏、河北、江西等省的 7 个县开展试点，并于 1994 年顺利通过验收。

1994 年 10 月 1 日起施行的《基本农田保护条例》为农用土地分等定级和评价工作进一步提供了法规支持，提出了新要求，有力地推动了此项工作的开展。

第五节　中国内地土地估价制度的建立

随着城市国有土地交易市场的建立，原有的土地级差收益测算和分等定级制度已不能满足国内土地市场的需要，土地估价已经成为当时中国最迫切需要解决的问题之一。

1987 年深圳首次公开拍卖土地使用权也是我国内地第一次涉及土地估价的活动，是我国土地估价行业诞生的重要标志，当时内地并没有土地估价师和土地估价技术，为了保障土地拍卖的进行，当时采用了香港的收益法才确定了首次土地拍卖的出让底价。

土地交易市场建立以后，内地的土地供应制度仍然实行"双轨制"（出让与划拨并行），划拨土地使用权造成了国有土地资产大量流失的现实，以及土地使用制度改革从沿海开放地区迅猛向内陆推进的情况，引起中央高度关注，中央领导明确指示要研究制定地价政策，解决土地估价问题。国家土地管理局加紧了地价评估问题的研究和推动工作。

一是试点先行。1989 年，在江苏省南京市、浙江省宁波市、辽宁省大连市等城市开展土地估价试点，并将试点范围逐步扩大到福建省厦门市，辽宁省锦州市、营口市，浙江省杭州市、温州市，河北省石家庄市、辛集市等城市。

二是推动立法。1990 年、1991 年颁布的《城镇国有土地使用权出让和转让暂行条例》和《土地管理法实施条例》，为土地分等定级估价工作提出了法规依据，也为实施地价管理打下了基础。

三是全面部署。为适应经济体制改革和经济发展的需要，1992~1993 年，国家土地管理局等有关部门下发《关于地籍管理几个问题的处理意见》、《关于国有资产产权登记中有关土地资产登记工作的通知》和《关于加强土地估价工作的通知》，部署各地进一步加快土地估价工作等。

四是建立估价标准。1993 年 6 月，在总结各试点城市经验和反复征求意见的基础上，国家土地管理局发布行业标准《城镇土地估价规程（试行）》，提出了以基准地价和标定地价为核心的地价体系，以及相应的评估技术途径和方法。该规程的发布标志着我国地价体系的初步确立，土地评估技术和方法、内容日益科学和规范。

五是建立规范制度。1993 年 7 月，国家土地管理局发出《关于加强宏观调控管好地产市场的通知》（国土 [办] 字〔1993〕第 120 号），要求各级土地部门必须加强地价管理工作，尤其要抓好基准地价评估。在基准地价的基础上，按需要评估宗地地价，确定出让底价，逐步做到以评估地价作为核定土地增值额、计收土地税费和政府行使优先购买权的参考标准；规定今后未经估价的和出让地价低于开发成本的土地不得出让，对低于基准地价转让的土地，政府有权优先购买等。这些规定对此后我国的地价管理制度和土地市场建设都具有重要意义。在国家法律法规和政策的强力推动下，城镇土地估价工作在全国范围内按照统一技术标准迅速、全面推开。

第六节　土地估价师资格制度的建立

面对日益扩大的土地市场，为了规范市场发展和土地交易，迫切需要具备专业技能的估价人员开展土地估价。1992年，国家土地管理局在北京举办了第一期土地估价师培训班，经考试认定了第一批土地估价师。同时，根据国务院"三定"方案赋予的职责，由国家土地管理局组织成立了多部门、高等院校、科研单位专家参加的国家土地估价委员会，负责地价评估管理的协调与咨询。

1993年2月，国家土地管理局率先制定颁布了《土地估价师资格考试暂行办法》(〔1993〕国土[籍]字第28号)。该办法明确土地估价师资格实行考试认证制度，欲取得土地估价师资格须参加全国统一考试，合格者发给土地估价师资格证书，获得独立从事土地估价工作的资格；这一办法还明确了土地估价师资格实行注册登记制度，有效期5年；文件对报名参加土地估价师资格考试人员应具备的条件也做了详细的规定。

国土资源部于2001年6月15日发布实施《土地估价师继续教育暂行规定》，建立土地估价师继续教育制度，规定土地估价师接受继续教育时间5年累计不得少于100学时，在规定时间内未达到规定学时的，将注销其土地估价师资格。

2006年11月，国土资源部发布《土地估价师资格考试管理办法》(国土资源部令第35号)，调整了原有规定，对土地估价师资格考试在管理体制上明确由国土资源部组织全国土地估价师资格考试委员会，负责对涉及的重大事项进行协调、决策，中国土地估价师协会具体组织考试；放宽了报考条件，规定考试每年举行一次，各科成绩在连续3个考试年度内滚动有效；并建立了土地估价师实践考核与执业登记制度。通过国家考试认证，截至2018年底全国共有27300多名土地估价师。

图2-8　第二期全国高级土地估价研讨班

经过 10 余年的培育和规范，土地估价师已成为国家根据经济发展需要设置的六类评估专业资格之一，我国土地估价行业已发展成为社会主义市场经济条件下不可或缺的社会中介行业，在深化土地使用与管理制度改革、量化土地资产价值、规范企业改制、推进土地供应调控与促进房地产市场稳定发展、加强证券市场建设、保障国家土地税收征管安全以及协助司法仲裁裁决等方面发挥了重要作用。

2014 年 10 月，国务院印发《关于取消和调整一批行政审批项目等事项的决定》，取消和下放 58 项行政审批项目，取消 67 项职业资格许可和认定事项，取消 19 项评比达标表彰项目，将 82 项工商登记前置审批事项调整或明确为后置审批。正式取消了土地估价师的资格认证，同年土地估价师资格考试暂停举办（表 2-1）。

土地估价师执业资格制度发展历程表　　　　　表 2-1

年　份	土地估价师执业资格制度发展大事记
1992	国家土地管理局在北京举办了第一期土地估价师培训班，经考核认定了第一批土地估价师
1993	国家土地管理局发布《土地估价师资格考试暂行办法》，明确了取得土地估价师资格须参加全国统一考试
2001	国土资源部发布《土地估价师继续教育暂行规定》，建立土地估价师继续教育制度
2006	国土资源部发布《土地估价师资格考试管理办法》，调整了原有规定
2014	国务院发布《关于取消和调整一批行政审批项目等事项的决定》（国发〔2014〕50 号），明确取消土地估价师准入类资格的行政许可

第七节　中国土地估价师与土地登记代理人协会的成立

我国土地估价事业起步虽晚，但发展速度较快。为了适应土地使用制度改革需要，从 1987 年起，国家土地管理局在吸收国内外地价评估和试点工作经验的基础上，组织完成 600 多个城镇的土地定价和基准地价的评估工作。同时还根据有关土地资产评估和管理的规定，广泛开展了国有土地使用权出让、转让、出租、抵押、入股等宗地地价评估工作。在广泛开展土地估价工作的同时，为适应政府职能转换和按国际惯例评估土地资产的需要，积极推动建立土地估价行业自律管理组织，以推动行业规范化管理水平的提高和促进行业健康发展。

在我国土地估价事业发展过程中，存在着许多行业发展和管理上的问题，如土地估价人员水平参差不齐，估价人员缺乏有组织的培养与训练，估价机构之间缺乏信息交流，这些已严重影响到我国土地估价师事业的健康发展，急需得到解决。在这样的背景下，一个"联结全国土地估价人员和机构，规范土地估价人员和机构行为"的全国性行业社会团体——中国土地估价师协会便应运而生了。

1994 年 5 月，经国家土地管理局批准、民政部审核登记，中国土地估价师协会在北京正式成立。该协会的成立标志着我国的土地估价事业从此将步入健康有序的发展轨道。该协会的任务和作用主要有：搞好会员自律，配合行政主管部门落实行业管理；引导机构发展，规范机构管理；扩大协会规模，提供会员服务；研究技术理论，制定专业指引；净化估价环境，拓展新的业务领域；开展国际合作，提升社会影响；加强协同配合，联系同业协会共同发展。

除了自律管理之外，中国土地估价师协会还承担着部分行业管理的任务。2008 年国土资源部根据国务院批准的《国土资源部主要职责内设机构和人员编制规定》，将土地估价机构和人员资质认定职责交给中国土地估价师协会。协会每年主持全国土地估价师资格考试，组织全国的土地估价师继续教育工作，同时协助主管部门开展相关的行政监管工作。

2014 年 8 月，中国土地估价师协会更名为中国土地估价师与土地登记代理人协会。协会英文名称为 China Real Estate Valuers and Agents Association，缩写为 CREVA。协会是由具有土地估价资格、土地登记代理资格及从事土地估价、登记代理工作的组织和个人自愿组成，依法登记成立的、非营利性的全国土地估价行业自律性社会团体。作为负责土地估价行业自律管理工作的全国性行业协会，目前中国土地估价师与土地登记代理人协会主要受业务主管单位自然资源部和登记管理机关民政部的业务指导和监督管理。

中国土地估价师与土地登记代理人协会设有多个专门委员会，即专业规划与发展委员会、考试与教育委员会、会籍与组织委员会、技术审裁委员会、财务行政委员会、法律事务委员会和研究中心。

第三章

土地估价服务规范发展

第一节 土地估价行业进入市场，走独立发展道路

一、土地估价机构完成脱钩改制

（一）脱钩改制的背景及必要性

土地估价行业自诞生以来长期都具有浓厚的行政管理色彩，主要体现在土地估价机构一般是由政府机关组建的或者挂靠在政府部门、事业单位名下，接受政府行政管理。由此带来的弊端是加重政府行政管理负担、影响评估行业的独立客观、不利于评估行业的健康发展。具体说来，其弊端如下：

1. 难以形成公正、独立的社会形象。中介服务应以第三方的身份为有关方提供客观、公正的服务。随着改革开放推进，中国加入世界贸易组织（WTO）之后，大量外商进入中国进行投资活动，带有政府性质的估价机构提供的估价结论容易让外商产生不信任，不利于吸引外商的投资，不利于国家经济的发展。

2. 易导致不正当竞争和垄断。行政主管部门可能利用自己的职权为下属的中介机构招揽业务，从而引起不正当竞争，部门业务垄断经营。

3. 影响行业的自我进步与发展。估价机构挂靠在政府下面难以与世界接轨，且由于与政府挂钩，出具估价报告因受政策的保护，估价机构的风险意识不强；同时可能也会受政府政策导向的约束，不利于满足客户多方面的需求，影响业务的发展。

（二）脱钩改制的政策文件

1999 年 9 月 13 日，为建立一支与社会主义市场经济发展相适应的土地评估中介队伍，保证评估机构独立、客观、公正执业，根据中共中央、国务院关于社会中介机构与政府主管部门脱钩的有关精神，国土资源部发布《关于土地评估机构与政府主管部门脱钩的通知》（国土资发〔1999〕318 号），要求将现有土地评估机构改制为两类不同性质的机构。一类是按《公司法》或《合伙企业法》等有关规定改制成由土地估价师或其他专业人员出资设立的合伙制企业或有限责任公司性质的土地评估中介服务机构。这类机构必须按要求与政府主管部门脱钩，脱钩后其从业范围界定为市场中介性的土地评估，主要涉及出让土地使用权的转让、出租、抵押等地价评估；也可在特定条件下受政府委托从事公益性、职能性、社会服务性的土地评估；具有 A 级资质的土地评估中介机构还可承担企业改制及上市公司涉及的土地评估。另一类是按《事业单位登记管理暂行条例》进行登记，保留事业单位性质的土地评估机构，专职承担政府职能性、公益性、社会服务性的土地评估，主要涉及落实政府职能所需的评估，如基准地价、标定地价、出让底价的评估等，这类机构及下设的附属评估机构将不再承担土地评估的中介业务。

1999 年 10 月 31 日，国务院办公厅发布《关于清理整顿经济鉴证类社会中介机构的通知》（国办发〔1999〕92 号）。该通知指出，为了促进经济鉴证类社会中介机构健康发展，充分发挥其维护市场经济秩序的积极作用，经国务院批准，决定对经济鉴证类社会中介机构进行清理整顿。通过清理整顿实现以下三个目标：第一，规范经济鉴证类社会中介机构的资格认定；第二，依据市场规则进行经济鉴证类社会中介机构的脱钩改制，建立自律性运行机制；第三，依法规范政府部门和行业协会对经济鉴证类社会中介机构的监督、指导和管理。

（三）脱钩改制的意义

1.土地估价行业是一个以智力劳动为主的知识密集型行业，需要集中一批优秀的专业人才长期从事这一行业，并以此作为终身职业，这不仅有利于土地估价行业发展的持续性，更有利于造就土地估价品牌，走向行业发展的专业化、市场化、规模化、国际化，应当鼓励从业者通过劳动分享所创造的利润，使其成为企业的所有者。

2.实现政企分开、政资分开，减少对微观经济活动的直接干预，既是转变政府职能的客观要求，也是国有企业改革的应有之义。

二、土地估价收费标准改为市场调节

土地估价机构脱钩改制以后，土地估价行业彻底进入市场，从此需要走独立发展道路，估价业务不能再仅仅依靠政府安排、分配，而是需要自给自足，做大做强。

土地估价行业发展初期，相关政府部门为管理土地估价机构服务收费行为，维护土地估价服务当事人的合法权益，建立土地估价服务收费标准，对土地估价机构的收费标准进行了相关规定。1994年12月12日，国家计委、国家土地管理局联合发布《关于土地价格评估收费的通知》（计价格〔1994〕2017号），该通知规定：凡具备土地估价资格并经土地、物价部门确认的单位，可接受土地所有者或使用者的委托，对土地价格进行评估，并收取土地评估费；一般宗地评估采取差额定率累进计费，即按土地价格总额大小划分费率档次，分档计算各档的收费额，各档收费额累计之和为收费总额。

土地估价机构脱钩改制后很长一段时间，相关政府部门仍然保留着对土地估价行业较强的行政管理，包括关于土地估价机构收费标准的管理。然而随着国家的改革深化，政府工作职责的进一步明确划分，逐渐放开了对市场经济的发展管控。2014年12月1日，国家发展改革发布《关于放开部分服务价格的通知》（发改价格〔2014〕2732号），决定放开房地产价格评估、土地价格评估费用，由原来的政府指导价调整为市场调节价。该文件的发布是我国土地估价行业独立发展壮大历程中重大的事件，标志着土地估价市场的发展到了一个相对成熟的阶段，也见证了我国在深化体制改革方面做了很多具体有力的工作。

三、土地估价专业人员和土地估价机构执业资质的进一步放开

在土地估价机构完成脱钩改制和土地估价收费实行市场调节价之后，土地估价行业市场化迈入了一个新的阶段。除了这两个方面外，关于土地估价专业人员的执业资格认证和土地估价机构执业资质的核准制也开始改革。

（一）土地估价人员资格认证制度取消

2014年11月24日，国务院发布《国务院关于取消和调整一批行政审批项目等事项的决定》（国发〔2014〕50号），正式取消了土地估价师资格认证制度（图2-9）。

（二）土地估价机构由资质核准转为备案制度

1993年2月13日，国家土地管理局颁布《土地估价机构管理暂行规定》（以下暂

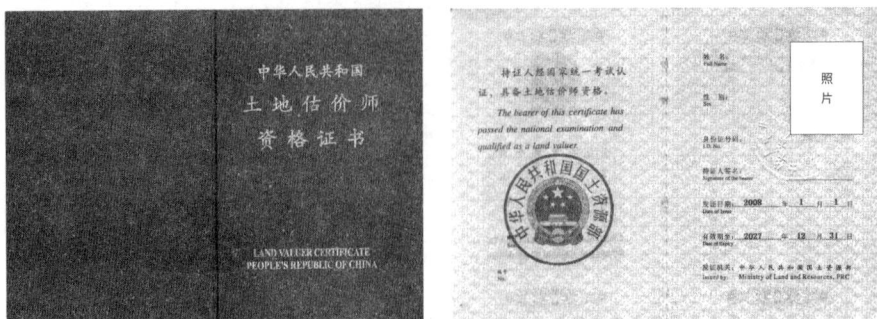

图 2-9　土地估价师资格证书

称《规定》），确立了土地估计机构资格分级制和资格认证制度，对我国土地估价机构管理影响久远。

《规定》第二条：土地估价机构资格实行分级制。有 A 和 B 两个级别：A 级土地估价机构，可在全国范围内从事土地估价工作；B 级土地估价机构，只能在估价机构所在地的县级行政区域内从事土地估价工作。

《规定》第三条：国家对土地估价机构实行资格认证制度。土地估价机构资格认证分别由国家土地管理局和省、自治区、直辖市土地（国土）管理部门批准。A 级土地估价机构的资格由国家土地管理局批准。B 级土地估价机构的资格由省、自治区、直辖市土地（国土）管理部门批准。

土地估价行业兴起以来，为我国的土地交易市场、土地管理工作发挥了重大的作用。土地估价机构长期以来由政府负责资质审核，这种管理制度为我国土地估价行业的健康发展起到了积极的促进作用，在一定程度上保障了评估机构的质量水平。但随着政府机构的简政放权政策和土地估价机构发展越来越成熟，政府核准在一定程度上限制了市场的资源分配功能，因此《中华人民共和国资产评估法》颁布以后，国家开始逐步开始放宽估价行业的管理制度，土地估价行业的行业准入制度也由审核制转为备案制。

2017 年 9 月 11 日，国土资源部发布《国土资源部关于开展土地估价机构备案工作的通知》（国土资规〔2017〕6 号），对土地估价机构的备案要求、备案程序、备案所需资料进行了明确的规定。该文件的颁布大大放宽了土地估价机构的市场准入，促进了土地估价行业的市场竞争。

第二节　土地估价相关法律法规的发布

土地估价行业进入市场，走独立发展道路，政府逐渐弱化对土地估价行业的行政管理，回归对经济的市场监管职能，加强市场调节。除了市场监管职能，国家还有完善法律法规的职责，让土地估价行业有法可依，有法必依。

我国向来重视法律法规的完善，尤其是改革开放以来，我国的法制事业不断与时俱进，为国家的经济建设稳固了公平健康的社会环境。其中，土地估价行业法律制度的建设，也是不断在改革中创新，在创新实践中完善，为土地估价行业提供了良好的法律支撑，促进了土地估价行业的健康发展（表2-2）。

土地估价有关法律法规 表2-2

时　间	文件名称	主要内容或作用
1989 年 9 月	《国家土地管理局关于印发〈城镇土地定级规程（试行）〉的通知》	颁布了《城镇土地定级规程（试行）》
1989 年 9 月	《农用土地分等定级规程（征求意见稿）》《农用土地分等定级方案的总体设想》	为农用地分等定级开展技术指导
1992 年 5 月	《关于地籍管理几个问题处理意见》	要采取切实措施有计划、按程序加快地籍调查、土地登记、发证和土地定级估价等工作的步伐，尽快建立地籍管理制度，为深化土地使用制度改革服务
1993 年 2 月	《土地估价师资格考试暂行规定》《土地估价机构管理暂行办法》	建立了土地估价师资格考试认证制度，认证了全国首批土地估价师，设立了以 A 级和 B 级土地估价机构执业资格为核心的土地估价机构管理制度
1993 年 3 月	《国家国有资产管理局、国家土地管理局关于国有资产产权登记中有关土地资产登记工作的通知》	土地管理部门应加快城镇地籍调查、土地估价、登记工作，以适应国有资产产权登记的需要。土地登记、定级、估价以及土地使用情况复核所需经费按国家有关规定收取。土地定级、估价规程，由国家土地管理局商有关部门制订
1993 年 6 月	《国家土地管理局关于印发〈城镇土地估价规程（试行）〉的通知》	颁布了《城镇土地估价规程（试行）》
1993 年 7 月	《关于加强宏观调控管好地产市场的通知》	协议出让价格应以评估地价为基础，参考招标和拍卖价确定，原则上不得低于基准地价。各级土地管理部门必须加强地价管理工作，尤其要抓好基准地价评估。全国大中城市要于明年完成基准地价评估工作
1994 年 1 月	《中华人民共和国土地增值税暂行条例实施细则》	旧房及建筑物的评估价格，是指在转让已使用的房屋及建筑物时，由政府批准设立的房地产评估机构评定的重置成本价乘以成新度折扣率后的价格。评估价须经当地税务机关确认。隐瞒、虚报房地产成交价格，应由评估机构参照同类房地产的市场交易价格进行评估。税务机关根据评估价格确定转让房地产的收入
1994 年 10 月	《基本农田保护条例》	农村集体经济组织或者村民委员会应当定期评定基本农田地力等级
1994 年 12 月	《关于土地价格评估收费的通知》	规定了土地评估收费标准

续表

时　间	文件名称	主要内容或作用
1995 年 1 月	《关于对土地价格评估机构进行登记管理有关问题的通知》	申请设立土地价格评估机构，除具备国家法律、行政法规定条件外，还应具有与其经营范围相适应的注册资金和专业人员。有 2 名以上土地估价师和 10 万元以上注册资金的土地价格评估机构，可在其住所所在地市、县范围内从事土地估价工作；有 4 名以上土地估价师和 20 万元以上注册资金的土地价格评估机构，可在其住所所在地省级行政区范围内从事土地估价工作；有 7 名以上土地估价师和 50 万元以上注册资金的土地价格评估机构，可在全国范围内从事土地估价工作。 设立土地价格评估机构申请公司登记的，应参照上述条件，具体核定其经营范围
1995 年 6 月	《关于土地价格评估机构备案管理有关问题的通知》	建立机构备案制度，规定具备土地估价师资格的人员只能在一家机构从事土地价格评估；未按规定备案的机构的土地估价报告不予确认
1995 年 12 月	《土地估价报告规范格式（1996）》	建立土地估价报告规范格式
1996 年 6 月	《关于印发〈规范股份有限公司土地估价结果确认工作若干规定〉的通知》	进一步明确了股份有限公司土地估价结果确认申请的程序、申请确认应提交的材料、确认机关对土地估价结果审核合格的基本标准，以及经确认的土地估价结果的有效日期
1997 年 5 月	《土地估价结果确认文书规范格式》	在操作层面上进行规范，使确认制度从整体上更加完善
1998 年 3 月	《国家税务总局 国家土地管理局关于契税征收管理有关问题的通知》	规定：对需要按评估价格计征契税的，应当委托具备土地评估资格的评估机构进行有关的评估，以规范房地产市场交易行为，确保国家税收不受损失
1999 年 9 月	《关于土地评估机构与政府主管部门脱钩的通知》	从事土地评估中介服务的机构，应在人员、财务、职能、名称四个方面，按规定与主管部门彻底脱钩
2001 年 3 月	《关于改革土地估价结果确认和土地资产处置审批办法的通知》	建立土地估价机构业绩报告定期备案、土地行政部门定期随机抽查、土地估价报告评议与违规处罚结果公布等监察制度
2001 年 4 月	《国务院关于加强国有土地资产管理的通知》	市、县人民政府要依法定期确定、公布当地的基准地价和标定地价，切实加强地价管理。凡尚未确定基准地价的市、县，要按照法律法规规定和统一的标准，尽快评估确定；已经确定基准地价的市、县，要根据土地市场价格变化情况，及时更新。要根据基准地价和标定地价，制定协议出让最低价标准。基准地价、协议出让土地最低价标准一经确定，必须严格执行并向社会公开。各级人民政府均不得低于协议出让最低价出让土地。要抓紧建立全国地价动态监测信息系统，对全国重要城市地价水平动态变化情况进行监测

续表

时　间	文件名称	主要内容或作用
2001 年 6 月	《土地估价师继续教育暂行规定》	接受继续教育是土地估价师的权利和义务。土地估价师必须按本规定接受继续教育
2002 年 4 月	《招标拍卖挂牌出让国有土地使用权规定》	市、县人民政府国土资源行政主管部门应当根据土地估价结果和政府产业政策综合确定标底或者底价
2002 年 6 月	关于严格按国家标准实施《城镇土地分等定级规程》和《城镇土地估价规程》的通知	规定开始执行《城镇土地分等定级规程》GB/T 18507—2001 和《城镇土地估价规程》GB/T 18508—2001
2002 年 8 月	《关于改革土地估价人员和机构监督管理方式的通知》	土地行政主管部门不再评定土地评估机构资质等级，土地评估中介机构实行土地估价行业自律组织注册的制度；土地估价人员和评估机构的注册信息面向社会公开
2003 年 4 月	国土资源部关于发布《农用地分等规程》等四项行业标准的通知	《农用地分等规程》TD/T1004—2003、《农用地定级规程》TD/T1005—2003、《农用地估价规程》TD/T1006—2003、《耕地后备资源调查与评价技术规程》TD/T1007—2003
2003 年 6 月	《协议出让国有土地使用权规定》	市、县人民政府国土资源行政主管部门应当根据国家产业政策和拟出让地块的情况，按照《城镇土地估价规程》的规定，对拟出让地块的土地价格进行评估，经市、县人民政府国土资源行政主管部门集体决策合理确定协议出让底价
2006 年 12 月	关于发布实施《全国工业用地出让最低价标准》的通知	各省（区、市）要依据本《标准》，开展基准地价更新工作，及时调整工业用地基准地价
2012 年 6 月	《国土资源部办公厅关于实行电子化备案完善十地估价报告备案制度的通知》	自 2012 年 7 月 1 日起，土地估价中介机构完成的土地估价报告一律实行电子化备案
2013 年 4 月	国土资源部办公厅关于发布《国有建设用地使用权出让地价评估技术规范（试行）》的通知	为规范国有建设用地使用权出让地价评估行为，部制订了《国有建设用地使用权出让地价评估技术规范（试行）》。 要进一步健全国有建设用地使用权出让的定价程序，地价需经专业评估，底价应由集体决策。 出让土地估价报告应由土地估价师完成，并且符合《城镇土地估价规程》和该《规范》
2014 年 3 月	《节约集约利用土地规定》	出让分层设立的建设用地使用权，应当根据当地基准地价和不动产实际交易情况，评估确定分层出让的建设用地最低价标准
2014 年 6 月	《关于取消和调整一批行政审批项目等事项的决定》	明确取消土地估价师准入类资格的行政许可
2016 年 7 月	《中华人民共和国资产评估法》	奠定了评估行业的法律地位

续表

时　间	文件名称	主要内容或作用
2016 年 12 月	《关于扩大国有土地有偿使用范围的意见》	开展基于土地调查的农用地等别调查评价与监测工作，定期更新草地、耕地等农用地土地等别数据库。完善农用地定级和估价规程，部署开展农用地定级试点，稳步推进农用地基准地价制定和发布工作，及时反映农用地价格变化。加强农用地价格评估与管理，保护国有农用地资产
2017 年 9 月	《国土资源部关于开展土地估价机构备案工作的通知》	2017 年 9 月 30 日前，从事土地估价业务且符合资产评估法第五条、第十五条等规定的评估机构，应登录"土地估价行业备案系统"，向工商登记所在地的省级国土资源主管部门进行土地估价机构备案，如实填报有关信息，按要求上传营业执照、经工商行政管理机关登记的合伙协议或公司章程、机构法定代表人或者执行事务合伙人的任职文件及相关证明、机构合伙人或者股东相关证明、在本机构执业的评估师资质及相关证明等材料电子扫描件
2018 年 3 月	《国土资源部办公厅关于印发〈国有建设用地使用权出让地价评估技术规范〉的通知》	为规范国有建设用地使用权出让地价评估行为，部制定了《国有建设用地使用权出让地价评估技术规范》
2018 年 12 月	关于印发《人民法院委托评估工作规范》的通知	研究制定了《人民法院委托评估工作规范》

第三节　土地估价技术规范与土地估价技术体系的完善

除了良好的法律体系建立，土地估价行业在土地估价技术方面也做了大量的工作，为土地估价行业的统一有序、科学合理发展做出了重大贡献。相关土地估价技术规范的出台规范了土地估价行为，确保土地估价成果客观公正，有利于土地估价行业的健康发展。以下为土地估价行业重要的技术规范：

一、《城镇土地估价规程》

2001 年 12 月 13 日，中国国家质量监督检验检疫总局和中国国家标准化管理委员会以国家标准文件发布《城镇土地估价规程》GB/T 18508—2001，2002 年 7 月 1 日起正式实施，国家土地管理局于 1992 年和 1996 年颁布的《城镇土地估价规程（试行）》和《关于印发〈土地估价报告规范格式（1996）〉的通知》也于 2002 年 7 月 1 日停止执行。

这项规程以国家标准的形式，规定了城镇土地估价工作应遵循的基本准则、技术途径、方法、程序和成果形式，是科学评价和管理城镇土地，规范土地估价行为，确保土地估价成果客观、公正和合理的技术保障。

随着社会经济日益发展，土地市场、地价管理和地价评估技术出现了新的变化和需求。特别是 2007 年《物权法》的出台和党的"十八大"以来，土地管理制度改革进一步明确了方向和要求。原有的估价规程已不能满足新时期的土地估价指导，新版估价规程的制定进入日程安排。

2014 年 7 月 24 日，《城镇土地估价规程》GB/T 18508—2014 颁布，自 2014 年 12 月 1 日起开始实施。

新版规程规定了我国城镇土地估价的术语和定义、总则和价格影响因素、主要估价方法、基准地价评估、宗地地价评估程序、不同用途土地价格评估、不同权利状态下土地价格评估。适用于城镇、独立工矿区范围内的建设用地"基准地价"和"宗地地价"评估。

与旧版规程相比，新版规程主要做了以下方面的调整：

1. 重新定义"地价"，强调地价是特定土地权利的价格，既包括公开市场价，也包括特定条件特定市场下形成的价格，同时指出，本规程中所指地价通常指公开市场价；同时，对《物权法》中提出的立体土地权利进行了考虑，明确地价可依据权属划分单独界定为地下空间建设用地使用权或空中建设用地使用权价格。

2. 增加了"术语和定义"一章，对旧版规程名词解释中原有的土地价格、基准地价等术语重新进行了名称规范及准确定义。新增加了"公示地价""课税地价""公示地价系数修正法"等术语，完善了我国地价管理体系。

3. 修改了与现行法律、法规不衔接的相关表述，将对集体土地所有权的永久性取得改称为"征收"；将"房地产"改为"不动产"；"商业用地""居住用地"根据《土地利用现状分类》标准修改为"商服用地""住宅用地"；将"城市非农人口"改为"城镇常住人口"等。新版规程相关表述更加准确，与现行法律、法规紧密衔接。

4. 细化了不同权利状态下的土地价格评估，并详细说明了每种权利状态下土地价格评估的技术要点。

5. 修改了宗地地价评估程序中的部分表述，确立了宗地地价评估和区域性地价评估两种技术思路构成的技术体系。

6. 对每个程序的内容进行了明确的说明，估价师在估价实务运用中需要结合估价工作经验，与时俱进逐步完善。

二、《城镇土地分等定级规程》

城镇土地分等定级是为全面掌握我国城镇土地质量及利用状况，科学管理和合理利用城镇土地，促进城镇土地节约集约利用，为国家和各级政府制定各项推动政策和调控措施，为土地估价、土地税费征收、建设用地经济评价以及城市规划、土地利用规划、计划制订提供科学依据。城镇土地分等定级采用"等"和"级"两个层次的工作体系。

2001 年 12 月 13 日，国家质量监督检验检疫总局以国家标准文件发布《城镇土地分等定级规程》GB/T 18507—2001，于 2002 年 7 月 1 日起正式实施。国家土地管理局于 1989 年颁布的《城镇土地分等定级规程（试行）》也于 2002 年 7 月 1 日停止执行。

该规程规定了我国城镇土地定级工作的工作内容及适用范围、技术途径及程序、土地定级因素的选择、资料调查与整理、定级因素资料整理及定量化、单元分值计算、土地等级评定及测算、编制土地级别总图计量算面积、土地等级的边界落实及分宗整理、土地定级报告及成果验收、土地级别成果归档和更新等。

2014 年 7 月 24 日，为了与现行法律法规相衔接，统一城镇土地分等定级程序和方法，中华人民共和国国家质量监督检验检疫总局、中国国家标准化管理委员会联合发布了《城镇土地分等定级规程》GB/T 18507—2014。

新的规程规定了我国城镇土地分等定级的术语和定义、技术途径及程序、因素选择、资料调查与整理、因素分值计算、等和级的划分及评定、图件编制、成果的整理及验收、成果的更新及应用等。新规程适用于在我国城市、县城镇开展的土地分等和在我国所有城镇开展的土地定级工作。

新版规程与旧版规程的区别：

1. 增加"术语和定义"一章，统一土地分等定级专业术语；

2. 进一步明确了城镇土地分等定级的任务与目的，明确要求各城镇定级均应开展综合定级；

3. 分等主体明确为国家和省（自治区、直辖市）根据需要开展城镇土地分等工作，全国城镇土地分等工作由国家土地行政主管部门组织实施；

4. 明确了定级成果更新的要求。

三、农用地估价相关规程

农用地分等定级估价历史久远。新中国农用地分等定级估价研究始于 20 世纪 70

年代末，当时我国土壤学界与地理学界引入了联合国粮农组织的土地评价标准，对农用地的质量评价开展了探索性的研究。

1998 年国土资源部成立后，在农用地分等定级试点的基础上，对《农用土地分等定级规程（征求意见稿）》进行了修订，编制了《农用地分等定级规程（讨论稿）》。1999 年，国土资源部利用开展新一轮国土资源大调查的机遇，将全国农用地分等定级估价项目纳入国土资源大调查计划。2001 年，编制形成了《农用地分等定级规程》和《农用地估价规程》大调查专用稿，并在 16 个省（区）试用；2002 年，在试用基础上对两个《规程》进行了分解修订，形成《农用地分等规程》、《农用地定级规程》和《农用地估价规程》三个规程。

2003 年 4 月 8 日，国土资源部发布《农用地分等规程》等四项行业标准，于2003 年 8 月 1 号起实施，详见表 2-3。

农用地土地估价相关规程　　　　　　　　　　　　　　　表 2-3

文件名称	主要内容
《农用地分等规程》 TD/T 1004—2003	1. 农用地质量分等的范围； 2. 农用地质量分等规范性引用文件； 3. 农用地质量分等原则； 4. 农用地质量分等技术工作组织； 5. 农用地质量分等技术路线； 6. 农用地质量分等具体内容； 7. 农用地质量分等成果资料； 8. 农用地质量分等成果验收、归档与应用
《农用地定级规程》 TD/T 1005—2003	规定了农用地定级工作的目的、任务、对象、原则、内容、程序、方法、成果等要求、成果的检查验收。成果更新和应用，以及档案管理等。适用于县级行政区内现有农用地和宜农未利用地，不适用于自然保护区和土地利用总体规划中划定的林地、牧草地及其他农用地
《农用地估价规程》 TD/T 1006—2003	规定了我国农用地估价的内容、适用范围、估价原则、价格影响因素、技术途径及其程序、农用地估价方法、不同估价目的和不同利用类型下的宗地价格评估以及基准地价评估及其更新方法
《耕地后备资源调查与评价技术规程》 TD/T 1007—2003	规定了耕地后备资源调查与评价的内容、程序、方法及要求；适用于县级耕地后备资源调查评价、地（市）级和省级耕地后备资源调查评价成果汇总

为统一农用地主要是耕地质量的概念和内涵，提高社会对耕地质量保护与建设重要性的认识，更好地开展耕地质量等级调查评价工作，支撑耕地质量建设与管理，有必要将三项行业标准上升为国家标准。因此，在相关单位的积极努力下，2008 年，3个规程被列入国家标准制订计划。历经 3 年艰苦工作，2011 年，3 个规程通过全国国土资源标准化技术委员会的审查。由于《农用地分等规程》体现的是对农用地质量等别的综合评定，根据建议，将《农用地分等规程》更名为《农用地质量分等规程》。

2012年6月29日，国土资源部以国家标准文件形式发布了《农用地质量分等规程》GB/T 28407—2012、《农用地定级规程》GB/T 28405—2012、《农用地估价规程》GB/T 28406—2012，于2012年10月1号实施。

2017年12月25日，国土资源部发布行业标准《农用地质量分等数据库标准》TD/T 1053—2017，于2018年3月1日起实施。该标准规定了县（市）级农用地分等数据库和省（自治区）级农用地分等数据库的内容、存储方式、交换格式，规定了农用地分等信息的分类与代码、分等数据文件和命名规则、分等要素的分层、数据结构及元数据。

四、《城市地价动态监测技术规范》

为及时和全面掌握我国城镇地价水平、分布状况和变化趋势，统一城镇地价动态监测的程序和方法，提高地价动态监测和管理效率。2007年5月21日，国土资源部发布了《城市地价动态监测技术规范》TD/T 1009—2007，自2007年9月1日开始实施。

该规范规定了我国城市地价动态监测的程序和方法，适用于我国城市地价动态监测。

城市地价动态监测在设定的周期进行，是对城市土地的价格状况进行动态监测，通过调查城市地价的水平及变化趋势，向社会提供客观、公正、合理的地价信息，为政府加强地价管理和土地宏观调控提供基础数据和决策依据。

五、《土地利用现状分类》

2007年8月10日，中国国家质量监督检验检疫总局和中国国家标准化管理委员会联合发布《土地利用现状分类》GB/T 21010—2007，该标准首次系统地对我国的土地利用现状进行梳理，共梳理出土地用途12大类、57小类别，为我国的土地管理发挥了重要作用。

随着土地管理水平的提高和土地利用现状的日益丰富，原版的标准已经不能满足新时期的使用要求。2017年11月1日，中国国家质量监督检验检疫总局和中国国家标准化管理委员会联合发布《土地利用现状分类》GB/T 21010—2017。

《土地利用现状分类》GB/T 21010—2017统计显示，我国目前土地用途共有12大类、73个小类别。土地用途大类包括：耕地、园地、林地、草地、商服用地、工矿仓储用地、住宅用地、公共管理与公共服务用地、特殊用地、交通运输用地、水域及水利设施用地、其他用地。

六、《国有建设用地使用权出让地价评估技术规范》

为进一步完善国有土地出让底价确定程序，加强出让地价评估管理，促进土地市场平稳健康运行提供一系列的规范。2013 年 4 月 8 日，国土资源部发布《国有建设用地使用权出让地价评估技术规范（试行）》（国土资厅发〔2013〕20 号）。

2018 年 3 月 9 日，国土资源部发布《国有建设用地使用权出让地价评估技术规范》，自 2018 年 4 月 9 日起施行。本规范的适用范围为：

在中华人民共和国境内出让国有建设用地使用权涉及的地价评估，以及因调整土地使用条件、发生土地增值等情况需补缴地价款的评估，适用本规范；国有建设用地使用权租赁、集体建设用地使用权依法入市、国有农用地使用权出让等涉及的地价评估，可参照本规范执行。

规范的主要内容有：

出让地价评估定义、评估目的、评估原则、评估方法、评估程序、评估方法的运用、特定情况评估要点、估价报告内容等。在《城镇土地估价规程》的基础上，专门针对出让地价评估做出了拓展补充的规定，更加具体地规范了出让地价评估行为。

正式版规范调整了以下内容：

一是文字规范。进一步理顺表述，政策用语与现行有关规定保持一致，术语和专业词汇与 2014 年发布的《城镇土地估价规程》保持一致，更新技术标准版本，增加新出台的法律法规政策内容要求等。

二是明确委托方。针对部分地方仍存在地方国土部门要求土地使用权人委托评估，导致委托方干预评估结果的情况，将评估程序的"接受委托"明确为"接受国土资源主管部门（或出让方）委托"。

三是增加"出让时约定租赁住宅面积比例"的评估类型，并明确以市场租金为重要测算依据，体现对租赁住房用地的支持。

四是进一步明确估价期日。将"国土资源主管部门同意补缴地价时为准"修改为"国土资源主管部门依法受理补缴地价申请时点为准"，表述更为准确。

五是体现对存量地盘活的支持，促进释放存量。对存量地改变容积率等利用条件补缴地价，试行规范为三种计算方法取最高值，修订为只按正常市场价格一种方法计算。增加"容积率调整前后均低于 1 的，按容积率为 1 核算楼面地价"的规定，便于容积率调整后仍低于 1 的低效地再利用。增加"工业用地调整用途的，需补缴地价款等于新用途楼面地价乘以新用途建筑面积，减去现状工业用地价格"。

六是规范多项用地条件同时调整的评估路线。明确应分别核算各项条件调整带来的地价增减额，合并计算应补缴地价款，解决地方执行过程中每项条件单独计算、地价只增不减的理解误区。

七、《标定地价规程》

标定地价是政府为管理需要确定的，标准宗地在现状开发利用、正常市场条件、法定最高使用年期或政策规定年期下，某一估价期日的土地权利价格。

标定地价是政府出让土地使用权时确定出让金额的依据，是清产核资中核定单位所占用地土地资产和股份制企业土地作价入股的标准；是核定土地增值税和管理地产市场的具体标准；是划拨土地使用权转让、出租、抵押时，确定补交出让金的标准。

为进一步完善我国城乡公示地价体系，丰富土地市场价值参考标准，规范标定地价制订及公示程序，明确标定区域划定、标准宗地选取和布设、标定地价评估、信息公示等各环节的技术要点，更好地发挥市场在土地资源配置中的决定性作用和政府的调控引导作用，2017 年 12 月 25 日，国土资源部发布了《标定地价规程》TD/T 1052—2017。

本规程的主要内容有：我国城乡标定地价体系建设的总则、标定地价公示范围的确定、标定区域的划分、标准宗地的设立、标定地价的评估与确定、标定地价成果、标定地价信息公示等。

本规程填补了我国标定地价体系建设领域的空白，立足当前城乡公示地价体系建设的基本需求及未来发展方向，突破城乡二元模式，内容涉及城、乡、建、农等不同权属性质、不同地类特征的土地。鉴于我国标定地价工作尚处于起步阶段，涉及农村集体建设用地与农用地领域的价格信号与评估实践较少，规程在强调科学性、先进性的同时，注重了实用性和易拓展性，使相关要求既统一规范又兼顾各地情况，给予了一定的灵活空间，本着不与未来可预期的改革方向相冲突的原则，提升了可操作性。

八、《划拨国有建设用地使用权地价评估指导意见（试行）》

为规范国有划拨建设用地使用权地价评估行为，2019 年 5 月 31 日，自然资源部办公厅下发文件《关于印发〈划拨国有建设用地使用权地价评估指导意见（试行）〉的通知》。

指导意见主要内容有：地价定义、引用标准、评估方法、评估要点和其他规定。

划拨国有建设用地使用权长期以来是土地估价中的一个难点，产权问题、政策问题、市场问题等原因导致该类型评估容易陷入困境，该指导意见在划拨国有建设用地使用权地价评估方向做出了专项指导，引导了土地估价行业在该类型土地估价的科学执业，提高了划拨国有建设用地使用权地价评估结果的可靠性。

第四节　土地估价行业监管体系与诚信体系建设

土地估价行业是高端服务行业，行业的服务质量关乎着行业的发展质量，良好的服务质量不仅需要完善的法律法规和技术规范，更需要建立起整个行业的诚信体系，让每个认真负责的估价机构得到应有的表彰，让每个破坏行业信誉的机构受到惩罚。

土地估价行业的行政主管部门为自然资源部，中国土地估价师与土地登记代理人协会则承担着对土地估价行业的自律管理职责。

自然资源部当前对土地估价行业的监管主要体现在制定土地估价相关的法律法规、对全国的土地估价机构和土地估价报告进行备案管理、编制土地估价规程、对地价进行监测管理。

中国土地估价师与土地登记代理人协会对行业的自律管理主要体现在：制定、实施土地估价、登记代理行业执业准则和职业道德准则，建立各项自律性管理制度，形成完善有效的行业自律性管理约束机制；承担土地评估、登记代理中介机构和人员执业资格认定，以及对中介机构执业注册、土地估价师和土地登记代理人执业登记的方式实行市场准入，实施行业自律管理；协同业务主管单位开展对土地评估、登记代理中介机构和人员执业质量的监督检查，并按有关程序对违反土地估价、登记代理行业执业准则和职业道德准则的协会会员进行相应处理或处罚。

2004 年，中国土地估价师协会开始建立"土地估价机构和人员执业信息公示系统"，及时将注册机构和执业人员的基本信息和相关执业情况向社会公示。此举建立了一个市场信息公开机制，让不良的、虚假的估价机构和人员不敢轻易进入土地估价行业。

2006 年，中国土地估价师协会发布《关于印发土地评估机构资信评级办法的通知》（中估协〔2006〕40 号），对土地估价协会的会员单位制定了资信评级的详细标准，建立了一套土地估价机构等级评定的办法，在我国土地估价行业的诚信体系建设中具有示范作用。

2008 年，中国土地估价师协会发布《关于在全行业推广资信评级标准的通知》（中估协发〔2008〕31 号）。该文件详细规定了对土地估价机构资质和信誉评定分级的详细标准，一方面，让市场能够更加地了解国内土地估价机构的综合实力；另一方面，评级标准的确立也有利于建设行业标准，促进中小土地估价机构做大做强，最后让实力强的机构可以全国执业，还可以保障土地估价行业的服务质量。该文件对土地估价行业的影响重大深远，使得土地评估市场诚信水平进一步提高。

2012年，中国土地估价师协会发布《关于印发中国土地估价师协会会员诚信档案管理办法的通知》（中估协发〔2012〕12号）。《中国土地估价师协会会员诚信档案管理办法》旨在记载中估协会员诚信状况以及对判断其诚信状况有影响的信息。诚信档案信息是A级资信、专家和资深会员等评选时的重要参考条件。该办法适用于中估协团体会员、个人会员、资深会员和特邀会员。诚信档案的记录让土地估价行业的诚信体系建设又向前迈进了一大步，对土地估价机构或个人实行全周期的档案记录，不再仅依靠一些数字指标，让每个土地机构今后应该更加谨慎从业、恪守尽职、诚信服务。该文件的发布有力促进了我国的土地估价行业诚信体系建设，推动其逐渐发展到了一个非常先进的高度，为我国的土地事业和土地估价事业提供了坚实安全的保障。

第四章

土地估价服务的应用

我国土地估价服务应用领域广泛，从大类上来划分，可以分为政府领域和市场领域。政府领域的土地估价服务主要包括国有建设土地使用权出让价格评估、补交地价评估、集体建设用地入市、农用地评估、海域使用权出让评估、城镇基准地价和标定地价编制、城市地价动态监测、土地税基评估和土地征收价格评估等。

市场领域的土地估价服务主要包括土地转让价格评估、土地抵押价格评估、土地司法鉴定评估、土地分割或合并价格评估、土地租赁价格评估、作价出资（入股）评估和以财务报告为目的的土地评估，以及以企业设立、重组、改制、上市、增资扩股、产权交易、资产置换、合并、分立、破产、关闭、清算等经济活动为目的的土地估价等。并且在此基础上衍生出建设用地地下空间使用权评估、地役权评估、设有附加权利的土地使用权评估等。

目前土地估价行业除了上述的土地估价业务以外，随着经济的飞速发展，土地咨询服务的市场需求越来越大，专业的土地咨询服务越来越被社会所重视，土地咨询服务逐渐成为土地估价服务领域的重要组成部分。

因市场领域的土地估价更多地与房地产估价或者资产评估同步进行，而政府领域的土地估价更显示土地评估的特性和优势，以下将主要介绍政府领域的土地估价服务的应用，以方便读者全面了解。

第一节　基准地价评估

基准地价评估包括农用地基准地价评估和建设用地基准地价评估，是指土地的基本标准价格，是各地方政府将某一区域根据不同土地类别、不同土地级别分别评估和测算的某一时点土地使用权的平均价格。

建设用地分为国有建设用地和集体建设用地，国有建设用地主要为城镇用地，由于土地市场开放较早，现在已经发展出了相对成熟的估价体系，并且已经有了多年的实践经验。从1980年中外合资收取土地使用费到《城镇土地定级规程（试行）》和《城镇土地估价规程（试行）》出台，再到《城镇土地估价规程》（2001版），再到《城镇土地估价规程》（2014版），我国的城镇土地基准地价评估体系已经日益完善，土地估价机构已经掌握了成熟的技术手段为我国的城镇土地基准地价编制发挥作用。

与之对比的是我国集体建设用地和农用地评级定价工作借鉴了国外的很多估价经验，并且也参考了城镇土地基准地价的评估体系，研究出了一套评估方法，但由于目前我国关于农用地的市场尚未完全开放，所以实际应用层面还没有具体的实施，但随着我国的经济政策逐渐调整，集体建设用地和农用地会逐渐走向市场，激发市场活力，未来有很好的市场前景。

一、基准地价的编制

虽然我国的基准地价评估已经发展较为成熟，但相对于其他类型的估价活动，基准地价评估有着范围大、类型多、周期长、技术难度复杂等特点。

范围大是指基准地价评估不是对单个宗地进行评估，而是对一个地区进行评估，作业半径大，范围内的宗地数量大，因此评估难度大。

类型多是指基准地价评估对象往往涵盖各种用途的土地，包括住宅、商业、工业等各种类型，每种土地的价格影响因素不同，需要评估人员具备扎实的、全面的评估能力，因此评估难度大。

周期长是指在目前估价技术限制下，基准地价评估往往需要大量评估人员在现场工作较长时间，长期调查收集到的现场大量数据导致评估工作繁杂，给评估造成很大难度。

技术难度复杂是指基准地价评估区别于普通宗地评估之处在于评估流程多、计算量大，而且每次评估对象具有较大的差异性，进而导致评估过程差异较大，导致评估难度较高。

当前我国编制基准地价的主要技术路径如图2-10所示。

二、城镇土地基准地价的表现形式

基准地价的表现形式有级别价、区片价、路线价和网格价四种：

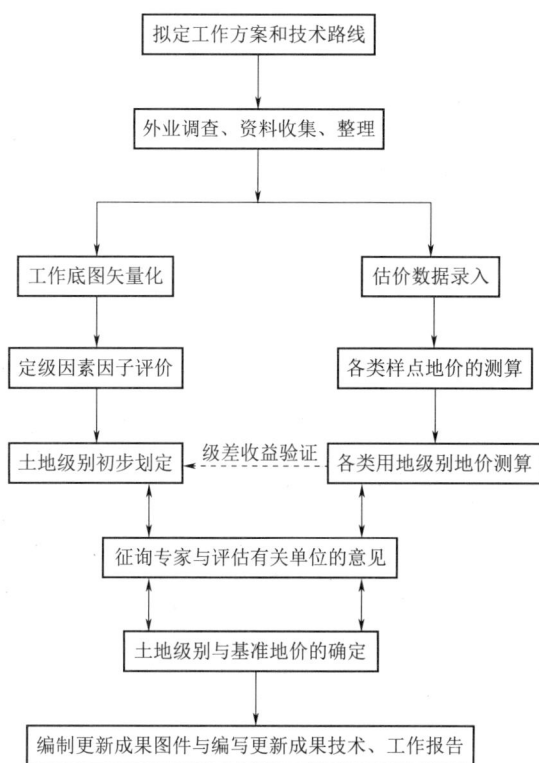

图 2-10　基准地价编制技术路线图

1. 级别基准地价是依据土地级别的划分区域制定出来的平均地价，它仅能反映同一级别区域的宏观平均地价，如表 2-4 所示。

某市基准地价（级别基准地价）　　　　　　　　　　　表 2-4

单位：元 /m²

用　途	级　别	中心城区	横　镇	芦　镇
商服用地	Ⅰ	4275	825	675
	Ⅱ	3075	675	600
	Ⅲ	2400	600	/
	Ⅳ	2025	/	/
	Ⅴ	1680	/	/
	Ⅵ	1440	/	/
	Ⅶ	975	/	/
	Ⅷ	825	/	/
住宅用地	Ⅰ	2925	615	525
	Ⅱ	2370	525	450
	Ⅲ	1950	450	/

续表

用　途	级　别	中心城区	横　镇	芦　镇
住宅用地	IV	1650	/	/
	V	1425	/	/
	VI	1275	/	/
	VII	725	/	/
	VIII	615	/	/
工业用地	I	660	470	450
	II	580	450	/
	III	510	/	/
	IV	470	/	/
公共服务用地	I	850	610	585
	II	730	585	/
	III	650	/	/
	IV	610	/	/

2. 区片基准地价是在级别基准地价的基础上，在空间上将同一级别进一步划分成更小的若干均质区域，然后评估出区片的平均地价，如表 2-5 所示。

某市商业用地基准地价（区片基准地价）　　　　　　　表 2-5

序　号	区　片	区片基准地价		区片楼面地价（元/m²）
		（元/m²）	（万元/亩）	
1	I-1	6197	413	3099
2	I-2	6572	438	3286
3	I-3	6032	402	3016
4	I-4	6365	424	3183
5	II-1	4389	293	2195

3. 路线价是以特定街道为考虑，设定标准深度，参考城市相类似土地的价值，求取在该深度上数宗土地的平均单价并附设于特定街道上，即得到该街道的路线价，如表 2-6 所示。

某地区商服用地基准地价（路线基准地价）　　　　　　表 2-6

编　号	道路名称	范　围	路线价（元/m²）	修正幅度
L01	东井北街	丰石东路－南洋大道	24822	±15%
L02	南洋西大道	隆兴街－东井街	15127	±15%

续表

编　号	道路名称	范　　围	路线价（元/m^2）	修正幅度
L03	丰石东路	东井街－兴美街	12676	±15%
L04	文化街		10203	±15%
L05	南洋东大道	东井街－重兴街	9433	±15%

4.网格点基准地价代表的是评估范围内某一网格的土地使用权平均价格，是在评估基准日、特定用途、一定的开发程度、特定容积率下经政府认可的土地使用权价格。网格点地价比级别地价或区片地价所代表的范围更小，位置更具体，评估更准确，在基准地价评估中的应用越来越广，如图 2-11 所示。

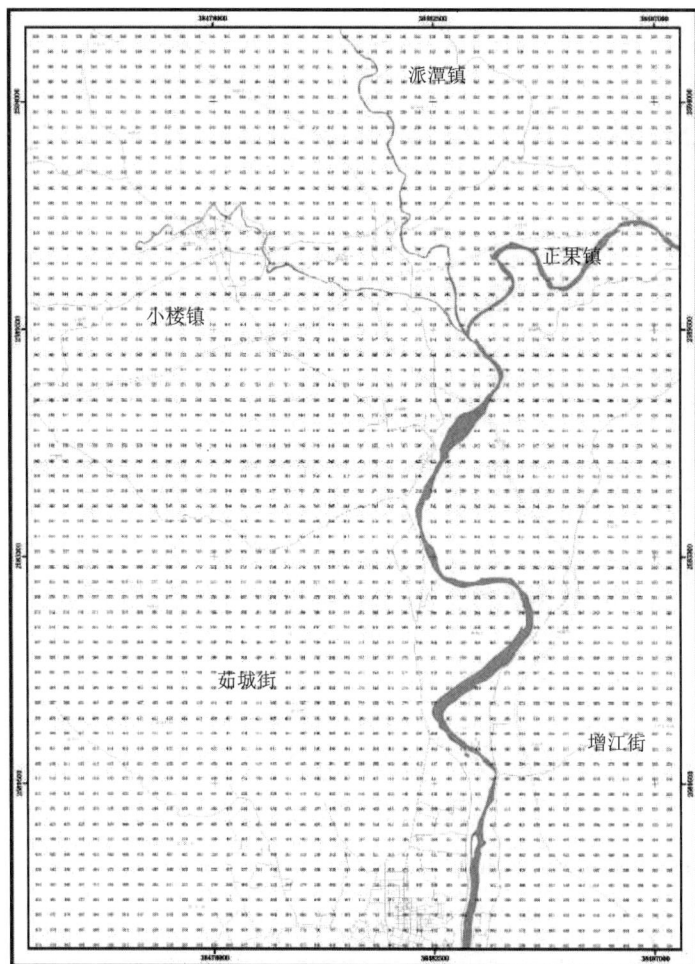

图 2-11　某地区工业用地基准地价图（网格点基准地价）（单位：元/m^2）

5.基准地价内涵

基准地价结果不仅有基准地价表，还要备注价格内涵，基准地价内涵主要包括：

基准地价对应的土地权利类型、使用年期、用途、期日、开发利用程度及容积率等开发建设条件。基准地价内涵应根据区域内现状总体状况，并考虑政府管理需求确定。具体内涵如下：

（1）基准日：××年××月××日。

（2）土地权利状况：完整的国有建设用地使用权。

（3）土地使用年期：各类用地按法定最高出让年限设定，即商服用地40年，住宅用地70年，公共管理与公共服务用地50年，工业用地50年。

（4）土地开发程度：设定为"几通一平"。

（5）标准容积率：分别对商服用地、住宅用地、工业用地等设定标准容积率。

（6）价格类型：地面地价（或楼面地价）。

6. 修正体系

基准地价除了显示地价结果外，还要编制基准地价的修正体系。级别地价、区片地价、路线地价和网格点基准地价都是针对某一范围确定的平均价，具体对某宗土地进行估价时要进行适当的因素修正才可以得到该宗土地的评估价格。具体修正体系包含用地类型修正、容积率修正、土地使用年期修正、估价期日修正、区域因素修正、个别因素修正、开发程度修正等内容。

三、城镇基准地价主要作用

1. 以价格标示城镇土地在过去使用过程中所能产生的各类经济收益，同时按价格标准表示城市土地质量的优劣程度。

2. 不论政府、企业或个人，可以用基准地价为土地使用权有偿出让时提供参考及依据。

3. 各级政府在土地资源的管理、配置及安排时，可以参考各地价区段及不同用途的基准地价水平，使之达到最佳的社会及经济效用。

4. 为政府对各类土地税费，如土地使用税、土地增值税等提供客观参考依据。也可作为税费计算的基础。

5. 土地价格的差异，可以引领城市规划的改变、经济的模式或者是各种产业的发展方向等，国家和各级政府可以依据基准地价制定出更合适与更灵活的政策。

6. 基准地价的制定与更新，可以为各级政府提供完善的地价体系，有利于进一步完善中国的国民经济统计和核算体系。

第二节 国有建设用地使用权出让与补地价评估

在新中国成立初期我国实行社会主义经济制度，在计划经济体制下实行土地无偿划拨使用制度。随着社会生产力水平的提高和我国经济体制改革的深入，国有土地有偿使用制度应运而生，使得国有土地得以作为商品进入市场中流通，土地市场成为中国特色社会主义市场经济的重要组成部分。

一、国有土地出让制度概况及出让程序

土地出让首先要取得土地，取得土地的流程包括制定年度出让土地使用权总面积方案、拟定具体出让方案、正式报批。年度出让土地使用权总面积方案是指市、县人民政府根据省级人民政府下达的房地产开发用地控制指标，结合当地的房地产开发对土地需求的实际情况，分年度拟定的出让土地使用权总面积方案。一般包括出让项目的名称、投资开发建设规模、投资总额、开发用途、出让地块的幅数、总面积数量及出让土地的种类等，年度出让土地使用权总面积方案须报上一级人民政府审批。市、县政府土地管理部门会同城市规划和建设部门、房地产管理部门等，共同拟定出让地块具体方案，编制出《土地使用条件》《土地使用出让合同》（草本）等。如采用招标或拍卖方式，还须拟定相应的法律文件；如拟出让的土地属集体所有，还要拟定征地补偿安置方案；属旧城改造用地，还要拟定拆迁安置补偿方案。

取得土地之后是供应土地市场，土地的供应方式包括划拨和出让，出让方式包括招标出让、拍卖出让、挂牌出让、协议出让。

招标出让土地的流程为评估标底价、公开招标或邀请招标、投标、评标、定标、发出《中标通知书》、签订《国有土地使用权出让合同》。

拍卖出让土地的流程为评估拍卖底价、发布拍卖公告、竞买人书面申请、发布确定通知书、拍卖、成交、签署《拍卖成交确认书》、签订《国有土地使用权出让合同》。

挂牌出让土地的流程为评估挂牌底价、发布挂牌公告、竞买人书面申请、确定竞买资格、起始挂牌、竞价挂牌、时间截止时确定竞得人、签署《挂牌成交确认书》、签订《国有土地使用权出让合同》。

协议出让土地的流程为意向用地申请、受理、审查、签约、拟文、审核、交费、报批、发文。

2001年4月，国务院颁布了《关于加强国有土地资产管理的通知》（国发〔2001〕

15 号），该通知要求：为体现市场经济原则，确保土地使用权交易的公开、公平和公正，各地要大力推行土地使用权招标、拍卖。国有建设用地供应，除涉及国家安全和保密要求外，都必须向社会公开。商业性房地产开发用地和其他土地供应计划公布后，同一地块有两个以上意向用地者的，都必须由市、县人民政府土地行政主管部门依法以招标、拍卖方式提供。

2002 年 7 月，国土资源部颁布的《招标拍卖挂牌出让国有土地使用权规定》（国土资源部第 11 号令），要求商业、旅游、娱乐和商品住宅等各类经营性用地要以招标、拍卖或者挂牌方式出让国有土地使用权，并且对"招拍挂"出让的原则、范围、程序、法律责任进行了系统性规定，确立了市场配置土地资源的制度。

2003 年，国土资源部颁布了《协议出让国有土地所有权规定》（国土资源部令第 21 号），要求土地协议出让也必须公开和引入市场竞争机制。

2004 年《国务院关于深化改革严格土地管理的决定》（国发〔2004〕28 号）提出要禁止非法压低地价招商，同时要求加快工业用地进入市场化配置。

2006 年《国务院关于加强土地调控有关问题的通知》（国发〔2006〕31 号）中规定了工业用地必须采用招拍挂方式出让，且出让价格不得低于公布的最低价标准。

2007 年 3 月，《中华人民共和国物权法》对土地"招拍挂"范围进行了明确规定：工业、商业、旅游、娱乐和商品住宅等经营性用地以及同一土地有两个以上意向用地者的，应当采取招标、拍卖等公开竞价的方式出让，从法律的高度确立了以国有建设用地使用权招标拍卖等公开竞价方式出让的市场配置制度，使土地市场化又向前推进了一步。

2008 年，《国务院关于促进节约集约用地的通知》（国发〔2008〕3 号）提出，今后对国家机关办公和交通、能源、水利等基础设施、城市基础设施以及各类社会事业用地要积极探索实行有偿使用，进一步提高土地出让的市场化程度。

以上这一系列相关法律法规的出台，进一步扩大了市场机制在土地资源配置中的作用，为城市土地制度市场化改革起了积极的推动作用，促使城市土地使用制度改革向纵深发展。

二、国有土地出让与补地价评估

我国国有土地出让评估最早可追溯到 1987 年深圳市第一次土地拍卖。第一次土地拍卖之后，我国逐步建立起土地交易市场，然后开始了土地估价研究工作。1992 年建立土地估价师队伍，1993 年颁布《城镇土地估价规程（试行）》，初步建立了我国的土地估价体系。2013 年《国土资源部办公厅关于〈国有建设用地使用权出让地价评估技术规范（试行）〉的通知》（国土资厅发〔2013〕20 号）颁布，进一步加强了土地出让地价评估管理，促进土地市场平稳健康运行。2018 年，《国土资源部办公厅关于印发〈国有建设用地使用权出让地价评估技术规范〉的通知》（国土资厅发〔2018〕4 号）颁布，进一步促进了土地出让的合法合规。至此，我国的国有建设用地使用权出让地价评估已较为完善，具备了高品质服务社会的技术能力。

目前，我国国有土地出让评估已经发展相对成熟，为我国的土地出让建立了坚实的支撑，保护了国家合法的土地权益，提高了政府对土地的了解程度，提高了政府的土地管理水平。

近年来，虽然传统的土地出让评估并无明显变化，但是越来越多的补地价评估业务出现，补地价评估的原因有变更土地性质、变更土地用途、变更土地容积率等。

变更土地性质主要因为国有企业改革或者国有企业上市，早期的国有企业获得大量划拨土地，由于国有企业改制或者国有企业上市要求，需要将划拨用地更改为出让用地，需要向政府管理部门补缴土地出让金，补缴出让金评估与普通国有土地出让评估区别在于土地使用单位一般正在使用土地，不需要政府对土地进行征收并产生基础设施建设等财政投入，因此评估结果不同于土地出让评估结果。

土地变更用途主要是低价值用途（如工业用地）由于具备一定的便利条件后更改为高价值用途（如商业用地、住宅用地），在此变更过程中，土地使用者需要向管理部门补缴土地出让金以维护国家在土地管理方面的合法权益，规范土地市场秩序。

土地变更容积率主要存在于房地产开发企业，房地产开发企业为了收益最大化，往往将土地容积率发挥到最大，最后导致容积率经常超过规划容积率，为了保障政府合法权益，维护土地市场交易秩序，房地产开发企业需要向政府补缴土地出让金，需要专业评估机构对需补缴土地出让金进行合理评估。

三、国有土地出让和补地价评估的作用及意义

随着国有土地的无偿供给到有偿出让，国有土地出让制度也随着改革开放的浪潮不断谱写出新的篇章。土地价值观念逐步深入人心，土地的商品属性逐渐被发掘。土地作为市场经济中的生产要素，在市场经济中发挥着不可替代的作用。国有土地出让评估作为土地工作中的重要组成部分，其作用及意义如下：

一是为各级政府土地管理部门通过集体决策确定出让底价提供合理的参考依据，保证国有土地出让工作顺利开展。国有土地出让社会关注度较高，合理确定出让底价是保障社会安定的前提，也是改革开放持续发展的社会基础。

二是规范国有土地出让市场，保障土地出让市场持续健康发展。国有土地出让高

度市场化公平化才能发挥其作用，即合理配置土地资源，提高土地利用效率，推动改革开放的进程。

三是有效抑制房地产过度开发，推动土地管理事业的改革和发展。土地是资本形成的土壤，吸引资本的流入从而带动实体经济、房地产行业等的发展，增加地方政府的财政收入。但过度开发引起的房地产泡沫经济将触发一系列社会问题，阻碍改革开放的步伐。国有土地出让评估可从源头上增加房地产开发成本，有效控制房地产泡沫。

四是为促进经济发展方式的转变打下坚实的基础。党的十八届三中全会提出全面深化改革的战略部署，寻求新一轮经济增长点，推动经济社会持续健康发展是新时代下的新要求。鼓励新兴产业发展，促进产业结构改造升级势在必行。国有土地出让作为土地供应调控的一部分，为新兴产业的兴起提供发展土壤，助力产业结构优化升级。

第三节　集体建设用地入市评估

在新中国成立初期，集体土地由集体统一经营管理，1999 年开始实施的《土地管理法》规定从事非农业建设必须使用国有土地或者已被征为国有的原集体土地，集体土地流转被严格限制，利用集体建设土地搞房地产开发的行为更是处于禁止之列。

随着改革开放的推进，党的十八届三中全会审议通过的《中共中央关于全面深化改革若干重大问题的决定》指出，建立城乡统一的建设用地市场。在符合规划和用途管制前提下，允许农村集体经营性建设用地出让、租赁、入股，实行与国有土地同等入市、同权同价。面向未来，集体建设用地将会是土地估价行业发展的重要领域。

一、集体建设用地流转的演变

农村土地流转是农村经济发展到一定阶段的产物，通过土地流转，可以开展规模化、集约化、现代化的农业经营模式。2015 年 1 月 22 日，首部针对农村产权流转交易市场的国家性指导文件《国务院办公厅关于引导农村产权流转交易市场健康发展的意见》（国办发〔2014〕71 号）（以下简称《意见》）对能进市场的农村产权交易品种进行了明确规定，主要包括农村承包土地经营权、林权、"四荒"使用权、农村集体经营性资产、农业生产设施设备、小型水利设施使用权、农业类知识产权等。但《意见》明确指出，交易品种将不涉及农村集体土地所有权和依法以家庭承包方式承包的集体土地承包权。《意见》的安排实际上是对决策层提出的所有权、承包权、经营权等"三权分置"理论的落实。由于农村土地的产权权属关系复杂，适用的规则也不同，所以

《意见》在农村土地所有权、承包权和经营权上进行了分类指导。

党的十八届三中全会报告指出，城乡二元结构是制约城乡发展一体化的主要障碍，必须健全体制机制，形成以工促农、以城带乡、工农互惠、城乡一体的新型工农城乡关系，让广大农民平等参与现代化进程、共同分享现代化成果。要加快构建新型农业经营体系，赋予农民更多财产权利，推进城乡要素平等交换和公共资源均衡配置，完善城镇化健康发展体制。允许农村集体经营性建设用地出让、租赁、入股，实行与国有土地同等入市、同权同价。十八届三中全会明确了农村土地制度改革的方向和任务。

2014年12月2日，中共中央总书记、国家主席、中共中央军委主席习近平主持召开中央全面深化改革领导小组第七次会议。会议审议了《关于农村土地征收、集体经营性建设用地入市、宅基地制度改革试点工作的意见》。会议指出，坚持土地公有制性质不改变、耕地红线不突破、农民利益不受损三条底线，在试点基础上有序推进。

2015年，经全国人大常委会授权，全国33个县（市、区）开展农村土地征收、集体经营性建设用地入市、宅基地制度改革试点。同年6月，国土资源部会同中央农办、国家发展改革委、财政部、农业部等相关部门，逐一研究批复试点地区实施方案。一个试点地区只开展一项试点，其中集体经营性建设用地入市和宅基地制度改革试点各15个，土地征收制度改革试点3个。2016年9月，中央全面深化改革领导小组决定将土地征收制度改革和集体经营性建设用地入市扩大到全部33个试点县（市、区）。2017年11月，中央全面深化改革领导小组决定将宅基地制度改革拓展到全部33个试点县（市、区）。为更好体现农村土地制度改革三项试点工作的整体性、系统性、协同性和综合效益，与《中华人民共和国土地管理法》修改工作做好衔接，2017年11月4日，十二届全国人大常委会第三十次会议决定，授权在试点地区暂时调整实施有关法律规定的期限延长至2018年12月31日。试点过程中，党中央、国务院出台一系列重要文件，特别是每年的中央1号文件对农村土地制度改革三项试点工作提出新任务，明确新要求。2018年11月28日，国务院常务会议听取了试点情况汇报。根据自然资源部信息，截至2018年底，33个试点县（市、区）集体经营性建设用地已入市地块1万余宗，面积9万余亩，总价款约257亿元，收取调节金28.6亿元，办理集体经营性建设用地抵押贷款228宗、38.6亿元。

根据党中央、国务院统一部署，在全国人大及其常委会有力监督下，自然资源部研究制定了《农村土地征收、集体经营性建设用地入市和宅基地制度改革试点实施细则》，2017年，印发了《关于深化统筹农村土地制度改革三项试点工作的通知》，落实中央对试点工作的新部署。财政部等有关部门出台《农村集体经营性建设用地入市土地增值收益调节金征收使用管理办法》等配套制度，完善试点配套政策。国土资源部先后召开 3 次动员部署会议，举办 2 次培训班和 4 次现场交流会议，统一思想认识，交流试点经验，破解政策难题；先后派出 11 名司局级干部参与各省（区、市）试点工作领导小组、派出 44 名处级干部到各试点县（市、区）挂职，直接参加试点工作；先后开展 2 次专项督察，分析问题并提出整改措施。自然资源部自 2018 年 3 月成立以来，继续推动农村土地制度改革三项试点工作，多次召开部长办公会、部长专题会研究；2018 年 5 月，召开农村土地制度改革三项试点工作推进会议，交流经验、分析问题、部署工作；7 月开展全面督察，14 个督察组对每一个试点地区作出全面评估，肯定成绩、指出问题，并要求抓好整改落实，确保改革试点取得实效。

2018 年底，《土地管理法修正案（草案）》提请十三届全国人大常委会第七次会议进行初次审议，删去了从事非农业建设必须使用国有土地或者征为国有的原集体土地的规定，为破解集体经营性建设用地入市扫除法律障碍。同时，北京市推出了 7 宗共有产权房用地，其中大兴区瀛海镇 3 宗集体建设用地的使用权集中出让，为北京首次利用集体建设用地建设共有产权房。

二、集体建设用地流转评估

自集体建设用地试点进入市场之后，土地估价市场便扩大了服务范围。

2016 年 5 月，中国银监会会同国土资源部依据全国人大常委会的决定，按照目标导向与问题导向相统一、农村土地制度改革和金融领域改革相衔接的原则，在对入市试点地区土地抵押融资进行了深入调研和论证的基础上，制定《农村集体经营性建设用地使用权抵押贷款管理暂行办法》（银监发〔2016〕26 号）。根据党中央、国务院农村土地制度改革部署要求，办法对适用地区、适用地类、有效期限进行了明确界定。对适用地区，办法明确允许开展抵押贷款的农村集体经营性建设用地仅限于国家确定的 15 个入市改革试点县（市、区）地区。对适用地类，该办法明确农村集体经营性建设用地是指存量农村集体建设用地中，土地利用总体规划和城乡规划确定为工矿仓储、商服等经营性用途的土地，规定以出让、租赁、作价出资（入股）方式入市的和具备入市条件的农村集体经营性建设用地使用权可以办理抵押贷款。该办法规定银行业金融机构应当建立农村集体经营性建设用地使用权价值评估制度。可采用外部评估或内部评估的方式对用于抵押的农村集体经营性建设用地使用权进行价值评估。同时规定，银行业金融机构应当按照抵押合同的约定，加强抵押品的动态管理和价值重估，保证抵押权利的真实、合法、足值、有效。

2016 年 7 月，中国土地估价师与土地登记代理人协会发布《关于印发〈集体土地使用权地价评估技术指引（征求意见稿）〉的通知》（中估协发〔2016〕18 号），为解决集体土地使用权地价评估技术难点，在现行的《城镇土地估价规程》GB/T 18508、《农用地估价规程》GB/T 28406 等 5 个规程的基础上编制了此文件。此文件初步建立了集体建设用地的估价体系。

2018 年 8 月，扬州市试点集体建设用地基准地价评估工作，选取三个乡镇开展集体建设用地基准地价评估试点，探索建立住宅、工业、商业等主要用途的基准地价体系，为宅基地有偿使用价格评估、农房抵押价值评估以及利用宅基地作价入股发展乡村旅游等提供基础支撑，鼓励农民利用原有宅基地及农房开展乡村旅游、农家乐、民宿等生产经营活动。通过集体建设用地基准地价体系的构建完善，推动农村宅基地使用权流转更加规范，农民利益得到更多保护。

除上述集体建设用地评估工作外，未来随着集体建设用地的管理程度加强和流转程度加强，集体建设用地评估还有可能拓展到地价监测、税基评估、以财务报告为目的的集体建设用地评估等目的。另外，随着国家对集体建设用地的改革推进，未来这方面的评估市场必将大有可为。

三、集体建设用地流转评估的作用和意义

"三农"问题一直是党工作的重中之重，也是中国改革的焦点问题。而农村土地问题是"三农"问题的重点，在坚持集体土地所有制的前提下，土地流转也就成为问题的核心。十八届三中全会提出全面深化改革的指导思想，我国的改革开放已进入深水区，农村集体土地流转问题亟待解决。集体土地流转评估随着改革开放步伐的推进，在不同时期发挥着不同的作用：

一是合理确定土地流转价值，保障农村集体经济组织的财产权益。土地作为农村的主要资源，合理利用农村土地资源，有序地推动集体土地流转，使集体土地进入市场经济体系，才能更好地助力农村经济的发展，为改革开放增添新动力。

二是有利于提高农村要素资源配置和利用效率，有利于加快推进农业现代化。改革开放和集体土地流转息息相关，全面深化改革的重要工作之一就是集体土地流转制度改革，而集体土地流转为深化改革提供新的经济增长点。集体土地流转评估依附于集体土地流转而发展壮大，同时也推动集体土地流转的规范化，为改革开放中农村经济发展提供新思路。理清集体土地流转的重难点，建立完善的集体土地流转评估技术规范，为经济结构调整提供帮助，为实现全面深化改革提供支持。

一代又一代的评估人在改革开放的浪潮里砥砺前行，为评估行业的发展作出卓越贡献，如今集体土地流转评估将成为他们攻克的新领地。对于土地估价师而言，集体土地流转评估是机遇与挑战并存的，要提升自己的专业素养，积极迎接新的评估领域。

集体土地流转评估将成为新时代下评估行业的特色之一，跟随着改革开放的步伐开创新的辉煌。

第四节　农用地评估

农用地是土地利用分类中的一级分类，包括耕地、园地、林地、牧草地、其他农用地（包括畜禽饲养地、设施农业用地、农村道路、坑塘水面、养殖水面、可调整养殖水面、农田水利用地、田坎、晒谷场等）。

一、农用地的管理制度变迁

从新中国成立前后至今，我国经历了三次影响较大的土地制度改革，促进了生产力的解放，有利于统筹城乡发展和保持社会和谐稳定，适应了经济社会持续健康发展的需要，为中国特色社会主义现代化建设奠定了制度基础。

（一）土地改革

1947 年 10 月，中共中央在总结解放区土地改革经验的基础上制定了《中国土地法大纲》，在解放区掀起了更为广泛的土地改革运动，到 1949 年新中国成立前夕，农业人口约 1.6 亿的老解放区废除了封建土地制度。新中国成立后，拥有 3 亿多人口的新解放区尚未进行土地改革，农村土地大部分仍为封建地主所有，农民迫切需要通过土地改革获得土地。1950 年，《中华人民共和国土地改革法》颁布，在新解放区开始分批进行土地改革，农民不仅获得了土地，而且对拥有的土地有权"自由经营、买卖和出租"。到 1952 年底，新老解放区 3 亿多无地少地农民共分地 7 亿亩，获利农民占农业人口约 60%~70%，土地改革基本完成。至此，封建剥削的土地制度彻底废除，广大农民实现了祖祖辈辈所期盼的"耕者有其田"的愿望，真正成为土地的主人。

土地改革后，过去制约农村生产力发展的生产关系得到调整，农民作为土地改革的最直接受益者，在拥有自己的土地后，生产积极性空前高涨。土地生产关系变革，释放出了巨大的制度潜能，促进了农业生产空前发展。据统计，1952 年全国农业生产总值比 1949 年增长 48.3%，粮食产量增长了 44.8%，棉花增长了 193.4%，油料增长了 168.1%，农民收入也比以前显著增长。土地改革对中国农村经济的发展和社会的稳定起到了积极作用，农业生产的快速恢复和发展以及社会的稳定，为国家工业化铺平了道路。

（二）实行家庭联产承包责任制

土地改革后期，"大跃进""人民公社化"对农民造成了严重的剥夺，加上1959~1961年连年的自然灾害，农业全面大幅度减产。十一届三中全会，重新确立了"实事求是、实践是检验真理的唯一标准"的思想路线。在邓小平同志的支持下，许多地方放手让农民去实践、去选择、去试验，只要有利于促进生产发展的就支持。由于"包产到户"符合中国国情，适应农村生产力发展水平，符合中国广大农民的意愿，短短几年时间里在全国迅速推开，并在以后的实践中逐步完善，最终形成了以家庭联产承包为主、统分结合的双层经营制度。

家庭联产承包责任制具体来说就是土地所有权归集体所有，经营权由集体经济组织按户均分包给农户自主经营。用农民的话说，就是"大包干，大包干，直来直去不拐弯，交够国家的，留足集体的，剩下都是自己的"。农民获得了对土地这一生产资料的自主经营权，获得了对自身及其劳动所创造价值大部分的自由支配权，农业生产的积极性空前高涨，农村生产力得到极大的解放，农业生产连年增收。1982~1984年，粮食生产连跨7000亿斤、8000亿斤两个台阶。家庭联产承包责任制在全国迅速推开的同时，乡镇企业异军突起，这是中国农民的又一创举，它使我国整个工业化的道路发生了历史性的转折。1978~1984年，农民的人均收入连续6年大幅增长，大部分地区解决了吃不饱的问题，农民在第一次乡镇企业发展过程中积累了丰富的经验，为后来民营企业的发展培养了大批经营管理人才。

1990年邓小平同志在总结改革开放后我国农业发展的经验时指出，"中国社会主义农业的改革和发展，从长远的观点看，要有两个飞跃。第一个飞跃，是废除人民公社，实行家庭联产承包责任制。第二个飞跃，是适应科学种田和生产社会化的需要，发展适度规模经营，发展集体经济。"十一届三中全会以来，我国农村实行了家庭联产承包责任制，农业生产已经完成第一个飞跃。近年来，随着工业化、信息化、城镇化、农业现代化进程的加快，进一步健全农村土地产权制度，实现农业现代化，完成农业生产的第二个飞跃势在必行。

（三）农村土地"三权分置"改革

2016年，中共中央办公厅、国务院办公厅印发了《关于完善农村土地所有权承包权经营权分置办法的意见》，为完善土地所有权、承包权、经营权分置提出意见。改革前，农村集体土地是所有权和经营权合一；实行家庭联产承包制，确立了集体土地所有权和农户承包经营权"两权分离"的制度框架，是我国农村改革的重大创新；现阶段，把农民土地承包经营权分为承包权和经营权，实现集体所有权、农户承包权和土地经营权"三权分置",是我国农村改革的又一次重大制度创新。

实行"三权分置",是在大量农业人口向第二、三产业转移、老龄化不断加剧等现实背景下,提高土地利用效率、发展适度规模经营的必然选择,有利于解决我国农业经营规模小、竞争力不足以及现代因素引入不畅等问题。在保护农户承包权益的基础上,能够使土地这一生产要素流动起来,促进土地资源在更大范围内的优化配置,为新型经营主体发展适度规模经营提供支持。有利于推进农业现代化,进而解决农业领域出现的产需失衡、资源错配、生态环境恶化、农业竞争力下降等问题。

同时也应注意,"三权分置"强调市场配置资源的主导作用,但并不意味着政府在其中无所作为,特别是在目前我国农村社会保障体系不够健全、土地市场不够完善的情况下,更加需要政府做好制度的设计和权利的保护工作,在尊重农民意愿、保护农民权益的基础上,循序渐进、稳步推进。

二、农用地估价的发展历程

上文已述,我国农用土地分等定级工作至少可追溯到 20 世纪 70 年代末。由最开始的土地质量评价到农用土地分等定级试点,《土地管理法》和《基本农田保护条例》颁布后进一步推动了农用土地分等定级和评价工作的开展。

1989 年,国家土地管理局颁布的《农用土地分等定级规程》将应用方向调整到土地管理上,是我国土地评价研究思路上的重要转折点。为促进国土资源大调查工作的顺利进行,国土资源部在 2001 年正式颁布《农用地分等定级规程》及《农用地估价规程》,并选定 16 个省市开展试点工作。在试点工作基础上,国土资源部对规程进行了修订,并于 2003 年 4 月 8 日正式发布了行业标准《农用地分等规程》TD/T 1004—2003、《农用地定级规程》TD/T 1005—2003 以及《农用地估价规程》TD/T 1006—2003,标志着我国土地评价工作已经朝着综合评价的方向发展。

在上述行业标准的指导下,2009 年,国土资源部顺利完成了全国农用地分等定级估价的试点工作。事实证明,2003 年颁布的三项行业标准技术方法可行,但从可持续发展角度来看,在对农用地进行调查评价的同时,切不可忽略对耕地质量的管理与建设。为了规范农用地的相关概念及内涵,增强社会保护与提高耕地质量的意识,有必要将上述三规程提升为国家标准。因此,在相关部门的努力配合之下,国家质检总局及国家标准化管理委员会在 2012 年 6 月 29 日共同颁布了《农用地质量分等规程》GB/T 28407—2012、《农用地定级规程》GB/T 208405—2012 以及《农用地估价规程》GB/T 28406—2012,并于同年 10 月 1 日开始实施。

目前我国的农用地估价已经建立起了完整的估价体系,随着农用地管理制度改革的推进，未来将会形成巨大的评估咨询服务市场。

第五节　城市地价动态监测

一、城市地价动态监测发展历程

中国城市地价动态监测体系于 1999 年开始建设，以"国土资源大调查"之"城市土地价格调查与评价"项目为平台展开。2001 年，根据国务院《关于加强国有土地资产管理的通知》（国发〔2001〕15 号）关于"抓紧建立全国地价动态监测信息系统，对全国重要城市地价水平动态变化情况进行监测"精神，在城市基准地价更新的基础上，建立了覆盖直辖市、计划单列市、省会城市以及长江三角洲、珠江三角洲、京津地区 50 个主要城市，以标准宗地的标定地价为监测对象的城市地价动态监测体系。全面系统地对城市地价及相关信息进行动态监测、收集、整理和分析，及时把握土地市场地价动态变化，编制年度、季度监测报告和地价指数，为领导决策提供科学依据，有关监测成果在国家宏观调控中发挥了重要作用。

2007 年，国土资源部颁布了《城市地价动态监测技术规范》TD/T 1009—2007，为我国的城市地价动态监测建立了系统的技术规范，保障了地价动态监测的统一性、合理性。

为更全面准确地把握土地市场运行态势，更好地为土地供应管理参与宏观调控服务，2008 年 3 月，国土资源部印发《关于进一步加强城市地价动态监测工作的通知》（国土资发〔2008〕51 号），按照"重点区域、重点监测"的原则，将此前 50 个纳入国家级监测范围的城市覆盖面扩展至涵盖各直辖市、省会城市、计划单列市和长江三角洲、珠江三角洲及环渤海地区主要城市在内的全国 105 个城市，并继续扩大省级试点范围，鼓励有条件的省（区、市）按照统一的工作要求和技术规范，开展行政区域全覆盖的监测工作。城市地价动态监测工作自此向全国城镇全域覆盖的目标又迈进了一步。

截至 2018 年底，监测城市扩展到 106 个，新纳入的监测城市为海南省三亚市。106 个监测城市中，一线城市包括北京、上海、广州、深圳，二线城市包括除一线城市外的直辖市、省会城市和计划单列市，共 32 个，三线城市包括除一线、二线城市外的 70 个监测城市。

城市地价动态监测网络体系能代表城市地价整体水平，为深入研究我国土地、不动产市场周期性变化及其与宏观经济的关系提供了重要研究数据，也为实现土地市场预警预测奠定了基础。同时，形成了包括技术标准、数据图集、研究专著、监测报告等多种形式的系统成果。项目成果得到广泛应用。从2009年起，年度监测成果纳入《国民经济和社会发展统计公报》。

二、城市地价动态监测的内容与作用

城市地价动态监测的主要目标和任务是通过确定城市监测范围，设立标准宗地（地价监测点），组织土地估价师及时跟踪采集标准宗地的地价信息，定期收集、汇总、整理、分析形成季度和年度监测成果，按时上报并适时公布，实现对全国重点地区和主要城市地价水平和变动情况的实时监测，为政府部门把握土地市场运行态势和价格走势，增强市场监管和调控能力提供服务，为国土资源管理部门参与宏观调控提供决策依据，同时满足社会公众的信息需求。

监测系统由公众端、城市端和中央端构成。公众端是公共信息平台，依托中国城市地价动态监测网（www.landvalue.com.cn）运行；城市端是各城市进行地价动态监测的管理平台，具有对地价数据及相关指标进行采集、整理、初步分析和传送到中央端的功能；中央端是国家级地价动态监测的管理平台，主要任务是对城市端上传的地价信息进行整合与宏观分析（图2-12）。

图2-12　中国城市地价动态监测网

第六节　市场领域土地估价服务

本节主要讲述土地估价在经济市场中的服务，自从土地作为一项商品进入市场流通环节，相关的土地估价服务需求便迅速增长，并且服务类型多种多样。

一、土地处置价格评估

土地处置价格评估是指将土地的使用权转移给另一方时，为确定土地的交易价格而委托评估机构进行评估的经济行为。

土地进入市场后，可能会进行再次流通，由于市场价格的变化或者对土地的投资改造，此时需要对土地价格进行再次评估，这其中又分为国有企业土地使用权转让、上市公司土地使用权转让和其他（非上市企业、非国有企业）土地使用权转让三种情况。其中国有企业土地使用权转让和上市公司土地使用权转让由于涉及了国有资产流失和中小股东权益，属于法定评估业务，是土地估价机构的常见业务类型。

二、土地抵押价格评估

土地作为不动产，具备抵押融资的功能，在抵押融资的过程中，需要对土地进行价值鉴定以保证放款人的回款安全，这种评估目的叫作土地抵押价格评估。

放款人可以是任何独立个人或法人，而其中专门经营此类业务就是金融行业，金融机构特别是商业银行为了降低自身的贷款风险，会建立严格的风险防控机制，建立专门的评估部门或者委托专业的评估机构对抵押的土地价值进行评估，估价机构需要评估土地的正常市场价值并分析土地的可变现价值，为金融机构的贷款风险建立最安全的防火墙。

除了抵押时的土地估价，贷后评估也是抵押评估的一种，即土地市场出现波动时，金融机构对客户的抵押土地进行再次评估，分析抵押物当下的可变现价值，衡量贷款的风险，保证金融机构的稳健运行。

三、土地司法鉴定评估

司法领域发生一些经济案件时，土地估价可以为涉案标的提供价值鉴定服务，评估结论是司法立案、审判、执行的重要依据。

土地估价提供的司法鉴定服务包括：

1. 司法审判中涉案土地的市场价值评估，为司法审判提供参考依据；

2. 为法院执行财产保全提供价值依据。财产保全是指人民法院在利害关系人起诉前或者当事人起诉后，为保障将来的生效判决能够得到执行或者避免财产遭受损失，对当事人的财产或者争议的标的物，采取限制当事人处分的强制措施；

3. 帮助司法拍卖涉及的土地资产进行拍卖底价评估。《最高人民法院关于人民法院委托评估、拍卖和变卖工作的若干规定》（法释〔2011〕21 号）规定，"拍卖财产经过评估的，评估价即为第一次拍卖的保留价"。

四、土地分割、合并评估

土地分割、合并评估是指土地因某种需要进行分割、合并的时候，相关方为确定分割、合并后的土地价值委托评估机构进行土地价值评估的经济行为。

土地的分割和合并往往会对土地的价值产生较大的影响，经过分割、合并后的土地需要经过专业的土地估价机构进行合理地测算，保障分割、合并的土地资产的相关当事人的合理权益不受侵害。

五、土地租赁价格评估

土地租赁价格评估是指在进行土地租赁活动时，租赁双方为确定土地的租金价格而委托评估机构进行评估的经济行为。

除了庞大的土地交易市场，我国还有很大的土地租赁市场，土地租赁时的租赁价格也是很多租赁者所关心的问题。

区别于土地交易市场，土地租赁市场的价格信息往往不够透明，而且土地租赁时的限制条件往往更多，因此土地的租赁价格评估相较于土地交易价格更为困难。

六、以财务报告为目的的土地价值评估

以财务报告为目的的土地价值评估是指因企业财务管理需要而委托评估机构进行土地价格评估的经济行为。

在会计处理时，土地可作为固定资产和无形资产入账，按照土地的取得成本计量，也可以作为投资性房地产，按照土地的公允价值计量。另外，当土地类资产出现价格

波动时，根据会计准则，企业应当对资产进行减值测试，这时也需要土地估价机构提供专业的估价服务，帮助企业的会计人员反映真实的资产价值，维护股东和投资者的合法权益。

第七节 土地咨询服务

一、土地咨询概述

土地咨询服务主要是指贯穿于土地征收、储备、出让、开发和二次开发全过程，为参与各方提供法律法规、政策、信息和技术等方面服务的经济活动。

随着经济的飞速发展，社会投资规模的逐渐扩大，国家资本及社会资本在面临投资活动时更加考虑投资的合理性和投资的风险程度，土地咨询服务的市场规模越来越大，专业的土地咨询服务越来越被社会所重视。

二、土地咨询业务类型

随着时代的发展，土地咨询业务类型也随之变化，目前常见的土地咨询业务根据时间阶段可以划分为：

1. 取得土地前：拍卖土地底价咨询和项目建议。

2. 取得土地后首次开发：项目可行性研究分析。

3. 土地二次开发：土地整备、城市更新和棚户区改造。

下面，以土地整备为例简单介绍其中涉及的土地咨询服务的情况。

土地整备是为缓解土地供需矛盾，提升政府管理土地资产的能力，政府通过收回土地使用权、房屋征收、土地收购、征转地历史遗留问题处理、填海造地等方式等方式对零散用地进行整合，并进行土地前期开发的一种土地管理新模式。实施土地整备是推动科学发展、加快转变经济发展方式的必然要求。

土地整备的主体为政府，整个过程强调政府对土地市场的垄断和控制，以土地财政保障城市发展建设和未来生产的战略空间布局，回收土地可用作商住用地出让、建设市政配套设施等。

土地整备项目的咨询业务包括投资机会研判及风险分析、项目前期咨询、项目团队专业培训、房屋产权确认、征收全程咨询顾问、房屋征收评估督导、土地置换方案经济测算、征收证据保全、专业安置房分配、土地整备项目实施咨询、社会经济效益分析、社会稳定风险评估等。

三、土地咨询案例——项目可行性研究分析

就土地咨询服务而言，项目可行性研究分析应该最具代表性，最能体现土地咨询服务的专业价值。实际上，在前期土地取得前，有拿地意向的企业均可以委托第三方中介机构进行项目可行性研究，出具可行性研究报告，分析土地取得的可行性；土地取得后，在方案报建前，也可以对方案报建的可行性做一个分析；土地取得方若有资金需求，想通过土地抵押取得项目贷款，也需要做可行性研究；或者土地取得方计划引进战略投资者，也需要对土地开发利用进行可行性分析；甚至在项目投资者之间进行利润分析的预测时，也可以进行可行性研究。由此可见，可行性研究在土地咨询业务中的重要性。以下将以可行性研究项目为例，说明此类土地咨询业务的服务内容和重要作用。

（一）项目背景

A公司因业务发展的需要，计划将其名下的一宗已建成的工业园升级改造。但A公司不知道其计划是否可行、升级改造建设多大规模合适、需要投放多少资金成本、能产生多大的收益，因此委托评估公司对其项目的可行性进行评估分析。

（二）项目概况

项目总用地面积16993.10平方米，已建成5950.05平方米的一栋厂房和宿舍楼，剩余为空地。因该地块取得时间较早，并没有明确的规划指标，实际容积率仅达到0.35，地上建成的厂房和宿舍楼属早期的普通工业建筑。根据当地相关规定以及国家集约用地的大方针政策，初步判断该地块可以考虑升级改造。

（三）咨询业务服务内容

通过了解，明确委托方的目的和要求之后，初步拟定项目思路以及提供的服务内容如下：

1. 了解当地的升级改造方面的相关政策，分析升级改造的可行性；

2. 调查项目所处片区的整体规划，明确了解项目升级改造之后的最佳可行规模；

3. 对片区的工业市场需求进行调查，综合确定项目升级改造之后的最佳定位；

4. 对片区升级改造类项目的租金及售价进行调研，确定项目价格定位；

5. 分析项目建设总体投资估算及各阶段、各单项投资估算，对项目进行成本预测

及资金筹措提出建议；

6. 深入论证工程建设总工期及各阶段进度安排的合理性；

7. 对项目的经济效益进行分析，包括财务分析、项目偿债能力分析、还款计划及来源分析、敏感性分析以及社会效益评价与风险分析等。

（四）可行性研究结论

通过上述思路的分析，最终出具了详细的可行性研究报告，结论包括以下内容：

1. 项目升级改造是符合规划要求的；

2. 项目升级改造成研发型的产业园，但根据当地研发型产业园升级的相关政策，建成后的产品不能对外销售，企业计划部分出租、部分自用。并针对项目的用地面积及建筑规模，初步设计了一个简单的效果图（图2-13）。

图 2-13　项目升级改造后的效果图

3. 项目总投资约4亿元，属于自营性的经营项目，通过测算，经营收入净利润率较高约32.09%；项目投资财务内部收益率为6.07%，大于基准收益率（4.5%）；项目投资财务净现值7559.86万元，远大于0；盈利能力均能满足行业要求，在财务上具有可行性。经营期偿债备付率为1.15，项目具有良好的还款能力。

4. 项目区位优势显著，一面临路，靠近当地区政府，距离在建地铁站点均在一公里左右范围内，项目未来交通优势明显。本项目能提供完善的产业集群配套服务，可优化产业聚集基地周边环境，推进当地扩容提质。本项目社会效益显著，且经济上可行。

5.针对项目及分析结论，提出了详细的建议。

总之，该可行性研究分析报告全方位地解决了委托方的需要，为其经营决策提供了重要的参考依据。

四、土地咨询服务的意义

在土地开发利用的过程中，由第三方中介机构提供土地咨询服务是坚持科学发展观、建设节约型社会的需要，也是推动经济高质量发展的内在要求。土地咨询服务的目的在于为委托方进行科学合理的决策提供参考和依据，促进土地资源合理、高效地开发利用，为企业和社会创造最大价值。

当前，我国经济步入高质量发展阶段，城乡发展新旧动能转换、进入转型升级的重要关口，提供优质的土地咨询服务是土地估价机构的重要发展机遇，也将为土地开发利用各方的发展发挥重要的作用。具体说来，土地咨询服务的意义主要有以下几个方面：

第一，为投资者进行科学合理的决策提供参考和依据，以促进实现效益最大化。企业投资者进行土地开发的本质是追求商业利益，而土地咨询服务最直接的作用就是以专业合理的方法估算土地开发利用活动能带来的收益和创造的价值。

第二，土地咨询广泛服务于城市土地二次开发的过程中，为释放城市存量土地资源、实现土地集约化利用和推动经济社会转型升级发挥了重要作用，有力促进了城市更新改造工作的顺利推进。

第三，有利于土地资源的优化配置。土地作为经济社会发展最重要的资源之一，其在市场中合理配置格外重要。土地估价机构通过为土地开发项目提供可行性研究等咨询服务，分析土地开发利用的最佳方式和能够带来的经济效益、生态效益、社会效益等，引导投资者选择最合适的经济行为，从而促进土地资源的合理配置。

第四，有利于经济社会的发展。土地咨询作为服务企业经济活动的市场行为，其最根本的作用即是促进经济社会的发展。

第八节　土地登记代理

土地登记代理是土地市场中介服务的一种，属于委托代理的范畴。土地登记代理是指土地登记代理机构和工作人员，受土地权利人的委托，为土地权利人申请办理土地登记、领取土地证书，从事与土地登记相关的土地权属指界、资料查询、验收宗地测量成果等工作。

一、土地登记代理制度的发展历程

古代中国没有土地证，没有登记簿，一旦发生不动产纠纷，只能靠契约来裁定，而契约是可以造假的，你伪造一份卖契，就能白占别人的地皮和房子，如此荒诞的案例在中国古代史上屡见不鲜。

宋太宗在位时，一个名叫赵孚的官员就曾经感叹地说："庄宅多有争诉，皆由衷私妄写文契，说界至则全无丈尺，昧邻里则不使闻知，欺罔肆行，狱讼增益。"意思是说房地产纠纷越来越多，几乎每一宗纠纷都涉及虚假契约，而且官方又无从查考，很多案件只能悬而不决。

为了解决这个问题，赵孚上奏太宗，建议进行不动产登记：将每一宗不动产交易都登记在册，当民间发生纠纷时，以官方登记簿为准，凡跟簿册不一致的，一律视为伪契。

宋太宗采纳了他的建议，随即颁发圣旨："应典卖倚当庄宅田土，今后并立合同契四本，一付钱主，一付业主，一纳商税院，一留本县，违者论如法。"以后无论不动产买卖还是不动产抵押，一律要签四份合同，一份交给买方，一份交给卖方，一份交税务局备案，一份交县政府备案，否则以违法论处。

宋太宗的做法非常合理，也非常有意义，既有利于明晰产权、减少纠纷、保护民产，使其免遭巧取豪夺，又有利于增加税收——过去老百姓为了逃交契税，买卖房屋很少过户，现在交易双方必须拿着契约去衙门登记，因此，偷税漏税现象大大减少。

可惜的是，太宗的圣旨并没有真正推行下去，直到他驾崩，甚至直到300年后宋朝亡国，"天下契书之奸巧一如往时"。不动产交易很多，不动产登记很少，虚假契约一如既往，民间纠纷一如既往。宋朝以后，每个朝代隔三岔五都会呼吁一回不动产登记，结果都没能实现。

民国时期，孙中山先生为了厘清产权，减少纠纷，呼吁进行不动产登记。各地市政府先后响应孙先生的号召，纷纷在地方法院下面设立"登记处"或者"登记局"，让当地业主都主动去法院申报房屋位置、房屋面积、房屋质量和房屋现值，登记处或者登记局先审查，再公告，确信没有产权纠纷了，再登记备案，最后发给业主一张《不动产登记证》。我国历史上真正完整的第一部房地产权（不动产）登记法规是北洋政府时期（1922年）颁发的《房地产登记条例》，明确规定不动产登记的对象为土地和建筑物。1931年，国民政府正式颁发了我国历史上第一部民法典《中华民国民法》，其中《民法·物权篇》明确规定了对房产和土地的管理权、支配权和排他权，同时还颁发了《土地法》，规定了要对土地及其定着物的权利进行登记和变更登记。

同一时期，中国共产党也在根据地和解放区先后颁发《井冈山土地法》《兴国土地法》《土地登记法》，通过打土豪、分田地，将土地和房屋分给广大农民，并进行土地登记，颁发《耕田证》《土地证》《土地使用证》《土地所有权证》等产权证明，但只限于明确土地产权，而其他不动产（房屋、山林等）则无明确记载。

随着解放战争推进，为了巩固政权，争取更多农民支持，中共中央1947年10月10日通过并公布了《中国土地法大纲》，并在全国各解放区开展轰轰烈烈的土地改革运动。其后，东北、华北等解放区分别发出了颁发土地所有证的通知。

新中国成立后，土地改革在广大解放区继续进行。1950年6月，中央人民政府颁布了《中华人民共和国土地改革法》。其中，第30条规定，土地改革完成后，由人民政府发给土地所有证，并承认一切土地所有者自由经营、买卖及出租其土地的权利。土地改革以前的土地契约，一律作废。

1950年11月10日，政务院颁布的《城市郊区土地改革条例》第9条规定，城市郊区所有没收和征收得来的农业土地，一律归国家所有，由市人民政府管理，连同国家在郊区的所有其他可分的农业土地，交由乡农民协会统一、公平、合理地分配给无地少地的农民耕种使用。第17条规定，城市郊区土地改革完成后，对分得国有土地的农民，由市人民政府发给国有土地使用证，保障农民对该项土地的使用权。对私有农业土地者发给所有证，保障其土地所有权。

为了规范土地登记及发证工作，中央人民政府内务部1950年11月25日专门发出《关于填发土地房产所有证的指示》，规定凡土地改革已完成的地区，为切实保障土地改革后各阶层人民的土地房产所有权，巩固与提高农民生产情绪，不论农民新分的土地及原有土地，均应一律颁发土地房产所有证（简称"土地证"）。同时，还规定本指示颁发前，已正式填发土地证地区，不再变动。之后，广大行政区或省按内务部样本，统一印制了土地房产所有证和国有土地使用证，并明确了填写办法，统一了标准亩（以60方丈折合1亩计算）和标准丈。不仅如此，北京、上海、天津、武汉等大城市和东北、中南地区相继颁发了房地产登记的规章及城市房地产管理办法，通过登记确权也颁发了公有和私有房屋执照或房地产权证。

土地改革运动从1950年冬到1953年春，除新疆、西藏等少数民族和我国台湾地区外，全国基本上完成了土地改革（新疆在1954年完成土地改革，西藏地区则于1960年实行了民主改革）。由此而产生的以土地为载体，涵盖房产等不动产为一体的统一登记也在全国普遍实行。

随着中央高度集权的计划经济体制的建立和社会公有制权属体制的建立，立法思想有所改变，法律上对个人所有权有着严格限制，物权制度得不到承认，登记工作也被忽视。1966~1976 年土地登记工作遭到破坏，登记制度名存实亡。

改革开放以后，土地市场逐步建立，市场的发展对土地登记也产生了需求。

1986 年，《中华人民共和国土地管理法》对我国的基本土地制度、土地的所有权和使用权作了规定。

1995 年 12 月 28 日，国家土地管理局颁布了《土地登记规则》（国土 [法] 字第184 号 ），该文件涉及土地登记的条款规定：土地登记是国家依法对国有土地使用权、集体土地所有权、集体土地使用权和土地他项权利的登记。本规则所称土地他项权利，是指土地使用权和土地所有权以外的土地权利，包括抵押权、承租权以及法律、行政法规规定需要登记的其他土地权利。土地登记分为初始土地登记和变更土地登记。初始土地登记又称总登记，是指在一定时间内，对辖区全部土地或者特定区域的土地进行的普遍登记；变更土地登记，是指初始土地登记以外的土地登记，包括：土地使用权、所有权和土地他项权利设定登记，土地使用权、所有权和土地他项权利变更登记，名称、地址和土地用途变更登记，注销土地登记等。

除了对土地登记进行了定义和确定范围，该文件还详细介绍了土地使用权、所有权和他项权利的初始登记、变更登记和注销登记以及土地登记文件资料等各方面作了详细规定，统一规范了土地登记的操作流程。

2002 年 12 月 18 日，为了发展和完善土地市场，规范土地登记代理行为，维护土地权利人的合法权益，为社会提供高效安全的代理服务，人事部、国土资源部决定在土地登记代理行业建立土地登记代理人职业资格制度，并颁布了《土地登记代理人职业资格制度暂行规定》和《土地登记代理人职业资格考试实施办法》的通知（人发〔2002〕116 号 ）。

2007 年 12 月 30 日，为规范土地登记行为，保护土地权利人的合法权益，《土地登记办法》（国土资源部令第 40 号 ）颁布，规定土地登记实行属地登记原则。申请人应当依照办法的规定向土地所在地的县级以上人民政府国土资源行政主管部门提出土地登记申请，依法报县级以上人民政府登记造册，核发土地权利证书。但土地抵押权、地役权由县级以上人民政府国土资源行政主管部门登记，核发土地他项权利证明书。跨县级行政区域使用的土地，应当报土地所跨区域各县级以上人民政府分别办理土地登记。在京中央国家机关使用的土地，按照《在京中央国家机关用地土地登记办法》（国土资源部令第 6 号 ）的规定执行。此外，国家实行土地登记人员持证上岗制度。从事土地权属审核和登记审查的工作人员，应当取得国务院国土资源行政主管部门颁发的土地登记上岗证书。

除了土地登记制度的规定,《土地登记办法》还对登记的流程、细节进行了细致规定,包括一般规定、土地总登记、初始登记、变更登记、注销登记、其他登记、土地权利保护、法律责任等问题,是我国土地登记人员最重要的操作指导文件。

2014年8月12日,《国务院关于取消和调整一批行政审批项目等事项的决定》(国发〔2014〕27号),取消了土地登记代理人的职业资格许可和认定。

2014年11月24日,为整合不动产登记职责,规范登记行为,方便群众申请登记,保护权利人合法权益,根据《中华人民共和国物权法》等法律,国务院颁布《不动产登记暂行条例》(国务院令第656号),规定国家实行不动产统一登记制度。不动产登记遵循严格管理、稳定连续、方便群众的原则。不动产权利人已经依法享有的不动产权利,不因登记机构和登记程序的改变而受到影响。国务院国土资源主管部门负责指导、监督全国不动产登记工作。

除了登记制度的变化,该暂行条例还对不动产登记簿、登记程序、登记信息共享与保护、法律责任等问题进行了详细规定。

2015年7月6日,根据《国务院机构改革和职能转变方案》和《国务院关于取消和调整一批行政审批项目等事项的决定》(国发〔2014〕27号)有关取消"土地登记代理人职业资格"的要求,为加强土地登记代理专业人员队伍建设,规范土地及地上房屋、林木等不动产登记代理行为,在总结原土地登记代理人职业资格制度实施情况的基础上,人力资源社会保障部、国土资源部制定了《土地登记代理专业人员职业资格制度暂行规定》(人社部发〔2015〕66号)和《土地登记代理人职业资格考试实施办法》,人事部、国土资源部发布的《关于印发〈土地登记代理人职业资格制度暂行规定〉和〈土地登记代理人职业资格考试实施办法〉的通知》(人发〔2002〕116号)同时废止。

新规定较以往有较大改动,一是适用范围有所增加;二是确定土地登记代理人为水平评价类职业类别;三是划分了职业资格的水平档次,规定"土地登记代理专业人员职业资格分为土地登记代理人、高级土地登记代理人2个级别";四是取消了旧文件中"取得土地登记代理人职业资格是从事土地登记代理业务和发起设立土地登记代理机构的必备条件"的规定。

2016年1月1日,为规范不动产登记行为,细化不动产统一登记制度,方便人民群众办理不动产登记,保护权利人合法权益,根据《不动产登记暂行条例》,国土资源部颁布了《不动产登记暂行条例实施细则》(国土资源部令第63号),对不动产登记的各个环节和细节进行了具体的指导规定。

2017年12月29日,为了深入贯彻依法治国基本方略,依法推进简政放权、放管结合、优化服务改革，国土资源部部长姜大明签署第78号国土资源部令，公布《国土资源部关于修改和废止部分规章的决定》。该决定宣布废止《土地登记办法》（国土资源部令第40号）。

二、土地登记代理的内容与作用

根据《土地登记代理专业人员职业资格制度暂行规定》，土地登记代理专业人员的执业范围有：

1. 代理土地及地上房屋、林木等不动产登记申请、指界、地籍和房屋、林木等调查、领取不动产权证书等；

2. 收集、整理土地及地上房屋、林木等不动产权属来源证明及其他相关材料；

3. 协助土地及地上房屋、林木等不动产权利人办理权属纠纷相关手续；

4. 依法查询土地及地上房屋、林木等不动产登记资料；

5. 查证土地及地上房屋、林木等不动产产权；

6. 提供土地及地上房屋、林木等不动产登记及地籍管理相关法律咨询；

7. 与土地及地上房屋、林木等不动产代理业务相关的其他事项。

根据上述工作内容，可以对土地登记代理专业人员的工作进行初步地了解，即受土地权利人委托，为土地权利人申请办理土地登记、领取土地证书，从事与土地登记相关的土地权属指界、资料查询、验收宗地测量成果等工作。

土地登记代理工作在我国拥有较好的市场基础，该领域的服务工作是中国经济发展的助力剂，规范了土地经济市场的良好运行。土地登记代理的主要作用有：

1. 有助于土地登记规范化建设

土地登记代理人属于专业人员，熟悉土地登记有关业务，掌握申请土地登记的方法、程序以及所需提交的土地登记申请文件，这将减少土地登记机关不必要的工作量，直接提高了土地登记的工作效率。同时，代理人在代理过程中，能将土地权利人与登记机关、代理人以及相关权利当事人之间有待解决的问题，及时反馈给土地登记机关，从而促进了土地登记的规范化建设。

2. 有利于土地市场发展

随着我国市场经济体制的建立和土地使用制度改革的不断深化，土地使用权流转日趋活跃，土地权利人要求明晰土地产权、持证用地的意识不断增强。土地登记代理人以其周到、高效的专业服务，满足了土地权利人的要求。另外，土地登记代理人在办理代理业务中通过收集相关资料和信息，促进了土地市场信息的交流，推进了土地市场的发展。土地登记代理已成为土地中介市场不可或缺的一部分。

3.有利于产权管理产业化发展

随着市场经济的建立与完善，社会化分工更加专业化，产权管理也将走向产业化、社会化。土地登记作为产权管理的重要组成部分，实施登记代理符合产权管理的产业化、社会化发展方向。

三、土地登记代理与土地估价的融合发展

土地登记代理主要是为委托人申请办理土地登记、领取土地证书，从事与土地登记相关的土地权属指界、资料查询、验收宗地测量成果等工作，而土地估价工作需要核实土地的产权、界限、资料和面积，因此具备土地登记代理的专业人员具备了土地估价的部分工作能力。

目前的土地估价和土地登记代理同属一个行业协会进行自律管理，共同围绕土地市场提供相关中介服务，具备融合发展的基础。随着时代发展，服务行业的产业链条随之拓展，土地估价行业和土地登记代理行业应当借助良好的融合基础，合力发展。在学习估价知识的基础上对估价专业人员进行登记代理的专业培训，可以加强土地估价工作的规范性、专业性。

第三篇

中国房地产估价

房地产估价是市场经济发展到一定阶段的产物。中国房地产估价行业是一个既古老又新兴的行业，古老是因为房地产估价活动自古就有，新兴是因为中国现代房地产估价行业是在改革开放以后才逐渐建立。房地产估价是房地产市场的重要组成部分，中国现代房地产估价活动产生于改革开放之后，伴随着房地产市场的发展而成长，目前已经进入一个良性循环的发展阶段。

1978 年改革开放后，我国从计划经济逐渐向市场经济转换，我国房地产估价行业也以此为起点开始焕发新的色彩。40 年春风化雨，我国房地产估价伴随着房地产市场的迅猛发展而逐渐成长并一步步地发展壮大，房地产估价逐渐向专业化和多元化发展；房地产估价从业人员也从政府职能人员转变为企业从业人员；房地产估价机构也从政府职能部门转变为市场经济活动的主体。房地产估价随着社会经济的发展承担的社会职能发生变化，房地产估价师执业水准提升，业务逐渐向专业化发展；同时经济全球化促使世界经济贸易加深联系，中国加入 WTO、实施"一带一路"倡议、粤港澳大湾区的建设等，我国的房地产估价行业也跟随着改革开放的深化走出国门与国际接轨，为企业"走出去"保驾护航，为"引进来"的外企提供专业的房地产估价服务。

截至 2018 年年底，我国房地产估价机构超过 5600 家，其中一级机构 595 家，注册房地产估价师约 6 万人，从业人员超过 30 万人。根据中国房地产估价信用档案系统业绩统计，2017 年度一级机构平均营业收入为 2011 万元，同比增长 16.8%；营业收入前 100 名的机构年均收入为 5490 万元，同比增长 20%；营业收入超亿元的机构从 2016 年的 8 家增长为 12 家。房地产估价行业已经发展为国家经济建设中不可或缺的一股重要力量。

第一章

古近代房地产估价

按照时间划分，本书将中国的房地产估价分为古代和近代两个阶段。古代中国的房地产估价活动从对土地分等定级开始，当人口发展到一定程度后，城市发展到一定规模，房地产交易活动开始产生。为了规范房地产交易活动，历朝历代制定了许多制度措施，形成了牙行为代表的古代房地产估价中介行业。近代以来，房地产市场逐渐规范，房地产估价活动也随之发展，后由于战争动乱，房地产估价活动逐渐减少。

第一节　古代房地产估价活动

一、古代房屋交易

房屋作为我国古代人民生活资料的重要一项，影响着民生，官府为了社会稳定和管控人口，往往对房产交易实行严格的管理制度。

（一）古代房屋买卖特点

西汉时期史料记载到："欲益买宅，不比其宅，勿许"，也就是说，房子只能在相邻的邻居之间交易。从宋朝开始，买卖房屋依然要遵守类似的规定："凡典卖物业，先问房亲；不买，次问四邻。其邻以东、南为上，西、北次之，递问次邻。四邻俱不买，乃外召钱主。"

元时期的房屋买卖活动较少，其中官员买房还出现限制。蒙古人马踏天下，死伤无数，且从前朝继承了许多国家房产，取得天下后，官府拥有大量房产可以随意分配；蒙古贵族下江南强买、强占民房无数，为了抚慰江南、化解民怨，元世祖忽必烈颁布了禁止蒙古官员在江南购置产业的严令。因此这一时期房屋买卖较少，关于房屋评估的活动较少。

明清时期，房屋买卖的大致规则沿袭前朝。据资料记载，当时要在房屋买卖的契约内写明卖房子的原因，比如说缺钱花了，"某都某人今为无银用度"，还要写明房屋的具体地点，比如说东到哪、西到哪、南到哪。此外还要特别说明，已经征求过房屋实际居住人和四邻的意见了，因为他们都不愿意购买，所以才将房子卖给他人，最后则要标明买卖双方的契约精神："所买所卖，二家各无反悔。今恐无凭，立契存照。"

（二）古代房屋估价

房屋的买卖受到官府严密的控制，但是随着中国古代城市化发展，房屋交易活动逐渐增多。宋朝时，政府为了规范房屋交易，专门为从事房屋交易的中间人"牙人"设立了一个官职——"官牙"。在土地估价篇中我们已经详细地介绍"牙人"，在此就不过多介绍。

那么古代房屋交易的具体流程是怎么样的呢？在《千年楼市》一书中，记载了一份元代的房屋买卖契约。我们把这份契约翻译成白话，就能看清古人买卖房屋的整个流程了。

卖家：麻合抹

买家：阿老丁

中间人：蔡八郎

房屋估价人员：官牙

交易对象：卖家祖产一套

出卖原因：资金周转不灵

交易流程：

1. 麻合抹给自己的亲戚邻居发帖子，说我的祖产要卖中统宝钞150锭，问大家是否愿意买，大家都不愿买。

2. 有个房屋中间人叫蔡八郎，他引见了一个叫阿老丁的买家，还请官方的官牙（房屋估价人员）对这处房屋进行估价，值中统宝钞60锭。买卖双方成交。

3. 房产税：米二斗八分，转由买家缴纳。

4. 订立契约，买家交纳契税和印花税。

上文提到，在古代对于待售房屋享有优先购买权的人是亲属、四邻。麻合抹作为卖家，给自己的亲戚邻居发帖子，说我的祖产要卖中统宝钞150锭，定价太高，亲戚邻居不愿买。中间人蔡八郎想要收取中介费用，把要交易的房屋介绍给买家阿老丁，为促成这笔交易，蔡八郎邀请官方房屋估价人员官牙对房屋进行估价。官牙对房屋估价为中统宝钞60锭，相比麻合抹狮子大开口的中统宝钞150锭要价少90锭，促成交易。可见在当时的条件下，官牙作为房屋估价人员具有一定的权威性，其次该案例也说明当时已经有初步的房屋估价理念和方法。

牙人制度演变至清朝，康熙十四年至康熙十七年曾任浙江嘉兴知府的卢崇兴说道："田房交易，此卖彼售，必凭中保官牙，照时值低昂，公评定价，一姓得银，一姓受业，俱系情愿"，嘉庆二十一年天津县刘义圃卖房官契中则云："当日贫经纪三面议定时价"。

可见我国房地产估价自古有之，并伴随各个时代的经济社会发展而逐渐变化。但是由于受到政府严厉管控，房地产估价师——官牙拥有官方背景，在估价时也存在"一刀切"和"受贿"等情况，在估价时个人主观性强，不公正公平等原因限制了我国古代房地产估价的进一步发展。

二、古代房地产估价的方法

虽然历朝历代并未有明确关于房地产估价的专门叙述，但从相关的制度中，也可窥见与房地产估价相关的方法。

（一）收益定价

两宋时期商品经济高度发展，地租决定地价的客观规律已经发挥了作用。《宋会要·食货》中记载了绍兴十三年九月二十八日户部上言："臣僚札子：契堪民间田租，各有乡原等则不同，有以八十合、九十合为斗者，有以百五十合至九十合为斗者。盖地有肥瘠之异，故租之多寡、赋之轻重、价之低昂系焉。此经久不可异也……殊不知，民间买田之初，必计租定价。"又如《续资治通鉴》记载南宋贾似道推行"公田法"时，"不以亩为价，而随租以为价"。这表明"计租定价"——由地租决定地价已经是当时田宅交易的习惯，不能随意改变。地租理论即为现在房地产估价收益法的基础理论。

（二）比较定价

南宋《建炎以来朝野杂记》记载："遣官置司，会三年飞申之籍，许告知，没三之一，以其半给告者。嫁资移嘱，隐其直者，视邻田估之。"这是对比相邻田地对被估田地进行评估的记载。明代《王阳明集》中也有记载"如蒙乞敕该部查议，将前项抄没过宁府及各贼党下田地山塘房屋等项……及将于内官房酌量移改城楼窝铺衙门，余外无碍田地山塘房屋，仍令各官公同依照时估变价，银入宫……"。

（三）成本定价

《新校本清史稿》中记载："请饬将军等详勘界限，研究根由，援据约章，与俄酋竭力辩论。倘彼坚执，或应知照驻俄使臣，严请外部妥筹办法，或即估给盖房之费，令从速迁徙，由将军等就近相机筹定，奏明办理"，此处记述了俄国人擅入我国唐努乌梁海地区种地、建房后，清政府收回该地的一些做法，即"估给盖房之费，令从速迁徙"，通过核算给予其盖房花费的费用，使之快速迁走。

第二节　近代房地产估价活动

中国近代的房地产估价沿袭古代房地产估价，但也区别于古代房地产估价。1840年鸦片战争是中国近代史的开端，由此产生了清中叶以来的近代化浪潮，推动了中国的城市化进程，沿海商埠城市出现了近代意义的早期房地产，房地产估价活动以一种新的形式出现。我国近代房地产的发展明显有以下几个特点：一是以土地和房产的私有制为基础；二是附属于半殖民地半封建经济；三是具有投机性和掠夺性。

1840年鸦片战争后，中国的资本主义得到了发展，刺激了城市人口增长和商品经济的发展，外国银行、洋行、教会及一些民族资本家纷纷以独资、集资或用抵押贷款的办法购置土地，兴建经营教堂、租界洋楼等各类房屋，房地产需求急剧膨胀，中国房地产业得到了一定程度的发展。

一、鸦片战争后房地产业畸形繁荣

中国是一个农业大国，两千多年的封建王朝统治都是靠着土地的税收运转，重农抑商的思想严重。城里聚集的都是达官贵人或者小商贩，所占总人口比例不多，更多的是以土地为生的农民，可以说中国古代人口多数都是被束缚在土地上。同时，我国古代统治者为了维护统治，对房子买卖实行严格管控，城里房子买卖不兴盛，因此房产估价活动较少。

1840年鸦片战争后，我国自然经济逐渐解体，沦为世界资本市场的组成部分，传统农业、手工业、商业受到西方资本的打压日益凋零。西方资本主义开始大规模疯狂涌入中国，自然经济的瓦解和西方资本主义的入侵，打破了封建统治和重农抑商的思想，刺激了中国民族资本主义的发展，同时也冲击中国封建小农经济。西方资本的涌入促进中国商业的繁荣与发展,但是西方侵略者同时也通过不平等条约以及贸易倾销掠夺了大量的财富,中国贸易出现逆差。

1842 年中英《南京条约》规定:割让香港岛给英国;开放广州、厦门、福州、宁波、上海五处为通商口岸。自此西方资本主义开始以通商口岸为支点在中国疯狂肆虐,在一定程度上刺激了中国商业和民族资本主义的繁荣与发展,但最根本的是使中国日益半殖民地半封建化,所以这种背景下的繁荣只会是畸形的繁荣。

以香港为例,作为通商口岸和受英国殖民统治,开埠后中外贸易、埠际贸易、交通运输、金融业等迅速发展,大量的资金涌入和人口入住形成了对房地产市场的迫切需要。外商把房地产投机买卖、出租、抵押贷款、发行股票等一套资本主义经营方式逐一移植复制至上海、香港,使之逐步呈现一派繁荣之景象。这一时期,上海的工商业和邮电交通事业迅速发展,上海房地产业获得了繁荣大发展。另一边,1841 年英国强行霸占香港后即开始拍卖土地,并逐步形成和确立香港的地权制度和土地批租制度,从而揭开近现代香港地产业的发展历史。

虽然资本主义的深入影响使房地产业获得了繁荣发展,但是这种受殖民统治的发展注定是畸形的。这一时期,外国侵略者住房需求和外商房地产投资需求以及大量涌入城里转化为工人阶级的国人对房子的需求,形成了对房地产业迫切的需求,房子买卖的行为增多,房地产活动也随之增多。但房产流通买卖大多数还是发生在外国人手里,其原因在于:其一,外国资本主义通过一系列特权条约,牢牢控制着房地产业的脉络,其始终占据着房地产业的主导地位;其二,当时的房地产业受国际国内局势影响大;其三,当时社会普遍生产力及消费水平低下,这与高房价和高房租形成巨大反差;其四,这一时期封建王朝还存在,对房屋买卖的管控还没有消除。

这一时期房地产估价的活动大多数发生在外国商人手里,房地产估价活动受西方房地产估价理念影响。同时外国商人也把房地产估价的理念带来中国,进一丰富中国房地产估价理念,但是由于掺杂着政治、战争、国际、城市化等因素,造成这一时期的房地产市场畸形繁荣,房地产估价活动增多,但是房地产估价发展却缓慢。

二、辛亥革命后不同时期房地产估价发展特点

在古代土地估价和房地产估价发展历程中我们有介绍,土地所有权只属于君王个人所有,为管制人口对于房屋的买卖也是非常严格。1911 年辛亥革命爆发,清王朝灭亡,代表着中国两千多的封建统治时代落下帷幕。

1914 年,北洋政府宣布,土地的所有权可以划归个人,对住宅进行立法,并颁布法律保护私人财产。政府对住宅市场的监管,除继续沿用以限价为主的行政手段外,

通过开征地价税、房捐等方式，渗透财政手段。本质上解除了封建时代对房屋买卖的严密管控，进一步确认房屋的私有化和房屋买卖合法性。同时也重视住宅市场对国家财政收入的作用，国民政府的住宅立法，标榜"平均地权"学说，形成了一整套管理房地产市场交易过程、交易合同以及房地转移的程序，规范了房地产市场的发展。

20世纪20年代初，这一时期中国城市化进程加快，人口膨胀，房屋需求剧增。第一次世界大战结束后，外国资本卷土重来，大量涌来的无法投入生产的外资和国内游资，为了寻求资金出路和投资安全，纷纷投入房地产业，房屋买卖兴盛，房地产业由此进入一个高潮。

20世纪30年代，日本发动侵华战争，炮火声响彻中华大地，民众颠沛流离。受到战乱影响，外国资本迅速退出中国市场；民众也因为躲避战乱纷纷转卖房产，因此这一时期的房地产业发展缓慢但是房产交易却活跃起来。由于受到战乱影响，导致房屋交易中对房屋的不合理估价，导致这一时期房地产估价活动虽然增多，但是房产估价的发展反而停滞不前。

20世纪40年代，恶性通胀以及抗战胜利后大批避难市民涌入城市居住，导致房屋需求旺盛，住宅价格出现大幅飙升，到40年代末达到飙涨的高潮，出现不断增租引发的房地纠纷，以及诸多租赁交易摒弃法币，改用米面、金银结算房租等现象。针对20世纪40年代的"房荒"危机，国民政府曾经出台了行政、财政、货币手段三管齐下的拯救政策，矛头直指高房价和高房租，具有强烈的针对性。然而，"拯救"政策最终以失败告终。其深层原因，是住宅有效供应不足和战争导致的恶性通胀。这种迫切的房屋需求显现的是一种畸形的市场，不利于房地产业的发展。

近代的房地产市场不仅对宏观经济的影响力有限，而且深受国家和城市政治、经济形势的左右，处于相对被动的地位，房地产估价在其中显现的作用不大，但是却为后来的中国房地产估价的发展提供了很多经验和参考。

第二章

房地产估价新起点

国人讲究落叶归根、安居乐业之说，自古以来在外漂泊的游子无不以家为念想，至死都想着魂归祖地。"安得广厦千万间，大庇天下寒士俱欢颜"，住有所居的需求，国人古之已有，对房子追求的执念根深蒂固。

1949年新中国建立后，确立了社会主义公有制制度，《宪法》明确规定"任何组织或者个人不得侵占、买卖、出租或者以其他形式非法转让土地"，因此在国有土地使用制度中，中国城镇国有土地实行的是单一行政划拨制度，国家将土地使用权无偿、无期限提供给用地者，土地使用者没有权利处置土地，因此土地使用权不能在土地使用者之间流转。所以早期的房地产开发还不像现在这样配套销售商品房，城镇职工居民房子都是属于国家建设分配。当时中国处于计划经济时期，社会物资都是公有制，实行按劳分配和按需分配，房子不具备商品属性。

改革开放促使经济迅速发展，公有制分配制度开始逐步退出历史舞台，房屋可以转让销售，市场经济飞速发展，民众手有余钱，国人对于房子的那颗执念之心开始生根发芽，房地产业也大受国人欢迎。

1978年改革开放以后，随着城镇住房制度改革、房屋商品化，房地产估价活动开始复兴，房地产估价从新的起点开始起步。从深圳经济特区房改和住房商品化到深圳经济特区对房地产的初探，再到深圳市物业估价所成立、第一批房地产估价师的产生、房地产估价师执业资格制度的建立。中国进一步深化改革开放这场"伟大的变革"，市场经济焕发了前所未有的活力，社会进一步革新，房地产估价在变革中起步。

第一节 房改和住房商品化在深圳经济特区的初探

房地产的飞速发展离不开国家对房屋商品化的探索。1980 年 1 月，《红旗》杂志发表苏星《怎样使住宅问题解决得快些》一文，指出住宅是个人消费品的重要组成部分，应该走商品化道路。1980 年可以说是中国房地产的元年，这一年邓小平把房子定义为商品。住房制度改革和土地制度改革的同时推进，中国房地产正式成为一个产业，开始缓慢地生根发芽。自此，我国理论界开展了关于住宅属性、房租等问题的讨论。1980 年 11 月，中国土地学会（CLSS）成立，并召开学术会议讨论社会主义地租地价问题，以住宅商品化问题讨论为中心，引发住宅商品化、住房制度改革、房产经济等问题研究，逐步形成房屋商品化理论体系。

深圳经济特区走在改革开放的前沿，同样房地产的发展也是走在前沿。深圳早期只是一个边境小镇，到处充满荒凉的气息，同时又外逃了大量的青壮年劳动力，大量土地荒废，缺人、缺钱、缺技术设备。深圳经济特区建立的前期，开荒成了主题。深圳的开荒需要资金，如同穷则思变的小岗村人，深圳破天荒地想到了卖地皮。为了找资金，深圳第一代人从出租土地到合作开发，拉开了房地产商业开发的序幕。

大胆运用政策，深化改革开放建立经济特区的深圳吸引着大量外商来深，使原本安静的深圳开始热闹起来。为了招待外商和迎合外商投资建厂的需要，深圳开展了大量的基建工程。突破资金的束缚，房地产公司创造性地一方面拿着外商提供的资金兴建工厂，另一方面又用资金兴建商品住宅，而且一边建一边出售。他们拿着一张张楼房图纸，在土地还没有审批下来就开始将预建的楼房进行销售，利用销售的资金，一部分去填补土地价格、抵消开发费用，一部分又投资到别处，有效地解决了无钱可用、没钱开发的境地。往往一栋在建楼房销售到一半，房地产公司又利用回笼的资金去开发土地、兴建楼房。如此循环，土地和资本相互转换，市场飞速转动，深圳经济和城市化飞速发展。当然此时的房地产公司都是国营企业，兴建的商品房和工厂更多还是为了服务外商和吸引投资。

1980 年，当学者们还停留在探索房地产商品化的时候，深圳特区已经开始将理论应用到实践。时任深圳房管局副局长的骆锦星以 6 个人 4 部旧单车组建了中国内地第一家房地产公司——深圳经济特区房地产公司，专门负责统筹开发、经营涉外房地产业务，此后他开启了中国房地产史上无数个第一；他见证了特区房地产从萌芽状态发展成重要产业的过程，他是中国房地产事业的开拓者之一，也是中国房地产市场的勇敢探索者。

在 1968~1973 年期间，香港经济复苏，港英政府开始启动新市镇开发计划，并于 1972 年制订了"十年建屋计划"。这些因素促使香港楼市回暖、繁荣，房价和租金飙升，而当时香港的财政收益，三成以上都来自土地拍卖。香港楼市的繁荣，使骆锦星看到了土地的宝贵价值："如果深圳能像香港一样用土地换钱就好了"。但当时的《宪法》第十条明文规定：任何组织或个人不得侵占、买卖、出租或以其他形式非法转让土地。骆锦星通过深圳市接待办接触到港商刘天就进行商谈，经谈判：刘天就出钱，特区政府出地，建房子在香港出售。由此，1981 年中国第一个商品房小区——东湖丽苑出现（图 3-1）。

图 3-1 东湖丽苑

东湖丽苑建成后，很多香港房地产开发商来深圳要求合作。深圳意识到了土地的巨大价值，揭开了房地产业发展的序幕：特区政府收取土地使用费，"补偿贸易"改为"合作经营"。此后，翠竹苑、湖滨新村、翠华花园、友谊大厦等相继破土奠基。

1982 年深圳迎来了两万退伍基建兵，人烟稀少的深圳开始热闹起来，两万劳动力的加入为深圳注入了新鲜的血液，提供大量的劳动力，推动着深圳的城市建设（图 3-2、图 3-3）。到了 1984 年，单深圳经济特区房地产公司就为特区吸引 10 亿多港元的外资投资，实现基建投资近 8 亿，施工面积 70 多万平方米，建成高层楼宇 20 多座，上缴特区和国家 4000 多万人民币和 1 亿多港元税收。其中最著名的莫过于当时修建国贸大厦"三天盖一层楼"的深圳速度，无不凸显了当时深圳房地产业飞速的发展（图 3-4）。

1983 年 2 月，《经济日报》报道中国人民银行负责人谈话："国家鼓励私人购房、修房，今年要试办购买住房储蓄、修房储蓄等多项业务"。1984 年国务院正式批准试

图 3-2　两万退伍基建工程兵来深圳

图 3-3　基建动员大会

点城市实行"公有住房补贴出售",我国房屋开始出售,民众可以申请国家公有住房补贴购买商品房,在一定程度上解决了居民居住问题,也加速了社会资本流动,活跃了市场经济。房地产逐渐商品化,逐渐融入市场经济中。

图 3-4　三天盖一层的深圳国贸大厦

1984年，邓小平肯定了房地产行业的意义，房地产市场的黄金10年到来。1987年，深圳进行了首次公开土地拍卖，催化全国房地产加速发展。所以，1987年才是中国房地产开始进入商业化的时间点。

改革开放初期，房地产业的发展是市场经济焕发活力的一个体现，同时也是我国招商引资的一项重要手段。房屋商品化的探索对于刚刚经历"文革"十年、一穷二白的人们想要在城市买房建房的具体意义不大，当时人们更多的是靠单位或国有企业分配住房。但是房屋商品化却是吸引外资的一项重要手段，房屋商品化有效地解决外资商人来内地投资想要购买住宅、投资房地产、兴建工厂的房产私有化、合法化、商业化的需求。房屋商品化后房地产可以进行交易，吸引了大量投资，有效地解决了国家建设资金不足的问题。

特区政府与外商合资时，关于房产、土地的租赁和买卖涉及价格评定，房地产估价活动开始出现在深圳，并逐渐由深圳扩展到全国。

1994年7月国务院发布了《国务院关于深化城镇住房制度改革的决定》（国发〔1994〕43号），正式开启了城镇住房制度改革之路。该决定提出城镇住房制度改革作为经济体制改革的重要组成部分，目标是要建立与社会主义市场经济体制相适应的新的城镇住房制度，实现住房商品化、社会化、市场化；把各单位建设、分配、维修、管理住房的体制改变为社会化、专业化、市场化运行的体制；把住房福利分配的方式改变为以按劳分配为主的货币工资分配方式；建立以中低收入家庭为对象、具有社会保障性质的经济适用住房供应体系和以高收入家庭为对象的商品房供应体系。同时，建立住房公积金制度，建立政策性和商业性并存的住房信贷体系。

而房改具有里程碑意义的文件则是 1998 年 7 月 3 日国务院发布的《关于进一步深化住房制度改革加快住房建设的通知》（国发〔1998〕23 号文），该通知宣布全国城镇从 1998 下半年开始停止住房实物分配，全面实行住房分配货币化，同时建立和完善以经济适用住房为主的多层次城镇住房供应体系。

我国城镇住房制度市场化改革是顺应市场经济体制改革的总体要求，另一方面，城镇住房制度市场化改革还有其特殊的背景和内在动因。主要是在旧的福利分房制度条件下，低廉的租金导致无法维持正常的房屋维护，还使政府背负着沉重的财政负担；而与此同时，为了应对东南亚金融危机，国家实施积极的财政政策并配以收入分配调整政策，以增加和刺激社会总需求，而住房货币化的登台正好可以成为拉动内需的最好办法，增加消费需求、拉动经济增长、调节经济结构。

第二节 深圳市物业估价所成立

1984 年，深圳市六届人大的《政府工作报告》指出："城市住宅建设，要进一步推行商品化试点，开展房地产经营业务"，社会上对于房地产估价的需求增加。1987 年，我国开始了城镇土地定级估价工作，并由点到面，由沿海带内地、由大中城市向中心城市逐步进行，探索适合当时我国的估价方法和估价制度。

同时，深圳经济特区房地产业飞速的发展，房地产交易兴盛为深圳经济的发展作出了巨大贡献。但是由于没有专业的机构对房产交易价格进行评估，房地产交易混乱且发展不健康，对特区的经济发展造成了巨大影响。

由此，1989 年 7 月经深圳市机构编制委员会批准，深圳市物业估价所成立，专门负责房地产估价工作。深圳市物业估价所成立响应了实行企业化管理的政策，同时它也是全市唯一从事物业评估并兼有政府管理职能的专业机构。

该所的职能和职责如下：

1. 开展各类物业转让、租赁、抵押等市值评估和确定；

2. 办理有关房地产管理规范规定的估价事宜，出具物业价格或租金核定书；

3. 接受委托，对涉及国家征用土地、收回土地使用权及相关拆迁补偿的物业进行评估，出具物业估价报告书；

4. 开展对房地产市场的预测、市场物价变化与物业价格关系的研究，发布深圳经济特区物业估价指数、地价指数、基准地价，指导其他物业估价服务机构的工作；

5. 为人民法院物业纠纷仲裁出具物业估价报告书；

6. 负责对物业估价服务机构的房地产抵押贷款评估报告进行审核、确认；

7. 对改建或新设为股份有限公司或有限公司的企业的地价核定；

8. 对经市规划国土局批准、用减免地价或原行政划拨用地建成的建筑物向银行抵押贷款的地价核定；

9. 提供其他物业估价服务。

随着房地产估价概念深入市场，20 世纪末，深圳市物业估价所从最初的几人逐渐发展起来，建立了一支强大的技术队伍，估价所成员中 14 人具有注册房地产估价师资格，8 人具有注册土地估价师资格，14 人具有经济师、会计师、注册资产评估师和工程师资格。技术力量十分雄厚，获得了国家建设部颁发的一级房地产评估机构资格证书和国家土地管理局颁发的 A 级土地估价机构资质证书。

2001 年 3 月，深圳市物业估价所更名为深圳房地产估价中心，是当时深圳市唯一一家不以营利为目的的政府下属的事业单位。

更名后主要的职责有：

1. 对政府各类土地及房地产招标、拍卖、出让底价及房地产价格评估、征地拆迁评估、课税评估等；

2. 受委托、对合法房地产评估机构出具的房地产抵押评估报告进行审定，以及对原行政划拨或减地价建筑物抵押应补交地价款数额的核定，对上市公司土地评估报告进行初审，对市国土基金投资工程项目内部审核；

3. 负责全市公示地价系统的数据更新维护，参与研究、分析房地产市场信息价格及指数；

4. 协助法院、仲裁机关以及政府部门处理房地产价格纠纷；

5. 协助政府主管部门对房地产评估机构和从业人员资质进行初审和培训。

从深圳市物业估价所更名为深圳市房地产估价中心，在 1989~2001 年的 12 年时间里，房地产估价中心飞速发展。房地产估价中心所涉及的工作，从最初的房地产估价业务到管理脱钩改制后涉及的估价机构、房地产估价涉及的方方面面，每年经审核的抵押贷款评估报告约 8000 份，平均核减近百亿元，没有出现重大差错和失误，成为防范金融风险、防止国有资产流失的一道有力屏障，同时也对规范深圳市房地产估价机构的评估行为起到重要作用。

深圳房地产业飞速的发展，带动全国房地产业的发展，房地产业在市场经济中扮演了越来越重要的角色，为经济的发展作出巨大的贡献。但是前期的房地产开发还存在着许多问题，投机者利用法律漏洞开发房地产，造成了大量国有资产的流失，土地和房产的价值评估机制的建立迫在眉睫。再者，深圳毗邻香港，香港的商业化发达，房地产估价理念深入人心，估价理论和技术走在前列。港商来深圳投资，在涉及房产和土地合资时，根据市场需求会对房产和土地的价值进行评定并出具估价报告，因此房地产估价理念也通过港商传递来深圳，并发展壮大。深圳物业估价所的出现可以说是迎合了市场的迫切需求，它不仅维护了房地产市场的健康发展，同时也推动了我国房地产估价理念和技术的发展。

第三节 建立房地产估价师执业资格制度

深圳是我国改革开发的前沿阵地，大量外商前来投资兴建工厂和住宅，因此深圳是当时发展最快的城市之一。1989 年 7 月，深圳市房地产估价中心成立（原名深圳市物业估价所），专门从事房地产估价业务的机构开始出现。此时房地产估价还没有以法律的形式确立其地位，也没有专门的机构对房地产估价师的工作进行认定。

进入 90 年代，在改革开放的浪潮中，市场经济体制促进国民经济飞速的发展，与此同时住房制度改革使公有住房分配制度退出历史舞台，房屋开始商品化。土地制度的改革使土地使用权也能在市场中流转。因此房地产开始作为商品进入市场流通，并受到政府和社会高度重视。上文也提到，改革开放初期房地产业为政府带来了大量的资金进行经济建设，因此为了维护房地产市场稳定，房地产估价从业人员因其工作是对房屋和土地进行价格测算，也受到政府高度重视。中国房地产估价行业就是应这一时代要求，逐步随着改革开放的步伐兴起。

1992 年，改革开放总设计师邓小平南方谈话，过程中发表了许多振聋发聩的讲话，为改革开放护航，特别是肯定了房地产业发展对改革开放的作用。之后，全国掀起房地产开发的热潮。然而此时房地产业因为相关政策法规还不完善，商人们浑水摸鱼，通过权钱交易、暗箱操作获得土地开发房地产，从而一夜暴富。因此政府开始高度重视房地产业的健康发展和房地产的定价评估工作。

1992 年 3 月 23 日，为了促进房地产经营管理工作顺利进行，加强房地产价格和收益分配的管理，维护土地使用者的合法权益，确保国家的土地收益，推动房地产业协调发展。建设部下发《关于加强城镇地产价格评估工作的通知》（建房〔1992〕162号），该通知城镇地产价格评估工作提出了七点意见，包括尽快把地产价格评估工作抓起来、运用科学的方法评估地价、建立和充实房地产价格评估队伍，加强地产评估的理论研究和政策指导等指示。随后在 4 月 27 日，国家物价局、建设部发出《关于解决在房地产交易中国有土地收益流失问题通知》（价费〔1992〕192 号）。该通知指出，在房地产交易中，为了有效解决国有土地利益流失问题，克服偷漏国家税费现象，对房地产买卖要实行先评估价格后交易，并对成交价格低于评估价格的按评估价格计取税费。各级物价部门、房地产部门要共同做好价格评估。

同年 9 月 7 日，建设部又发布了《关于印发〈城市房地产市场估价管理暂行办法〉的通知》（建房〔1992〕579 号）。该通知对加强房地产市场估价工作的管理、积极培育房地产市场、促进房地产市场健康发展具有重要的现实意义。11 月 4 日，国务院又发出《国务院关于发展房地产业若干问题的通知》（国发〔1992〕61 号），指出要建立与房地产市场配套的服务体系，建立房地产价格评估机构，逐步形成规范、公开、有序的房地产市场。房地产估价行业得到政府大力支持，各地开始进行房地产价格评估机构的筹建，对房地产估价行业的发展进行了探索。

1992 年 12 月 9 日，建设部向人事部发布《关于拟建立房地产估价师考试和注册制度的函》（建房〔1992〕884 号）。建设部认为，无论从哪一个角度来看，随着市场经济的发展，房地产估价工作和估价专业人员的作用越来越重要。

为了规范房地产业的发展，1993 年 1 月 15 日，建设部、人事部联合发布《关于认定"房地产估价师"有关问题的通知》（建房〔1993〕27 号）。该通知指出，为了加强房地产估价专业人员的资格管理，建立起规范的、符合国际惯例的房地产估价师制度，我国将正式建立房地产估价师注册和考试制度，并决定在《房地产估价师考试和注册办法》未出台之前，在现有的房地产估价人员中，对已经具有丰富实践经验、精通估价理论、熟练掌握估价技巧的优秀专业人员，由建设部和人事部共同认定为"房地产估价师"，以代替现在从事房地产估价工作的经济师、工程师等称谓。

1993 年 5 月 10 日，建设部、人事部联合发布《关于公布首批房地产估价师名单的通知》（建房〔1993〕338 号）。该通知指出：由两部共同组成了"房地产估价师认定工作领导小组"，自 1993 年 1 月开始首批房地产估价师专业资格的评审认定工作。经各地推荐，全国房地产估价师认定工作专家组评审认定，确认 130 名从事房地产估价工作人员具备房地产估价师专业资格，另有 10 人作为全国房地产估价师认定工作专家组成员，由人事部、建设部直接认定，一并予以公布、发证、登记注册。

1994 年，认定第二批 206 名房地产估价师。1995 年 3 月 22 日，建设部、人事部联合发布《关于印发〈房地产估价师执业资格制度暂行规定〉和〈房地产估价师执业资格考试实施办法〉的通知》（建房〔1995〕147 号）。从 1995 年开始，房地产估价师执业资格实行全国统一考试，原则上每年举行一次（图 3-5）。房地产估价行业是一个以智力投资为主体的知识密集型行业，这个行业集中了大批优秀的专业人士。申请参加房地产估价师职业资格考试的人员必须具有房地产相关专业，如房地产经济、土地管理、城市规划的学历，还要具有一定年限相关行业工作经历。同时房地产估价师职业资格考试的内容囊括房地产基本制度与政策、房地产开发经营与管理、房地产估价理论与方法、房地产估价案例与分析，并涉及经济、金融、保险、统计、会计、城市规划、建筑工程、测绘、法律等相关学科的知识。

图 3-5 国家注册房地产估价师执业资格考试

1995 年，建设部、人事部和中国房地产估价师学会组织有关专家、学者共同编写了第一套房地产估价师执业资格考试大纲和考试教材，包括《全国房地产估价师执业资格考试大纲》《房地产基本制度与政策》《房地产投资经营与管理》《房地产估价理论与实务》《房地产估价案例与分析》。此后，根据估价理论的发展和估价实践的丰富，不断地修订、完善考试大纲和考试教材，为业内外人士提供了一批学习房地产估价知识的精品教材。

房地产估价执业资格制度的建立，加强了估价师的执业道德和规范，进一步促进了房地产估价行业化的发展，为我国房地产市场健康和国民经济的发展做出伟大的贡献。同时也根据时代的发展不断地在探索中改进和完善房地产估价师执业资格制度，加强房地产估价师的培养和再教育，促进房地产估价专业化、规范化。

第四节　房地产估价行业协会的成立

行业协会的成立使我国房地产估价进入了一个新的时期。协会成立后有效地组织估价师开展各种会议和促进技术交流发展，整合和利用行业的资源，有序开展估价人员的执业资格考试，促进了我国估价行业的发展。我国的估价人员也可以通过行业协会，以协会代表的身份参与政治生活，为估价行业的建设发声建言，为国家经济的发展作出贡献。

房地产估价行业组织是房地产估价机构和房地产估价专业人员的自律性组织，依照法律、行政法规和章程实行自律管理。在中国房地产估价学会没有成立前，房地产估价从业人员和估价机构都归属于政府职能部门管理，全国性的专业房地产估价行业组织还没有成立，从业人员和估价机构也没有被纳入统一管理，各地的房地产估价从业人员和房地产估价机构也缺少交流。

1994 年 8 月 15 日，为了加强房地产估价行业自律管理，民政部认为中国房地产估价师学会符合中华人民共和国社会团体登记的有关规定，准予注册登记，颁发了《中华人民共和国社会团体登记证》（社证字第 1669 号），成立了全国性房地产估价行业组织——中国房地产估价师学会。

学会由从事房地产估价理论研究和实务工作的专业人员组成，其主要职责包括：维护注册房地产估价师的合法权益；监督、管理注册房地产估价师的执业活动；开展房地产估价理论与方法研究；协助政府有关主管部门制定房地产估价行业标准、规范；进行房地产估价师执业资格考试、注册和房地产估价机构资质等级评定、管理工作；组织房地产估价专业培训和注册房地产估价师继续教育；调解房地产估价纠纷；开展国际学术交流等。

2004 年 7 月 12 日，为了加强房地产经纪行业自律管理，"中国房地产估价师学会"更名为"中国房地产估价师与房地产经纪人学会"（中文简称为中房学，英文名称为China Institute of Real Estate Appraisers and Agents，英文名称缩写为 CREA）。它致力于促进房地产估价和经纪行业持续健康发展，不断提升房地产估价和经纪人员的专业胜任能力和职业道德水平。

北京、上海、天津、重庆、广东、内蒙古、海南、江苏、浙江、河南等省、自治区、直辖市，以及深圳、广州、大连、武汉、成都、郑州等城市，先后成立了地方性房地产估价行业组织。

中国房地产估价师与房地产经纪人学会成立后坚持服务会员、服务行业、服务国家、服务社会的宗旨，履行提供服务、反映诉求、规范行为、促进和谐的职能，在宣传行业积极作用、维护行业合法权益、加强行业自律管理、促进行业健康发展等方面发挥着重要作用。它组织举办全国房地产估价师、房地产经纪专业人员资格考试、注册登记和继续教育；制定并推行房地产估价、房地产经纪执业准则和职业道德准则；建立并维护房地产估价师和房地产估价机构、房地产经纪人员和房地产经纪机构的信用档案；对会员的执业行为进行检查，向政府有关部门反映会员诉求，支持会员依法开展业务，维护会员合法权益；开展房地产估价和经纪研究、宣传及相关国际交流合作；办理法律法规规定及有关行政管理部门委托或授权的其他工作，有效地促进了房地产估价行业化发展。

第三章

房地产估价规范化发展

我国现代房地产估价从开始发展到行业协会成立，逐步朝着规范化的方向迈进，房地产估价活动对国民经济的影响不容小觑，国家也意识到要培育发达的市场经济，中介行业的规范发展特别重要，本章将叙述中国房地产行业如何一步步从无序到有序，通过管理估价机构、完善法律法规、完善技术规范、推进技术发展，让一个不起眼的小行业飞速发展到一个从业人数达数十万的专业服务群体，还依然保持着评估行业的公正性、专业性。

第一节 房地产估价行业市场化

改革开放后，我国经济建设逐渐由计划经济转向市场经济，在转型过程中，专业服务业发挥的经济职能逐渐引起政府重视。因此政府"一手创建"了很多专业咨询机构，房地产估价机构就是其中之一。起始阶段的专业咨询机构受到其政府主管部门较大影响，运营中具有政府政策性和导向性强、行政色彩浓重、受到政府管理的特点，所以，服务单一，从业人员的知识面也小，跨专业综合性的咨询人员稀少。这一时期的专业咨询机构只能完成简单的政府"交办"单一业务，而不能承担机构自身发展所需要的综合咨询业务。

随着改革进一步深化，我国经济迅速发展，由粗放型经济向集约型、知识密集型转变，国内产业不断升级，市场要求专业服务业的扩大服务范围、不断提高专业能力。时代的发展，挂靠体制内的评估机构已经不能适应市场经济公平竞争原则的要求，国家开始对挂靠的专业咨询机构实行脱钩改制。

一、房地产估价机构完成脱钩改制

（一）脱钩改制的背景及必要性

房地产估价自诞生以来长期都是一件行政色彩浓重的工作，由政府机构负责相关工作开展。由此带来的弊端是加重政府行政管理负担、影响评估行业的独立客观、不利于评估行业的健康发展。

房地产估价机构不进行脱钩改制的弊端：

1. 难以形成公正、独立的社会形象。中介服务应以第三方的角色为有关方提供客观、公正的服务。随着我国的改革开放，中国加入世界贸易组织（WTO）之后，大量外商进入中国进行投资活动，带有政府性质的估价机构提供的估价结论容易让外商产生不信任，不利于外商的投资，不利于国家经济的发展。

2. 易导致不正当竞争和垄断。行政主管部门可能利用自己的职权为自己的中介机构招揽业务，从而引起不正当竞争，部门业务垄断经营。

3. 影响行业的自我进步与发展。估价机构挂靠在政府下面难以与世界接轨，且由于政府性质，出具估价报告因受政策的保护，估价机构的风险意识不强；同时可能也会受政府政策导向的约束，不利于满足客户多方面的需求，影响业务的发展。

（二）脱钩改制的政策文件

2000年4月28日，建设部发布《关于房地产价格评估机构脱钩改制的通知》（建住房〔2000〕96号），要求凡从事房地产价格评估的中介服务机构，均要在人员、财务、职能、名称等方面与隶属或挂靠的政府部门彻底脱钩，改制为由注册房地产估价师出资的有限责任公司或合伙制性质的企业，参与市场竞争，不得承担房地产价格评估机构资质和人员资格等行政管理与行业管理的职能，以保证房地产价格评估机构独立、客观、公正执业和平等竞争（图3-6）。

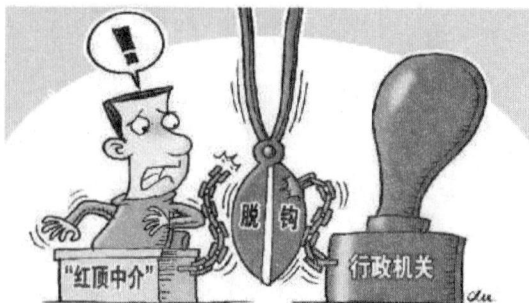

图3-6　关于脱钩改制的漫画

（三）脱钩改制的意义

1. 房地产估价行业是一个以智力劳动为主体的知识密集型行业，需要集中一批优秀的专业人才长期从事这一行业，并以此作为终身职业，这不仅有利于房地产估价行业发展的持续性，更有利于造就房地产估价品牌，走向行业发展的专业化、市场化、规模化、国际化，应当鼓励从业者通过劳动分享所创造的利润，使其成为企业的所有者。

2. 实现政企分开、政资分开，减少对微观经济活动的直接干预，既是转变政府职能的客观要求，也是国有企业改革的应有之义。

二、放开房地产估价机构收费标准

房地产估价机构脱钩改制以后，房地产估价机构初步进入市场化。

房地产估价行业初期，相关政府监管部门为规范房地产中介服务收费行为，维护房地产中介服务当事人的合法权益，建立房地产中介服务收费正常的市场秩序，对房地产估价机构的收费标准进行了相关规定。

1995年7月17日，国家计委、建设部联合发布《关于房地产中介服务收费的通知》（计价格〔1995〕971号），该通知指出：房地产价格评估收费，由具备房地产估价资格并经房地产行政主管部门、物价主管部门确认的机构按规定的收费标准计收。以房产为主的房地产价格评估费，区别不同情况，按照房地产的价格总额采取差额定率分档累进计收，累进计费率为5‰~0.1‰。

进入21世纪，为深入贯彻落实十八届三中全会精神，充分发挥市场在资源配置中的决定性作用，完善房地产中介服务价格形成机制，促进行业健康发展。

2014年6月13日，国家发展改革委、住房城乡建设部下发《关于放开房地产咨询收费和下放房地产经纪收费管理的通知》（发改价格〔2014〕1289号），下放房地产经纪服务收费定价权限，由省级人民政府价格和住房城乡建设行政主管部门管理，各地可根据当地市场发育实际情况，决定实行政府指导价管理或市场调节价。

2014年12月1日，国家发展改革委发布《关于放开部分服务价格的通知》（发改价格〔2014〕2732号），决定放开房地产价格评估、土地价格评估费用，由原来的政府指导价调整为市场调节价。

第二节　房地产估价机构规范化

1997年1月9日，建设部发布《关于房地产价格评估机构资格等级管理的若干规定》（建房〔1997〕12号）。该规定对房地产价格评估机构的设立、资格等级分类、各级资格的营业范围、申请评定资格等级应提交的材料、资格等级升降及取消资格等作了详细规定。该规定将房地产价格评估机构分为一级、二级、三级，并规定资格等级实行动态管理，根据机构的发展情况进行等级调整，每二年评定一次，重新授予资格等级证书。

1997年12月30日，建设部发布《关于公布1997年度国家一级房地产价格评估机构的公告》（建设部公告第9号），公告并授予北京市房地产价格评估事务所等64个单位国家一级房地产价格评估机构资格。这是学会根据《中华人民共和国城市房地产管理法》、《城市房地产中介管理规定》及《建设部关于房地产价格评估机构资格等级管理的若干规定》，第一次开展的国家一级房地产价格评估机构评审工作。

1999年10月31日，国务院办公厅发布《关于清理整顿经济鉴证类社会中介机构的通知》（国办发〔1999〕92号）。该通知指出：为了促进经济鉴证类社会中介机构健康发展，充分发挥其维护市场经济秩序的积极作用，经国务院批准，决定对经济鉴证类社会中介机构进行清理整顿。通过清理整顿实现以下三个目标：第一，规范经济鉴证类社会中介机构的资格认定；第二，依据市场规则进行经济鉴证类社会中介机构的脱钩改制，建立自律性运行机制；第三，依法规范政府部门和行业协会对经济鉴证类社会中介机构的监督、指导和管理。

2000年4月28日，《关于房地产价格评估机构脱钩改制的通知》（建住房〔2000〕96号）的颁布标志着房地产估价机构脱离政府编制，进入市场化发展阶段。

房地产估价机构通过脱钩改制，进入市场经济的浪潮中，确立股份公司制等运营形式增强了自身的运营管理能力，减少政府的行政干预，为专业咨询机构创造了独立、公平、公正的执业环境；同时市场竞争激烈，淘汰了一部分不适应市场经济、无竞争力的房地产估价机构，剩下来的房地产估价机构在激烈的市场竞争中不断地提升自身专业技术能力、专业服务水平以及多渠道扩展业务，促进了房地产估价机构市场化发展。

2005年10月12日，建设部颁布《房地产估价机构管理办法》（建设部令第142号），该办法规定：房地产估价机构从事房地产估价活动，应当坚持独立、客观、公正的原则，执行房地产估价规范和标准；房地产估价机构依法从事房地产估价活动，不受行政区域、行业限制。任何组织或者个人不得非法干预房地产估价活动和估价结果；国务院住房城乡建设主管部门负责全国房地产估价机构的监督管理工作；省、自治区人民政府住房城乡建设主管部门、直辖市人民政府房地产主管部门负责本行政区域内房地产估价机构的监督管理工作；市、县人民政府房地产主管部门负责本行政区域内房地产估价机构的监督管理工作；国家建立全国统一的房地产估价行业管理信息平台，实现房地产估价机构资质核准、人员注册、信用档案管理等信息关联共享；房地产估价机构资质等级分为一、二、三级；房地产估价机构应当由自然人出资，以有限责任公司或者合伙企业形式设立；房地产估价机构资质有效期为3年；一级资质房地产估价机构可以按照本办法第二十一条的规定设立分支机构。二、三级资质房地产估价机构不得设立分支机构；从事房地产估价活动的机构，应当依法取得房地产估价机构资质，并在其资质等级许可范围内从事估价业务。房地产估价业务应当由房地产估价机构统一接受委托，统一收取费用；房地产估价机构及执行房地产估价业务的估价人员与委托人或者估价业务相对人有利害关系的，应当回避；房地产估价机构承揽房地产估价业务，应当与委托人签订书面估价委托合同；房地产估价机构未经委托人书面同意，不得转让受托的估价业务；房地产估价报告应当由房地产估价机构出具，加盖房地产估价机构公章，并有至少 2 名专职注册房地产估价师签字。

2006 年 12 月 7 日，为进一步规范房地产估价机构资质许可行为，加强对房地产估价机构的日常监管，建设部颁布《关于加强房地产估价机构监管有关问题的通知》（建住房〔2006〕294 号），文件规定：健全房地产估价机构和注册房地产估价师信用档案；加快电子政务建设，启用房地产估价机构资质核准和房地产估价师注册管理信息系统，规范行政许可行为；保证房地产估价机构资质初审和审批工作的公开透明；建立资质升降衔接机制；简化变更注册手续；加强估价报告及相关资料管理；加强房地产估价业务日常监管；加强房地产估价机构资质日常检查和管理；加强异地执业管理；加强房地产抵押估价管理；规范分支机构的设立。二级、三级房地产估价机构不得设立分支机构。各房地产估价机构不得设立类似分支机构性质的"办事处""联络点（站）"等机构。坚决查处房地产估价领域的商业贿赂。

2013 年 10 月 24 日，为深化行政审批制度改革，提高行政效能，住房和城乡建设部决定转变一级房地产估价机构资质管理方式，进一步规范房地产估价机构管理工作。住房城乡建设部负责指导和监督房地产估价机构资质核准工作，制定房地产估价机构资质等级条件，指导全国房地产估价行业管理信息平台建设，制定房地产估价机构资质证书式样，不再承担一级房地产估价机构资质核准工作。省、自治区、直辖市住房城乡建设（房地产）管理部门负责本行政区域内的一级房地产估价机构资质核准工作。

2016 年 12 月 6 日，住房和城乡建设部发布《住房城乡建设部关于贯彻落实资产评估法规范房地产估价行业管理有关问题的通知》（建房〔2016〕275 号），该通知规定：自 2016 年 12 月 1 日起，对房地产估价机构实行备案管理制度，不再实行资质核准。设立房地产评估机构，应当符合资产评估法第十五条、二十七条、二十八条规定。对符合规定的，省级住房城乡建设（房地产）主管部门应当予以备案，核发统一格式的备案证明（证书样式另发）；符合《房地产估价机构管理办法》中相应等级标准的，在备案证明中予以标注。另规定：根据《城市房地产管理法》的规定，房地产估价人员继续实行准入类职业资格管理，管理机构、管理办法保持不变，取得房地产估价师职业资格并经注册后方可从事房地产估价活动。各类房地产估价业务都应当由 2 名以上注册房地产估价师承办和签署房地产估价报告。对于违反上述规定的，有关住房城乡建设（房地产）主管部门依据《城市房地产管理法》、《资产评估法》和《注册房地产估价师管理办法》进行处罚。

第三节　房地产估价相关法律法规的发布

1984 年 12 月 12 日，城乡建设环境保护部为了加强财产管理，准确反映房产的价值及其增减变动情况，给全面实行经济核算创造条件，发布了《经租房屋清产估价原则》，这是新中国成立后发布的第一个关于房地产估价的部门规章。但是由于当时条件限制和房地产业的发展，《经租房屋清产估价原则》并不适用所有房地产估价情况。

同时，随着改革开放进一步深化，20 世纪 90 年代我国经济开始腾飞，很多地方法律法规没有建立健全，投机的商人打着擦边球钻法律的空子谋取利益，最后造成经济的畸形发展。为了健康发展国民经济，我国一直没放弃对相关法律法规的探索。经济的发展给估价带来了市场，同时国家也越来越重视估价服务对经济发展起到的积极作用，进而出台了许多法律法规，规范估价行业的发展，进一步促进估价规范化。

房地产估价的法律法规逐渐建立完善，对房地产估价活动的市场准入、行为规范、市场监管等作了明确规定，推动了房地产估价行业规范、健康发展（表 3-1）。

房地产估价相关法律法规

表 3-1

发布时间	文件名称	主要内容或作用
1984 年 12 月	《经租房屋清产估价原则》	这是新中国成立后发布的第一个关于房地产估价的部门规章，我国房地产评估进入了有法可依的新时期
1988 年 8 月	《关于加强房地产交易市场管理的通知》（建房〔1988〕170 号）	各城市要抓紧组织建立房地产交易所，配备必要的管理人员和专业人员；从事房地产经营的单位，必须按照国家有关规定，由所在地县级以上房地产主管机关按审批权限进行资质审查，经工商行政管理机关核发营业执照后，方可开业经营
1994 年 7 月	《中华人民共和国城市房地产管理法》	该法第三十三条规定"国家实行房地产价格评估制度"、第五十八条规定"房地产价格评估人员资格认证制度"
1995 年 3 月	《建设部、中国人民银行关于加强与银行贷款业务相关的房地产抵押和评估管理工作的通知》（建房〔1995〕152 号）	抵押人和抵押权人认为需要确定抵押物价值的，可以由贷款银行进行评估；或委托人民政府房地产行政主管部门附属的事业性房地产估价机构进行评估，并经抵押权人确认； 各有关银行要建立健全抵押贷款制度，培训和配置必要的房地产估价人员，做好与贷款业务相关的房地产评估工作

续表

发布时间	文件名称	主要内容或作用
1996 年 1 月	《城市房地产中介服务管理规定》（建设部令第 97 号）	第 8 条规定："房地产经纪人必须是经过考试、注册并取得《房地产经纪人资格证》的人员。未取得《房地产经纪人资格证》的人员，不得从事房地产经纪业务。房地产经纪人的考试和注册办法另行制定。"
1999 年 6 月	《房地产估价规范》GB/T 50291—1999	建立房地产估价的技术体系
2000 年 4 月	《关于房地产价格评估机构脱钩改制的通知》（建住房〔2000〕96 号）	凡从事房地产价格评估的中介服务机构，目前隶属或挂靠在政府部门的，均要在人员、财务、职能、名称等方面与之彻底脱钩
2002 年 8 月	《关于建立房地产企业及执（从）业人员信用档案系统的通知》（建住房函〔2002〕192 号）	建立房地产企业及执（从）业人员信用档案系统
2003 年 12 月	《关于印发〈城市房屋拆迁估价指导意见〉的通知》（建住房〔2003〕234 号）	拆迁估价由具有房地产价格评估资格的估价机构（以下简称估价机构）承担，估价报告必须由专职注册房地产估价师签字
2004 年 10 月	《最高人民法院关于人民法院民事执行中拍卖、变卖财产的规定》（法释〔2004〕16 号）	对法院在执行民事案件中的拍卖、变卖财产以及评估方面作了具体的规定
2005 年 10 月	《房地产估价机构管理办法》（建设部令第 142 号）	房地产估价机构资质等级分为一、二、三级
2006 年 1 月	《房地产抵押估价指导意见》（建住房〔2006〕8 号）	为了规范房地产抵押估价行为，保证房地产抵押估价质量，维护房地产抵押当事人的合法权益，防范房地产信贷风险，制定本意见
2006 年 6 月	《关于规范与银行信贷业务相关的房地产抵押估价管理有关问题的通知》（建住房〔2006〕8 号）	为了加强房地产抵押估价管理，防范房地产信贷风险，维护房地产抵押当事人的合法权益，制定本通知
2006 年 12 月	《关于加强房地产估价机构监管有关问题的通知》（建住房〔2006〕294 号）	建立并公示房地产估价机构和注册房地产估价师信用档案，及时更新信用档案信息。二级、三级房地产估价机构不得设立分支机构
2006 年 12 月	《注册房地产估价师管理办法》（建设部令第 151 号）	注册房地产估价师实行注册执业管理制度。国务院住房城乡建设主管部门对全国注册房地产估价师注册、执业活动实施统一监督管理
2009 年 5 月	《关于开展房地产估价报告检查工作的通知》（建办房函〔2009〕431 号）	全面检查一级资质房地产估价机构出具的房地产估价报告
2011 年 01 月	《国有土地上房屋征收与补偿条例》（国务院令第 590 号）	该法第三十四条规定：房地产价格评估机构或者房地产估价师出具虚假或者有重大差错的评估报告的，由发证机关责令限期改正，给予警告，对房地产价格评估机构并处 5 万元以上 20 万元以下罚款，对房地产估价师并处 1 万元以上 3 万元以下罚款，并记入信用档案；情节严重的，吊销资质证书、注册证书；造成损失的，依法承担赔偿责任；构成犯罪的，依法追究刑事责任

续表

发布时间	文件名称	主要内容或作用
2011 年 6 月	《关于印发〈国有土地上房屋征收评估办法〉的通知》（建房〔2011〕77 号）	颁布了《国有土地上房屋征收评估办法》
2011 年 9 月	《最高人民法院关于人民法院委托评估、拍卖工作的若干规定》	取得政府管理部门行政许可并达到一定资质等级的评估、拍卖机构，可以自愿报名参加人民法院委托的评估、拍卖活动。 人民法院采用随机方式确定评估、拍卖机构
2013 年 6 月	《房地产估价基准术语标准》GB/T 50899—2013	建立了统一的房地产估价术语
2013 年 10 月	《住房城乡建设部关于进一步规范房地产估价机构管理工作的通知》（建房〔2013〕151 号）	建立全国统一的房地产估价行业管理信息平台，实现资质核准、人员注册、信用档案管理等信息关联共享，进一步发挥信息平台在行业准入、从业行为监管、估价报告管理、信用体系建设的作用，全面提升房地产估价行业管理水平
2014 年 6 月	《关于放开部分服务价格的通知》（发改价格〔2014〕2755 号）	放开房地产估价行业的收费标准，改为市场调节价
2015 年 4 月	《房地产估价规范》GB/T 50291—2015	更新了房地产估价的技术体系
2016 年 7 月	《资产评估法》	奠定了评估行业的法律地位
2016 年 12 月	《住房城乡建设部关于贯彻落实资产评估法规范房地产估价行业管理有关问题的通知》（建房〔2016〕275 号）	自 2016 年 12 月 1 日起，对房地产估价机构实行备案管理制度，不再实行资质核准
2018 年 8 月	《最高人民法院关于人民法院确定财产处置参考价若干问题的规定》（法释〔2018〕15 号）	人民法院确定财产处置参考价，可以采取当事人议价、定向询价、网络询价、委托评估等方式

第四节　房地产估价行业技术标准的制定

估价行业技术标准的制定，意味着估价行业在社会经济发展中起的作用越来越大，国家也越来越重视估价行业的发展。同时这也是估价行业对自身发展的探索成果，对估价自身专业化进程的不断加深。

（一）《经租房屋清产估价原则》

为了加强财产管理，准确反映房产的价值及其增减变动情况，给全面实行经济核算创造条件。1984 年 12 月 12 日，城乡建设环境保护部发布《经租房屋清产估价原则》，该原则规定：

房屋估价办法，以重置完全价值确定各类房屋的价值为房屋估价的基本原则。重置完全价值是指按照当前房屋生产条件和市场情况重新建造所需的全部金额。

在房屋估价中，1980 年以后新建的房屋，有原值的，以原值计价入账；没有原值的或变化较大的可以重置完全价值估价。1984 年 1 月 1 日起新建的房屋，一律以原价值计价（新建的原值：系指交付使用财产的价值）。

重置完全价值＝类同的工程平均造价＋室外工程费（室外工程费是指建筑物以外，房管部门管修的上下水道、电照、甬路、自来水表井和化粪井等）。各地区可结合当地的实际情况自行确定各类房屋的建筑平方米造价，作为估价入账的依据。

房屋价值的估价方法，按房的新旧程度估价，根据评定的房屋新旧程度，计算房屋的现价值：

$$房屋现值（净值）＝房屋重置完全价值 \times 新旧程度$$

$$房屋重置完全价值－房屋现值（净值）＝房屋折旧$$

该文件规定的房地产估价成本法原理基本与现行的房地产成本法估价方法一致，是房地产估价技术标准规范化的重要里程碑。

（二）《房地产估价规范》

为了规范房地产估价活动、统一房地产估价程序和方法、保证房地产估价质量，1999 年 2 月 12 日建设部、国家质量技术监督局联合发布了国家标准《房地产估价规范》GB/T 50291—1999。首次系统地总结了房地产评估的技术方法，包括比较法、收益法、成本法、假设开发法和其他估价方法；并分析了各种估价目的下技术思路，以及估价原则、估价程序、估价结果、估价报告和估价职业道德的规范。该规范在房地产估价的发展史中意义重大，多年来依靠该规范，房地产估价机构服务了庞大的中国市场，是房地产估价行业的重要指导文件。

2015 年 4 月 8 日，住房和城乡建设部、国家质量监督检验检疫总局联合发布了新修订的国家标准《房地产估价规范》GB/T 50291—2015，同时旧版规范废止。新修订的估价规范结合新的历史形势，增加了路线价法、标准价调整法、多元回归分析法、修复成本法、损失资本化法、价差法等方法，以及房地产损害赔偿估价、房地产投资基金物业估价、为财务报告服务的房地产估价等目的的估价，细化、完善了估价原则、估价程序、估价方法、不同估价目的下的估价、估价结果、估价报告、估价职业道德等内容。新的估价规范与时俱进，为新时代的房地产估价活动提供了科学合理的技术指引，保障了房地产估价行业的规范发展。

（三）《城市房屋拆迁估价指导意见》

为了规范城市房屋拆迁估价行为，维护拆迁当事人的合法权益，2003年12月1日建设部发布了《城市房屋拆迁估价指导意见》（建住房〔2003〕234号）。该意见规定：房屋拆迁评估价格为被拆迁房屋的房地产市场价格，不包含搬迁补助费、临时安置补助费和拆迁非住宅房屋造成停产、停业的补偿费，以及被拆迁房屋室内自行装修装饰的补偿金额。被拆迁房屋室内自行装修装饰的补偿金额，由拆迁人和被拆迁人协商确定；协商不成的，可以通过委托评估确定；拆迁估价应当参照类似房地产的市场交易价格和市、县人民政府或者其授权部门定期公布的房地产市场价格，结合被拆迁房屋的房地产状况进行；拆迁估价一般应当采用市场比较法。不具备采用市场比较法条件的，可以采用其他估价方法，并在估价报告中充分说明原因。

（四）《房地产抵押估价指导意见》

为了加强房地产抵押估价管理，防范房地产信贷风险，维护房地产抵押当事人的合法权益，2006年1月13日，建设部联合中国人民银行和中国银行业监督管理委员会发布了《关于规范与银行信贷业务相关的房地产抵押估价管理有关问题的通知》（建住房〔2006〕8号），并附带了《房地产抵押估价指导意见》。

该通知规定：房地产抵押价值为抵押房地产在估价时点的市场价值，等于假定未设立法定优先受偿权利下的市场价值减去房地产估价师知悉的法定优先受偿款；房地产抵押估价目的，应当表述为"为确定房地产抵押贷款额度提供参考依据而评估房地产抵押价值"；在运用市场比较法估价时，不应选取成交价格明显高于市场价格的交易实例作为可比实例，并应当对可比实例进行必要的实地查勘；在运用成本法估价时，不应高估土地取得成本、开发成本、有关费税和利润，不应低估折旧；在运用收益法估价时，不应高估收入或者低估运营费用，选取的报酬率或者资本化率不应偏低；在运用假设开发法估价时，不应高估未来开发完成后的价值，不应低估开发成本、有关费税和利润。

该通知针对房地产抵押的评估进行详细的规范，介绍了各种情况下估价的合理方法，对于规范房地产估价行业，维护房地产信贷稳定起到了重要作用。

（五）《国有土地上房屋征收评估办法》

为了规范国有土地上房屋征收评估活动，保证房屋征收评估结果客观公平，根据《国有土地上房屋征收与补偿条例》，2011年6月3日住房和城乡建设部制定了《国有土地上房屋征收评估办法》。

该办法第八条规定：被征收房屋价值评估目的应当表述为"为房屋征收部门与被征收人确定被征收房屋价值的补偿提供依据，评估被征收房屋的价值"。用于产权调换房屋价值评估目的应当表述为"为房屋征收部门与被征收人计算被征收房屋价值与用于产权调换房屋价值的差价提供依据，评估用于产权调换房屋的价值"。

第十条规定：被征收房屋价值评估时点为房屋征收决定公告之日。用于产权调换房屋价值评估时点应当与被征收房屋价值评估时点一致。

第十三条规定：注册房地产估价师应当根据评估对象和当地房地产市场状况，在对市场法、收益法、成本法、假设开发法等评估方法进行适用性分析后，选用其中一种或者多种方法对被征收房屋价值进行评估。被征收房屋的类似房地产有交易的，应当选用市场法评估；被征收房屋或者其类似房地产有经济收益的，应当选用收益法评估；被征收房屋是在建工程的，应当选用假设开发法评估。可以同时选用两种以上评估方法评估的，应当选用两种以上评估方法评估，并对各种评估方法的测算结果进行校核和比较分析后，合理确定评估结果。

第十四条：被征收房屋价值评估应当考虑被征收房屋的区位、用途、建筑结构、新旧程度、建筑面积以及占地面积、土地使用权等影响被征收房屋价值的因素。被征收房屋室内装饰装修价值，机器设备、物资等搬迁费用，以及停产停业损失等补偿，由征收当事人协商确定；协商不成的，可以委托房地产价格评估机构通过评估确定。

除了对评估技术的规定，该办法还具体规定了国有土地房屋征收的关于委托评估各个环节的规范，如评估机构的选择、评估委托合同的规范、评估的调查程序等，全方位地建立了国有土地房屋征收的规范流程、评估技术，确保了国家在进行相关房地产估价业务时的规范性、合理性。

（六）《房地产估价基本术语标准》

为了统一和规范房地产估价的术语，并有利于国内外的交流和合作，2013 年 6 月 26 日，住房和城乡建设部、国家质量监督检验检疫总局联合发布了国家标准《房地产估价基本术语标准》GB/T 50899—2013。该标准成为我国房地产估价行业继《房地产估价规范》GB/T 50291 后的第二个国家标准。

该标准总结、规范了我国房地产估价行业常用的专业术语，执行统一的术语标准，大大提高了房地产估价行业的统一性、规范性。

（七）地方房地产估价相关标准或实施细则

一些地方也制定了房地产估价相关标准或实施细则。例如，为了维护房屋买卖当事人的合法权益，有效解决房屋质量缺陷引发的经济纠纷，规范房屋质量缺陷损失评估行为，统一评估程序和方法，使评估结果客观、公正、合理，2005年11月2日，北京市建设委员会发布了《北京市房屋质量缺陷损失评估规程》。为了适应成都市农村房地产流转中价值评估的需要，规范农村房地产估价行为，2009年9月10日成都市房产管理局发布了《成都市农村房地产估价规范（试行）》。为了规范房地产司法鉴定评估行为，保障房地产司法鉴定评估质量，提高房地产司法鉴定评估公信力，2011年3月22日四川省住房和城乡建设厅发布了《房地产司法鉴定评估指导意见》。

房地产估价技术标准文件的发布，对房地产估价活动做出了要求，进一步促进了房地产估价的规范化。

第五节　房地产估价技术的发展

（一）手工评估时代

评估行业从20世纪80年代传入中国，受当时技术条件所限，当时的评估专业人员必须将委估资产信息手抄回来，然后通过简易的计算器来测算资产的评估值，评估所需要的资料都是从纸媒获取，信息渠道不够通畅，对评估专业人员的专业要求度非常之高，最后评估报告和附带的资产明细表也是通过评估人员亲手撰写出来的，其中之艰辛难以想象。

虽然手工评估时代早已过去，但老一辈评估人刻苦敬业、攻坚克难的精神应该被新一代的评估人所继承，为了职业使命，为了准确反映客户资产的真实价值，我们要精益求精，让每一个客户都得到最专业化的服务。

（二）计算机普及时代

20世纪90年代，从美国开始的信息高速公路建设迅速席卷全球并走入中国，信息高速公路即现在所说的互联网彻底改变了传统的信息技术，计算机跟随着互联网开始走入千家万户。

计算机和互联网普及之后，大大降低了评估工作的难度，大量数据的整理、计算工作都可以通过计算机来做，评估人员在现场工作只需要一台计算机就可以储存所有的评估资料，并且在互联网上已经可以查找到大量的行业信息、资产相关资料，在很大程度上提高了评估人员的专业水平；评估人员可以在计算机上撰写评估报告，计算机编写快捷又美观，极大地提高了评估人员的工作效率。

（三）移动互联网时代

移动互联网，就是将移动通信和互联网二者结合起来，成为一体，指互联网的技术、平台、商业模式和应用与移动通信技术结合并实践的活动的总称。4G 时代的开启以及移动终端设备的凸显为移动互联网的发展注入巨大的能量，移动互联网产业产生了前所未有的飞跃。

在移动互联网时代，评估工作的方便程度又飞跃到新的阶段。利用移动互联网，评估人员可以随时随地地处理评估工作，不再受办公场景、条件的限制。利用移动互联网，评估人员可以利用手机终端采集评估资料并实时传递，评估便利性大大提高。

（四）大数据时代

现在的社会是一个高速发展的社会，科技发达，信息流通，人们之间的交流越来越密切，生活也越来越方便，大数据就是这个高科技时代的产物，未来是数据科技时代。

麦肯锡全球研究所给出的定义是：一种规模大到在获取、存储、管理、分析方面大大超出了传统数据库软件工具能力范围的数据集合，具有海量的数据规模、快速的数据流转、多样的数据类型和价值密度低四大特征。从大数据的定义来看，资产评估行业与房地产估价行业面对的数据量完全符合大数据的特征（表 3-2）。

大数据与房地产估价

表 3-2

特　征	大数据	房地产估价	相似度
规模	体量大	每天新增的增量数据以及存量成交数据	高
种类	多种类的非结构化数据	物理数据以及价格数据	较高
速度	按秒级处理	响应时间要求高	一般
价值	数据价值密度低，商业价值高	通过对数据进行清洗分析，提炼出具有商业价值的信息	高

大数据从一开始的润物细无声到现在的对估价行业几乎是颠覆性的变革，估价从业人员应该摈弃旧观念，从估价行业自身的特征分析与大数据的相关性，大胆创新，寻求新的驱动力，努力推动机构转型升级发展。

1.大数据对估价行业的发展的意义

首先，大数据带来了全面系统化思维。虽然估价行业从早几年就开始进行信息化建设，但是基本都是停留在单个模块的独立系统，行业可以基于大数据的思路，全面打造项目管理、报告管理、技术管理、绩效管理、财务管理、客户管理的全系统管理平台。

大数据带来了新兴的业务类型。从需求端看，金融机构的贷前审核要求的时效性、贷中管理的压力测试、税务部门的基准房价评估、政府部门的房地产价格监管等，都需要在大数据技术的基础上要求估价行业进行业务创新才有能力去承接。从供给端看，估价机构通过资源的整合，估价机构之间在竞争比较弱的区域可以开展合作，估价机构内部对历史数据进行清洗等整合资源的手段，提升估价服务的多样性，对客户的需求提供精细化的服务。

2. 大数据技术应用应做的准备

大数据技术的应用，对估价行业不仅必要而且拥有非常良好的前景。但是光有热情和憧憬是不够的，我们必须做好全面的准备。

第一，改变观念。

估价行业从业人员首先要认识到大数据对行业的积极作用，改变传统保守的估价观念，争取认识大数据带来的新的蓝海市场。其次，估价机构应该从以往的独立竞争走向合作共赢，在一些领域形成数据、资源的全方位合作，形成新的创新业务合作模式。

第二，把握方向。

一是打好数据标准的基础。估价机构经过十几年的发展，各家机构都积累了海量的原始数据，如果机构间要建立新的数据合作模式，必须尽快建立统一的底层数据存放标准，在此基础上进行系统的开发建设。

系统开发在整个大数据的应用的过程中并不是重点，重点是区域内各种类型房地产物理数据的采集，需要耗费巨大的人力物力。

二是算好投入产出的平衡。大数据需要前期的大量投入和积累，不可能一蹴而就，要做好打持久战的准备。但作为估价行业来说，总体规模有限，平均单个机构的收入也不高，动辄几十、几百甚至几千万的信息技术投入对于很多机构而言是很沉重的负担。既然应用"大数据"是为了更好的发展，那么就必须考虑收支平衡的问题，因此应该充分发挥行业整体的力量，整合资源。

第三，做好准备。

首先，做好人才储备。房地产估价从业人员知识结构集中于房地产估价相关专业，这还不足以应对"大数据"发展所产生的人才需求。估价行业应抓紧引进具有下列四种技能的人才数据科学家、数据架构师、数据可视化人员和数据调整代理人。而更重要的是房地产估价行业需要储备的人才应该是房地产估价与数据分析、挖掘的跨界人才，这样的人才几乎不可能直接从市场上招聘到，因此出路只有两条：一是在现有的房地产估价人才中培养数据专家；二是招聘数据分析和数据挖掘人员并在房地产估价相关知识上予以培养。

其次，做好技术储备。"秒级定律是大数据处理技术和传统的数据挖掘技术最大的区别"，因此在大数据面前必须采用新的数据分析方法。目前比较流行的大数据分析工具包括 Hadoop、R 语言、NoSQL 数据库、Red Hat Storage Server 等。这些工具的诞生也就是近几年的事情，因此了解和熟悉的人有限，在国内更是如此，提早进行这些数据分析和技术的储备是实现"大数据"应用的基础。

再次，创意引领。房地产估价行业的大数据建设创意十分重要。在传统概念中，房地产估价是遵循着一定的估价方法，根据客观的数据得出客观的结论，似乎房地产估价与创意搭不上什么关系，但这其实是一种思维定式的误解。创意可以在评估方法研究、测算参数确定、其他相关研究与应用甚至是业务拓展中发挥大作用，比如通过对大量业务数据的分析，发现真正高价值的客户，有些时候结果可能是出乎意料的。

最后，业务落地。"大数据"很美，但浩瀚的数据的最终本质是为了创造价值。要能得到高价值信息，创造有价值的服务，比如通过对海量市场案例分析得出住宅、办公市场收益率，这能有效解决困扰行业多年的难题。"大数据"应用切不可成为空中楼阁，不能为了数据而数据，必须与估价的业务紧密结合。

在一些特大城市中，各种估价业务类型众多，形成了很多新型的大数据业务应用案例直接发挥了大数据的作用，这些业务实例可以在更多的城市间进行交流，充分体现大数据的价值。

（五）GIS 的发展与应用

地理信息系统（Geographic Information System 或 Geo-Information system，GIS）有时又称为"地学信息系统"。它是一种特定的空间信息系统。它是在计算机硬、软件系统支持下，对整个或部分地球表层（包括大气层）空间中的有关地理分布数据进行采集、储存、管理、运算、分析、显示和描述的技术系统。借助于计算机 GIS 能够将各种地理要素的空间分布和属性数据按照一定的格式进行存储，建立地理信息数据库，并以地图的形式进行可视化表达和输出，被广泛地应用于资源开发管理、土地利用规划管理、环境监测和城市规划等社会经济多个领域。

地理信息系统近 30 多年取得了惊人的发展，广泛应用于资源调查、环境评估、灾害预测、国土管理、城市规划、邮电通信、交通运输、军事公安、水利电力、公共设施管理、农林牧业、统计、商业金融等几乎所有领域。地理信息系统的主要作用就是将大量研究对象的数据信息构建在电子地图上，将真实信息模型化、数据化，提高了数据分析的效率，降低了信息理解的难度。

将房地产设置为研究对象，影响房地产价格的主要因素均可以在地理信息系统上显示，包括地理位置、交通条件、自然环境、楼层、房地产成交信息等。利用这些数据信息经过对比分析，然后通过一定的估值模型，便可以估算出房地产的市场价格、租赁价格。

第四章

房地产估价行业国际化

进入 2000 年后，我国改革开放进一步深入，经济也逐渐走向世界，中国开始融入经济全球化的滔滔洪流之中。加入世界贸易组织（WTO），标志着中国对外开放进入了一个全新的阶段，这意味着我国对外开放格局进一步深化，也意味着我国经济开始走出国门，将迎来世界经济的挑战，同时也为我国估价行业国际化打下坚实的基础。

加入 WTO 之后，我国不断地加强对外开放的格局，积极参与国际的合作组织，参与全球贸易。中国房地产估价行业也本着开放包容的胸怀，积极参与行业间的国际交流，同时开展内地和香港之间的估价师（测量师）资格互认。房地产估价行业的国际化发展已展露苗头。近几年，国家关于"一带一路"的实施和粤港澳大湾区的建立等，意味着我国更深层次地融入国际社会发展的大家庭，同时也意味着我国估价行业国际化的时机也慢慢到来，它是经济全球化的必然结果，是历史发展的必然趋势。

第一节　积极开展国际交流合作

在国际房地产估价行业中，英国建立了严格而复杂的测量师考试和注册制度，美国突出职业教育和道德标准及评估过程的标准化，德国形成不动产估价法律管理体系，日本对不动产鉴定士的综合素质要求很高。

发达国家和地区都十分重视房地产估价法律法规建设，如美国的《专业估价实物通用标准》《金融机构改革、复兴和强化法案》，德国的《建筑法典》《土地交易底价估价条例》，日本的《不动产鉴定评价法》《不动产鉴定评价基准》，中国香港的《香港测量师学会条例》《测量师注册条例》，中国台湾的《土地法》《不动产估价师法》等。

这些国家和地区中，房地产估价师、房地产估价学（协）会依靠他们高水平的专业知识、职业道德和令人满意的专业服务得到政府、行业组织和社会大众的高度重视和认可，房地产估价行业成为一个独立、规范、成熟、与社会经济各方面息息相关的行业，房地产估价师也受到了社会的尊重和推崇，具有很高的社会地位。

中国香港地区较早地接触和发展西方的估价理论，形成了专业、规范、高水平的估价队伍。内地改革开放早期，房地产估价业才刚刚起步，制度法规没有健全，由于当时特殊的经济环境背景，我国房地产估价方法主要学习外界。因此我国内地的房地产估价行业起步较晚。

中国房地产估价行业从最初就深刻地认识到与国际同行开展交流合作的重要性，始终坚持贯通中西、兼容并蓄的方针，在理论与实践上，积极主动地开展方式灵活多样、范围广泛的对外合作与交流，引进西方成熟的估价理论和技术，借鉴发达国家的管理经验。

自从房地产估价行业成立官方组织——中国房地产估价师学会后，我国房地产估价行业就开始有规模、有计划地组织估价师学术访问团到先进的国家、地区进行访问，学习先进的估价理念和技术。同时中国房地产估价师学会先后接待了来自英国、德国、美国、加拿大等许多国家、中国香港、台湾地区的估价师团体以及国际测量师联合会等的来访，扩大了中国房地产估价师的交流范围，增进了同行间的友谊。

1996 年 8 月 20 日，中国房地产估价师学会首次组团出访国外。访问了全美房地产协会、美国城市房地产协会等部门，主要了解了美国房地产估价行业的现状、发展过程、美国房地产估价师的考试注册制度等。

1997 年 10 月 2 日，由中国房地产估价师学会副会长、清华大学房地产研究所所长刘洪玉教授率领的"中国房地产估价师学会教育代表团"对美国估价学会、美国城市土地学会、纽约大学、南加州大学和旧金山大学进行了友好访问。与美国估价学会签署了在房地产估价师教育与培训、房地产科学研究和会员服务等方面进一步合作的备忘录。

1998 年 5 月 29 日由建设部房地产业司、中国房地产估价师学会主办，上海市房屋土地管理局、上海市房地产估价师协会承办的 1998 中外房地产估价学术研讨会在上海召开。建设部副部长宋春华出席开幕式并致开幕词，来自美国、英国、韩国、中国香港地区、中国台湾地区以及内地各省份房地产估价行业的专家、学者、企业和政府管理部门负责人参加了会议。境外来宾在上海期间还实地观摩了第三次全国房地产估价师执业资格考试，并与国内有关官员、学者就国内外房地产估价执业资格互认和市场准入问题进行了较深入的接触和探讨。

2006 年 9 月 19 日，中国房地产估价师学会副会长兼秘书长柴强会见了国际估价标准委员会（IVSC）主席 Joseph Vella 先生。主宾双方就我国房地产估价行业的现状、技术标准和规范以及中国房地产估价师学会基本情况，国际估价标准委员会的发展历程和基本情况进行了友好的交谈。

2016 年 10 月 13 日，中国房地产估价师与房地产经纪人学会加入了国际测量师联合会，成为其全权会员。国际测量师联合会成立于 1878 年，设有 10 个专业委员会（Commission），房地产估价属于其中第 9 专业委员会——房地产估价与管理委员会，是联合国认可的非政府组织（NGO），是各国测量师（包括估价师）组织的联合会，也是唯一代表不同测量专业的国际组织。中房学加入国际测量师联合会（FIG）是我国房地产估价行业进一步迈向国际化的重要一步。

据统计，中国房地产估价师与房地产经纪人学会先后与国际测量师联合会（FIG）、国际估价官协会（IAAO）、世界估价组织协会（WAVO）、国际估价标准委员会等估价相关国际组织，美国估价学会（AI）、英国皇家特许测量师学会（RICS）、日本不动产鉴定士协会联合会（JAREA）、韩国鉴定评价协会、新加坡测量师与估价师学会（SISV）等国外估价组织，以及香港测量师学会等地区估价组织建立了密切联系，相互往来，签署了交流合作协议，联合举办了专业研讨等活动。

积极开展国际交流，对标国际估价标准，我国的房地产估价行业虽然起步晚，但是通过广泛的交流，估价师们本着海纳百川的心胸虚心学习国外先进的经验，使我国房地产估价行业飞速地发展壮大，为我国房地产估价行业国际化打下坚实的基础。

第二节　内地和香港估价师开展资格互认

中国香港因为历史原因，在房地产估价方面一直以来都是承袭英国测量师制度，因此在中国内地房地产评估称为"房地产估价"，香港称其为"物业估价"。两地间因为政治、法律和估价师评选制度存在差异，两地估价师不能自由地在两地执业。新的历史形势下，中国加入世界贸易组织，两地的估价师资格互认和协作，无疑对于提升中国估价行业的整体竞争力具有重要的意义，这也是中国房地产估价走向国际化的重要助力之一。

2003 年 8 月 20 日，英国皇家特许测量师学会（RICS）主席 Nicholas Brooke 访问中国房地产估价师学会，就双方合作事宜进行了交流。

2003 年 11 月，经建设部、人事部、商务部、国务院港澳办同意，中国房地产估价师学会与香港测量师学会签署了《内地房地产估价师与香港测量师资格互认协议书》。内地房地产估价师与香港测量师于 2004 年实现了首次资格互认，111 名内地房地产估价师、97 名香港测量师通过测试取得了证书，成为内地房地产估价最终走向世界的新起点、新契机。

2010 年 9 月 14 日，中国房地产估价师学会与香港测量师学会在北京举行了内地房地产估价师与香港测量师资格互认协议书（补充文件）签字仪式。中国房地产估价师学会会长宋春华、香港测量师学会会长邹广荣在《补充文件》上签字。《补充文件》签订后，第二批资格互认工作正式展开。

2011 年 3 月 12 日至 13 日，第二批内地房地产估价师与香港测量师资格互认面授和补充测试在深圳举行，内地 99 名房地产估价师和香港 99 名测量师参加面授培训并通过了补充测试。

图 3-7　第三批内地房地产估价师与香港测量室资格互认现场

开展资格互认是中国房地产估价行业走向国际化的表现之一。资格互认的背景是经济全球化和中国加入世界贸易组织（WTO），房地产估价机构作为给市场经济提供专业服务的中介机构，面临与国际接轨的现况。在这方面，香港的测量师具有得天独厚的优越条件，他们比内地房地产估价师更了解国际惯例和国际标准，具有更加成熟的市场中介经验。另外，对比内地快速发展的房地产市场来说，香港的房地产市场规模相对较小并趋于稳定，估价师资格互认为香港测量师开拓了更加广阔的业务空间。对于内地的房地产估价师来说，资格互认为内地的估价师进入香港估价市场提供了绿色通行证。内地估价师也能进入香港估价市场，了解与学习更多的国际惯例和国际估价准则、方法、理论。

第三节　粤港澳大湾区建立，促进房地产估价行业国际化

2017 年 3 月 5 日召开的十二届全国人大五次会议上，国务院总理李克强在政府工作报告中提出，要推动内地与港澳深化合作，研究制定粤港澳大湾区城市群发展规划，发挥港澳独特优势，提升在国家经济发展和对外开放中的地位与功能。

粤港澳大湾区是指由香港、澳门两个特别行政区和广东省的广州、深圳、珠海、佛山、中山、东莞、肇庆、江门、惠州等九市组成的城市群，是国家建设世界级城市群和参与全球竞争的重要空间载体，与美国纽约湾区、旧金山湾区和日本东京湾区比肩的世界四大湾区之一。粤港澳大湾区面积达 5.6 万平方公里，覆盖人口达 6600 万。

粤港澳大湾区建设已经写入党的十九大报告和政府工作报告，提升到国家发展战略层面。推进建设粤港澳大湾区，有利于深化内地和港澳交流合作，对港澳参与国家发展战略、提升竞争力、保持长期繁荣稳定具有重要意义。

目前，贸易全球化已经是不可阻挡的趋势，中国越来越多的公司不仅仅局限于本国的发展，由于经济、政策、资源等因素的限制，它们开始谋求更大的利益，组建国际型的跨国公司，在世界各地建立分公司。粤港澳大湾区因其便利的地理、经济、政策因素，吸引着世界各地的国际性大公司的入驻，国内很多大型企业也调整其发展战略向大湾区"进军"。因此粤港澳大湾区城市群很多时候在其中扮演着联络人的角色，帮助中企"走出去"和外企"走进来"。

跨国公司为了适应中国市场环境，首先会选择一个相对利于自身发展的环境，全方位开放的粤港澳大湾区城市群成了它们的首选。以粤港澳大湾区城市群中的香港为例，香港作为亚洲首屈一指的国际商贸和金融中心，其经济、政策、语言环境便利，国际经贸法律健全，是很多国际型公司向中国进军的首选之地（图 3-8）。

再者，同是大湾区城市群的深圳也是国际型公司考虑的目标之一。深圳作为中国改革开发的前沿阵地，房地产估价行业理念和方法最早的试行地之一。深圳拥有丰富的吸引外资、接收外企的经验，也是外企走进中国市场的平台之一。国际公司的入驻必然会有房地产估价业务的产生。由于目前各国的房地产估价标准不一，因此当在中国境内的国际公司或者分公司需要进行跨境评估时，就需要邀请熟悉中国评估业务和国际评估业务的国际型评估机构进行跨境评估，这无形中给国内的估价行业带来了更多的业务和跨境评估的机会。

粤港澳大湾区建设为房地产估价整体服务水平全面提升连起了新纽带。建设粤港澳大湾区，是习近平总书记亲自谋划、亲自部署、亲自推动的国家战略，是新时代推

图3-8　粤港澳大湾区

动形成全面改革开放新格局的新举措，也是推动"一国两制"事业发展的新实践。珠三角是中国改革开放的前沿，港澳是中国对外开放的重要窗口。香港房地产估价行业标准向来具有国际化水平，内地房地产估价服务水平不断发展的同时，通过粤港澳大湾区的发展，进一步加强对香港估价先进经验的学习与借鉴，将有利于中国房地产估价行业对标国际最高水平、走向国际化发展。

第四节　估价师和估价机构国际化

随着我国对外开放格局深入发展，在过去中国有企业"走出去"的20多年中，我国境外上市的公司已达1100多家，境外上市的目标选择呈现多元化的特点，在国际主要资本市场均可见中国有企业的身影。伴随着"一带一路"倡议的实施，更多的中国有企业搭乘着这条大船开始"走出去"。为了保障中国有企业"走出去"平稳发展，资产评估作为市场的通用语言在其中起到重要作用，企业在利用外资、海外投资、海外置业等方面都需要评估服务，随之产生了许多的境外评估服务，推动了国内评估行业发展和"走出去"。

房地产估价作为资产评估的重要一部分，我国房地产估价机构为了适应时代的需要也开始"走出去"，开拓国外市场。房地产估价师需要积极学习国际估价准则和规范、国际标准，为"走出去"做好准备。

一、估价师国际化

上文提到，自中国房地产估价师与房地产经纪人学会成立后，就一直积极地组织国内房地产估价师与国外同行交流学习，举办各类的交流活动，推动我国估价行业的发展，提高我国估价师的专业水平。

2008年9月27日，美国估价学会（AI）授予中房学副会长兼秘书长柴强荣誉会员，以表彰他长久以来对房地产估价行业作出的重大贡献。柴强成为第一位华人美国估价学会荣誉会员。

2013年8月18~25日，中房学在北京举办首期国际房地产咨询师（FIREC）培训班。来自全国13个城市、15家公司的58名学员参加本次培训。国际房地产咨询师（FIREC）是由全球最大的房地产行业联盟——世界不动产联盟（The International Real Estate Federation，简称FIABCI）认证的专业资格。

2013年12月8~15日，中房学与世界不动产联盟（The International Real Estate Federation，简称FIABCI）联合开展国际房地产咨询师（FIREC）资格认证。

我国房地产估价行业随着改革开放不断地深入而成长，在中房学的带领和组织下积极地与境外同仁进行交流，积极参与两岸资格互认和国际资格互认。同时估价师也积极地参与国外项目，服务"走出去"以及"走进来"的国外企业，在学习国际估价理念和规范的同时，也在加强自身的业务能力，促进自身向国际化发展。

二、机构国际化

房地产估价机构的国际化发展时间较晚，早期主要是国外评估咨询机构进入中国发展，由于当时中外评估咨询的实力水平相差较大，因此很多国外评估咨询机构都在我国的服务市场迅速地发展起来。其中主要的典型代表就是戴德梁行。

戴德梁行（Cushman & Wakefield，简称DTZ）是国际房地产顾问"五大行"之一，于1784年在英国伯明翰创立。作为全球最大的房地产服务商之一，截至2018年，戴德梁行遍布全球70多个国家，设有400多个办公室，拥有48000名专业员工。戴德梁行1993年成立的上海分公司，这是最早进入中国内地市场的国际物业顾问公司。1999年，DTZ与位于香港的梁振英测量师行和Edmund Tie & Co交换股权，DTZ戴德梁行正式成立。由于戴德梁行具有港资因素，相对其他国际机构更熟悉内地市场，以及由于改革开放需要，在戴德梁行进入内地估价市场后，因为它熟悉国际估价准则和规范，承接了大量的跨境估价业务，在中国的服务市场迅速打开。

随着我国房地产估价机构的发展壮大，我国本土培育了一大批专业的估价人才，不仅具有扎实的专业基础，而且具备国际的视野，为我国房地产估价行业"走出去"奠定了发展基础。为了适应时代的发展，中国房地产估价机构也开始了"走出去"的步伐，开拓国外市场。同时也积极主动地举办国际估价论坛，加强国际估价行业之间合作、交流和学习，加强国际估价行业整体水平，体现了一个大国的责任和担当。在尝试"走出去"的中国估价机构中，国众联集团是其中的佼佼者。

国众联集团适应时代的要求和估价国际化的趋势，2016年在香港开设子公司——国众联（香港）测量师行有限公司，业务范围包括大宗物业代理、资本市场交易顾问、高级债务融资、夹层融资/麦则恩投资、优先股股权融资、股权资金筹措等。除了香港公司，国众联目前已形成深圳、华北、华南、华东、西南、华中等六大区域中心，衔接港澳，分支机构基本覆盖长三角、珠三角；客户遍布全球，远至美国、英国、法国、德国、俄罗斯、土耳其、阿拉伯联合酋长国、加蓬等，近至日本、新加坡、老挝、越南、印尼等。

2018年5月19日，国众联二十周年系列活动之"新时代、新阶层、新作为——评估国际化的机遇与挑战"论坛在广州白云国际会议中心隆重举行，亚太地区有关专家学者和评估专业人士800多人参加此次论坛。

中国房地产估价师与房地产经纪人学会会长杜鹃、广东省政协副主席李心、广东省委统战部副部长李阳春、中国资产评估协会副秘书长韩立英、广州市委统战部副部长马卫平、广东省资产评估协会副会长兼秘书长陈桓考、广东省房地产估价师与房地产经纪人学会会长劳应勋、中国土地估价师与土地登记代理人协会副会长邹晓云、广东省建设厅总工程师潘伟堂、广东省党外知识分子联谊会会长朱列玉、VPC Asia Pacific Partners代表和国众联集团董事长黄西勤等专业人士领带代表出席了此次论坛。

论坛中，十三届全国政协委员、国众联集团董事长黄西勤发表致辞，她提到"一带一路"倡议的深入推进为我国评估行业的发展带来了巨大的机遇，评估机构应该加强与国际同行的交流合作，积极延伸国内外服务链条，探索创新与境外专业机构合作方式，促进评估行业国际化发展。

"一带一路"倡议是时代发展的重大命题，跟随"一带一路"走出去的国内企业规模越来越大，范围非常广泛，内涵非常丰富，包括到境外投资办厂、建设经济合作区，到境外并购重组、承包工程等，迫切需要评估行业提供高层次的专业智力支持。国众联集团敏锐地抓住这一契机，顺应当前评估国际化的发展趋势，加强国际战略合作，在互利互惠的基础上，实现资源共享，充分发挥本国的资源优势，推进双方在评估领域的合作，达到互利共赢共同发展。借助本次国际论坛之际，国众联与VPC Asia

Pacific Partners 成员方在全场嘉宾和专家学者的见证下签订了战略合作协议。

论坛期间，亚太地区有关专家学者代表发表了许多专业的意见。代表们立足自身行业，用精辟的语言，介绍了他们本国地区评估行业的发展状况，详细阐述了评估行业国际化发展所面临的机遇和挑战。一次次激烈的语言碰撞出智慧的火花，为论坛增添了许多色彩。

论坛是评估行业的交流盛会，吸引了众多的国内外专家和专业人士参与，此次论坛成功举办彰显了行业对国众联集团的认可与信任。国众联集团由衷希望以本次论坛为契机，推动评估行业举办更多这种紧扣时代潮流的盛会，为引领评估行业走向国际化取得更大的发展奠定基础。

从中房学的组织和引领估价机构和估价人员参与对外交流，到估价机构根据自身发展的需要积极与国外估价机构和组织举办交流论坛和活动，积极参与到国际估价活动中，这是估价国际化发展的必然趋势，也是机构走向国际化的道路之一。

第五章

房地产估价应用

经过数十年的发展，我国房地产估价行业建立了庞大的估价师队伍，培育了一大批专业的评估机构。这些专业的机构和估价师，在国家经济建设的各个领域中，都积极地发现问题、克服困难、苦心孤诣，为客户提供专业的评估咨询服务，保障经济社会的健康发展。

在种类多样的估价服务类型中，其中最主要的几种包括房地产交易估价、房地产抵押估价、房地产税基估价、城市更新估价、司法鉴定估价和房地产咨询等业务，本章将分别介绍这些房地产估价类型的具体情况。

第一节　规范房地产交易市场管理

一、第一份房地产交易管理要求评估的文件

随着改革开放的不断深入，国内外投资者对房地产的需求迅速增加。特别是随着住房制度改革步伐的加快，房屋商品化政策的推行，土地有偿使用的初步实践，以及在企业深化改革中承包、租赁、兼并、拍卖等经营形式的推行，使我国房地产市场开始出现兴旺的前景。房地产市场的形成和发展，意味着我国城镇价值以万亿元计的房地产将逐步进入商品经济的流通领域。这对理顺城市建设的关系，促进生产要素的合理配置，繁荣国民经济，都将产生重要的作用。但是，当时房地产市场的宏观调控和

微观管理都很不健全，有少数单位和个人乘机进行非法活动，如不加强管理，势必影响房地产业的健康发展。

为了贯彻党的十三大提出的要加快建立和培育包括房地产市场在内的生产要素市场体系的精神，发挥市场机制的作用，维护交易市场秩序，保护合法的房地产经营交易活动，根据国务院《关于整顿市场秩序加强物价管理的通知》（国发〔1987〕76号）的要求：企事业单位之间、私人之间的房屋交易价格，由交易双方根据评估价格协商议定；随着旧房出售和价格评审制度的建立，房地产价格评估工作越来越重要。物价部门应会同有关部门制定评估价格的原则。各地要尽快建立房地产价格评估专业队伍。评估人员的主要任务是根据计价原则、标准和市场供求情况，合理评估房地产的价值、价格，为房地产交易、抵押、仲裁、转让提供确定价值和价格的依据。

1988年8月8日，建设部、国家物价局、国家工商行政管理局联合发布了《关于加强房地产交易市场管理的通知》（建房〔1988〕170号），文件规定：各城市要抓紧组织建立房地产交易所，配备必要的管理人员和专业人员；从事房地产经营的单位，必须按照国家有关规定，由所在地县级以上房地产主管机关按审批权限进行资质审查，经工商行政管理机关核发营业执照后，方可开业经营；城镇房地产交易，包括各种所有制房屋的买卖、租赁、转让、抵押，城市土地使用权的转让以及其他在房地产流通过程中的各种经营活动，均属房地产交易活动管理的范围，其交易活动应通过交易所进行；物价部门和房地产部门，要区别不同情况，合理确定房地产价格，逐步使价格构成合理化、规范化。

二、房地产交易市场管理涉及的评估类型

随着《关于加强房地产交易市场管理的通知》（建房〔1988〕170号）的颁布，城镇房地产交易，包括各种所有制房屋的买卖、租赁、转让、抵押，城市土地使用权的转让以及其他在房地产流通过程中的各种经营活动均得到了有效地规范管理，维护了市场秩序，使房地产交易有价可依。

市场经济轰轰烈烈的发展过程中，大量土地和房地产在生产生活的各个环节快速流通，资源利用效率大大提高。其中房地产估价活动和土地估价活动更是快速增长。

企事业单位之间、私人之间的房屋交易价格，由交易双方根据评估价格，协商议定。最常见的交易类型主要就是买卖和租赁。

1989年9月21日，国家国有资产管理局下发《在国有资产产权变动时必须进行资产评估的若干暂行规定》，对必须进行资产评估的经济行为、国有资产评估的组织、领导和监督、承担资产评估的机构、资产评估的程序、方法等进行了规定。该规定还

要求，凡是占用国有资产的单位，在①实行租赁、联营、股份经营、兼并和出售国有企业（包括资产折股出售）、破产清理、企业结算清理以及中外合资、合作经营；②涉及产权变动的当事人认为需要进行资产评估的经济行为等涉及资产产权主体变动或经营、使用资产的主体发生变动的经济行为中，必须进行资产评估。

由此可见，企事业单位之间、私人之间的房地产交易可协商议定，协商不成的可聘请评估机构进行评估，对于国有资产涉及单项房地产交易的，必须进行评估。

三、房地产估价在房地产交易市场管理中的作用

房地产市场建立初期，房地产的市场价格没有广泛的交易数据可以参考，没有成熟的交易平台提供交易参考信息，房地产交易活动受到了极大地限制，此时房地产估价服务能有效地为交易双方提供可靠的交易信息，减少交易成本，在房地产市场建立的初期房地产估价服务提供了重要的专业支持。

房地产交易市场初步建立以后，房地产价格信息逐渐透明化，传统的房地产交易活动不再依赖房地产估价机构，然而一些重要的领域包括国有不动产交易领域因涉及国有资产安全，仍然需要房地产估价机构为国有资产不流失保驾护航。估价机构为委托方提供可靠的价值依据，促进双方公平交易，防范国有资产的流失。

房地产估价评估过程遵循法律法规和技术规程，运用适当方法，对房地产进行评定、估算、出具评估报告，为客户提供真实的价格信息服务，至今仍在很多市场失调的时候发挥关键作用，维护了经济秩序的健康发展。

第二节　防范金融风险

一、第一份金融领域要求评估的文件

1995 年 3 月 23 日，建设部、中国人民银行联合发布《关于加强与银行贷款业务相关的房地产抵押和评估管理工作的通知》（建房〔1995〕152 号）。该通知指出，各级房地产管理部门和有关银行要密切配合，加强与银行贷款业务相关的房地产抵押和评估管理工作；对与银行贷款业务相关的房地产抵押物价值进行评估，其估价业务报告必须由取得建设部、人事部共同认证并经注册的房地产估价师签署，或由三名以上（含三名）取得各省、自治区建委（建设厅），直辖市房地产管理局统一颁发的《房地产估价人员岗位合格证书》的人员联合签署。

二、金融领域与房地产估价关联的防范风险的政策及其发展状况

2004 年 9 月 2 日，中国银行业监督管理委员会颁布《商业银行房地产贷款风险管理的指引》（银监发〔2004〕57 号），该指引指出，商业银行对于介入房地产贷款的中介机构的选择，应着重于其企业资质、业内声誉和业务操作程序等方面的考核，择优选用，并签订责任条款，对于因中介机构的原因造成的银行业务损失应有明确的赔偿措施。

2006 年 3 月 1 日，建设部、中国人民银行、中国银监会联合印发的《关于规范与银行信贷业务相关的房地产抵押估价管理有关问题的通知》（建住房〔2006〕8 号）及技术规范《房地产抵押估价指导意见》正式生效。该通知要求房地产抵押价值评估应当按照《房地产抵押估价指导意见》进行。作为全国性房地产估价行业组织，中房学参与起草了《房地产抵押估价指导意见》，并负责解释工作。

2006 年 3 月 28 日，中国银监会办公厅下发《关于规范信托投资公司办理业务中与房地产抵押估价有关问题的通知》（银监办发〔2006〕92 号），要求信托投资公司以贷款、投资等方式办理自营和信托业务，涉及房地产抵押估价的，应按照《建设部、中国人民银行、中国银行业监督管理委员会关于规范与银行信贷业务相关的房地产抵押估价管理有关问题的通知》（建住房〔2006〕8 号）有关商业银行发放房地产抵押贷款过程中房地产抵押估价的有关规定执行。

2012 年 1 月 20 日，中国银监会印发《关于整治银行业金融机构不规范经营的通知》（银监发〔2012〕3 号），该通知要求银行业金融机构应依法承担贷款业务及其他服务中产生的尽职调查、押品评估等相关成本，不得将经营成本以费用形式转嫁给客户。

2017 年 4 月 26 日，中国银监会发布《商业银行押品管理指引》，对押品评估有关内容进行了规定，明确了押品应委托外部评估机构进行评估的情形，要求外部评估机构准入应取得相应专业资质。

三、房地产估价在防范金融风险方面的作用

金融风险指的是与金融有关的风险，如市场风险、产品风险、机构风险等。近年来，随着中国房地产业的高速发展并日趋成熟，房地产业已经成为国民经济的重要组成部分，但同时房地产也是最容易产生经济泡沫、引发金融风险的行业。因此，作为联系银行金融和房地产市场纽带的房地产抵押贷款评估体系的健全就显得极为重要。房地产估价在防范金融风险方面的作用主要体现在以下两方面：

一是防范银行的房地产信贷风险。房地产估价行业为银行的房地产抵押贷款提供合理的价格依据，确保贷款人在无力偿还贷款以后，银行能够用抵押房地产收回贷款，保证银行维持一个较低的不良资产率，降低银行金融风险，就是维护社会经济秩序稳定。

二是防范信托机构的房地产信贷风险。房地产信托是房地产业发展到一定阶段的必然产物。房地产信托业的兴起，使金融业和房地产业相互渗透，它不仅为房地产业的发展提供了大量的资金和手段，同时也使信托业得到了良好和迅速的发展。房地产信托一般是指以房地产及其相关资产为投资对象的资金信托投资方式，即信托投资公司制定信托投资计划，与委托人（投资者）签订信托投资合同，委托人（投资者）将其合法资金委托给信托公司进行房地产投资，或进行房地产抵押贷款或购买房地产抵押贷款证券，或进行相关的房地产投资活动。因此，房地产估价行业能够为信托机构房地产抵押贷款业务提供合理的价格参考依据，确保信托机构的投资安全，降低贷款风险。

第三节　保障纳税基础

一、第一份涉及房地产转让纳税评估的政策文件

1995 年 8 月 7 日，建设部发布了《城市房地产转让管理规定》，该文件第七条规定了：房地产管理部门核实申报的成交价格，并根据需要对转让的房地产进行现场查勘和评估；房地产转让当事人按照规定缴纳有关税费。该文件的重要意义在于规范了房地产税收依据，以评估价格进行征税，保障了政府的税收利益。

2001 年 7 月 23 日，建设部根据《中华人民共和国城市房地产管理法》修订后发布《建设部关于修改〈城市房地产转让管理规定〉》，对该规定进行了完善。

二、税收领域中与房地产相关的政策

房地产税收作为我国税收体系中的一个重要种类，在国民经济的发展中发挥着重要的作用。从房地产税收在我国确立以来，实施已经达几十年之久，但是房地产税在我国的具体实施情况在不同的社会形势下有所不同。总结我国各个阶段房地产发展状况及税收相关政策如表 3-3 所示。

1950~2017 年房地产相关税收政策 表 3-3

年 份	房地产相关税收政策文件
1950	《政务院工商业税暂行条例》规定：凡在本国境内之工商营利事业，不分公营、私营、公私合营或合作事业，除另行规定者外，均依本条例之规定，于营业行为所在地交纳工商业税；固定工商业应纳之工商业税，分为依营业额计算部分（以下简称营业税）及依所得额计算部分（以下简称所得税）。营业税分业税率表中规定营造业承包全部工料之营造建筑工程的税率为 2.5%
1993	根据《中华人民共和国营业税暂行条例》（国务院令〔1993〕第 136 号）规定建筑业的营业税税率为 3%，销售不动产营业税税率为 5%。纳税人提供应税劳务、转让无形资产或者销售不动产，按照营业额和规定的税率计算应纳税额
1993	《中华人民共和国土地增值税暂行条例》（国务院令〔1993〕第 138 号）规定转让国有土地使用权、地上的建筑物及其附着物（以下简称转让房地产）并取得收入的单位和个人，为土地增值税的纳税义务人（以下简称纳税人），应依照本条例缴纳土地增值税。土地增值税按照纳税人转让房地产所取得的增值额和本条例第七条法规的税率计算征收
2001	2001 年 4 月，财政部、国家税务总局发布《关于对消化空置商品房有关税费政策的通知》（财税〔2001〕44 号），文件为消化空置商品房，对限定条件的商品房免征营业税、契税
2003	2003 年 7 月 15 日，《国家税务总局关于房产税、城镇土地使用税有关政策规定的通知》（国税发〔2003〕89 号）规定，对房地产开发企业建造的商品房，在售出前，不征收房产税；但对售出前房地产开发企业已使用或出租、出借的商品房应按规定征收房产税。房地产开发企业自用、出租、出借本企业建造的商品房，自房屋使用或交付之次月起计征房产税和城镇土地使用税
2006	2006 年 10 月 9 日，《国家税务总局关于房地产开发企业土地增值税清算管理有关问题的通知》（国税发〔2006〕187 号）颁布，该通知对土地增值税的清算单位、清算条件、非直接销售和自用房地产的收入确定、土地增值税的扣除项目、土地增值税清算应报送的资料、土地增值税清算项目的审核鉴证、土地增值税的核定征收和清算后再转让房地产的处理等方面作了比较明细的规定，规范了土地增值税的合理征收。
2008	2008 年 3 月 3 日，财政部、国家税务总局发布《关于廉租住房经济适用住房和住房租赁有关税收政策的通知》（财税〔2008〕24 号），该文件为促进廉租住房、经济适用住房制度建设和住房租赁市场的健康发展，颁布了一系列支持廉租住房、经济适用住房建设的税收政策和支持住房租赁市场发展的税收政策；12 月 21 日，国务院办公厅下发《关于促进房地产市场健康发展的若干意见》（国办发〔2008〕131 号），文件规定：对住房转让环节营业税暂定一年实行减免政策。将现行个人购买普通住房超过 5 年（含 5 年）转让免征营业税，改为超过 2 年（含 2 年）转让免征营业税；将个人购买普通住房不足 2 年转让的，由按其转让收入全额征收营业税，改为按其转让收入减去购买住房原价的差额征收营业税。将现行个人购买非普通住房超过 5 年（含 5 年）转让按其转让收入减去购买住房原价的差额征收营业税，改为超过 2 年（含 2 年）转让按其转让收入减去购买住房原价的差额征收营业税；个人购买非普通住房不足 2 年转让的，仍按其转让收入全额征收营业税
2010	2010 年 3 月，财政部、国家税务总局下发《关于首次购买普通住房有关契税政策的通知》（财税〔2010〕13 号），文件规定：对两个或两个以上个人共同购买 90 平方米及以下普通住房，其中一人或多人已有购房记录的，该套房产的共同购买人均不适用首次购买普通住房的契税优惠政策
2013	2013 年 5 月，国务院发布《2013 年深化经济体制改革重点工作的意见》（国发〔2013〕20 号），文件规定：扩大个人住房房产税改革试点范围

续表

年 份	房地产相关税收政策文件
2015	2015 年 3 月 30 日，财政部发文《财政部、国家税务总局关于调整个人住房转让营业税政策的通知》（财税〔2015〕39 号），文件规定：个人将购买不足 2 年的住房对外销售的，全额征收营业税；个人将购买 2 年以上（含 2 年）的非普通住房对外销售的，按照其销售收入减去购买房屋的价款后的差额征收营业税；个人将购买 2 年以上（含 2 年）的普通住房对外销售的，免征营业税
2016	根据《财政部、国家税务总局关于全面推开营业税改征增值税试点的通知》（财税〔2016〕36 号），自 2016 年 5 月 1 日起，在全国范围内全面推开营业税改征增值税（以下称营改增）试点，建筑业、房地产业、金融业、生活服务业等全部营业税纳税人，纳入试点范围，由缴纳营业税改为缴纳增值税
2017	2017 年 10 月 30 日，国务院常务会议通过《关于废止〈中华人民共和国营业税暂行条例〉和修改〈中华人民共和国增值税暂行条例〉的决定（草案）》。这标志着在我国实施了 60 多年的营业税正式成为历史，全面增值税时代已经到来

三、纳税需要评估的税种

（一）为课征房产税而进行的估价

1986 年 9 月 15 日，国务院发布《中华人民共和国房产税暂行条例》（国务院令第 138 号）第三条规定："房产税依照房产原值一次减除 10% 至 30% 后的余值计算缴纳。没有房产原值作为依据的，由房产所在税务机关参考同类房产核定"。

房产税计税的依据为房产余值或租金，对于没有房产原值的，就无法确定房产余值，而此处的房产原值为房屋建造时的重置成本。确定重置成本，就需要对房产进行成本法估价。

（二）为课征增值税、企业所得税、个人所得税而进行的估价

1993 年 12 月 13 日《中华人民共和国增值税暂行条例》（中华人民共和国国务院令第 134 号）第七条规定：纳税人发生应税销售行为的价格明显偏低并无正当理由的，由主管税务机关核定其销售额。增值税的计税基础为销售价格，因此当应税销售行为的价格明显偏低时，需要进行市场价评估。2008 年 11 月 10 日，国务院颁布《中华人民共和国增值税暂行条例》中华人民共和国国务院令第 538 号，修订后第七条规定内容不变。

企业所得税、个人所得税需要根据营业额计算确定。核定营业额实际就是核定纳税人的房地产销售收入，而该房地产销售收入应与对该房地产客观合理价格或价值的估计比较接近。因此，在征管增值税、企业所得税、个人所得税时，当出现房地产销售价格异常情况，就需要进行房地产估价。

（三）为课征土地增值税而进行的估价

1993 年 12 月 13 日《中华人民共和国土地增值税暂行条例》（中华人民共和国国务院令第 138 号）第九条规定纳税人有下列情形之一的，应按照房地产评估价格计算征收：

1. 隐瞒虚报房地产成交价格的；

2. 提供扣除金额不实的；

3. 转让房地产的成交价格低于房地产评估价格又无正当理由的。

《中华人民共和国土地增值税暂行条例实施细则》第十三条、第十四条更是对此条款进行了进一步细化。

第十三条：房地产评估价格，是指由政府批准设立的房地产评估机构根据相同地段、同类房地产进行综合评定的价格。评估价格须经当地税务机关确认。

第十四条：隐瞒、虚报房地产成交价格，是指纳税人不报或有意低报转让土地使用权、地上建筑物及其附着物价款的行为。

条例第九条（二）款所称的提供扣除项目金额不实的，是指纳税人在纳税申报时不据实提供扣除项目金额的行为。

条例第九条（三）款所称的转让房地产的成交价格低于房地产评估价格，又无正当理由的，是指纳税人申报的转让房地产的实际成交价低于房地产评估机构评定的交易价，纳税人又不能提供凭据或无正当理由的行为。

隐瞒、虚报房地产成交价格，应由评估机构参照同类房地产的市场交易价格进行评估。税务机关根据评估价格确定转让房地产的收入。

提供扣除项目金额不实的，应由评估机构按照房屋重置成本价乘以成新度折扣率计算的房屋成本价和取得土地使用权时的基准地价进行评估。税务机关根据评估价格确定扣除项目金额。

转让房地产的成交价格低于房地产评估价格，又无正当理由的，由税务机关参照房地产评估价格确定转让房地产的收入。

（四）为课征契税而进行的估价

1997 年 4 月 23 日《中华人民共和国契税暂行条例》（中华人民共和国国务院令224 号）第四条规定：土地使用权赠与、房屋赠与，由征收机关参照土地使用权出售、房屋拍卖的市场价格核定；前款成交价格明显低于市场价格并且无正当理由的，或者所交换的土地使用权、房屋的价格差额明显不合理且无正当理由的，由征收机关参照市场价格核定。

契税的计税依据为成交价格（国有土地使用权出让、土地使用权出售、房屋买卖行为）、市场价格（土地使用权赠与、房屋赠与）和交换差价（土地使用权交换、房屋交换），当出现成交价格明显不符合市场价格时，就需要对土地、房产的价格进行估价。

四、房地产估价在保障纳税规范方面的作用

房地产课税估价的发展，促进了存量房交易税收征管工作，也是国务院房地产市场宏观调控的重要措施，其作用在于规范税收秩序，创造依法纳税、公平税负的良好环境和促进房地产市场健康发展。目前，全国绝大多数大中城市均在推广房地产课税估价工作，实施效果也十分明显，有利于堵塞虚假合同交易不法行为、落实公平税负的税收政策和提高纳税人税收遵从度，促进房地产业健康发展。

第四节　推动城市更新改造的进程

一、第一份涉及拆迁评估规范的法律法规

2001 年 6 月 13 日，国务院发布了《城市房屋拆迁管理条例》（中华人民共和国国务院令第 305 号），该条例第二十四条首次规定了：货币补偿的金额，根据被拆迁房屋的区位、用途、建筑面积等因素，以房地产市场评估价格确定。

该条例发布的重要意义是城市房屋拆迁采用货币补偿时，要以评估机构出具评估结果为依据。

二、城市更新发展的历史和现状

在新的历史条件下，中国已进入"新时代"，城市发展逐渐从增量模式转为存量模式，城市更新正成为城市发展的主要方式。同时，城市更新的模式也从粗放的"大拆大建"转向"绣花式"的精细化更新，从关注重大产业项目到关注老旧小区改造等民生问题，更加注重提升市民的获得感、幸福感。城市更新正成为中国城市实现持续发展的主要方式。

（一）城市更新的基本概念与起源

城市更新（Urban Renewal），指通过清除、维护、整建、重建等方式，对城市衰

败地区的房屋、基础设施和公共设施进行改造的土地再利用行为。城市更新是城市发展过程中必要的新陈代谢，有效地更新可带来居民生活品质的提高，促进城市的健康发展。

19世纪欧洲首先提出了城市更新的概念，主要原因是工业革命带来的城市大发展，城市空间拥挤严重，因此政府希望通过对城市的改造开发来改变恶劣的城市环境。

（二）城市更新的主要内容

1. 交通的更新。目前随着科技的发展，私家车数量增多在为人们带来便利的同时也引起了严重的交通拥堵以及环境污染等问题。因此，在拓宽主要交通干道的同时还应考虑到分时段、分区域的交通统筹更新策略。控制出行车辆数量以及汽车尾气的排放。节能车以及低污染能源也应列入更新范围内，呼应低碳政策，提倡"零污染"出行。

2. 空间的更新。空间方面强调以最适合人类居住的环境为目标对人类活动空间的面积、布局等进行比例的调整，结合社会经济效益、强调空间资源的重要性。例如在居民小区内，小型商业网点数量应定额在多少，选址应考虑到整个小区每一方位居民到达商业点路程的均衡。居住环境周围教育、医疗、娱乐、采购、商业等日常所需网点是否齐全或到达这些地点的时间成本是否合理。

3. 资本的更新。一是物质资产，二是人力资本。物质资产提倡在原有框架的基础上更新换代，降低整体替换带来的巨额成本；人力方面提倡调动人力资源的活跃性，学习最新科学技术及新设备的操作技能。以企业核心资本即"人力"的替换带动整体走向发展的最前端。

4. 规划的更新。此项主要指发展规划的更新。一个城市的发展规划是城市以何种姿态、何种效率展示魅力的导航。因此，一个城市的健康发展需要与时偕行的城市发展规划作指导。而社会与市场的瞬息万变决定了发展规划的动态性，这就需要应发展所需不断调整发展规划，为城市更新提供可靠、前沿的依据。

5. 文化的更新。城市文化更新可从城市的软、硬两个文化角度提出更新对策。其中，硬文化指具有可见性和可触摸性质的物质文化、环境文化；软文化则属于一种抽象的隐性文化，如行为文化、观念文化、社交政策等。软文化要在硬文化的基础上才能发挥作用，而硬文化的发展也需要软文化辅佐，两者相辅相成。

6. 定位的更新。城市定位可以细分为形象定位、性质定位、功能定位等几个方面。这需要充分了解该城市的发展演变趋势以及自身发展所需，以与国家政策同步、改善民生、为经济作贡献、保护环境为依据设计适应发展潮流的定位。

城市更新是一个大概念，城市更新的目的是对城市中某一衰落的区域进行拆迁、改造、投资和建设，以全新的城市功能替换功能性衰败的物质空间，使之重新发展和繁荣。它包括两方面的内容：一方面是对客观存在实体（建筑物等硬件）的改造；另一方面是对各种生态环境、空间环境、文化环境、视觉环境、游憩环境等的改造与延续，包括邻里的社会网络结构、心理定式、情感依恋等软件的延续与更新。城市更新的目标是解决城市中影响甚至阻碍城市发展的城市问题，这些城市问题的产生既有环境方面的原因，又有经济和社会方面的原因。本文所讲的城市更新主要是指客观存在的实体改造，重点落在城市中土地使用功能转换方面。

（三）中国城市更新发展历程

1949~1952 年，鸦片战争后我国的近代城市开始兴起并于 20 世纪初得到发展。此阶段是我国城市更新的第一个发展阶段。在 1949 年，我国城市建筑大多数历史悠久、设施简陋、生活环境恶劣。这些战后遗留下来的旧城迫切需要通过更新重获生机。因此，这一阶段以改善居住环境为主，提倡为劳动人民服务。但由于国家财力有限，故工作范围被严格限制，只能进行局部的小规模的渐进式危房整修。此时期，在以旧换新、节省资金的前提下资源被充分利用，重建效果显著，对城市环境和居民居住环境的改善起到了积极作用。但由于新中国成立初期城市转型方针的提出，使新兴的更新工作进程受阻甚至停滞不前，直到 1953 年才转回到城市更新的工作。

1953~1978 年，进入城市更新的第二阶段后，工作内容主要围绕工业展开。一方面，工业区的发展需要大面积土地的支持；另一方面，居住问题的解决仍旧持续，只不过目标人群从居民转向城市职工，住房压力亟待缓解。为了满足上述需求，大量新建住宅、建筑侵占绿地、肆意扩建。这种忽视城市机理的破坏性更新现象逐渐造成了城市的表里不一与杂乱无章。再加上第二阶段包含1966~1976年的"文化大革命"十年动乱，在"左"的思想诱导下工程的管理工作毫无章法、缺乏约束，无规律、新旧交替坐落的建筑物开始破坏城市格局。这种混乱使居民生活质量的下降愈演愈烈，与此同时，保护观念的落后使历史遗迹被忽视，这一切都为日后的城市更新埋下了沉重的伏笔。

1979~1990 年，进入我国城市更新的第三个阶段。此时，在市场经济体制的改善下，社会环境为城市更新提供了良好条件。我国人均住房面积比以往提高了近两倍以上。如北京的新建住宅在此期间达到 4400 多万平方米，人均居住面积由 4.55 平方米提高到 6.82 平方米。城市建设速度的大提升把城市更新推到了一个新的历史阶段。但是，计划经济发展的思想残骸并未剔除干净，这种思想仍旧阻碍着城市更新工作的前进速度。再加上资金问题、政策完善问题等也一直限制着城市更新工作的进行，这些问题都导致了我国城市更新进入一个"力不从心""挣扎停止"的特殊阶段。虽然建筑方面新楼不断建成，但一批批多层盒形的住宅区千篇一律，破坏了城市的多样性，使城市特色逐渐瓦解。

　　1991~2011 年，我国意识到了土地的使用紧张，于是提倡"集约化"以提高城市土地使用效益，缓解土地使用压力。而发展至今，居民对生活质量的需求也在逐渐提高，再加上各种住房制度的完善，为了满足用户需求，高质量的"花园式住宅小区"进入国民视野，成了当时中国各大城市的普遍景象。而后在北京菊儿胡同的成功案例中我国同样取得了宝贵经验，开始注重文化遗迹保护问题。面向市场的突破也拓宽了融资渠道，互利共赢的合作模式为工作带来了更多机会。但仅仅几十年的经验还不足以支撑起整个城市更新的浩大工程。浅薄的经验难免出现各种问题。但纵观我国城市更新发展的历史，虽然困难重重，但前途是一片光明的。我国 1991 年首次颁布《城市房屋拆迁管理条例》（国务院令第 78 号），2001 年在原有条例的基础上进行修订，再次颁布《城市房屋拆迁管理条例》（国务院令第 305 号），2003 年建设部根据《城市房屋拆迁管理条例》和《房地产估价规范》发布了《城市房屋拆迁估价指导意见》（建住房〔2003〕234 号），对城市拆迁过程中的估价行为进行了指导。

　　2007 年 10 月 1 日，《物权法》正式施行，明确界定了公民私有财产权与国有、集体财产权的平等地位。旧有的《城市房屋拆迁管理条例》因与《物权法》有关规定不符面临停止执行。2011 年国务院发布了《国有土地上房屋征收与补偿条例》（国务院令第 590 号），城市拆迁改造的配套法规基本完善。

　　从《城市房屋拆迁管理条例》到《国有土地上房屋征收与补偿条例》，从"拆迁管理"到"征收与补偿"，变化的不仅是文字与法律意义，更重要的是改革开放 40 年来，在依法治国、建设和谐社会和科学发展观的思想指导下，各级地方政府积极践行与摸索下，逐渐形成的与各地实际情况相结合的中国特色社会主义征收评估与征收补偿体系。政府部门应在条例施行后转变观念，对财税体制方面进行改革，使其更加符合经济发展方式转变，实现平稳可持续、又好又快发展。

　　2008 年，中共中央启动保障性安居工程，并将国有林区（场）棚户区（危旧房）、国有垦区危房、中央下放地方煤矿棚户区改造作为重要内容，加快了改造步伐。2010 年，中央全面启动城市和国有工矿棚户区改造工作，并继续推进中国国有林区（场）棚户区（危旧房）、国有垦区危房、中央下放地方煤矿棚户区改造。2014 年，国务院办公厅印发《关于进一步加强棚户区改造工作的通知》（国办发〔2014〕36 号），部署有效解决棚户区改造中的困难和问题，推进改造约 1 亿人居住的城镇棚户区和城中村。2015 年，国务院发布《国务院关于进一步做好城镇棚户区和城乡危房改造及配套基础设施建设有关工作的意见》（国发〔2015〕37 号），我国棚户区改造工作当前仍处于快速发展中。

（四）与房地产关联的城市更新发展模式

　　城市更新的方式可分为再开发、整治改善及保护三种。从建筑更新到街道更新，到社区更新，再到城市更新，关联着环境、经济和社会各方面。客观存在的实体改造方面，主要还是体现在城市中土地使用功能转换方面。通过分析一线城市的实际情况，参考其在城市更新中的发展历程及经验，可以总结出与房地产关联的城市更新发展模式主要有如下几种：

1. 旧城改造

对特定城市建成区（旧工业区、旧商业区、旧住宅区、城中村及旧屋村等）内符合规定条件的（设施需完善、存在环境安全隐患等），根据城市规划和城市更新办法规定程序进行综合整治、功能改变或拆除重建的活动。

2. 土地整备

土地整备工作立足于实现公共利益和城市整体利益的需要，综合运用收回土地使用权、房屋征收、土地收购、征转地历史遗留问题处理、填海（填江）造地等多种方式，对零散用地进行整合，并进行土地清理及土地前期开发，统一纳入城市土地储备。实施方式主要有：

1）房屋征收：房屋征收是指国家为了公共利益的需要，实施房屋征收以及给予被征收房屋所有权人补偿的行为。

2）土地整备利益统筹：以"政府主导、社区主体、居民参与"为原则，由政府提供规划引导、政策支持和启动资金，通过"算大账""算小账"盘活、调整、开发土地。

3）收回土地使用权：指因公共利益需要或规划实施等原因收回已出让的国有土地使用权并给予土地权利人补偿的行为，包括土地置换及货币补偿。

4）土地收购：是指政府为了非公共利益需要，购买已出让的国有土地使用权并给予土地使用权人补偿的行为。

5）征转地历史遗留问题处理：通过土地安置、货币补偿处理以前为城市建设征收原农村集体经济组织土地的过程中遗留下来的安置及补偿问题。

6）填海（填江）造地：指因为土地使用出现紧张或者因需配合规划等原因，而用人工建设的方式扩充土地面积的工程。

3. 棚户区改造

实施棚户区改造的根本目的是改善群众的居住条件，兼顾完善城市功能、改善城市环境。实施原则：中国棚户区改造按照"政府主导、市场运作"的原则实施。政府除了鼓励地方实行财政补贴、税费减免、土地出让收益返还等优惠政策外，还允许在改造项目里，配套建设一定比例商业服务设施和商品住房，支持让渡部分政府收益，吸引开发企业参与棚户区改造。

实施方式及特点：①政府主导＋人才住房专营机构为主＋人才住房和保障性住房；

②住宅部分除了回迁房，其余都为人才住房，由人才住房专营机构运营；③推广设计、采购、施工一体化（EPC）等建设模式，建设高品质的绿色宜居社区。

4. 综合化二次开发模式

未来的土地二次开发路径可能会呈现多元化、组合化、综合化，综合整治、拆除重建、土地整备利益统筹综合实施。

未来的土地二次开发市场潜力巨大，可能会呈现多元组合方式，涉及政策复杂，专业性更强，资金实力要求更高，专业机构在此领域大有可为，参与各方应加强专业分析能力，充分利用顾问机构，做好投资决策。评估服务在这个过程中也将逐渐向高端咨询升级。

三、与城市更新评估相关的政策制度

1. 国家层面的政策制度

1)《国有土地上房屋征收与补偿条例》的颁布实施

由于 2001 年《城市房屋拆迁管理条例》（国务院令第 305 号）在制度设计上的不合理，以及实施中相关省市不断出现的野蛮拆迁、暴力抗法等恶性案件，房屋拆迁成为社会矛盾的重要集聚点，原有的制度设计客观上已难以为继。这促使国务院于 2011 年公布施行《国有土地上房屋征收与补偿条例》（国务院令第 590 号），取消了原先的房屋拆迁制度，以政府征收制度取而代之，从政府定位、公共利益前提以及公平补偿等多方面进行优化，推动房屋征收与补偿制度的深入发展。

《国有土地上房屋征收与补偿条例》第十九条规定：被征收房屋的价值，由具有相应资质的房地产价格评估机构按照房屋征收评估办法评估确定；第二十条规定房地产评估机构的具体选定办法以及必须具备的立场条件；第三十四条明确了房地产估价机构的法律责任。

2)《国有土地上房屋征收评估办法》的颁布实施

根据《国有土地上房屋征收与补偿条例》第十九条有关要求，住房和城乡建设部 2011 年 6 月 3 日公布了《国有土地上房屋征收评估办法》（以下简称《评估办法》）。住房城乡建设部表示，2003 年 12 月 1 日建设部发布的《城市房屋拆迁估价指导意见》（以下简称《指导意见》）同时废止。

《评估办法》的实施较《指导意见》有几大改进之处：第一，评估完全遵循市场价格；第二，评估方法多样化；第三，明确房屋价格中包括土地使用权价值；第四，评估机构由被征收人选定；第五，明确评估费用由房屋征收部门承担；第六，进一步明确的评估活动的流程。

2.地方层面的政策法规

各地政府相关部门均根据城市自身的发展情况以及城市的特点，出台了相应的政策，指引城市更新评估工作的开展，以顺利推进城市的更新改造。城市更新发展的重点城市有北京、上海、广州、深圳、济南、西安、贵阳、太原、遵义等，这些城市走在城市更新的前列，具有一定的城市更新经验，其相关的政策法规出台较为齐全。下面以广州为例列举一下地方层面的相关政策法规，具有一定的参考意义。

1)《广州市国有土地上房屋征收与补偿实施办法》(穗府规〔2017〕18号)的颁布实施

国有土地上房屋征收与补偿工作直接关系到人民群众的切身利益，是受到社会广泛关注的焦点、热点、难点。2014年，广州市修订出台了《广州市国有土地上房屋征收与补偿实施办法》，旨在进一步规范优化房屋征收工作，保障被征收人的合法权益和各建设项目顺利开展。

2)《广州市城市更新办法》(广州市政府令第134号)及配套文件《广州市旧村庄更新实施办法》、《广州市旧厂房更新实施办法》和《广州市旧城镇更新实施办法》的颁布实施

2015年12月，广州市在结合近年"三旧"改造实践，统筹广东省"三旧"改造政策、国家棚户区改造政策和广州市危破旧房改造政策的基础上，进行融合提升，出台《广州市城市更新办法》(2016年1月1日起实施)，用以规范指导广州市城市更新工作。同时，针对旧村庄更新改造的实际情况，出台相应的具体实施办法，作为《广州市城市更新办法》的配套文件，用以进一步推进和规范本市旧村庄、旧厂房及旧城镇的更新工作。

3)《广东省人民政府关于提升"三旧"改造水平促进节约集约用地的通知》(粤府〔2016〕96号)的颁布实施

2008年以来，按照国务院领导的重要指示，广东省政府和国土资源部共同开展了"三旧"改造工作。在国土资源部的支持和指导下，省政府出台了《关于推进"三旧"改造促进节约集约用地的若干意见》(粤府〔2009〕78号)，从完善历史用地手续、简化征地程序、允许使用土地出让收入补偿原权利人等方面提出了激励政策措施，有效推动"三旧"改造工作，取得了积极成效。截至2016年10月，全省共实施改造面积53.82万亩，其中完成改造面积28.63万亩，拉动固定资产投资约10212亿元，约占同期全省固定资产投资的6%；实现节约土地约13.6万亩，节地率达到47.49%。随着这项工作的深入推进，逐渐出现了一些新情况、新问题，尤其是近年来国家对于加强节约集约用地工作、盘活利用存量土地提出了新的更高要求，有必要深化探索创新，细化有关政策措施。为此，在继续执行粤府〔2009〕78号文的基础上，广东省国土资源

厅制定了《关于提升"三旧"改造水平促进节约集约用地的通知》，2016 年 9 月 14 日以省政府名义印发执行。

4)《广州市人民政府关于提升城市更新水平促进节约集约用地的实施意见》（穗府规〔2017〕6 号）的颁布实施

根据省委、省政府关于加快盘活存量建设用地、促进经济转型升级的重要部署，为进一步贯彻落实国土资源部《关于深入推进城镇低效用地再开发的指导意见（试行）》（国土资发〔2016〕147 号）、《广东省人民政府关于提升"三旧"改造水平促进节约集约用地的通知》（粤府〔2016〕96 号），充分调动土地权利人和市场主体积极性，规范和促进城市更新持续系统开展，结合《广州市城市更新办法》（市政府令第 134 号）及其配套文件的实施情况，2017 年 6 月 5 日，广州市政府印发《广州市人民政府关于提升城市更新水平促进节约集约用地的实施意见》，实施意见共 40 条，分为五大部分，提出"五个坚持"：坚持政府主导，加强统筹组织；坚持协调发展，加强规划引领；坚持利益共享，推动连片更新改造；坚持放管结合，提高审批效率；坚持市场导向，加强激励约束。

5)《广州市农民集体所有土地征收补偿试行办法》的颁布实施

2017 年 8 月 7 日，广州市政府官网正式公布了《广州市人民办公厅关于印发广州市农民集体所有土地征收补偿试行办法的通知》（穗府办规〔2017〕10 号）。旨在规范本市农民集体所有土地征收补偿工作，维护被征地农村集体经济组织、农民及其他权利人的合法权益。通知内容一共涉及 54 条，明确表明了征地补偿安置费用主要包括土地补偿费、安置补助费、青苗和地上附着物的补偿费。而征收农民集体所有土地的土地补偿费和安置补助费按照本市征地补偿标准，各镇各街区标准不同。

四、城市更新改造过程中涉及的评估典型案例

（一）房屋征收项目评估案例

1. 案例背景

A 市市委、市政府为实施城市规划和土地利用总体规划，加快"三园一区一基地"建设，促进 A 市经济社会跨越发展，决定对位于 A 市城区南部的部分街道及部分乡镇的部分房屋实施征收。

该征收公告是在《国有土地上房屋征收与补偿条例》实施后，完全不同于以前征收模式和要求的情况下，政府及评估机构都还在对条例摸索、分析、解读阶段的一次大胆尝试。

为了最大限度地保障被征收人的利益及生活水平不受征收的影响，保障被征收人的居住条件，A 市人民政府在征收公告发布前，根据《国有土地上房屋征收与补偿条

例》规定，通过公开招标遴选的方式，在广东省全省范围内选取5家资质等级高、规模大、有丰富征收评估经验的评估机构进入政府第三方服务机构供应商库；同时按《国有土地上房屋征收与补偿条例》规定的评估机构选定方式，经被征收人投票的方式选定两家评估机构。在补偿标准上，被征收人可选择产权置换或货币补偿；项目启动前，A市在对红线范围内被征收房屋及被征收人补偿意愿进行充分的调查分析基础上，在征收红线范围内对安置区进行了选址，同时对安置补偿方案和安置区的规划方案进行公示，充分征求被征收人的意见和建议。

2. 项目概况

评估范围：A市城区南部的某镇约几千户房屋。

评估目的：为房屋征收部门与被征收人确定被征收房屋价值的补偿提供依据，评估被征收房屋的价值。

价值类型：公开市场价值。

3. 项目意义

通过明确补偿标准、补助和奖励措施，保护被征收群众的利益，使房屋被征收群众的居住条件有改善、原有生活水平不降低。

通过完善征收程序，加大公众参与，规定禁止建设单位参与搬迁，取消行政机关自行强制拆迁的规定，加强和改进群众工作，把强制减到最少。

随着工业化、城镇化迅速发展，拆迁城市房屋、征收农村土地房屋引起的矛盾，逐渐加剧、日趋紧张。一方面，我国正处于经济快速发展时期，基于公共利益的征收与搬迁活动仍然是必要的。另一方面，因为征收与搬迁活动必然涉及公民私有财产权的保护，且体现了公权力对私权的适度干预。因此，在承认征收活动必要性的同时，必须通过规范搬迁活动，强化对被征收人权益的保护。

各级地方政府为了减少因征收引起的各类矛盾、群体事件，保障人民群众的切身利益。同时切实推进依法行政、依法征收的进一步贯彻落实。减少政府对征收工作的直接干预，各级地方依照有关法律规定，通过第三方评估机构对被征收房屋进行公平、公正、公开的评估，让征收补偿工作更加符合各地的实际情况，让被征收人的财产在征收过程中得到更加公平合理的补偿。

（二）某小区棚改案例

1. 项目概况

某小区始建于1987年，楼龄已超过30年，土地总面积约11.8万平方米，总建筑面积约18万平方米，共40栋住房，总数2343套。该小区配套设施不足、居住环境较差，已经严重影响了居民的生活品质。近些年，业主们纷纷搬离，房屋出租率高达

60%以上，停车位也是一个硬伤。小区地理位置优越，紧邻城市一级商圈和多个市政公园，区域配套设施一应俱全，外部交通畅达便捷，但小区内部却破旧不堪，房屋陈旧，路网拥堵，设施匮乏，环境脏乱，存在住房质量、消防等安全隐患。其客观条件上符合相关政策对实施棚户区改造房屋的要求。

2. 棚改和旧改的差异

棚改、旧改都属于城市更新，棚改全称为"棚户区改造"，也可理解为危房改造，而旧改则属于"旧房改造"，两者程度不同，在政策依据、实施办法等问题上也理应有所区别。具体区别如下：

1）更新对象不同

棚改对象为全市范围内使用年限在20年以上、存在住房质量安全隐患、使用功能不齐全、配套设施不完善的老旧住宅区，应当纳入棚户区改造政策适用范围，不再采用城市更新（旧改）的方式进行改造；

旧改对象为旧住宅区申请拆除重建城市更新的，建筑物建成时间原则上应不少于20年，满足条件的旧商业区、旧工业区建筑物可放宽至15年的建成时间要求。

2）运作模式不同

棚户区改造采用"政府主导＋国有企业实施＋人才住房"的模式，深圳罗湖"二线插花地"就属于棚户区改造；

旧改遵循"政府引导、市场运作、公众参与"的原则，深圳南山大冲村改造项目走的则是旧改模式。

3）补偿安置方案不同

棚户区改造搬迁补偿标准由政府制定并公示，不具有可协商性；旧改补偿标准可以协商确定。

4）强制性不同

棚改实施过程中，因涉及公共安全利益，对于少数不服从改造的，可以通过行政征收程序等强制执行；

旧改则完全遵循自愿原则，必须百分之百的业主同意方可拆除动工。

5）配建要求不同

棚改除满足拆迁安置需要外，其余住房均配建为人才住房和保障型住房，且坚持以租为主，根据辖区人才住房和保障性住房的建设供应情况，确定租售比例；

旧改则按规定比例配建，无全部配建保障房的要求，可建商品房。

6）改造程序不同

棚改没有明确规定，现实情况是参照城市更新或者政府征收程序进行，棚改项目的确定、权利人信息公示、异议处理等内容并无章可循；

旧改则对程序有了明确的规定，包括意愿征集、城市更新单元规划审批、实施方案、搬迁补偿安置协议的签订、实施主体确认、预售及规划验收、回迁安置等。

3. 该项目为什么采取棚改的模式？

首先，由于棚改项目不需要百分之百的业主同意，避免了"钉子户"现象，有利于项目进度的如期完工；其次，由于补偿方案较为理性，且有政府主导，可以避免房地产价格抬升，加大房地产泡沫；然后，棚改模式可以配建较大比例的人才安居房和保障型住房，有利于人才引进，促进城市持续发展。

总之，采用棚改模式更有利于城市的和谐发展，当然这种模式对政府的资金实力要求较高，不适用于任何地方。

4. 评估机构的服务内容

全过程咨询服务并不意味着是对房地产估价的背离，而是正确的拓展与探索。当前，估价是无处不在的，估价师的服务领域也并非一直局限的，而估价机构参与棚改项目正是一次大胆的、有益的尝试，以传统估价领域为基点，房地产估价机构可以积极拓展更为广阔的业务领域，从而助力实现机构发展的转型升级和协调可持续。

棚改项目所涉及的全过程咨询服务工作与估价机构传统的资产评估、土地房地产估价业务大不相同，在实际操作中评估等技术性事项弱化，而咨询服务则贯彻始终。具体包括：项目整体工作方案的制定；项目搬迁补偿安置协议的拟定；协调签约谈判；信息的收集整理与归档；房屋产权的认定与核查；清理房屋抵押手续；搬迁交房的验收与确认；宣传事宜；定期工作进度统计汇报；产权证书注销；研究处理涉及双绿本、境外绿本、继承、查封、购房合同（无产权证）等疑难个案；协助项目审计工作开展等。通过这一内容纷繁复杂的全过程咨询服务，使项目成功立项直至进入正式拆迁和回迁房屋规划建设的阶段。在此过程中，估价师或估价机构并不需要针对具体事项出具正式的估价报告等专业文件，而主要是对有关问题从房地产估价的角度提出专业性的意见或建议，以便使实施主体出台的方案既符合市场的要求，又合乎民心、顺应民意，最终契合"以人为本"的城市化建设内涵。

5. 项目意义

棚户区改造与改革开放的关系可以说是十分密切的，棚户区改造是我国改革开放全面深入推进过程中萌发的一种新业态和新业务需求，也是城市发展进程中的必然。对于改革开放而言，棚户区改造的咨询服务工作产生了大量有效地投资和消费需求，有利于实现土地资源的合理配置，促进供给侧结构性改革，也有利于带动相关产业的发展，使有关企业的创新能力和市场竞争力得到提升，从而有效促进经济的转型升级和可持续发展，当然也有利于推动改革开放的继续全面深化。

第五节　协助司法执法

一、第一份涉及司法评估规范的文件

2004 年 10 月 26 日，为了进一步规范民事执行中的拍卖、变卖措施，维护当事人的合法权益，最高人民法院发布了《最高人民法院关于人民法院民事执行中拍卖、变卖财产的规定》（法释〔2004〕16 号），自 2005 年 1 月 1 日起实施，文件规定：

在执行程序中，被执行人的财产被查封、扣押、冻结后，人民法院应当及时进行拍卖、变卖或者采取其他执行措施；

人民法院对查封、扣押、冻结的财产进行变价处理时，应当首先采取拍卖的方式，但法律、司法解释另有规定的除外；

人民法院拍卖被执行人财产，应当委托具有相应资质的拍卖机构进行，并对拍卖机构的拍卖进行监督，但法律、司法解释另有规定的除外；

对拟拍卖的财产，人民法院应当委托具有相应资质的评估机构进行价格评估。对于财产价值较低或者价格依照通常方法容易确定的，可以不进行评估。当事人双方及其他执行债权人申请不进行评估的，人民法院应当准许。对被执行人的股权进行评估时，人民法院可以责令有关企业提供会计报表等资料；有关企业拒不提供的，可以强制提取。

评估机构由当事人协商一致后经人民法院审查确定；协商不成的，从负责执行的人民法院或者被执行人财产所在地的人民法院确定的评估机构名册中，采取随机的方式确定；当事人双方申请通过公开招标方式确定评估机构的，人民法院应当准许。

拍卖应当确定保留价。拍卖保留价由人民法院参照评估价确定；未作评估的，参照市价确定，并应当征询有关当事人的意见。人民法院确定的保留价，第一次拍卖时，不得低于评估价或者市价的百分之八十；如果出现流拍，再行拍卖时，可以酌情降低保留价，但每次降低的数额不得超过前次保留价的百分之二十。

经过对第一版本文件进行调整修订，2009 年 11 月 12 日，最高人民法院发布了《最高人民法院关于人民法院委托评估、拍卖和变卖工作的若干规定》（法释〔2009〕16 号），自 2009 年 11 月 20 日起施行，不仅从内容上修订了对于委托评估的要求，还从文件名称上确立了拍卖评估的重要地位。

我国《民事诉讼法》《行政诉讼法》均规定，人民法院在诉讼过程中对专门性问题需要鉴定的，应当交由法定鉴定部门鉴定；没有法定鉴定部门的，由人民法院指定的鉴定部门鉴定。《刑事诉讼法》规定，为了查明案情，需要解决案件中某些专门性问题的时候，应当指派、聘请有专门知识的人进行鉴定。《仲裁法》规定，仲裁庭对专门性问题认为需要鉴定的，可以交由当事人约定的鉴定部门鉴定，也可以由仲裁庭指定的鉴定部门鉴定。2005 年《全国人民代表大会常务委员会关于司法鉴定管理问题的决定》明确了司法领域资产评估鉴定的类型属于传统的三大类鉴定业务以外的鉴定业务。以上规定，为资产损害赔偿鉴定评估、刑事案件量刑中相关损失的估算、民事案件涉诉标的的价值估算提供了法律依据。

这些文件出台后，各地法院规范司法委托评估、拍卖管理工作取得了很大进步。通过四个"统一"，实现审判执行与委托拍卖分离。通过统一管理机构、职责、委托方式、场所等，实现审判执行与委托拍卖分离。统一管理部门，就是由司法辅助部门统一负责对外委托拍卖，作为拍卖机构与执行部门的中间协调部门，隔断执行员与拍卖机构的关联；统一资质标准，就是由政府有关部门评定的具有司法拍卖资质的拍卖机构均可进入司法拍卖；统一随机方式，就是原则上由中级以上人民法院采用随机方式确定评估、拍卖机构，根据本地实际情况统一实施对外委托；统一拍卖场所，就是涉诉国有资产通过省（市、自治区）级以上国有产权交易机构的电子交易平台进行竞价，证券类通过证券交易所来实施；其他司法委托拍卖则纳入拍卖机构统一的拍卖平台进行。

二、司法执法过程中需要评估的类型及案例

目前司法实践领域对资产评估的需求主要有债务纠纷涉及的资产拍卖（变卖）价值鉴定评估、资产损害赔偿鉴定评估、刑事案件量刑中相关损失的估算和民事案件涉诉标的价值估算等几个方面。

（一）债务纠纷涉及的资产拍卖（变卖）价值鉴定评估案例

1. 案例背景

2005 年 6 月，A 某通过二级市场购买一套住宅商品房，并以该房地产作为抵押物向中国工商银行进行按揭贷款，2008 年 8 月，在抵押权人多次催收之后仍未按期缴纳还款，中国工商银行向某市人民法院提起诉讼，法院对该标的物执行公开拍卖。

2008 年 11 月，某市人民法院为公开拍卖的需要，委托评估公司对标的物 B 房地产价值进行评估。

2. 案例概况

权属状况：估价对象权利人为 A 某，建筑面积为 133.79 平方米，土地使用年限为

70 年，从 2001 年 4 月 10 日至 2071 年 4 月 9 日。

评估对象：位于 ×× 市 ×× 区 ×× 路 ×× 花园 × 栋 801 号住宅房地产。

评估目的：公开拍卖

评估基准日：×××× 年 ×× 月 ×× 日

价值类型：市场价值

3. 项目意义

本次报告出具之后，法院据此委托拍卖机构进行拍卖，成交价值等于评估值。

随着改革开放的深入，人们的经济活动大量增加，经济活动中的民事纠纷也随之增加，在案件执行过程中，大量实物资产或无形资产需要评估作价变现，用于还债或赔偿损失。司法拍卖是司法强制执行的重要组成成分，其处置速度、变现结果直接关系执行案件审结效率和审结质量。房地产是司法拍卖中占比最大的标的物，房地产司法拍卖及估价在司法拍卖中占据重要地位。

（二）资产损害赔偿鉴定评估案例

1. 项目背景

1998 年 6 月甲公司将其位于 ×× 市 ×× 路的 A 房地产出租给乙公司作酒楼经营使用，并与 1998 年 6 月签订了为期 5 年的租赁合同，房地产为毛坯状况，合同约定承租人乙某可根据经营的需要自行装修，到期后，乙方投入的装饰装修等不动产无偿归甲方所有。

1999 年 11 月，权利人甲公司因单方原因要求提前解除合约，双方对因提前解除合约应对承租方损失的赔偿金额未达成一致意见，承租人向当地中级人民法院提起了诉讼。

1999 年 12 月，人民法院为解决权利人与承租方诉讼纠纷委托评估公司对标的物房地产装修价值进行评估。评估人员按法院委托要求对现场进行了勘查丈量，并取得了出租方、租赁方、委托方代表确认，承租方反映该酒楼于 1998 年 8 月完成装修，并取得了权利方确认，实地查勘日酒楼已停业。

2. 项目概况

评估对象：位于 ×× 区 ×× 路的 A 房地产装修价值，评估范围包括 20 间包房、大厅、小厅、休息厅、楼梯等室内楼地面、天花、墙柱面、栏杆、海鲜池、档位及卫生间的装饰装修。

评估目的：解决诉讼纠纷。

评估基准日：×××× 年 ×× 月 ×× 日。

价值类型：市场价值。

3. 项目作用

在本项目中，评估机构对引起纠纷的房地产装修价值进行了科学估值，出具了严谨的评估报告，对本案的判决提供了重要的价值参考。最终法院依据本次评估结论对装饰装修的损失进行判决和执行。

三、房地产估价在司法执法中的作用

（一）诉讼纠纷评估的作用和意义

随着社会经济的发展，司法案件的大幅上升，人民法院审理案件中，诉讼纠纷评估作为资产评估与司法鉴定结合的成果，在解决经济纠纷、促进案件的审理中扮演着重要角色。

首先，为司法机关解决纠纷提供参考依据，促进房地产市场的健康发展。

在房屋租赁关系中，经常需要将建筑物装饰装修作为独立的评估对象进行评估，尤其是在商业房地产租赁中，对业主提供的装饰装修造成的损坏或者租赁合同解除对承租人完成装饰装修补偿的纠纷经常产生。主要有以下情形：第一，出租人提出解除租赁合同，出租人同意给予一定的补偿，但对补偿额度达不成一致意见。第二，租赁合同到期后，因对房屋装饰装修部分没有约定或者约定补偿标准不明确，承租人要求对其出资进行的房屋装饰装修的部分给予一定的补偿。第三，在租赁期间或租赁合同到期后，出租人认为承租人对其提供的房屋装饰装修部分在承租期内的不当使用造成损坏要求赔偿。上述这些纠纷，都需要估价机构对纠纷标的的价值或损失额度进行客观、独立的专业评估，为司法机关解决纠纷提供参考依据。

其次，有利于保护有效合同、有利于公平保护当事人合法权益，既保护投资人的合法权益，又制裁违法投机行为。

在房地产开发建设、建筑安装施工过程中，因建设单位与施工单位签订的建筑、安装工程合同约定不明确，施工合同产生争议，或对建筑、安装工程质量产生异议等，都可能影响工程结算，估价机构作为与纠纷双方无利害关系的第三方，利用专业的知识和经验，对标的物价值或损失额度进行客观、独立的专业评估，保护当事人双方的合法权益。

（二）司法拍卖评估的作用和意义

首先，促进进入司法程序的房地产的快速变现，促进案件的顺利执行。

在民事借贷案件执行过程中，债务人无法及时偿还债务，查封财产的变现就是重要的执行措施，司法拍卖的快速变现为实现申请人的债权提供了保障，司法评估通过提供客观专业的价值判断，有利于提高财产处置速度，促进案件的顺利执行，保护债权人的利益。

其次，有利于保护被执行人的权益，保证了司法强制变现的公平性、公正性。

司法拍卖不仅需要保护债权人的利益，同时也需要保护债务人的权利。即可以挖掘出拍卖财产的最大的价值，使之得到等价公平的交易。为了解决这一矛盾，对司法拍卖财产价值的评估、保留价的设定就是为平衡各方利益的一个很好体现，在保障债权人债权的基础上尽量做到公平交易来保护债务人利益。

第六节　为房地产市场参与者提供咨询服务

估价可分为鉴证性估价（起着证明或公证作用）和咨询性估价（为客户有关决策提供参考依据）。现在多数房地产估价机构主要从事鉴证性估价业务，对咨询性估价业务开发程度不够。其实咨询性估价业务的市场空间非常大，目前在咨询性估价方向做得较好的主要是国际房地产顾问"五大行"（世邦魏理仕、仲量联行、第一太平戴维斯、戴德梁行、高力国际）。这些世界先进的房地产顾问机构提供的房地产顾问服务涵盖房地产开发的全周期，为客户提供贴心的一站式服务。

一、房地产咨询概述

咨询是运用知识、技能、经验、信息提供服务的脑力劳动，旨在为他人出谋划策，帮助解决疑难问题。

房地产咨询可以是贯穿于房地产项目策划、决策、实施、营销与服务等项目全过程，也可以是针对法律、法规、政策、信息和技术等方面为房地产活动当事人提供咨询服务。需要咨询服务的当事人可以是开发商，也可以是政府或个人。

二、房地产咨询类型及特点

房地产咨询活动贯穿于房地产项目决策、实施和使用全过程。

房地产咨询在项目决策阶段也称为投资咨询，业务范围包括项目策划咨询、项目机会研究咨询和项目决策咨询等内容。主要以可行性研究和项目销售方案为重点，内容涉及项目的目标定位、销售方案、财务评价、经济评价以及社会和环境影响评价等。

房地产咨询在项目实施阶段主要有项目设计方案、设计审查、项目招投标管理咨询、项目施工方案咨询等。

房地产咨询在项目使用阶段主要有资产管理顾问、房地产交易顾问、物业管理顾问、价格方案顾问、市场推广顾问、销售顾问等。

一个项目的投资咨询，一般可分为两种情况，即土地使用证取得前的投资咨询和土地使用证取得后的投资咨询。前种情况，主要针对该项目能否进行开发而进行的可行性研究，看其中的投资风险；后一种情况，是如何取得最佳的经济效益，并分析应该如何回避开发中的不利因素等。

投资咨询包括市场调查研究、楼盘地块 SWOT 分析、楼盘市场定位、楼盘产品设计咨询、楼盘开发策略制定、楼盘开发财务分析、楼盘开发问题研究和楼盘开发可行性研究等。

与房地产估价业务相比，房地产咨询业务服务范围多元化程度更高，对专业服务人员的知识体系要求更高，同时由于房地产投资经营活动牵扯资金量往往很大，咨询机构出具的咨询报告对委托人的决策意义重大，因此房地产咨询行业需要较强的专业性，不能简单地走流程、套模板，需要考虑更多方面的影响因素。

三、房地产咨询项目案例

1. 案例名称：关于某市 E 区厂房 302 栋物业置换 F 区综合服务基地（订购）物业咨询评价报告

2. 案例背景

咨询委托方 A 银行计划采用订购方式，在 B 公司名下所拥有的某街道 F 区（F 区服装生产基地）× 号工业用地上建设 A 银行 F 区综合服务基地。为减少现金投入，咨询委托方拟将其名下拥有的位于 E 工业区厂房 302 栋第 1~6 层物业（以下简称物业1）与 × 号工业用地上建成后的 F 区综合服务基地物业（以下简称物业 2）进行置换。

业务需求意向：A 银行在某工业区拥有一栋厂房，用作后勤综合办公楼，建成年代较久，已不适于现代化办公，欲购置新办公楼作为后勤服务基地；B 公司在某区片拥有一块未开发的工业用地，可建成研发用房；B 公司想用该地块建成物业置换 A 银行后勤综合办公楼。

3. 项目概况

物业 1 介绍：E 工业区厂房 302 栋位于某市某区 E 工业区，于 1989 年 6 月 30 日竣工，权利人为 A 银行，证载建筑面积为 10516.5 平方米，总层数为 6 层，现物业 1 用作 A 银行后勤综合办公楼。物业 1 所在宗地面积为 13335.5 平方米，该宗地上另建有 E 工业区厂房 301 栋及 303 栋，建筑面积均为 10516.5 平方米。

物业 2 介绍：位于某市某街道 F 区的工业用地，权利人为 B 公司，宗地面积为 15949.76 平方米，根据《建设用地规划许可证》，宗地容积率为 ≤ 2.5，规划建筑面积为 39456 平方米，覆盖率 ≤ 38%，现土地使用权人正申请容积率提高至 4.0。宗地开发程度达宗地外五通（通路、通电、通上水、通下水、通信）宗地内"场地部分平整"。委托方拟采用订购方式对该宗地建设 A 银行 F 区综合服务基地，订购总建筑面积为 41000 平方米，其中计容建筑面积 34000 平方米，地下建筑面积 7000 平方米，相关建设标准具体做了明确要求（A 银行 F 区基地基本建设标准）（图 3-9）。

图 3-9　案例位置图

4. 评估目的

通过对 E 工业区厂房 301 栋物业及订购 F 区综合服务基地拟建成后的物业价值进行合理估价，为实现物业置换提供合理依据。

对该置换方案及价值进行评价，对比分析置换的可行性，为委托方内部决策提供参考。

5. 评估基准日

评估基准日为现场查勘之日，即 ×××× 年 ×× 月 ×× 日。

6. 评估对象

本项目的评估对象实际上有两个，一个是 E 工业区厂房 302 栋物业，一个是 F 区综合服务基地。这两个评估对象要设定在不同情况下进行评估，得出评估结果作为方案由委托方进行选择。这也是置换项目的重要特征。

7. 评估结论

本报告在对 E 工业区厂房 302 栋物业价值咨询时，分别从其收益价值、市场价值、潜在价值三个角度进行估算及分析（表3-4）。

价值类型对比表
表3-4

价值类型		咨询单价 （元/m²）	咨询价值（元）	价值分析	价值取舍
收益价值		14 100	148 371 985	远低于市场价值	不可取
市场价值		26 200	275 532 300	受拆迁因素影响的市场价值	置换中的合理价值下限
潜在价值	方案一：参与开发	34 900	367 510 903	作为开发商参与开发，价值最大化，但不可预测因素较多，对价值影响较大	违背委托方"不投入资金"原则，不采纳
	方案二：货币补偿	26 240	275 952 960	——	基本接近市场价值
	方案三：回迁补偿	28 770	302 584 932	高于市场价值，且分享城市更新带来的潜在升值	√

本报告在对F区综合服务基地（订购）物业置换价值咨询时，分别从其普通建造标准市场价值、满足A银行特殊建造要求的成本价值1（市场地价）、满足A银行特殊建造要求的成本价值2（原始取得地价）三个角度进行估算及分析（表3-5）。

不同角度的估算
表3-5

价值类型	咨询单价 （元/m²）	订购面积 （m²）	咨询价值 （元）	E工业区置换物业价值 （元）	价值对比分析
满足A银行特殊建造要求的价值1（市场地价）	10 470	34 000	356 031 033		F区综合服务基地价值高出E工业区物业价值约18%，若以E工业区物业置换，则F区综合服务基地的成本利润率约为2%，远低于客观成本利润率（20%）
满足A银行特殊建造要求的价值2（原始取得地价）	9 270	34 000	315 216 933	302 584 932	F区综合服务基地价值高出E工业区物业价值约4%，若以E工业区物业置换，则F区综合服务基地的成本利润率约为15%，低于客观成本利润率（20%），同时未能享受土地增值收益
市场价值（普通建造标准、市场地价）	8 990	34 000	305 770 000		两者基本持平，满足了A银行的特殊建造需求。根据测算，满足A银行特殊需求的建筑物开发成本比普通研发用房开发成本高30%~35%

8. 咨询研究结论与建议

置换经济效益分析结论：在本次置换中，E 工业区厂房 302 栋房地产以该物业 "在城市更新中选取回迁方式补偿" 方案中的测算价值 302 584 932 元作为置换价值，该方案更好地享受到城市更新机遇带来的潜在升值，高出正常市场买卖价格约 10%（不考虑交易税费影响），给委托方提供最优方案。

四、房地产咨询的作用

房地产咨询是对知识的 "扩大再生产"，是情报和信息的交流。凭借掌握的理论知识、信息和实践经验，对房地产投资决策、风险规避、市场现状及其发展趋势预测等提出较为权威性和指导性的意见，可帮助房地产商尽快完成投资，收回成本。

房地产咨询机构要做开发商的 "眼睛"，帮助开发商看其看不到的东西；要做开发商的 "手"，帮助开发商做想做却没有能力做的事；要做开发商的 "大脑" 替开发商出主意、想办法，想开发商想不出来的办法；要做开发商的 "嘴"，替开发商解决沟通和宣传的困难。

房地产咨询就是凭借广泛的知识和专业的水平，为房地产开发提供一站式的解决方案，帮助开发商找到独特的市场机会，并提供全面服务，确保房地产项目合理开发。

第四篇

中国资产评估

　　我国资产评估行业诞生于改革开放初期,是伴随着改革开放的不断深入和市场经济体制的逐步完善而日臻发展壮大起来的。从诞生之日起,资产评估便承担着服务国有企业改革、维护国有资产权益的使命,这也是我国资产评估行业的显著特征之一。

　　30年来,我国资产评估行业从最初服务于国有企业改革,进行国有企业产权转让交易价格合理评估,防止国有资产流失,已经发展到当前涵盖经济建设和社会发展的各个领域,具体包括企业的合并、分立、破产清算和解散,上市公司重大资产重组、并购、资产置换、发行股份购买资产和定向增发,资产转让交易、抵押担保、清算核查、拍卖、租赁、偿债、捐赠,企业增资扩股、IPO、股权转让、债转股和海外投资并购,司法纠纷财产拍卖和司法鉴证,国有企业混合所有制改建、生态环境评估、涉税估值、知识产权保护、财政预算绩效管理、尽职调查、风险管理和PPP等,成为监控社会主义市场经济发展状况的晴雨表,行业规模和社会影响力不断扩大,在保护国家国有资产权益、规范资本市场运作、维护市场秩序、防范金融系统风险、保障社会公共利益和国家经济安全等方面发挥着不可替代的作用。

　　我国资产评估最早或可追溯至新中国成立初期,为掌握国有资产状况,建设国家经济体制(由供给制到经济核算制的转变),于1951~1980年对国有资产进行的全国性的清理、登记和估价。只是,由于那时社会各界对价值评估的认识还比较粗浅,对价值评估的理论还处在引进和入门学习阶段,经济生活中既没有专门从事价值评估的专业机构,也没有相应的专业人员,故而尚未产生"资产评估"这一概念。

　　改革开放40年,中国经济从一穷二白、摸着石头过河到巨龙腾飞、改革创新永不停歇;资产评估30年,中国资产评估从无到有、从借鉴学习国外经验到高质量发展、愈加专业化国际化。资产评估见证着改革开放的发展历程,改革开放引领着资产评估的发展步伐。

从大连会计师事务所出具的第一份资产评估报告到《中华人民共和国资产评估法》颁布实施带来的资产评估行业全面法治化和深入规范化发展的契机，以及"一带一路"建设引领的资产评估行业国际化和多元化风潮，特别是党的十九大提出要从深化供给侧结构性改革、加快建设创新型国家、实施乡村振兴战略、实施区域协调发展战略、加快完善社会主义市场经济体制、推动形成全面开放新格局等六个方面，加快建设现代化经济体系。这些都为资产评估行业发展创造了更加广阔的社会舞台和市场空间，抓住机遇，资产评估行业将能创造一个更加辉煌的未来。

资产评估行业在改革开放的春风中萌芽初生伊始，就积极融入中国特色社会主义市场经济发展的大潮中，随着行业理论知识体系、管理制度体系和法律制度体系的逐渐完善，已发展为现代服务业中一支重要的专业力量，两新组织[①]中一支朝气蓬勃的重要组成力量，中国经济社会持续健康发展不可或缺的专业服务力量。根据中国资产评估协会统计数据，截至 2017 年底，资产评估行业实现业务收入总额约 136.23 亿元，较 2016 年增长约 14.05%。收入规模 1 亿元以上机构 13 家，5000 万~1 亿元机构 11 家，1000 万~5000 万元机构 203 家，100 万~1000 万元机构 2032 家。截至 2018 年底，我国资产评估行业已经拥有执业资产评估师 37000 多名、资产评估机构 4000 余家（且机构总数呈上涨趋势）、拥有证券期货业务评估资格评估机构 69 家、从业人员 10 万余人。此外，具有证券、期货相关业务评估资格的资产评估机构作为行业的龙头企业，一直引领着行业的发展。截至 2017 年底，据不完全统计，全国 69 家证券业评估机构所提供的的所有业务类型的服务项数约为 4.93 万项，所服务的资产规模约达 40 万亿元。这表明，随着我国经济的不断发展，证券业评估机构在优化资源配置和维护市场秩序方面发挥的作用越来越大，在资本市场中扮演着越来越重要的角色。

根据资产评估行业不同时期的发展状况和特点，本书将以不同时期行业的重大事件为主干，从资产评估行业起步、快速发展与市场化、进一步完善与规范化、深入法治化、发展科学化与国际化和资产评估应用等六个方面叙述行业的发展，力争较为完整反映三十年来我国资产评估行业服务改革开放取得的巨大成就。

---

① 两新组织，是指新经济组织和新社会组织的简称。新经济组织是指私营企业、外商投资企业、港澳台商投资企业、股份合作企业、民营科技企业、个体工商户、混合所有制经济组织等各类非国有集体独资的经济组织；新社会组织，是指社会团体和民办非企业单位的统称。

第一章

资产评估行业起步

　　我国的国有企业改革始于 1979 年。1979~1984 年，这一时期的国有企业改革主要在于扩大国有企业的经营管理自主权，并采取了提高利润留成等措施，以增强企业经营的主动性和积极性。经过这一"放权让利"的阶段后，从 1984 年底开始国有企业改革开始进入以"政企分开"和"两权分离"为特征的承包责任制阶段，涌现了企业承包经营责任制、资产经营责任制、租赁经营责任制等多种经营形式，以进一步下放企业的经营管理权。这一时期，中外合作合资、股份制经营、资产出售、企业合并兼并等产权变动行为日渐增多，因此，亟须在国有资产产权变动中合理确定其价值，以防止国有资产的流失。

　　1988 年 9 月，为加强对国有资产的专门管理，国家国有资产管理局成立。作为行使国家赋予的对国有资产所有者的代表权的机构，其主要职责之一就是制定国有资产评估的法规和管理制度并监督、检查执行情况。

　　国有企业改革的深入带来的资产评估需求和国有资产管理体制的建立，为我国资产评估行业的诞生创造了良好条件。

　　1988~1990 年，我国资产评估行业处于起步阶段。1988 年的第一单资产评估业务，产生了我国资产评估历史上第一份具有价值参考意义的资产评估报告，资产评估自此正式诞生并出现在人们的视野之中，在国有企业与外资进行合作经营的事务中小试牛刀并初显成效。1989 年，国家国有资产管理局资产评估管理中心成立，意味着资产评估已经得到政府层面的较大关注，专门成立机构对资产评估进行监督和管理，这是资产评估行业化的标志，也是资产评估逐步专业化的开端。

第一节　第一单资产评估业务

改革开放伊始，国有企业改革便提上了日程。当时，作为中国经济体制改革主攻方向之一的国有企业改革正面临着建立现代企业制度的重任。一方面，广大国有企业由于历史原因和体制束缚，亏损严重，急需进行触及体制本身的深层改革，并通过存量资产的流动和重组，进行战略性改组；另一方面，必须解决国有企业改革所面临的融资难题，建立并发展国内资本市场，甚至是参与国际资本市场。而无论是国有企业改革还是资本市场的建立与发展，都需要对国有资产价值进行科学度量，因此资产评估的出现成了我国改革开放、市场经济发展的必然。当然，我国资产评估的诞生与国外资产评估行业完全由市场经济发展的需要而产生不同。从资产评估产生的历史条件来看，虽然我国的资产评估有国有企业改革深入带来的巨大市场需求，但最核心的是政府需要利用资产评估来弥补国有企业产权改革过程中的产权制度缺陷和市场机制不完善的问题，因此以法律的强制性规定将资产评估制度化，从而以资产评估为工具来防止和减少国有资产产权变动过程中的资产流失，维护国有资产权益主体的正当权益。所以，我国的资产评估并不完全是市场经济发展到一定阶段的产物，而是政府管理和保护国有资产的一个重要工具，表现为政府通过行政立法强制要求对产权变动中的国有资产实施资产评估。不过，随着资产评估的发展，其行政管制的色彩已相当弱化，评估行业的发展也愈加科学和完善。

在我国资产评估行业从无到有、从小到大的30年发展历程中，许多事件虽已远去，却应深深铭记。大连会计师事务所对大连炼铁厂的合营项目进行资产评估便是其中极具意义的第一单资产评估业务。

1988年3月，大连会计师事务所接到了一个"特殊的任务"——大连市财政局要求在大连炼铁厂与香港企荣贸易有限公司的合资项目中，对大连炼铁厂作为投资的建筑物和机电设备进行评估，出具资产评估报告，而实际上通过此举有效地防止了国有资产流失，也揭开了我国资产评估行业发展的序幕，这份资产评估报告也成了我国资产评估行业发展的第一块基石。

现在看来顺理成章的资产评估，在当时是货真价实的"新生事物"。据当年参与此事的评估人员回忆说，"那时对于资产的市场价值没有概念，交易用的都是资产的账面价值。所有国有资产都是用历史成本入账的，诸如土地、厂房等如今看来富有价值的资产，因属于财政划拨和计提折旧等原因，账面价值很低，甚至为零。"但为了这个合营项目，大连市财政局和大连会计师事务所当时紧急开会，定下了对其合营的资产进行评估的重要方针。

同年 4 月，由大连市财政局牵头成立了大连市资产评估中心，挂靠在大连会计师事务所执业，对大连炼铁厂作为合资企业投资的建筑物和机电设备进行评估。大连市资产评估中心也由此成为我国资产评估历史上第一家资产评估机构。

始建于 1969 年、隶属于大连市冶金工业总公司的全民所有制企业大连炼铁厂，1986 年就已经开始与外商谈判合资成立大连企荣球磨铸管有限公司。当时没有资产评估的概念，在早期的方案里，大连炼铁厂的有形资产按账面净值折算入股。这部分资产的账面价值仅为 1396 万元，对于年均盈利能力达 500 万元的企业仅按有形资产账面净值折算入股进入合资企业，大连炼铁厂在合资企业中的股份仅占 47%。企业觉得吃了亏，可是又不知道原因出在哪里。

改革开放打开了国门，国外先进的资产评估理念与专业方法也逐渐进入国内。大连市财政局毫不犹豫地要求对此次合营项目进行评估。

抱着"不能再吃亏"的朴素想法的大连人，因着一份初心，"一不小心"创造了一个生机勃勃、前景无限的专业服务行业，为中国资产评估行业迄今 30 年精彩的历史，写下了浓墨重彩的第一笔。

1989 年 12 月 13 日，大连会计师事务所出具了"大会师外验字〔1989〕31 号"报告书，对大连炼铁厂于 1989 年 1 月 1 日投入合营公司的固定资产作价金额为 8 215 283.84 美元。其中：投入厂房、设备等固定资产作价金额为人民币 16 390 779.87 元，按约定汇率 3.7221（下同）折合 4 403 637.70 美元；投入油库、锅炉等在建工程作价金额为人民币 760 738.22 元，折合 204 384.14 美元；投入进口设备作价金额为 3 607 262.00 美元。

大连会计师事务所创新性地以这种评估报告的形式对大连炼铁厂投入的固定资产进行了价值评估。也正是这份简单的近乎简陋的资产评估报告，挽回了国有资产 300 余万元的损失。

回首往事，一份初心创造了一个行业。大连会计师事务所受托为大连炼铁厂的合营项目进行资产评估是我国第一单资产评估业务，标志着我国资产评估的正式诞生，也印证着资产评估的重要作用。资产评估当时的初露锋芒为此后其影响力和作用的日益扩大以及资产评估的日益专业化和行业化奠定了基础，以守护国有资产的价值为核心，成为改革开放进程中合理体现资产价值、维护市场经济秩序的重要助手。

第二节 国家国有资产管理局资产评估管理中心成立

大连会计师事务所对大连炼铁厂的合营项目进行资产评估，减少大量国有资产损失，让政府初步认识到资产评估在维护国有资产价值中的重要作用和稳定市场经济秩序方面的重要潜力，因此政府层面开始注重在行政法规中对适用资产评估的情形加以规定，从而将资产评估制度化（表4-1）。

1990 年以前颁布的涉及资产评估的有关法规

表 4-1

序号	法规名称	发布单位	发布日期
1	《关于出售国有小型企业产权的暂行办法》（体改经〔1989〕39 号）	国家体改委、财政部、国家国有资产管理局	1989.2.19
2	《关于企业兼并的暂行办法》（体改经〔1989〕38 号）	国家体改委、国家计委、财政部、国家国有资产管理局	1989.2.19
3	《关于对地方国有资产管理工作的意见》（国资综字〔1989〕9 号）	国家国有资产管理局	1989.8.12
4	《关于国有资产产权变动时必须进行资产评估的若干暂行规定》	国家国有资产管理局	1989.9.21

1989 年 2 月 19 日，财政部、国家体改委、计委和国有资产管理局等四部门联合发布《关于出售国有小型企业产权的暂行办法》（体改经〔1989〕39 号）和《关于企业兼并的暂行办法》（体改经〔1989〕38 号），规定"对被出售企业的资产（包括无形资产）要认真进行清查评估……对被出售企业的财产进行全面清查核实和资产评估""对被兼并方企业现有资产进行评估""被兼并方企业的资产包括有形资产和无形资产一定要进行评估作价，并对全部债务予以核实。如果兼并方在兼并过程中转换成股份制企业，也要进行资产评估。"

1989 年 8 月 12 日，国家国有资产管理局发布了《关于对地方国有资产管理工作的意见》（国资综字〔1989〕9 号），其中规定"用国有资产参加股份制经营、中外合资经营、出租经营和国有企业被兼并、出售时，必须对国有资产的价值进行评估。"

1989 年 9 月 21 日，为促进国有资产的有效使用和合理流动，提高国有资产的运营效益，防止国有资产在流动中受到损失，国家国有资产管理局下发了《关于国有资产产权变动时必须进行资产评估的若干暂行规定》，对必须进行资产评估的各种经济行为、国有资产评估工作的组织、领导和监督部门、承担资产评估工作的评估机构、资产评估的程序、资产评估的方法等进行了详细规定。在必须进行资产评估的经济行为方面，该规定要求，凡是占用国有资产的单位，在实行租赁、联营、股份经营、兼并和出售国有企业（包括资产折股出售）、破产清理、企业结算清理以及中外合资、合作经营等涉及资产产权主体变动或经营、使用资产的主体发生变动的经济行为中，必须进行资产评估；同时，涉及产权变动的当事人认为需要进行资产评估的经济行为，也必须进行资产评估。

在国有资产评估工作的组织、领导方面，《关于国有资产产权变动时必须进行资产评估的若干暂行规定》明确要求，国家国有资产管理局负责组织、领导和监督中央管辖的国有资产评估，并指导全国国有资产的评估工作。

无论是从保护国有资产的角度还是引导资产评估健康快速发展的角度，有了对国有资产产权变动等诸多经济行为进行资产评估的制度化规定的法律规范，这样，专门的国有资产评估管理部门便呼之欲出。

1989 年 10 月 26 日，为贯彻落实财政部等几部委"国家国有资产管理局负责组织、领导和监督中央管辖的国有资产评估，并指导全国国有资产的评估工作"的工作要求，人事部批准成立国家国有资产管理局资产评估管理中心，1990 年 7 月 6 日，资产评估管理中心正式成立，对全国国有资产的评估工作进行监督和管理。随后全国各地也相继成立资产评估管理机构，管理地方国有资产的评估工作。其中，于 1993 年 10 月成立的辽宁省资产评估协会便是我国第一家地方资产评估行业协会。由此，我国资产评估管理体系初步建立起来，标志着我国资产评估成为一个独立的行业。

国家国有资产管理局资产评估管理中心的成立为处于起步阶段的资产评估行业打了一针强心剂，使之在政府专门机构的管理下通过发挥保护国有资产的职能，助力于国有企业改革。客观上，政府专门机构的管理，有利于初生的资产评估行业在改革开放中找准自己的方向和着力点。同时，专门服务于国有企业改革中的国有资产价值评估，也让资产评估行业有了稳定的业务来源，有利于资产评估行业的快速发展。

第二章

资产评估行业快速发展与市场化

　　整个 20 世纪 90 年代，得益于改革开放的宽松市场环境以及国有企业改革的稳定业务需求，资产评估行业快速发展。这一时期，行业各项制度逐步建立健全，颁发了第一批资产评估资格和从事证券业务资产评估资格，成立了中国资产评估协会，发布了《国有资产评估管理办法》及其实施细则，成功举办了第一次注册资产评估师资格全国统一考试，并且推动中国资产评估协会加入国际价值评估准则委员会。这些内部制度建设以及外部交流合作使我国资产评估行业在快速发展的同时，保持了对专业化的进一步深入与探索。专门的资产评估相关资格、专门的全国性资产评估行业自律组织、专门的资产评估师选拔和培养制度，都为资产评估行业大力推行市场化、巩固国有资产评估业务和开辟新的业务路径发挥了重要作用。特别是 1999 年开始的资产评估机构脱钩改制，为资产评估行业深入市场化的道路奠定了坚实的基础。

　　从国家国有资产管理局 1992~1996 年发布的各年度全国国有资产评估工作开展情况的通报来看，这一时期，我国资产评估行业立足国有企业股份制改造项目，积极参与中外合资合作项目，行业市场化、专业化、规模化得到了快速发展，评估机构的业务水平稳步提高，综合市场竞争力也在持续增强。

第一节　第一批资产评估资格颁发

　　改革开放带来的中国经济社会的转型发展为资产评估行业提供了广阔空间和发展

机遇，经过 20 世纪 80 年代末的起步发展，到 20 世纪 90 年代便迅速成长起来。据有关资料记载，截至 1991 年底，全国已有资产评估机构 476 家，从事资产评估的人数达到 6312 人；全国各级国有资产管理部门自 1988 年以来已审核确认资产评估项目 4957 项，在这些资产评估项目中，股份制改造与中外合资合作的项目占比最大，合计评估价值占 4 年来评估价值总额的六成以上，评估后资产的平均升值率高达 65%。这些数据反映出，随着经济体制改革的不断深化，国有企业改革步伐和对外开放速度不断加快，资产评估行业也在服务于国有企业改革中迅猛发展，并为维护国有资产权益、提高国有资产运营效益发挥了巨大作用。

1991 年 8 月，经国家有关部门组成的资产评估机构资格审查小组第一次会议审议通过，中华会计师事务所等 12 家机构被批准获得资产评估资格，这也是我国资产评估行业颁发的第一批资产评估资格。

1991 年 11 月 16 日，国务院颁布了第 91 号令《国有资产评估管理办法》，这是我国资产评估历史上第一部对资产评估进行政府管理的法规。该办法分为总则、组织管理、评估程序、评估方法、法律责任和附则等六章共三十九条，具体规定了资产评估的法定情形、国有资产评估范围、国有资产评估的组织管理、评估程序、评估方法以及各方的法律责任等内容，从而确立了我国国有资产评估工作的基本依据和方针政策，为资产评估行业的健康有序发展奠定了坚实的法律基础，标志着我国资产评估行业正式步入规范化的发展轨道。

《国有资产评估管理办法》的颁布实施，使资产评估行业这一时期快速成长，同时也对资产评估机构通过内部不同业务资格的划分和获取去开展不同类型的业务以及提高自身执业水平提出了新的要求。大家不再是无差别地为委托方提供评估服务，而是通过执业水平和执业质量的高低由市场来选择提供相应的评估服务，这样才会有利于行业的专业化和评估机构执业水平的提升。

据国家国有资产管理局 1993 年 6 月 16 日发布的《国家国有资产管理局 1992 年全国资产评估工作情况通报》统计，到 1992 年底，全国共有 965 家资产评估事务所（公司）、会计师事务所、审计事务所等社会公正机构获得了国家认可的资产评估资格，与 1991 年底相比翻了一番。资产评估从业人员由 1991 年底的 6312 人增加到 15104 人，增长了近 1.4 倍。在资产评估队伍迅速壮大的同时，专业技术人员比例有所上升，评估队伍的专业结构进一步合理。1992 年全国各级国有资产管理部门共批准资产评估立项 13778 项，经审核确认的评估项目 11846 项，相当于前 3 年总和的 2.57 倍和 2.39 倍。确认项目的账面原值 1527.17 亿元，账面净值 1168.98 亿元，评估价值 1818.26 亿元，评估后比评估前净增 649.28 亿元，平均增值率 55.54%。被评估资产的账面原值、账面净值和评估值分别相当于前 3 年总和的 4.75 倍、4.54 倍和 4.5 倍（表 4-2）。

1992~1996 年评估行业机构、从业人员等情况统计　　　　表 4-2

年份	具有资产评估资格机构数 / 家	具有证券业务评估资格机构数 / 家	资产评估从业人数 / 人	经批准资产评估立项数 / 项	经审核确认资产评估项目数 / 项
1992	965	—	15 104	13 778	11 846
1993	1 620	82	26 784	25 100	22 324
1994	2 427	97	39 819	37 822	33 889
1995	2 893	115	47 351	34 733	30 418
1996	3 343	116	55 736	44 323	39 904

数据来源：国家国有资产管理局 1992~1996 年各年度发布的《关于全国国有资产评估工作开展情况的通报》

　　1992 年 12 月 20~23 日，全国资产评估管理工作会议在北京召开。会上明确提出制定统一的资产评估行业标准的任务。

　　1993 年 3 月 20 日，国家国有资产管理局与中国证券监督管理委员会共同颁布了《关于从事证券业务的资产评估机构资格确认的规定》（国资办发〔1993〕12 号）。1993 年 4 月，为了适应股份制改造试点和证券公开发行资产评估工作的需要，国家国有资产管理局和中国证券监督管理委员会根据国家有关规定，审批通过了第一批 21 家资产评估机构具有从事证券业务资产评估的资格，并发布了《关于确认中发国际资产评估公司等 21 家资产评估机构具有从事证券业资产评估资格的通知》（国资办发〔1993〕17 号），以向社会告知。

　　第一批资产评估资格和第一批从事证券业务资产评估资格的颁发，标志着我国资产评估行业开始向着更加专业化和精细化的资质分类方向去推动行业内评估机构的优胜劣汰和资产评估行业的持续发展。虽然这一时期，资产评估机构的数量、从业人数、资产评估项目数量及评估总额等方面都有了巨大的发展，但是执业水平较低、管理混乱等现象普遍存在，单纯依靠数量扩张显然无法长久，因此通过建立不同评估资格的评估资质差异化制度，来促进评估机构不断提高执业水平和专业服务能力以获取相应的评估资质显然非常必要，而那些不思进取的评估机构由于执业质量不能满足市场的需求，将最终被市场所淘汰。反过来，评估机构的整体执业水平提高了，又有利于资产评估行业的持续健康发展。

第二节　中国资产评估协会成立

　　在资产评估行业发展初期，国家国有资产管理局资产评估管理中心负责全国国有资产评估工作的监督和管理，各地国有资产管理局成立地方资产评估管理机构，对地方国有资产评估工作进行监督和管理。毋庸置疑，资产评估行业发展初期的政府直接管理模式有着诸多优势。一方面，专业服务的目的和内容很明确，即服务于国有企业改革中的企业产权转让和企业资产的价值评估；另一方面，政府规定了各种必须进行资产评估的事项，资产评估行业的业务需求很稳定，而且评估机构执业水平和专业素养的高低对业务量的多寡基本没有影响。如此，在行业发展初期急需扩张机构的数量、评估项目的数量、从业人数等方面，由于政府直接管理的作用，这方面的阻碍基本都不存在。诚然该模式优势颇多，但是随着市场经济的发展，随着资产评估行业本身的迅速成长，这种行政干预色彩浓厚的模式弊端也显露出来。其一，资产评估行业会缺乏活力和持续发展的动力，因为评估机构不愁无业务可做，没有生存的危机感，主动奋斗的动力也会逐渐丧失；其二，作为一种存在于市场上有供求关系的服务类型，尽量推行市场化，尊重市场规律显然是其发展的必然趋势，即使是我国这种特殊的情况，政府过度的干预和管理，也显然不符合资产评估行业发展的市场规律。因此，从政府直接管理逐步向政府管理和行业自律管理并重发展是我国资产评估行业发展的必然要求，特别是在行业迅猛发展的时期，政府直接管理的模式亟需改变。

1993 年 9 月 28 日，为适应资产评估行业快速发展的需要，经民政部批准，中国资产评估协会正式注册成立，开启了资产评估行业发展的新里程，标志着我国资产评估行业的管理体制开始走上政府直接管理与行业自律管理相结合的道路。同年 12 月 11 日，中国资产评估协会第一次会员代表大会召开，会议选举财政部部长刘仲黎为名誉会长，国家国有资产管理局局长汤丙午为协会会长，张文珠为协会秘书长。作为全国性资产评估行业自律组织，协会承担着为全行业服务并进行监督、管理和协调的职责。

1994 年 4 月，经国家国有资产管理局和中国资产评估协会第一届理事会第三次常务理事会研究决定，国家国有资产管理局资产评估管理中心并入中国资产评估协会，作为协会的常设办事机构，"三定方案"规定的政府管理职能由国家国有资产管理局授权中国资产评估协会办理。

中国资产评估协会的成立为我国资产评估行业的管理体制从政府直接管理向行业自律管理创造了一个良好的开端，虽然此时距中国资产评估协会真正充分发挥其行业自律组织的管理和监督职能还有很长的路要走，但这却是向着资产评估行业实现政府行政管理和行业自律管理相结合迈出了踏踏实实的一步。

在服务资产评估行业自律管理的历史中，中国资产评估协会也经历了短暂的曲折过程。2000 年 3 月，根据国务院领导关于社会中介行业"归类合并、统一管理"的指示精神，财政部党组研究决定，按照"两种资格、两个行业、一个协会、一套机构、统一管理"的原则，将中国资产评估协会与中国注册会计师协会合并，组成新的中国注册会计师协会，对社会审计和资产评估行业进行统一管理，同时保留中国资产评估协会的牌子。

会计和资产评估都是经济发展的产物，也都是维护经济发展秩序的重要工具，但是会计和资产评估终究是不同的专业领域。所以，当时在两个协会合并后，会计与评估的专业差异性在两者的紧密接触中又不断得到重视和发现。2004年，根据《国务院办公厅转发财政部关于加强和规范评估行业管理意见的通知》国办发〔2003〕101号文改进和加强评估行业行政和自律性管理的要求，经财政部党组研究决定并报国务院批准，中国资产评估协会从中国注册会计师协会分立出来并单独设立。此后的发展中，中国资产评估协会的作用和职能日渐扩大，更加具有独立性。其拥有制定实施资产评估执业准则、规则、规划，组织资产评估师考试、登记和年度检查，实施对会员的自律性处罚等职能。

在伴随中国资产评估行业走过的25年发展历程中，中国资产评估协会内部管理及运作机制有序进行，逐渐发展为引领我国资产评估行业持续健康发展并在国际拥有较大影响力的专业组织，迄今已成功举办5次全国会员代表大会，并获得了许多国家荣誉。现在的中国资产评估协会规章制度健全、组织架构合理，在资产评估行业自律监督和管理方面发挥着不可替代的作用。

1996年7月31日~8月2日，中国资产评估协会第二次会员代表大会在黑龙江省哈尔滨市召开。会议选举王加春为会长，李春满为秘书长。2005年7月19~21日，中国资产评估协会第三次全国会员代表大会在北京召开，中共中央政治局常委、国务院副总理黄菊到会祝贺并发表重要讲话。财政部部长金人庆到会致辞。会议选举刘萍为秘书长。2010年9月9~10日，中国资产评估协会第四次全国会员代表大会在北京召开，财政部部长谢旭人、部长助理刘红薇出席大会并讲话，中国证监会纪委书记李小雪、国务院国资委副秘书长郭建新出席了开幕式。会议选举贺邦靖为会长，刘萍为秘书长。2011年2月10日，民政部印发《全国性行业协会商会评估等级通知书》，授予中国资产评估协会《中国社会组织等级证书（5A级）》。2015年12月17日，民政部发布《关于表彰全国先进社会组织的决定》，授予中国资产评估协会等298个组织"全国先进社会组织"称号。2016年11月17~18日，中国资产评估协会第五次全国会员代表大会在京召开，财政部党组书记、部长肖捷发来贺信，财政部党组成员、部长助理许宏才出席大会并发表讲话。会议选举耿虹为会长，张国春为秘书长。

中国资产评估协会概况如下：

1. 性质

资产评估机构和评估专业人员自愿结成的行业性的全国性的非营利性的社会组织。

2. 宗旨

遵守国家宪法、法律、法规和国家政策，遵守社会道德风尚，依法进行行业自律管理；服务会员、服务行业、服务国家经济社会发展，维护社会公共利益和会员合法权益；监督会员规范执业，提升行业服务能力和社会公信力，促进行业持续健康发展。

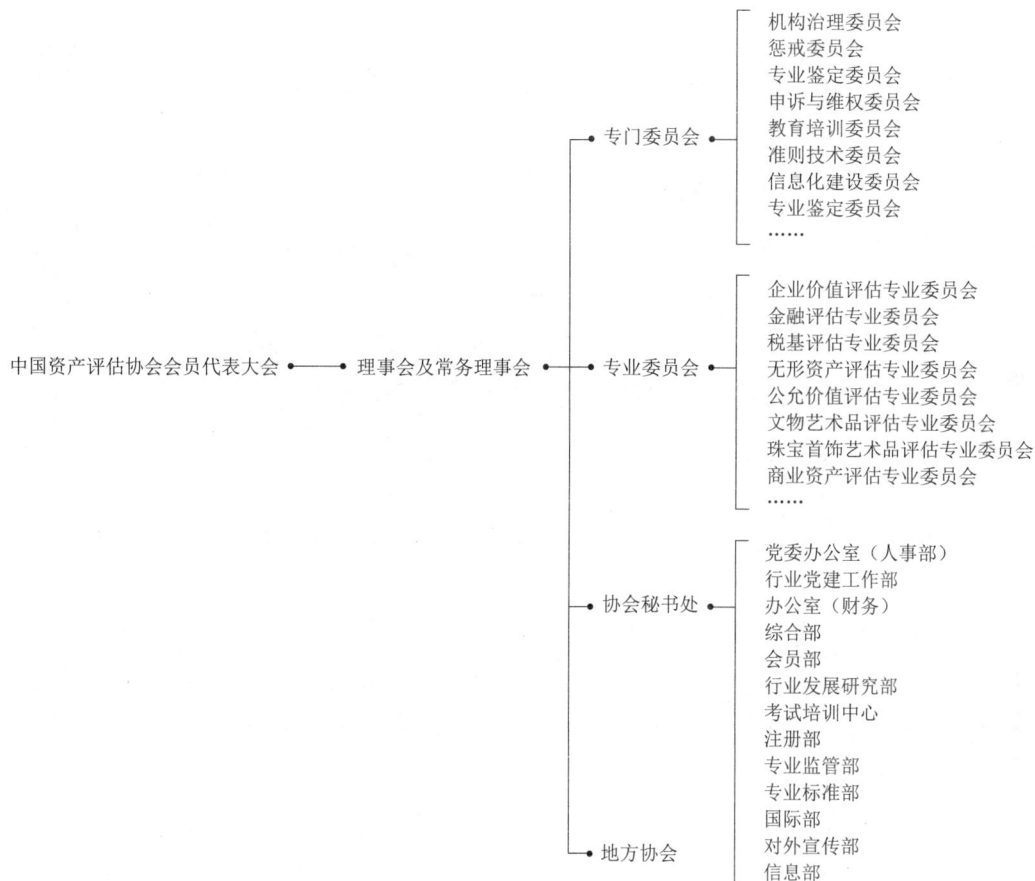

图 4-1　中国资产评估协会组织架构图

3. 任务及职责

主要任务：依据国家有关法律、法规和中国资产评估协会章程的规定，对资产评估行业进行自律性管理。制定并组织实施资产评估执业准则、规则；研究会员在执业过程中的专业技术问题并组织开展专业技术援助；负责资产评估师考试、登记和年度检查；负责组织开展资产评估机构执业资格和执业情况的年度检查；组织开展资产评估师后续教育培训；负责实施对会员的自律性处罚；组织开展行业对外交流；维护资产评估师的合法权益，为资产评估行业创造良好的发展环境，提升行业的公信力。

根据财政主管机关的授权或委托，参与有关资产评估行业的法律、法规和规章的研究、起草工作；对资产评估机构的设立提出审核意见；参与组织资产评估师、资产评估机构执业质量检查；对外国资产评估机构在我国设立常设机构提出审核意见。其具体职责如下：

1）负责中国资产评估协会会员管理，并指导地方协会会员管理工作，组织并完善各种专业委员会和专门委员会。

2）组织制定资产评估师执业标准、规则和职业道德规范。

3）组织研究解决会员在执业过程中的专业技术问题，并组织开展专业技术援助。

4）负责资产评估师考试、登记，并组织资产评估师执业情况年度检查。

5）制定资产评估师教育和培训规划并组织实施。

6）推动资产评估理论研究，组织进行评估业务交流。

7）维护资产评估师和资产评估行业的合法权益。

8）开展对外交往活动，促进国际交流。

9）参与资产评估行业相关法律、法规和规章制度的研究、起草工作。

10）负责对资产评估机构的设立提出审核意见并参与资产评估机构执业情况的年度检查。

11）参与组织开展资产评估师、资产评估机构执业质量检查工作。

12）负责对境外资产评估机构在中国境内设立常设机构、中外合资和合作机构等提出审核意见。

13）办理业务主管部门授权和委托的其他工作。

中国资产评估协会成立而开启的资产评估行业管理由政府直接管理向政府行政管理和行业自律管理相结合的体制，随着改革的深入和经济社会的发展，逐步完善。

1998年，根据第九届全国人民代表大会第一次会议批准的国务院机构改革方案，国家国有资产管理局撤销。1998年7月4日，经国务院批准，国务院办公厅印发《财政部职能配置、内设机构和人员编制规定》，明确将国家国有资产管理局承担的资产评估管理职能划入财政部。同时，财政部设立财产评估司，负责拟定并监督执行企业财产评估政策和制度、评估标准和方法、评估基本准则和应用准则；拟定评估机构的资质标准，确认全国性评估机构资格；承担国务院委托的国有企业财产评估事宜；指导和监督中国资产评估协会工作。2000年6月，财政部内设机构调整，撤销财产评估司，仅在新组建的企业司下设资产评估管理处，行使国有资产评估管理职能。资产评估行业管理体制由政府行政管理和行业自律管理转变为二者适当分离、合理分工、互相配合、各有侧重的管理体制。

2004年1月，国务院《关于推进资本市场改革开放和稳定发展的若干意见》（国发〔2004〕3号）指出，要发挥资产评估等行业协会的自律管理作用。中国资产评估协会从中国注册会计师协会分离出来单独设立后，财政部企业司仅负责资产评估行业的行政管理，联系和指导中国资产评估协会的工作。政府行政管理和行业自律管理并重的管理格局初步形成。

第三节　第一次注册资产评估师资格全国统一考试

建立注册资产评估师执业资格制度和执业资格考试制度，是市场经济发展、政府行业管理和资产评估行业自我管理和提升的需要，也是确保行业从业人员专业素质和职业道德的基本手段。考试制度的实施也是促进资产评估行业健康发展、提升行业社会公信力的根本保证。

在资产评估行业发展初期，行业主管部门并没有设置相应的评估人员执业准入门槛，评估人员的执业水平、执业质量也都参差不齐。同时也没有相应的人才培养机制，通常都是通过组织培训来提高评估人员的业务素质。随着社会主义市场经济的发展，评估规模越来越大，评估项目越来越多，技术复杂程度越来越高，涉及领域越来越广，如果没有一支具备较高资产评估专业知识和素养的专业评估师队伍，那将很难适应市场经济发展和行业持续健康发展的要求，因此资产评估行业亟需建立健全专门的人才选拔和培养制度。

1995 年 5 月 10 日，为了加强对资产评估人员的执业准入控制，加强和规范资产评估行业人员管理，提高资产评估人员素质和执业水平，更好地发挥资产评估在资产流转与重组中的中介服务作用，国家国有资产管理局与人事部联合发布了《注册资产评估师执业资格制度暂行规定》和《注册资产评估师职业资格考试实施办法》，建立注册资产评估师执业资格制度。规定凡是通过资产评估师资格全国统一考试的人，就能取得资产评估师《执业资格证书》，表明该人员已具备资产评估的执业能力和水平，然后经过注册登记取得《注册证》，从而获得从业资格。

1996 年 5 月，国家国有资产管理局与人事部联合组织了第一次注册资产评估师资格全国统一考试，取得圆满成功。考试科目为《资产评估学》《财务会计学》《工程技术基础》《经济法》。全国共有 38000 人报考，参加考试 23000 人，5290 人成绩合格，平均通过率达到 23%。

这次考试的成功举行是我国资产评估行业发展中的一件大事，标志着我国资产评估师执业资格制度的正式建立和付诸实践，是评估从业人员素质规范化和人才选拔制度化的开端。从此我国资产评估行业开始通过规范准入门槛的方式走出执业人员鱼龙混杂的无序状态，评估队伍建设有了更加科学合理的方式，为进一步加强和改进对资产评估机构的管理打下了基础。

众所周知，考试制度的基本功能就是选拔和培养人才。实行资产评估师执业资格统一考试，将公平竞争引入了行业，优化了人才选拔的途径，使评估专业人员队伍更加体现专业特征和职业素养，也逐步凸显出年轻化、职业化的特点。通过第一次资产评估师考试而正式确立起来的资产评估师执业资格制度，为资产评估行业通过制度化的方式选拔评估专业人才奠定了良好基础和机制保证，有利于为行业持续发展提供稳定的人才源泉。

从 1996 年举办第一次资产评估师考试到 2018 年，我国共组织了 21 次资产评估师全国统一考试。截至 2018 年底，我国资产评估师人数已达到了 3.7 万人，可以说，资产评估师考试制度为我国资产评估行业选拔了一批批专业人才，为资产评估行业的健康持续快速发展奠定了人才培养和选拔的制度基础。

随着经济社会的发展，国家对注册资产评估师执业资格制度也进行了相应的调整，以适应资产评估行业自我改革和完善的需要。2014 年 8 月 12 日，国务院发布了《国务院关于取消和调整一批行政审批项目等事项的决定》（国发〔2014〕27 号），取消了注册资产评估师等 11 项职业资格许可和认定事项。该决定说的取消，只是取消了注册资产评估师的准入类资格考试资格，调整为水平测试类考试，并非取消注册资产评估师职业资格，而是通过取消注册资产评估师考试的行政许可，对职业资格管理的方式进行改革，赋予行业协会更多的管理职能，进一步强化资产评估行业自律管理。具体说来，取消注册资产评估师职业资格许可和认定对经济社会发展和行业的影响主要要以下几个方面：第一，更加突出行业自律的要求，充分体现了简政放权、强化行业自律管理的精神。凡是靠政府认定的资格确实市场认同感不足，只有走向行业标准体系中的资格认定才有生命力。第二，让市场调配资源的规则更加有效率。评估师的作用是提供第三方公正服务，只有去政府化才能真正做到公平公正。第三，更加有利于降低就业创业门槛、营造良好的人才发展环境，进一步激发市场创业主体的积极性。

在资产评估师资格考试制度发展完善的同时，高素质资产评估专业人才培养工作也有序进行。2004 年，厦门大学开始在全国首次招收培养资产评估博士研究生。2005年教育部批准南京财经大学和内蒙古财经学院等高校设置资产评估本科专业。2010年，国务院学位委员会批准设立资产评估硕士专业学位。自 2011 年以来，全国已有68 所高等院校培养资产评估硕士，截至 2018 年已培养了四届资产评估专业硕士。资产评估专业高等教育的发展，为我国资产评估行业输送了高素质人才，为行业高端人才培养夯实了基础。

第四节　资产评估机构脱钩改制

在资产评估行业起步阶段，由于资产评估是政府为顺应国有企业改革需要而催生的，所以在资产评估服务领域非常局限的这一阶段，资产评估机构一般都隶属于相关政府部门，作为其下属机构或企业，具有与事业单位相似的性质。而相关主管部门往往会利用手中权力为下属评估机构招揽业务，客观上形成了一种垄断。在这种缺乏市场竞争和业务压力的情形下，很多评估机构管理混乱、制度不规范、从业人员素质较低、执业能力和服务质量不高，长此以往，必然不利于资产评估行业的市场化发展和专业服务水平的提高。

因此，通过资产评估机构的脱钩改制，建立以资产评估师为投资主体，独立承担法律责任的现代企业制度，使评估机构不再是隶属于政府部门的下属机构，同时也禁止国家机关及所属的企事业单位的工作人员到评估机构中兼职、挂靠，从而保障评估的独立性，增强企业的市场竞争力，破除资产评估业务的行政性、部门垄断性，使得评估机构能够真正客观、公正地执业，发挥其维护市场经济秩序的作用，促进资产评估行业健康发展便迫在眉睫。

一、脱钩改制政策出台

为推进资产评估行业的健康发展和市场化探索，规范资产评估执业秩序，保证资产评估机构独立、客观、公正执业，逐步建立起一支与社会主义市场经济发展相适应的资产评估队伍，充分发挥资产评估维护市场经济正常秩序的积极作用，财政部于1999年密集发布了一系列关于开展资产评估机构脱钩改制的政策文件。同时，为了配合资产评估机构脱钩改制工作的顺利进行，规范经济鉴证类社会中介机构的资格认定，加强相关行政主管部门和行业协会对经济鉴证类社会中介机构的监督和管理，解决在评估行业迅猛发展的同时出现的"乱办、乱管、乱执业"等突出问题以及一些与社会主义市场经济要求和当时经济体制改革不相适应的问题，财政部和国务院也出台了相关规定，决定在全国范围内展开资产评估行业清理整顿的工作（表4-3）。

1998年8月18日，财政部下发了《关于开展全国资产评估行业清理整顿工作的通知》（财评字〔1998〕101号），决定自1998年9月起至1999年12月底止，在全国范围内开展资产评估行业的清理整顿工作，以解决资产评估行业中出现的一些与社会主义市场经济要求和当前经济体制改革不相适应的问题。

1998~1999 年关于开展资产评估行业清理整顿及机构脱钩改制的规定　　表 4-3

序　号	法规名称	发布单位	发布日期
1	《关于开展全国资产评估行业清理整顿工作的通知》（财评字〔1998〕101 号）	财政部	1998.8.18
2	《关于清理整顿经济鉴证类社会中介机构的通知》（国办发〔1999〕92 号）	国务院	1999.10.31
3	《关于资产评估机构脱钩改制的通知》（财评字〔1999〕119 号）	财政部	1999.3.25
4	《关于资产评估机构脱钩改制工作程序的通知》（财评字〔1999〕322 号）	财政部	1999.7.1
5	《关于资产评估机构脱钩改制有关政策问题的补充通知》（财评字〔1999〕321 号）	财政部	1999.7.13
6	《关于进一步明确资产评估机构脱钩改制有关问题的通知》（财评字〔1999〕565 号）	财政部	1999.11.24

1999 年 3 月 25 日，财政部发布了《关于资产评估机构脱钩改制的通知》（财评字〔1999〕119 号），开启了资产评估机构改制的步伐。

1999 年 7 月 13 日，为确保全国资产评估机构的脱钩改制工作按时完成，财政部又下发了《关于资产评估机构脱钩改制有关政策问题的补充通知》（财评字〔1999〕321 号），就资产评估机构脱钩改制中的政策问题进行了补充规定。

1999 年 10 月 31 日，国务院办公厅发布《关于清理整顿经济鉴证类社会中介机构的通知》（国办发〔1999〕92 号文），决定成立国务院清理整顿经济鉴证类社会中介机构领导小组，对包括资产评估机构在内的经济鉴证类社会中介机构进行清理整顿，以规范经济鉴证类社会中介机构的资格认定，依据市场规则进行经济鉴证类社会中介机构的脱钩改制，建立自律性运行机制并依法规范政府部门和行业协会对经济鉴证类社会中介机构的监督、指导和管理。

1999 年 11 月 24 日，为了对资产评估机构脱钩改制过渡期的有关政策问题作进一步明确，财政部又发布了《关于进一步明确资产评估机构脱钩改制有关问题的通知》（财评字〔1999〕565 号）。

以上几个文件提出的进行资产评估行业清理整顿和资产评估机构脱钩改制的要求构成了这段时间资产评估行业完善监督与管理、积极探索市场化发展的工作主线，为资产评估行业健康有序发展、科学规范执业和继续为社会主义市场经济发展发挥应有作用奠定了基础。

此次清理整顿的目的是规范资产评估执业秩序，严肃资产评估行业管理，严格资产评估机构的设立条件，规范资产评估从业人员的职业道德，提高执业质量，依据市场规则进行资产评估机构等经济鉴证类社会中介机构的脱钩改制，建立自律性运行机制，加强资产评估行业管理和资产评估机构内部管理。

机构脱钩改制的核心内容是各资产评估机构必须与挂靠或主办单位在人员、财务、职能及名称四个方面实现彻底脱钩，建立以注册资产评估师出资设立的合伙形式或有限责任公司形式的资产评估机构。

二、机构脱钩改制的意义

资产评估机构脱钩改制为资产评估行业带来了一场革命。一方面，资产评估机构由过去挂靠在政府某一部门变为由资产评估师发起设立合伙制企业或有限责任公司，有利于评估机构和评估专业人员转变观念，确立市场化的观念导向，从面向国有经济变为面向以国有经济为主导的多种所有制并存的所有制经济结构，公平地维护各方所有者的合法权益。另一方面，长期以来，资产评估行政主管部门习惯于对挂靠在政府部门下的评估机构进行管理，而脱钩改制后，其面对的评估机构或评估师是需要独立承担法律责任的，政府部门最后逐渐只在政策上对评估机构加以引导，更多的是依靠行业协会这类自律性组织进行监督和管理。

此次清理整顿和脱钩改制，提高了资产评估机构的设立条件，规范了资产评估机构的资格认定和资产评估执业秩序，建立起独立自主、自负盈亏、自主经营、自担风险的有限责任公司或者合伙制企业，将评估师个人利益与评估机构的利益有机地结合在一起，为企业注入了新的活力，提高了评估师、评估机构的风险意识、责任意识、竞争意识和职业道德，打破了曾经依附于行政权力而造成的业务垄断，增强了评估机构的市场竞争力，为资产评估行业的市场化发展奠定了基础。

第三章

资产评估行业进一步完善与规范化

　　经过起步阶段的 10 年快速发展，我国资产评估行业的法律制度体系、监督管理体系、人才选拔培养体系逐步建立健全，使行业综合实力得到显著增强、影响力不断扩大。特别是 1995 年 3 月，经外交部批准，中国资产评估协会代表中国资产评估行业加入了国际评估准则委员会，中国资产评估开始登上世界评估行业的舞台。

　　随着改革的进一步深入和对外开放的扩大，资产评估行业无论是内部完善与规范化，还是对外交流与合作都进入了一个稳步发展的阶段。1995 年 7 月 18 日，新闻出版署批准《中国资产评估》杂志公开出版发行。1999 年 10 月，由中国资产评估协会主办的"99 北京国际评估论坛"及国际评估准则委员会 1999 年会与理事会大会在北京举行，中国资产评估协会在此次会议上当选为国际评估准则委员会常务理事，并成为其专业技术委员会的委员。这次论坛的成功举办，是中国资产评估行业对外交流工作的又一丰碑，扩大了中国资产评估行业和中国资产评估协会在国内和国际的影响力，增进了我国资产评估行业与国际评估界的相互了解和交流，为今后中国评估行业与国际惯例接轨以及中国资产评估协会进一步参与国际评估事务创造了有利的条件。2001年，中国加入世界贸易组织，标志着改革开放进入新的阶段，社会主义市场经济发展和各行业各领域的现代化建设迎来新的历史机遇，资产评估行业也迎来了进一步发展完善与规范化的新契机。2005 年 6 月，经财政部、外交部批准，中国资产评估协会正式加入世界评估组织联合会。

　　在资产评估行业发展进一步规范化的这一阶段，为顺应改革开放进一步深化的发展潮流，逐渐突破资产评估行业发展的体制机制障碍，在行业主管部门和协会的领导下，开展了众多推动行业进一步发展完善与规范化的工作。为转变政府职能，减少不必要的行政审批，对国有资产评估管理方式进行改革，取消政府部门对国有资产评估项目的立项审批确认制度，实行核准制和备案制；颁布《资产评估机构审批管理办法》，根据市场经济发展新形势和政府管理经济职能的变化，对评估行业进行与时俱进的调整，加强评估行业规范化管理；发布资产评估执业准则和资产评估职业道德准则，初步建立我国资产评估准则体系；特别是 2005 年下半年，全国人大财经委将评估立法调研列入正式议程，2006 年 6 月 8 日，全国人大财经委资产评估法起草组成立，对立法工作做出安排，明确提出资产评估法草案将于 2007 年提交全国人大常委会审议。

总之，这一时期，资产评估行业在规范化的道路上迈出了坚实的步伐，取得了许多重要的成就。

第一节　国有资产评估项目核准备案制的推行

资产评估行业诞生以来，我国对资产评估项目的管理经历了一个逐步放开行政管理的健全和完善的过程。从最初的立项审批确认制度，到合规性审查，再到对涉及股份有限公司的资产评估项目实行立项备案制度，最后是推行至今的核准备案制，表明了根据市场经济不同时期的发展状况和经济体制改革客观要求，政府一直在相应转变自己在国有资产评估项目管理中的角色和职能，以便适应资产评估行业的健康发展和维护国有资产权益的需要。

1991 年 11 月 16 日，国务院颁布第 91 号令《国有资产评估管理办法》（以下简称《评估管理办法》），其中第十二条规定，国有资产评估应当按照申请立项、资产清查、评定估算、验证确认的程序进行，从而确立了国有资产评估项目的立项确认审批制度。

为适应社会主义市场经济发展和政府职能转变的需要，促进我国资产评估行业与国际惯例接轨，改进和完善资产评估确认及其监督管理工作，财政部从 1998 年 3 月 ~1999 年 3 月先后颁布了《关于改进资产评估确认工作的通知》（财评字〔1998〕136 号）、《关于资产评估立项、确认工作的暂行规定》（财评字〔1999〕90 号）和《关于改进资产评估确认工作的补充通知》（财评字〔1999〕102 号），调整国有资产评估的监管重心和方式，在资产评估确认中全面推行合规性审查工作。对需要报经资产评估行政主管机关进行确认的评估项目，由原实行的直接对评估结果的审核确认，全部改为重点对中介机构的执业资格、评估人员的执业资格、评估方法的选用和评估报告有效期的合规性审查。

随着我国加入世界贸易组织，为进一步转变政府职能，减少不必要的行政性审批，促进中介机构和从业人员真正做到独立、客观、公正地执业，2001 年 12 月 31 日，国务院办公厅转发财政部《关于改革国有资产评估管理行政方式加强资产评估监督管理工作的意见》（国办发〔2001〕102号），决定取消政府部门对国有资产评估项目的立项确认审批制度，实行核准制和备案制，而这一核准备案制度也一直延续至今，证明了政府决策的远见。

核准备案制实施后，行政主管部门对资产评估活动的管控进一步放宽，并逐步向着服务者的角度去转变，有利于促进资产评估机构和从业人员真正做到独立、客观、公正地执业，有利于资产评估行业发展的进一步完善与规范化。但是管理的放松，也对政府部门制定相应的配套政策制度以应对工作中出现的新问题、新情况，从而确保资产评估行业持续健康和规范化发展提出了更高的要求。

第二节　资产评估机构审批规范化

我国资产评估行业在伴随改革开放和市场经济快速发展的过程中，执业队伍不断壮大，各类评估执业准则和管理制度不断完善，服务领域不断拓宽，服务对象不断增多，国际评估业务的交流与合作不断增强，但作为新兴的服务行业，资产评估行业还存在着法律法规不健全、政府行政性管理和行业自律性管理不到位、执业技术规范和职业道德标准建设滞后、不同评估专业间缺乏沟通、协调与合作等问题。

1999年3月25日，财政部发布《资产评估机构管理暂行办法》（财评字〔1999〕118号），这是财政部发布的第一个对资产评估机构进行管理的规范性文件。该办法从资产评估机构的设立、合并、分立、变更、终止和等级管理等方面进行了详细规定，对加强资产评估机构的管理、提高资产评估工作质量发挥了重要作用，也很好地配合了当时资产评估机构脱钩改制工作的进行。

2003年12月19日，国务院办公厅转发财政部《关于加强和规范评估行业管理的意见》（国办发〔2003〕101号），根据市场经济发展新形势和政府管理经济职能的变化，对资产评估行业进行与时俱进的调整，明确指出资产评估行业的发展情况及存在的主要问题，并对规范评估行业管理的基本原则、加强和规范评估行业管理的具体措施等作出具体的规定。

2005年5月11日，财政部颁布第22号令《资产评估机构审批管理办法》，与国办发〔2003〕101号文相配套，该办法是当时资产评估行业产生17年来第一个规范资产评估机构资质审批管理的部门规章，对资产评估机构及其分支机构的设立、变更和终止的条件、审批程序等进行规范，明确提出资产评估机构要走专业化发展的方向，取消兼营机构的准入规定。该管理办法的施行有力地促进了资产评估行业发展的进一步完善和规范化。

2005 年，《中国资产评估》杂志第 9 期，专题记录了当时相关资产评估专业人士对该管理办法的评价，较为系统地阐明了《资产评估机构审批管理办法》的颁布对于加强资产评估机构管理、提高资产评估工作质量和进一步促进资产评估行业的完善与规范化的重要意义。

（一）总体评价

该办法对资产评估机构的设立、资产评估机构分支机构的设立、资产评估机构的变更和终止等做了科学的规定。对加强资产评估机构的管理，提高资产评估工作质量，保证资产评估机构的独立、客观、公正执业起到了规范性的作用。这标志着我国资产评估行业正在向更为科学化、市场化和规范化的方向发展。

法制的不健全性一直困扰着我国资产评估行业的发展，管理办法等资产评估相关法规的出台为评估行业的发展确定了一条科学的道路，促进评估行业在整个市场经济体制健全中体现自身的价值。

（二）行政管理与行业自律管理相结合的管理体制

新管理办法明确规定，财政部是全国资产评估行政主管部门，统一制定资产评估机构管理制度，负责管理、监督全国资产评估机构。同时明确规定，资产评估协会负责对资产评估行业进行自律性管理，协助资产评估行政主管部门对资产评估机构进行管理与监督检查。这也表明，资产评估协会不仅是负责资产评估行业的自律管理，而且也要协助资产评估行政主管部门对资产评估机构的管理。新管理办法的这些规定不仅使有关管理部门对资产评估管理职责明确、分工也比较合理，而且能够较大程度上调动资产评估行政管理部门和行业自律管理单位参与我国资产评估机构的监督管理的积极性，改变以往只强调行政管理作用，忽视行业自律管理作用和管理权限过于集中的做法。资产评估管理实践表明，对资产评估机构的监督管理不仅需要行政管理，也需要行业自律管理。在行政管理中，不但需要财政部的全国性宏观管理，也需要省级地方财政部门对资产评估机构具体的行政管理，还需要资产评估协会协助资产评估行政主管部门对资产评估机构进行管理与监督检查。境内外的资产评估管理实践也证明，包括法律、行政在内的他律性管理与行业协会的自律性管理相结合的管理模式是对评估机构最有效、最科学的管理模式。

（三）评估机构的专业化发展

资产评估机构向专营化方向发展，是资产评估行业发展的必然趋势。近几年来，我国的相关法规和企业改制的实践为资产评估行业提出了很多新课题，如资产评估结果到底应发挥什么作用，资产评估服务是一项鉴证业务还是一项咨询业务，针对不同的价值类型，应如何选用恰当的资产评估方法以满足评估目的的要求，资产评估行业和注册会计师行业所提供的专业服务究竟有什么不同。这些问题的出现，需要对资产评估行业进行重新定位，需要评估师重新评价自身的工作过程和工作结果。过去依赖于注册会计师行业的资产评估行业，已难以适应市场不断出现的评估需求，资产评估行业的专业地位和资产评估师的独特专业服务特征已逐步为市场认同，在这样的前提下，资产评估作为独特的社会中介服务行业必然要求提供资产评估服务的资产评估机构实现专营化。

强调资产评估机构的专营化，有利于促进资产评估行业的规范健康发展。目前我国提供评估服务的机构有多种，相应的专业资格也有多种，各自在不同的领域发挥应有的作用。只有资产评估机构专营化，才有可能推进评估行业的联系与沟通，进而推动整个评估行业的全面整合和统一，实现在同一评估行业下设置不同专业的目标。

资产评估服务与注册会计师提供的审计服务具有部分共同的业务平台，如以财务报告为目的评估、企业价值评估等领域，需要大量运用注册会计师所使用的一些分析方法，但这些方法绝不是注册会计师行业所独有的，而是各种不同行业所共有的。资产评估机构从会计师事务所分离后，更有利于两个不同行业的交流与沟通，有利于两个行业从不同的视角去审视问题，更有利于为相关利益各方提供不同视角的报告，为投资决策和经营决策服务。

（四）提高了资产评估机构的设立条件

评估质量是评估行业生存的前提，只有保证评估工作和评估报告满足市场对质量的基本要求，评估行业才可能被市场所接受，才可能生存。同时，只有不断研究市场出现的新问题，为资产评估业务的当事方提供高质量、高水平的资产评估服务，满足市场不断提升的要求，资产评估行业才能不断地健康发展。

资产评估是智力型行业。资产评估业务的实务操作主要依靠注册资产评估师所掌握的资产评估理论知识和他们所具有的能力、经验来完成。资产评估业务的承接、组织和报告出具又必须以评估机构为单位进行。因此，要提高资产评估质量，评估机构就必须有充足的、高水平的从业人员做保证。而要做到这一点，就必须从组织上对评估机构的从业人员数量提出制度要求。

过去的规定，由于人员数量门槛明显偏低，从而造成大量"小机构"的出现。这些机构，由于注册资产评估师人数很少，专业配备不健全，无法相互补充，形成完善的评估团队，使得评估报告出现很多质量问题。更为严重的是，在这些机构中没有专门的质量审核部门或审核人员，有些机构连必需的三级复核都无法进行。资产评估行业检查结果表明，凡是设有专门部门或专门人员负责资产评估报告质量审核的评估机构，其评估报告的质量普遍较高，实务操作也较规范。凡是没有专门质量审核人员的机构，其报告的质量就参差不齐。而对于一个只有 3 个注册资产评估师的机构来说，安排一个具有注册资产评估师资格的、实践经验丰富的、能力强的业务骨干专门从事资产评估报告质量审核工作基本是不现实的。

《资产评估机构审批管理办法》对此进行了修改和完善。该办法将合伙制评估机构的注册评估师数量从 3 名提高到 5 名，从组织上保证了最小的评估机构也可以组建一个专业配备比较齐全的评估团队，保证了评估报告三级复核制度可以真实地执行，也使得小机构安排业务骨干专职或将主要精力从事评估报告的质量审核工作成为可能。

（五）进一步完善了资产评估分支机构的管理

在评估行业不断发展的过程中，一些评估机构在开拓外地评估业务时会由于自身业务的繁忙和对各地情况的不了解而感到力不从心，这时发展外地分支机构，使评估机构"本地化"就成了一个很好的选择。截至 2005 年，全国有评估分支机构近 150 家，但在分支机构成立与经营的过程中，诸多问题暴露出来：评估机构自身管理不健全的情况下，盲目扩张，使分支机构的管理更加混乱；各分支机构存在"凑人数"的现象，跨所执业的情况屡见不鲜；总机构对其所辖的分支机构在业务质量方面管理不严，标准不统一等。

为规范资产评估机构的分支机构，《资产评估机构审批管理办法》提出了分支机构自身必须具备的基本条件，规定分支机构必须具备"负责人为注册资产评估师，并为评估机构的合伙人或股东；有 6 名以上注册资产评估师；有固定的办公场所"等条件才能作为分支机构执业，这些条件的明确，有利于评估行业规范、健康地发展。

《资产评估机构审批管理办法》强化了总机构对分支机构的管理责任，明确规定了各分支机构的业务、财务、人事等由评估机构统一管理，并且规定分支机构不可以单独出具评估报告，此项规定解决了资产评估机构的管理难题，降低了资产评估机构的执业风险，有利于资产评估机构的集团化、品牌化发展，也便于监管部门对评估机构的管理与协调。

第三节　资产评估准则体系初步形成

20 世纪 80 年代以来，为指导本国评估行业的发展，美国、英国、澳大利亚等发达国家相继制定了自己的评估准则，马来西亚等发展中国家也制订了相应的准则体系，国际评估准则也在逐步完善之中，由于产生时间较短和资产评估基础理论研究的薄弱，我国当时没有建立完整的资产评估准则体系。同时，由于各评估机构的评估方法、评估程序、评估准则不统一，导致执业不规范，执业水平和执业质量没有统一的衡量标准，评估机构出具的资产评估报告书也就失去了公正性及权威性。因此，逐步建立起一套完整的适合我国国情的资产评估准则体系，规范评估行为、提高执业质量，促进资产评估执业人员在遵循公平、公正、客观的原则上实现资产评估的价值追求，以推动资产评估行业健康发展非常必要。

早在 1996 年 5 月，国家国有资产管理局便转发了中国资产评估协会制定的《资产评估操作规范意见（试行）》（国资办发〔1996〕23 号），这也是我国资产评估行业第一个资产评估准则类规范，该规范意见对资产评估提出了全面的规范性要求，它对保证与提高资产评估行业工作的质量发挥了重要作用。

2001 年 7 月 23 日，财政部发布《资产评估准则——无形资产》（财会〔2001〕105 号），这是我国第一项资产评估准则。

2007 年 11 月 28 日，财政部和中国资产评估协会在人民大会堂联合举办中国资产评估准则体系发布会，颁布了包括 8 项新准则在内的 15 项资产评估准则，同时宣布成立财政部资产评估准则委员会。此次发布会是中国资产评估行业发展的重要里程碑，标志着中国已初步建立起比较完整的、既适应中国国情又与国际基本接轨的资产评估准则体系。

新颁布的中国资产评估准则体系包括职业道德准则和业务准则两部分，其中职业道德准则分为基本准则和具体准则两个层次，业务准则分为基本准则、具体准则、评估指南和指导意见四个层次，从评估师行为、业务流程、不同资产类型、不同经济行为等方面对行业进行了规范。

在这一体系下，有 8 项新准则是最新发布的，包括评估报告、评估程序、业务约定书和工作底稿 4 项程序性具体准则，机器设备和不动产 2 项实体性具体准则，以及《以财务报告为目的的评估指南（试行）》和《资产评估价值类型指导意见》，除《以财务报告为目的的评估指南（试行）》为配合新会计准则于 2007 年 12 月 31 日开始实施外，其余 7 项新准则均从 2008 年 7 月 1 日起实施。这一体系的主要特点：

一是注重品德要求，强调职业道德。在评估准则体系中，将业务准则与职业道德准则并列，作为准则体系的两个组成部分，与其他各国评估准则相比，凸显了职业道德准则对中介服务行业的重要性。

二是立足中国国情，充分借鉴国际经验。准则所做的规定首先考虑了我国的法律法规、监管框架和行业的实际情况，尊重我国的国情。同时，准则体系的一些基本概念、理论体系、专业术语等，力求与国际接轨，便于国际交流。

三是切实维护公众利益，提升行业的社会公信力。在准则体系中，始终将维护公众利益放在优先位置，将维护公众利益作为行业存在与发展的基础，以树立良好的中介服务的形象。

四是关注新兴业务，主动服务于市场需要。中国市场经济体制的不断完善为评估行业提供了许多新的服务领域。评估行业以评估准则引领评估实践，出台了《以财务报告为目的的评估指南》、《金融不良资产评估指导意见》，服务于我国的各项改革和新兴市场的需要。

五是充分尊重委托方的合理需求，提升行业的服务质量。评估准则的制定充分考虑了资产评估委托方的要求，增加了委托方对评估行业的认同，提高行业服务的质量。

国际评估准则委员会主席埃尔文·费南德斯说，中国资产评估准则体系的建立能最大限度保障专业、独立与合理的评估。国际评估准则委员会愿意与包括中国在内越来越多国家携手，共同推动全球评估行业的持续快速发展。

世界评估组织联合会主席林兰源也表示，中国资产评估准则体系的发布是一个意义深远的首创行为，通过借鉴国际资产评估准则的经验和成果，充分考虑中国特有的执业环境和行业现状，必定能更好地适应规范中国评估实践的需要。

资产评估准则体系的初步形成，为我国资产评估行业进一步专业化、规范化和健康发展打下了良好的基础，也向国际评估行业展示了我国资产评估行业的良好面貌，是我国资产评估行业进一步规范化发展取得重要成果的体现，有利于促进资产评估行业的国际交流与合作，从而为日后资产评估行业的国际化奠定了一个坚实的基础。在资产评估准则体系的规范和引导下，评估机构的执业行为将更加规范，执业质量将会有质的飞跃，管理更加规范有序，执业风险将进一步降低，行业主管部门和协会对评估机构和评估人员的管理监督更加明确和积极，评估行业的社会公信力将进一步提升，标志着我国资产评估行业进入新的发展阶段。

随着改革开放的全面深化，我国社会主义市场经济得到了进一步的发展，各领域相关政策的出台，为评估行业拓展业务领域提供了机会，评估服务范围已扩展到各种所有制形式和国有企业改革以外的众多经济行为，因此，为更好地服务于改革和发展的大局，促进社会主义市场经济体系的完善，推动资产评估行业的健康持续发展，我国的资产评估准则体系也一直处于健全和完善中。

为更好展现我国资产评估行业为推动行业专业化、规范化发展完善所做的积极努力和相关主管部门及协会在建立健全、完善资产评估准则体系方面的重要贡献，表4-4将集中展示30年来资产评估准则体系逐步发展完善的成果。

表 4-4

资产评估各项准则发布及修订情况

序号	准则名称	发布单位	首次发布（时间、名称）	第一次修订	第二次修订	第三次修订
1	《资产评估基本准则》	财政部	2004.2.25 《资产评估准则——基本准则》	2017.8.23		
2	《资产评估职业道德准则》		财政部 2004.2.25 《资产评估职业道德准则——基本准则》	2017.9.8		
3	《资产评估执业准则——资产评估程序》		2007.11.28 《资产评估准则——评估程序》	2017.9.8	2018.10.29	
4	《资产评估执业准则——资产评估报告》		2007.11.28 《资产评估准则——评估报告》	2011.12.30 《资产评估准则——评估报告》	2017.9.8	2018.10.29
5	《资产评估执业准则——资产评估委托合同》		2007.11.28 《资产评估准则——业务约定书》	2011.12.30 《资产评估准则——业务约定书》	2017.9.8	
6	《资产评估执业准则——资产评估档案》	中国资产评估协会	2007.11.28 《资产评估准则——工作底稿》	2017.9.8	2018.10.29	
7	《资产评估执业准则——利用专家工作及相关报告》		2012.12.28 《资产评估准则——利用专家工作》	2017.9.8		
8	《资产评估执业准则——企业价值》		2011.12.30 《资产评估准则——企业价值》	2017.9.8	2018.10.29	
9	《资产评估执业准则——无形资产》		财政部 2001.7.23 《资产评估准则——无形资产》	2008.11.28 《资产评估准则——无形资产》	2017.9.8	
10	《资产评估执业准则——不动产》		2007.11.28 《资产评估准则——不动产》	2017.9.8		
11	《资产评估执业准则——机器设备》		2007.11.28 《资产评估准则——机器设备》	2017.9.8		
12	《资产评估执业准则——珠宝首饰》	中国资产评估协会	2003.1.28 《珠宝首饰评估指导意见》	财政部 2009.12.18 《资产评估准则——珠宝首饰》	2017.9.8	

续表

序号	准则名称	发布单位	首次发布（时间、名称）	第一次修订	第二次修订	第三次修订
13	《资产评估执业准则——森林资源资产》	中国资产评估协会	2012.12.28 《资产评估准则——森林资源资产》	2017.9.8		
14	《企业国有资产评估报告指南》		2008.11.28	2011.12.30	2017.9.8	
15	《金融企业国有资产评估报告指南》		2010.12.18	2011.12.30	2017.9.8	
16	《知识产权资产评估指南》		2015.12.31	2017.9.8		
17	《以财务报告为目的的评估指南》		2007.11.9	2017.9.8		
18	《资产评估机构业务质量控制指南》		2010.12.18 《评估机构业务质量控制指南》	2017.9.8		
19	《资产评估价值类型指导意见》		2007.11.28	2017.9.8		
20	《资产评估对象法律属权指导意见》	中国资产评估协会	中国注册会计师协会 2003.1.28 《注册资产评估师关注评估对象法律权属指导意见》	2017.9.8		
21	《专利资产评估指导意见》		2008.11.28	2017.9.8		
22	《著作权资产评估指导意见》		2010.12.18	2017.9.8		
23	《商标资产评估指导意见》		2011.12.30	2017.9.8		
24	《金融不良资产评估指导意见》		2005.3.21 《金融不良资产评估指导意见（试行）》	2017.9.8		
25	《投资性房地产评估指导意见》		2009.12.18 《投资性房地产评估指导意见（试行）》	2017.9.8		
26	《实物期权评估指导意见》		2011.12.30 《实物期权评估指导意见（试行）》	2017.9.8		
27	《文化企业无形资产评估指导意见》		2016.3.30	2017.9.8		

2017 年 9 月 8 日，中国资产评估协会发布了《资产评估执业准则——资产评估程序》等 25 项新修订的资产评估执业准则和《资产评估职业道德准则》。这些准则的发布，标志着首次资产评估准则全面修订工作顺利完成，基本实现了从体系、内容到文字和格式的全面优化。修订后的准则保证了准则合法性，提高了准则操作性和专业性，对于规范执业行为、促进资产评估行业健康发展具有重要意义。2018 年 10 月，中国资产评估协会发布了《资产评估执业准则——资产评估报告》等 4 项再次修订后的资产评估准则。截至 2018 年底，我国已经形成了由 1 项基本准则、1 项职业道德准则和 25 项执业准则构成的资产评估准则体系，且这一准则体系始终与时俱进，保持着不断完善。

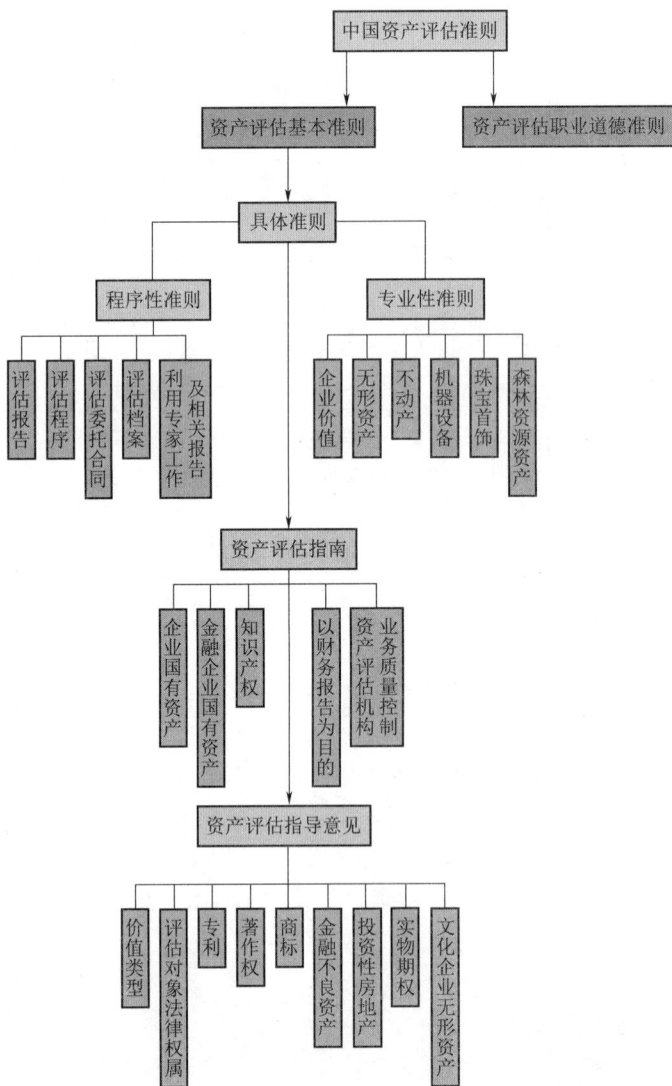

图 4-2　中国资产评估准则体系（2018）

第四节　中国资产评估协会各专业委员会成立

2006 年 4 月 19~22 日，中国资产评估协会在厦门召开第三届常务理事会第二次会议，审议通过了成立会计与评估、税基评估、金融评估、企业价值评估、无形资产评估、文化艺术品评估等专业委员会，并将专业技术援助委员会更名为专业技术委员会等事项（表 4-5）。

一、各专业委员会的职责

为规范各专业委员会的职责，引导各专业委员会在相关领域积极发挥建设性作用，促进评估行业的全面健康发展，中国资产评估协会对各专业委员会的工作提出了重点要求，具体包括：

一要加大研究，创新思路。企业价值评估、金融评估、会计与评估、无形资产评估、税基评估、珠宝评估、无形资产评估等各专业委员会的工作既要与行业发展实际紧密结合，又要加强前瞻性问题研究和实质性研究，提高行业学术地位，创新工作方法和思路。

二要加强沟通与交流。各专委会之间、各委员会与协会秘书处各职能部室之间要加强工作协调和技术力量协调，保证工作有序开展。

三要完善制度建设，夯实发展基础。教育培训委员会要以完善后续教育培训制度为着力点，联合开设评估专业的相关大学，加大研究力度，培养具有创新能力的学术带头人，通过产学研的结合和技术创新推进教育体系改革，从而推动整个行业的素质教育。

四要扩大宣传，维护会员合法权益。利用多种渠道加大维权、申诉、惩戒等委员会的工作宣传，维护会员正当权利，加强协会自律管理，提高行业执业质量。

二、各专业委员会成立的意义

无形资产评估、税基评估、企业价值评估等各专业委员会的成立，标志着中国资产评估协会内部组织架构的进一步完善，有利于资产评估各专业领域理论研究的发展，为政府主管部门、科研院校、评估行业、企业所有者与经营者等各方代表、各方专家共同研究如何充分发挥评估在相关领域的作用，共同推动我国无形资产评估、税基评估、企业价值评估等理论和实践工作的研究深入搭建了沟通、合作的平台，也为各方面提供了一个非常广阔的对外交流途径和研究后台。各专业委员会储备了大量人才，有着非常深厚的理论基础，同时也与相关国际专业组织、机构建立了非常密切的联系。在今后的工作中，将会在这个平台上，利用委员会的实力，进行各方面的深入研究，为资产评估专业领域评估服务和改革开放作出更多贡献。

第五节　司法评估规范化发展

在我国评估行业发展壮大的过程中，资产评估确定涉诉财产价值、促进人民法院提高涉诉财产处置效率的作用逐渐被发掘并日益受到司法机构的重视，相继出台了一些规定对人民法院委托评估作出制度化安排，由此也推动了司法评估工作逐步向着规范化的方向深入发展。

2004年11月15日，最高人民法院发布《最高人民法院关于人民法院民事执行中拍卖、变卖财产的规定》（法释〔2004〕16号），其中第四条规定，"对拟拍卖的财产，人民法院应当委托具有相应资质的评估机构进行价格评估。对于财产价值较低或者价格依照通常方法容易确定的，可以不进行评估。当事人双方及其他执行债权人申请不进行评估的，人民法院应当准许。对被执行人的股权进行评估时，人民法院可以责令有关企业提供会计报表等资料；有关企业拒不提供的，可以强制提取。"从而初步确立了人民法院对涉案财产价值的确定采取委托评估的制度，而随着经济社会发展和人民法院委托评估工作发展完善的需要，司法评估也逐步向着规范化的方向发展完善。

近年来，随着市场经济发展的不断完善和供给侧结构性改革的持续推进，涉及资产纠纷的司法案件呈现逐年上升的趋势，人民法院在相关司法诉讼的立案、审理、判决、执行等各个环节，都可能涉及确定涉案资产的市场价值。由于资产的价值受企业内外部等诸多因素的综合影响，而财务报表的账面值并不能真实反映其市场价值，必须通过委托评估机构实施尽职调查等专业程序方能对其价值予以合理评定、估算。然而，评估机构对涉案资产评估的实践并不顺利，当事人不予配合等一直困扰着评估机构和人民法院，导致对涉案资产的评估往往难以实施。因此，亟需从法律层面对司法涉诉股权资产评估的相关内容加以明确规定，以进一步提高人民法院对涉案财产处置执法的规范化水平，维护当事人和利害关系人等各方的合法权益。

2018年8月28日，最高人民法院发布了《最高人民法院关于人民法院确定财产处置参考价若干问题的规定》（法释〔2018〕15号）（以下简称《若干问题的规定》）。

2018年12月10日，最高人民法院联合中国资产评估协会、中国房地产估价师与房地产经纪人学会、中国土地估价师与土地登记代理人协会、中国矿业权评估师协会、中国珠宝玉石首饰行业协会等五家专业协会印发了《人民法院委托评估工作规范》（以下简称《工作规范》），以规范人民法院委托评估工作，提高委托评估工作效率，保护当事人、利害关系人的合法权益，促进司法评估工作的规范化发展。

一、《最高人民法院关于人民法院确定财产处置参考价若干问题的规定》主要内容与亮点

该规定共 35 个条文，主要针对目前人民法院在处置财产过程中突出存在的，且现行法律、司法解释又缺乏明确规定的问题，以提高财产处置效率、减轻当事人负担、尊重当事人意思自治为原则，进行了细化和明确，以规范人民法院确定财产处置参考价的行为。结合我国以往司法涉诉资产评估的实际，该规定的内容有如下亮点：

一是在传统的以委托评估确定财产处置参考价之外，新增了当事人议价、定向询价、网络询价三种确定财产处置参考价的方式。

从而形成了人民法院确定财产处置参考价的新模式，极大地拓宽了确定财产处置参考价的渠道，对解决长期以来评估周期长、费用高、财产处置效率低等突出问题具有重要意义。

二是明确规定了四种确定财产处置参考价方式的顺序和适用条件。四种确定财产处置参考价的方式既相互关联先后有序，又相互独立可以直接选用。

三是借助信息化手段，依靠大数据的优势，创设了网络询价的特殊规则，形成了一整套的网络询价工作的新机制。

四是重新确定和细化了委托评估的规则，赋予委托评估以新的内容。从评估机构名单库的建立到评估机构的选定规则、从法院委托到评估机构出具评估报告、从异议的提出到审查处理、从评估结果的采纳到评估费用的计付等一系列问题，对委托评估进行了全面的规定，形成了一整套的委托评估新规则。

五是确定了网络询价费、委托评估费用的负担和计付标准。例如，委托评估的费用采取就低不就高的原则。财产处置成交价高于评估价的，以评估价为基准计算评估费用；财产处置成交价低于评估价的，以成交价为基准计算评估费用；财产处置未成交的，按照合理的实际支出计算评估费用；重新评估的，按照原评估费用的 30% 计算评估费。

六是以提高效率为原则，明确规定了确定财产处置参考价过程中各个环节的办理期限。从启动确定财产处置参考价程序到询价、评估，从异议的提出到拍卖、变卖程序的启动，涵盖了确定财产处置参考价的各个环节，将财产查控与财产变价紧紧衔接在一起。

七是由最高人民法院建设全国法院统一使用的询价评估系统。该规定第三十四条规定，由最高人民法院建设全国法院询价评估系统。询价评估系统与定向询价机构、司法网络询价平台、全国性评估行业协会的系统对接，实现数据共享。询价评估系统应当具有记载当事人议价、定向询价、网络询价、委托评估、摇号过程等功能，并形成固化数据，长期保存、随案备查。

该规定的施行，一方面，解决了确定财产处置参考价这一影响网拍效率和透明度的瓶颈问题，积极回应人民群众的新期待和新要求，进一步规范了人民法院确定财产处置参考价行为。另一方面，对于提高财产处置效率，降低确定财产处置参考价成本，减轻当事人的费用负担以及提高评估各环节公开性、公正性均具有十分重要的意义，最大限度地保护当事人合法权益，提高人民群众的获得感。最后，有利于司法评估这一资产评估行业关键领域的规范化发展，从而有利于资产评估行业的发展壮大。

二、《人民法院委托评估工作规范》的主要内容

《工作规范》由 34 条内容组成，是对前述《若干问题的规定》中关于人民法院委托评估确定财产处置参考价的内容进一步细化和完善，对于规范评估机构依法开展委托评估工作具有十分重要的指导意义。其主要内容如下：

一是最高人民法院根据中国资产评估协会、中国房地产估价师与房地产经纪人学会等五大专业协会推荐的评估机构名单建立人民法院涉执财产处置司法评估机构名单库，同时按专业领域和评估机构执业范围在名单库下设资产、土地、房地产、矿业权、珠宝玉石首饰等名单分库。

二是规定原则上由中国资产评估协会等五大专业协会制定本行业推荐入选名单库的标准，同时也明确了不得入选名单库的绝对标准。

三是规定了已入选名单库的评估机构会被除名的具体情形。

四是规定了人民法院应当委托评估机构进行评估的具体情形。

五是详细规定了委托评估的具体流程和各种事项的处理方式，包括当事人协商或者摇号确定评估机构、人民法院向评估机构发送评估委托书、评估机构确定专业人员开展评估工作、出具评估报告等。

六是规定了评估机构可以提出不承接委托评估申请的情形和评估专业人员不得参与司法委托评估工作的情形。

七是规定了人民法院委托评估应当向评估机构提供的具体材料清单。

八是规定了当事人、利害关系人对评估报告内容提出异议的处理方式，包括人民法院交全国性或省级评估行业协会进行专业技术评审。

第四章

资产评估行业深入法治化

诞生伊始，我国资产评估行业因为改革开放带来的一系列红利，一直处于蓬勃发展的状态，但与行业规模化发展一路高歌猛进相比，评估法律体系建设相对滞后的问题一直存在。虽然整个发展历程中，资产评估相关主管部门，针对行业发展的实践，相继颁布了众多加强监督管理、促进评估行业健康发展的行政法规、部门规章、管理条例等法规文件，也逐步建立健全了资产评估准则体系和行业自律守则，行业法律制度体系建设保持着良好的发展势头。

但是，在《中华人民共和国资产评估法》（以下简称《资产评估法》）出台前，我国资产评估行业法制建设滞后、法律责任不明确、评估主体权责划分不完善等问题一直存在，一部专门规范评估行业的统一的基本法的空白仍然亟待填补。

另一层面的现实是，随着改革开放的全面深化、供给侧结构性改革、国有企业混合所有制改革、乃至"一带一路"倡议加速推进下，行业的国际化发展，都对资产评估行业迈向全面法治化，实现完全意义上的依法治理，从而为社会主义市场经济发展贡献更大力量提出了更高的要求。因此，《资产评估法》的出台契合了资产评估行业继续健康发展的需要，也满足了国家经济继续健康稳定发展的需要，是众望所归。

2016年《资产评估法》颁布，标志着我国资产评估行业迈入依法治理的新时代。2017年财政部《资产评估行业财政监督管理办法》（财政部令第86号）的发布实施更是资产评估行业进入全面法治化建设的一面旗帜。相信在未来，随着《资产评估法》贯彻实施的不断深入，资产评估行业的法治环境将得到进一步改善。

第一节 《资产评估法》颁布实施

作为我国资产评估行业第一部统一的基本法,《资产评估法》凝聚了我国评估行业近 30 年来法律体系建设的实践经验,其颁布实施在我国评估行业历史上具有里程碑式的重大意义,将有力促进我国评估法律体系的完善,也必将推动评估行业在依法治业的发展道路上走得更远、发展得更强。

一、《资产评估法》的编制与出台

2006 年 6 月,在财政部的积极推动下,全国人大财政经济委员会牵头起草《资产评估法》,提出迫切需要通过立法解决评估行业行政多头管理、市场人为分割,评估基本准则、标准和规范不统一,评估法律责任不完善、不统一等问题,要统一评估行业管理模式、评估市场准入条件、评估师资格管理制度、评估准则体系和技术规范、评估法律责任等。

但自该法起草开始,就引发了社会各界的热议,主要集中在以下方面:

一是在立法必要性方面,市场经济发达的国家和地区,评估行业已有上百年发展历史,但至今没有一部以资产评估命名的法律,有评估立法的国家和地区一般只对不动产估价立法。

二是在评估专业划分方面,有的评估专业是中国现阶段特有的,可能会随着经济社会发展完成其历史使命,而新的评估专业又有可能产生,因此,目前在科学划分并明确各评估专业的执业边界方面还存在很大困难。

三是在管理体制方面,现行六大类评估专业由五个部门分管,分别结合所在行业的特点和需要进行管理。有意见提出是否有必要统一管理,应由谁来统一管理等问题。

在无国际经验可供借鉴的情况下,加之评估行业的专业性强,各评估专业之间的差异性很大,评估标准与管理体制很难统一,制定一部统一的法律难度很大。特别是中共十八大以来,国务院大力推进行政审批制度改革和职业资格清理。在立法背景发生了很大变化的情况下,是否还有必要继续立法、立法思路是否需要调整等问题再次引起了广泛激烈的争论。

从最终出台的《资产评估法》内容看,立法思路发生了较大转变,从统一管理体制转变为规范评估行为,较大程度上有利于取得共识。自 2006 年 6 月成立《资产评估法》起草小组起,10 年间法律草案经历七稿和四审,才最终获得通过。

2016 年 7 月 2 日，《资产评估法》经十二届全国人大常委会第二十一次会议审议通过，国家主席习近平同日签署第 46 号主席令予以公布，自 2016 年 12 月 1 日起施行。这是我国资产评估行业的第一部基本法，它的出台填补了我国资产评估领域的法律空白，是我国资产评估行业进入依法治理新时代的重要标志，对行业的规范与良性竞争起到了积极的作用。

二、《资产评估法》出台的意义

第一，为我国资产评估相关行业提供了统一的法律准绳。

在《资产评估法》出台以前，资产评估业务活动主要参照了《资产评估准则》《证券法》《公司法》等相关法律法规，这些法律法规对资产评估活动起到了一定的指导与约束的作用。然而，由于各种法律法规来源于不同的部门，服务于不同的主体，其口径难以达到绝对的一致，这使得资产评估主体在执行的过程中受到了很大的限制。《资产评估法》的出台很好地突破了这一限制，它为评估主体的业务活动、相关人员对评估结果的使用以及行业的监管提供了统一的法律准绳。

此外，由于资产评估涉及的范围相当之广，包括房地产评估、机器设备评估、无形资产评估、企业价值评估、珠宝评估、农林资源评估等，每一种业务都有着不同的准则规范。而《资产评估法》出台后，各项评估准则都要以《资产评估法》为基础，不能违背评估法。

第二，《资产评估法》放宽了评估主体的范围，加强了评估市场的竞争。

资产评估主体包括评估机构和评估专业人员。《资产评估法》对评估主体门槛进行了调整，放宽了对评估主体许多方面的限制，通过竞争与供求等关系发挥市场对资源的配置作用，这符合人们对市场"基础性作用"到"决定性作用"认识转变的过程，在维护社会主义市场经济秩序等方面发挥了重要作用。

一方面，评估法降低了评估专业人员的从业准入门槛，降低了资产评估师考试的报名要求，不再限制考生的专业，具有专科及以上学历的公民都拥有参加考试的资格。这使得资产评估行业能够更广泛地吸纳来自各行业的人才，进一步避免了由于评估专业人员对评估客体了解不够专业而引起的评估结果不公允现象。

另一方面，新出台的《资产评估法》放宽了评估机构的设立条件，减少了合伙人中评估师的数量要求，取消了注册资本的限制，放宽了非自然人作为评估机构出资人的限制。这大大降低了评估行业的准入门槛，使得评估主体的范围更加广阔。放宽对评估主体的限制后，评估行业的市场竞争将会加剧，这有利于评估市场的自我调节，符合新时代我国经济体制建设的要求。

第三，《资产评估法》以法律形式保障了评估主体的权利与义务。

《资产评估法》对评估专业人员的从业行为进行了规范，明确规定了评估专业人员在评估活动中的权利与义务。这不仅仅是对评估师评估活动的一种规范，更对评估专业人员权利提供了许多的保障。

首先，在《资产评估法》出台后，评估专业人员可以根据法律的规定，要求委托人及评估相关人员配合评估专业人员的工作，为评估专业人员提供充足的评估相关资料，包括权属证明、财务会计资料等。这些规定便利了评估专业人员对于评估资料的采集，加强了资产评估行业在社会资源配置中的地位。

其次，法律还规定了委托方等不得串通、唆使评估专业人员提供虚假评估报告，在评估合同中不得附加使得评估不符合公允性的条件。评估专业人员严格依照资产评估法执行业务，能够充分保障自身权益不受损害。

最后，《资产评估法》规定评估报告的使用者要依法使用评估报告。如委托人认为评估报告内容、结论存在争议，可以要求评估主体对其进行解释。若认为评估机构和评估专业人员存在违法行为，可向相关管理部门投诉或举报。这大大明确了资产评估主体的法律责任，创造了良好的行业执业环境。

以上这些都使得评估师的评估活动能够有法可依，评估专业人员在遵守法律的基础上，能够更深入地探究其被评估资产的公允价值，而非单单根据准则的规定进行操作。这符合了法治的社会主义核心价值体系。

三、《资产评估法》实施对资产评估行业的积极影响

《资产评估法》自 2016 年 12 月 1 日实施以来，迄今已有两年，从两年来的情况看，《资产评估法》对评估行业持续健康发展已经发挥了重大的积极影响。

一是明确和提高了评估行业的法律地位。虽然评估行业定位为高端服务业，但是以前在社会上的知名度小、影响力弱，人们普遍不知晓评估行业。《资产评估法》颁布实施后，使评估行业与律师、注册会计师行业在法律地位上并驾齐驱，并称为三大专业服务行业，评估行业的社会认知度显著提升，广大评估从业人员的自豪感和自信心明显增强；

二是显著增强了评估行业的吸引力。据统计，2017 年报名资产评估师考试的人数是上一年的 3 倍，其中 30 岁以下的考生占 60% 以上，参考率达 53.76%，表明广大考生特别是青年人看好评估行业的发展前景；

三是评估从业人员的法律意识明显增强。《资产评估法》对评估机构、评估专业人员及相关当事人的权利、义务和责任作了具体规定，使评估执业有法可依、有章可

循，合法权益能得到有效维护，违法将受到相应的处罚，评估行业学法、用法、守法的氛围日渐浓厚；

四是政府监管部门、行业协会依法监管有了法律依据，评估法出台后，财政部很快颁布了《资产评估行业财政监督管理办法》等规章制度，中评协出台了考试、监管等一系列自律监管制度，并发布了 26 项资产评估准则；

五是社会各界关注评估法，评估行业的外部环境逐步好转。

第二节 法治化时代日益严格的行业监管

资产评估行业是现代服务业的重要组成部分，是市场经济不可或缺的专业服务行业，是中国市场经济体制改革逐步深化的重要专业支撑力量，资产评估行业在市场经济中居于重要地位、担负着重大的经济和社会责任，评估机构既承担着《公司法》规定的企业法人应履行的相应责任和被监管义务，也面临着来自政府行政主管部门、证券监管部门和行业协会构成的多层次监督管理体系的严格监管，这既给广大评估机构和从业人员带来了巨大的职业风险，也推动着资产评估行业不断提高规范化管理、专业化服务的水平及能力。

一、行业严监管的大趋势

2016 年底《资产评估法》正式实施后，财政部于 2017 年 4 月印发了《资产评估行业财政监督管理办法》，表明资产评估行业正式进入依法监管的时代。在总体监管趋势日益严格的形势下，资产评估行业的自律监管工作始终坚持以行业自律检查为核心、积极创新监管思路，健全完善内控制度，严格开展行业执业质量检查。根据《资产评估法》和《资产评估行业财政监督管理办法》等有关法律规定，资产评估行业实行的是行政监管、行业协会自律管理和机构自主管理相结合的制度。

财政部是资产评估行业的行政主管部门，负责统筹财政部门对全国资产评估行业的监督管理，制定有关监督管理办法和资产评估基本准则，指导和督促地方财政部门实施监督管理，以及对资产评估机构从事的证券期货相关资产评估业务实施监督管理，并统一部署对资产评估行业的监督检查。2017 年底，财政部组织开展了对 14 家具有证券业务评估资格评估机构的监督检查，检查主要内容包括：资产评估机构的执业情况、内部管理（包括对分支机构的管理）和持续满足设立条件情况、财务会计核算情况，以及法律法规、部门规章规定的财政部门职权范围内的其他监督检查事项。

中国资产评估协会是全国资产评估行业的自律组织，依照法律、行政法规等规定，对全国资产评估行业进行自律管理。地方各级资产评估协会负责本地区资产评估行业的自律管理。资产评估协会对资产评估机构及其资产评估专业人员进行自律检查，重点检查资产评估机构及其资产评估专业人员的执业质量和职业风险防范机制。2017年，中国资产评估协会组建7个检查组、51名检查人员，对14家证券评估资格评估机构及其57家分支机构的执业质量进行了现场检查，共计抽查评估报告233份。组织全国地方协会，对609家非证券评估资格评估机构的执业质量进行检查，抽查评估报告共2485份。2017年资产评估行业执业质量检查工作中，中国资产评估协会共对3家机构和14名评估师进行了行业自律惩戒，对4家机构、45名评估师采取了非自律惩戒措施；各地方协会共对35家机构、46名评估师进行了行业自律惩戒。行业自律监管始终保持在较大力度，行业自律监管水平不断提升。

此外，中国证监会的监督管理也是证券业评估资格资产评估机构开展执业活动面临的一大考验。特别是近年来，随着行业法治化和规范化的逐步深入，以及国家对证券市场的监管更加严格，资产评估行业也面临着愈加严格的监管。据统计，近年来被中国证监会处罚的评估机构数量呈逐年上升的趋势。2014年和2015年，均只有1家机构被中国证监会处罚，2016年有2家，2017年也有2家，2018年，中国证监会共对4家评估机构做出了处罚。总体来看，行业监管处罚的力度越来越大。

可见，在我国经济步入高质量发展阶段，资产评估行业迈入依法治业时代，对资产评估机构及其从业人员提出了更高的要求，面对日益严格的行业监管，评估机构及其从业人员要时刻树立"守规避险"的意识，坚持诚信、专业、公平、客观和公正，不断提高机构规范化水平和专业服务的质量，以高标准严要求促进自身高质量发展。

二、《资产评估行业财政监督管理办法》

随着全面深化改革稳步推进和各项改革措施不断出台，资产评估行业面临的环境发生了很大变化，对资产评估行业行政管理提出更高要求。为了贯彻落实《资产评估法》，进一步加强资产评估行业财政监督管理，体现"简政放权、放管结合"的改革精神和"既不缺位也不越位"的监管原则，促进资产评估行业健康发展，2017年4月21日，财政部发布了《资产评估行业财政监督管理办法》（财政部令第86号）（以下简称《监督管理办法》），自2017年6月1日施行。2011年8月11日印发的《资产评估机构审批和监督管理办法》（财政部令第64号，下称财政部第64号令）同时废止。

（一）《监督管理办法》出台的背景

一是贯彻和实施《资产评估法》的需要。《资产评估法》巩固改革成果，进一步推动资产评估机构的设立从审批制改为备案制，同时赋予资产评估行政管理部门备案权、检查权、调查权、处罚权以及行业监管制度制定权，要求资产评估行政管理部门依法加强对资产评估行业的监督管理，监督管理的重点从事前监管向事中、事后监管转变。财政部第 64 号令规定的机构审批相关内容已经与《资产评估法》不相适应。

二是贯彻国家对资产评估行业监管改革精神的需要。2014 年以来，国务院先后取消了注册资产评估师职业资格的行政许可和认定，将资产评估机构等的设立管理由前置审批改为后置审批，要求取消行政机关与行业协会、商会的主办、主管、联系和挂靠关系等。为此，财政部先后印发了《关于调整资产评估机构审批有关事项的通知》和《关于调整资产评估机构审批有关事项的补充通知》（财资〔2015〕13 号），并与人力资源社会保障部联合制定了《资产评估师职业资格制度暂行规定》，调整了现行的资产评估行业管理制度。结合《资产评估法》的立法情况，对资产评估行业监管改革的举措需要进一步予以制度化。

三是促进资产评估行业多元化发展的需要。随着资产评估行业在市场经济中发挥的作用越来越重要，资产评估机构多元化发展的需求越来越强烈，资产评估机构执业过程中涉及的经济行为更趋复杂，加强对资产评估机构事中事后监管更显重要。财政部第 64 号令关于资产评估机构业务范围、股东条件、分支机构的设立条件等规定限制了行业多元化发展，亟需依法制定新的规章，并相应增加行政监督管理、法律责任等方面的规定。

（二）评估机构的设立从审批制改为备案制

《监督管理办法》中规定对资产评估机构及分支机构实行备案管理，标志着从 2005 年财政部颁发第 22 号令《资产评估机构审批管理办法》以来，我国资产评估机构的设立实行了十多年的审批制度变为了备案制，政府部门对资产评估机构的管理进一步放开，体现了简政放权的改革要求，有利于行业的自律管理和自我完善，当然也对评估机构的自律和评估执业人员的素养提出了更高的要求。

关于资产评估机构及分支机构的设立由审批制改为备案制，《监督管理办法》主要规定了以下内容：

第一，通过信息管理系统实施备案，并简化资产评估机构备案材料，减轻申请人负担。但考虑到信息系统的安全运行有待检验，同时要求提供纸质材料，未来视情况可考虑取消纸质材料。

第二，明确了省级财政部门在备案管理中的职责，对于备案信息或材料不齐全的，省级财政部门应当在接到备案材料 5 个工作日内一次性告知需要补正的全部内容，并给予指导；对于备案材料齐全的，省级财政部门收齐备案材料即完成备案，并在 20 个工作日内将有关信息以公函编号向社会公开。

第三，考虑到资产评估机构分支机构的实际情况，明确了资产评估机构设立分支机构的，由资产评估机构向分支机构所在地省级财政部门备案。同时，为方便资产评估机构完成备案，由分支机构所在地省级财政部门将分支机构备案情况告知资产评估机构所在地省级财政部门。

第四，明确了机构重要事项变更手续、机构跨省迁移经营场所备案手续、注销备案等内容。

第五，规定资产评估机构未按本办法规定备案的，依法承担法律责任。

（三）《监督管理办法》出台的意义

从总体上看，《监督管理办法》对提升资产评估行业行政管理水平，促进资产评估行业法治化的深入具有重要意义。

一是构建了财政部门对资产评估行业的行政监管体系。按照中央深化改革的精神，《资产评估法》等法律法规的要求和国务院有关规定，资产评估行业的管理思路、监督管理对象、机构设立和管理方式、监督检查和调查处理内容以及法律责任，在新形势下都有了新要求。《监督管理办法》按照新要求构建了新的资产评估行业监督管理体系，建立了行政监管、行业自律与机构自主管理相结合的管理新原则，明确了对评估专业人员、评估机构和评估协会的监管内容和监管要求，划分了各级财政部门的行政监管分工和职能，细化了资产评估法律责任的相关规定。新监管体系的建立，厘清了资产评估行业有关主体的运行规则，使资产评估行业有关主体在规则的框架内运行。

二是建立了资产评估行业健康发展的制度保障。《监督管理办法》对评估专业人员、评估机构和评估协会如何保障权利、履行义务和承担责任做出明确规定，有利于激发全体评估专业人员的创造力和创业热情，推动评估行业践行"大众创业，万众创新"的活力。《监督管理办法》明确资产评估机构自主管理和备案管理的内容，对组织形式和设立条件、质量控制和内部管理、独立性、集团化、职业风险金等作为机构自主管理范围，在备案管理中充分利用信息化手段提升管理效率，挖掘资产评估机构自身潜力，加强资产评估机构质量和风险防控，鼓励评估机构多元化发展和做优做强做大。《监督管理办法》明确资产评估协会作为资产评估机构和资产评估专业人员的自律性组织，充分发挥行业协会参与和实施社会治理的重要作用。

三是提供了适应市场经济发展的评估领域协调体制。《资产评估法》立足我国评估行业实际，创新性地按照各行政管理部门分别管理的现行体制，将不同专业评估管理统一在一部法律框架之下予以规范，要求对行业发展中产生的新问题，建立沟通协作和信息共享机制，共同促进评估行业健康有序发展。《监督管理办法》在明确财政部门按职责分工对资产评估行业进行监督管理的基础上，特别注重资产评估财政监督管理与其他评估领域行政监管的协调。在备案管理方面，规定备案信息管理系统要与其他相关行政管理部门实行信息共享。在行政检查方面，规定有关财政部门可以联合其他相关评估行政管理部门进行检查。在投诉举报处理方面，对投诉、举报事项同时涉及其他行政管理部门职责的，建立会同处理机制。协调制度的设计不仅满足了行政管理"不冲突、不越位"的基本要求，更有利于落实《资产评估法》的要求，有利于整个评估市场的协调发展。

三、行业严监管给评估机构和从业人员提出的新要求

目前，行业严监管的风向已经基本形成，这也给评估机构和从业人员提出了更高更严的要求。虽然目前证监会的处罚手段大多局限于罚款方面，在暂停中介机构执业方面处罚还较轻。但可以预见，在证监会和行业主管部门继续保持对违法违规行为的高压态势下，无论是罚款、暂停执业还是市场禁入都将掀起更加严格的监管风潮，因此评估机构和从业人员一定要以更高的标准和更严格的要求去开展执业活动，以履行维护市场经济秩序、防范金融系统风险、保护投资者权益的责任。

一是要严格遵守资产评估相关法律法规和资产评估准则，严守评估服务底线，坚持客观、公平、公正执业。

二是要增强法律意识，提高机构和从业人员的法律素养和职业素养。

三是要提高风险防范意识，树立以高水平的执业服务和零违法为评估执业生命的意识，绝不踩法律红线。

第五章

资产评估行业发展科学化与国际化

经过 30 年的发展和完善，我国资产评估行业随着各项法律制度和监督管理体系的日益完善，服务领域已经涵盖社会主义市场经济的各个领域，行业规模和社会影响力不断扩大，行业的潜力也在全面深化改革和扩大开放的过程中得到不断地发掘。

而随着行业各项法律制度和监督管理体系的日益完善，以及市场经济体制改革的进一步深化，资产评估在经济活动中的作用越来越大，资产评估机构亟需做大做优做强，亟需通过转型升级实现新的发展。特别是在国内企业"走出去"和国外企业"引进来"以及国有企业改革的过程中，需要进一步发挥资产评估在降低投资风险、优化资源配置、稳定经济秩序、调节市场经济行为等各方面的作用。

2009 年，财政部发布《关于推动评估机构做大做强做优的指导意见》（财企〔2009〕453 号），支持评估机构做大做强做优，促进评估行业科学化发展。以此为契机，我国评估行业逐渐成长出一批综合实力较强、执业质量过硬并且具备参与国际评估服务的大型评估机构，他们已然成了当前带领我国评估行业实现国际化发展的主力军。

2013 年，习近平主席提出了实现世界经济复苏与发展的中国方案——"一带一路"倡议，为我国全面深化改革开放、实现经济发展方式的转型升级注入了新动力，也为资产评估行业突破地域局限、实现科学化发展和迈向国际化提供了新契机。

第一节 全面推动评估机构做大做强做优

21 世纪初期，经过 20 多年的发展和完善，我国资产评估机构已经在经济社会发展中担当着重要的角色，发挥着不可或缺的作用。但是在"十二五"时期，市场经济体制改革和对外开放的范围、领域进一步拓展的背景下，我国资产评估机构存在的许多与经济社会发展水平不相适应的问题便显露出来，评估机构的执业水平和整体竞争力还不能完全满足国内经济发展和开辟国际市场的需求。因此，只有推动评估机构做大做强做优，才能进一步发挥资产评估行业在完善公共财政体制、推动政府职能转变、规范资本市场运作、加强国有资产管理、维护国家经济安全、保障社会公众利益等方面中的独特功能和重要作用。

2009 年 12 月 29 日，为认真贯彻党的十七大关于"规范发展行业协会和市场中介组织"的精神和国务院《关于加快发展服务业的若干意见》（国发〔2007〕7 号）的要求，加快培养一批与我国经济发展水平相适应，具有较大规模、较强实力和较高水平的评估机构，推动评估行业科学发展，从而充分发挥资产评估维护国家经济安全和社会公众利益的重要作用，财政部发布了《关于推动评估机构做大做强做优的指导意见》（财企〔2009〕453 号），支持评估机构做大做强做优。

一、《关于推动评估机构做大做强做优的指导意见》的主要内容

（一）推动评估机构做大做强做优有三大必要

一是市场经济发展的客观需要。诞生 20 多年来，资产评估为推动国有企业改革、规范资本市场运作、促进经济健康发展发挥了重要作用，评估行业成了市场经济不可或缺的专业服务力量。但是随着经济全球化和市场经济的转型升级，评估机构规模普遍偏小，评估业务覆盖面不足，与我国的经济发展水平和经济发展规模不相适应，与我国经济在国际上的地位不相适应的问题也日益突出，因此亟需一批具有较大规模、较强实力、较高执业水平，能满足国内经济发展需求，并能参与国际竞争的评估机构，以满足我国市场经济发展的需要。

二是维护国家经济安全和社会公众利益的需要。资产评估的独特性决定了其不仅能促进经济发展，而且还在维护国家经济安全和社会公众利益方面担当着重要角色。特别是我国改革开放向纵深推进，国有经济布局和结构的战略性调整、知识产权战略的实施以及垄断性行业体制、金融体制、资本市场等各项重大改革全面展开，对外开

放在更广领域、更大范围和更高层次进行，维护国家经济安全和社会公众利益的任务十分艰巨，需要由较大规模、较强实力、较高水平的评估机构独立承担国内重要项目评估服务，以确保国家经济信息安全和社会公众利益。

三是评估行业自身发展的内在需要。市场经济发展为评估行业发展提供了广阔空间，也对评估行业提出了新的要求。随着我国市场经济不断发展和完善，评估服务领域越来越广，评估技术越来越复杂，评估市场竞争越来越激烈，对评估行业提出了新的挑战，对评估机构的人才、技术、质量和管理提出了更高要求。因此，评估机构迫切需要通过做大做强做优聚集高素质的人才，加强评估理论研究和技术创新，严格执业质量控制，加强机构内部管理，形成机构的核心竞争力，进一步提高执业水平和社会公信力。

（二）推动评估机构做大做强做优的方式和要求

一是积极探索做大做强做优的方式，实现跨越式发展。鼓励评估机构实行强强联合、强弱联合，通过兼并联合重组等方式，实现规模化、品牌化、跨区域发展。切实整合执业资源、执业标准和管理制度，实现优势互补，以实现跨越式发展。

二是坚持评估技术创新，积极拓宽评估业务领域。评估机构要高度重视技术创新，积极开展新评估方法和技术的研究，提升研发能力，建立研发部门，加大研发费用投入。同时，要多关注市场需求，努力开拓新的业务领域，实现服务对象多元化、评估业务多元化和服务地域多元化。

三是完善内部治理结构，加强执业质量控制。要建立并完善科学的股东及合伙人进退机制、激励约束机制、内部决策机制、利益分配机制等，不断改善和改进机构内部治理。同时要加强内部制度建设，规范执业标准、质量控制、执业流程等方面，完善质量管理机制，建立首席评估师制度。

四是建立人才培养机制，注重机构文化建设。评估机构要想实现长期持续发展关键在人才。评估机构要重视吸引人才和培养人才，为做大做强做优奠定人才基础，要加大员工职业教育培训投入，培养适应行业发展要求和国际化需要的各类人才。同时，要注重企业文化建设，加强职业道德教育，坚持诚信执业的理念，增强向心力、凝聚力，形成有利于评估机构健康发展的核心价值观。

（三）推动评估机构做大做强做优的政策措施

一是改革评估市场准入制度。允许评估机构采取有限责任公司、股份公司、普通合伙、特殊普通合伙等组织形式，改革分支机构管理，完善分支机构运行方式，选择有条件的评估机构按照母子公司体制实行集团化试点。明确评估机构法律责任，实行评估机构动态管理。

二是加大政策扶持力度。对评估协会组织的评估师境外培训、高等院校建立评估学科基地以及评估机构设立海外分支机构、开展海外执业活动等给予积极地财政支持。鼓励政府部门购买评估专业服务。

三是创造良好的执业环境。要切实打破制约评估机构发展的行政壁垒、行业限制和地方保护，深化评估收费制度的改革，加强对评估收费的监督检查，为评估执业创造公平竞争的环境。

四是加大行业服务力度。行业协会要充分发挥行业引导者的作用，加强对市场的分析和新兴市场的研究，加快基础数据和信息化建设，完善行业人才队伍培养的制度体系。加强国际交流与合作，积极推动国际评估组织的会员互认，引进国外相关评估资质，培养选拔一批能够从事国际业务的高端人才，为评估机构走向国际创造条件。

二、评估机构母子公司试点

为落实《财政部关于推动评估机构做大做强做优的指导意见》（财企〔2009〕453号），发挥优质评估机构的技术、管理优势，实现规模化、品牌化、跨区域发展，提高综合服务能力，财政部决定在资产评估行业开展母子公司试点工作。2010年11月25日，财政部印发了《关于评估机构母子公司试点有关问题的通知》（财企〔2010〕347号），决定对于一些具有证券资质的大型评估机构开展母子公司试点。2010年11月30日，为规范评估机构母子公司试点工作，中国资产评估协会发布了《评估机构母子公司试点管理办法》（中评协〔2010〕187号）。鼓励证券评估机构集团化发展，采用母子公司经营模式。充分利用现代企业经营模式的先进成果，发挥评估机构的品牌、技术、管理优势，增强评估机构核心竞争力。

同时，母子公司试点工作以"统分结合、合理规范，积极探索、大胆创新，科学引导、稳步推进"为原则，以统一执业标准、统一质量控制机制、统一内部培训体系、统一企业标识、统一信息系统为目标。试点机构要在严格遵守法律、法规的基础上，积极主动地探索科学有效、可持续发展的运营机制，充分发挥母公司在企业品牌、执业经验、人才管理、运营机制、胜任能力、风险控制等方面的优势，以点带面，形成合力，发挥规模优势，实现做大做强做优。

评估机构母子公司试点的意义

母子公司试点工作是在评估事业发展过程中面对新形势、适应新情况、处理新问题时，在组织形式方面对财政部2005年第22号令的必要补充和完善。财政部2005

年第 22 号令《资产评估机构审批管理办法》规定了资产评估机构组织形式为合伙制或者有限责任公司制，且合伙人和股东应当是注册资产评估师或符合条件的自然人，这就把法人排除在外，也就是说，评估机构不可以再设立具有独立法人资格的子公司，而设立分公司是可以的，但分支机构不得以自己的名义出具资产评估报告。以上规定，是基于当时评估行业发展的现状制定的，有其必要性。

但经过评估实践来看，该办法对于评估机构组织形式和合伙人或股东的规定不利于评估机构的规模化发展，影响了评估机构服务客户的工作效率、风险控制，不利于规范评估服务市场。母子公司试点是评估机构做大做强做优，更好地服务社会公众的基础。试点成功后，子公司可以独立承担相应的法律责任，独立对外出具相应项目的评估报告，可以为客户实现"高品质、零距离"的服务，可以在保证服务质量的同时，提高评估服务的效率，评估工作效能将显著增强。在具体形式上，母公司以核心城市为基地，在各主要区域城市设立子公司，而子公司又可以根据需要在各自辖区内设立分公司，层次分明而不繁杂，集团化经营的优势凸显。

就目前评估行业发展的客观实际来说，《关于推动评估机构做大做强做优的指导意见》中关于推动评估机构做大做强做优的发展目标已经实现，我国资产评估行业已经有了一支综合竞争力较强并且在国际上有较高影响力的资产评估队伍。根据中国资产评估协会 2018 年发布的《2018 年资产评估机构综合评价业务收入前百家机构名单》可以看到，年业务收入超过 2 亿元的评估机构已有 6 家，超过 1 亿元的评估机构有 17 家，年业务收入超过 3000 万元的评估机构达到了 55 家，而年业务收入超过 500 万元的评估机构也已经超过了 100 家。这些活跃于我国经济社会发展各个领域的评估大军将继续为我国资产评估行业的发展开疆拓土、勇攀高峰。

第二节　规划资产评估行业美好发展蓝图

资产评估行业是现代高端服务业，是经济社会发展中的重要专业力量，是财政管理中的重要基础工作，在维护国有资产权益、防止国有资产流失、规范资本市场运作、防范金融风险、保障社会公共利益和国家经济安全等方面发挥了重要作用。

近 30 年间，资产评估行业积极投身于市场经济建设、国家治理能力提升和财税体制改革大局，从最初服务于国有企业改制、防止国有资产流失，发展到当前涵盖国有资产和非国有资产，服务于资产清算核查、资产转让、公司组建、重组上市、公司上市融资、交易并购、抵押担保、涉税估值、司法拍卖等经济生活的各个方面，不断推进评估法制建设，不断完善自律管理体制机制建设，加强行业市场开拓和专业创新，走出了一条适合中国特色社会主义市场经济的评估服务专业之路，创立了一套服务于国家经济社会发展的评估理论体系和执业准则体系，培养了一支讲道德、有能力的评估服务专业队伍，行业建设与发展取得了显著成果。

但是，资产评估行业也同时面临着许多问题，并且在"十三五"时期，国内外发展环境更加错综复杂的情况下，资产评估行业亟需理清发展思路，明晰发展目标，加强科学规划，挖掘行业动能，积极把握机遇，沉着冷静应对挑战，迎难而上解决问题，以实现"十三五"时期资产评估行业的科学健康可持续发展。

一、《"十三五"时期资产评估行业发展规划》

为深入贯彻落实《资产评估法》，科学规划、全面指导"十三五"时期资产评估行业发展，更好地服务于国家经济社会建设和财税改革，2017 年 6 月 19 日，中国资产评估协会发布了《"十三五"时期资产评估行业发展规划》（中评协〔2017〕24 号）（以下简称《发展规划》），《发展规划》指出了当前资产评估行业存在的主要问题，勾勒了"十三五"时期资产评估行业的发展蓝图。

（一）《发展规划》主要内容简述

《发展规划》由四部分构成，系统阐述了评估行业发展的现状和面临的挑战、发展的指导思想和基本原则、发展的基本目标和主要任务以及规划实施的保障，使资产评估机构和从业人员对行业目前的发展现状和存在的主要问题有了一个清醒的认识，同时又从评估行业发展的实际出发，指出了评估行业在"十三五"时期抓住发展机遇、实现跨越式发展的目标和途径，为评估行业勾画了一个美好的未来。

《发展规划》指出，截至 2016 年底，全国资产评估机构 3300 多家，资产评估师 34000 多人，从业人员 10 万多人。

但是，在快速发展的同时，我国资产评估行业也面临着许多问题和挑战：一是人才年龄和知识结构老化问题比较突出，后备人才不足；二是信息化建设水平与行业发展需求差距较大，急需加快信息化和大数据建设步伐；三是行业市场拓展领域还需不断扩大，服务财税改革和财政工作的理念和措施需要进一步强化；四是行业理论和技术创新相对滞后，产学研相结合的机制尚需进一步完善；五是资产评估师作为新的社会阶层人士发挥的社会作用还不够充分，评估专业的社会影响力需进一步提升。

《发展规划》认为，"十三五"时期，国内经济发展进入新常态，向形态更高级、分工更优化、结构更合理阶段演化的趋势更加明显。市场经济发展面临着许多矛盾和风险的严峻挑战，需要资产评估在市场资源配置和政府决策中提供专业支持，因此评估行业大有可为。一是经济新常态和供给侧结构性改革，需要资产评估运用价值发现和价值管理功能，引导资源合理配置，支持政府科学决策，促进科技和制度创新，保障经济健康发展。二是开放型经济建设和企业"走出去"、"一带一路"倡议等国家开放战略的实施，需要资产评估为企业海外投资经营、国际产能和基础设施建设合作、引进国际战略投资和先进技术等提供专业支撑。三是全面推进"五位一体"总体布局和"四个全面"战略布局，促进公平正义与社会和谐进步，需要资产评估充分发挥社会服务功能和作用。四是建立健全现代财税制度，建立科学规范的预算制度和税收制度，建立事权和支出责任相适应的制度，建立规范的地方政府举债融资体制等，需要资产评估为财政工作和财税改革提供技术支持。

（二）"十三五"时期资产评估行业的发展目标

《发展规划》明确提出，"十三五"时期，资产评估行业应当坚持依法治业、稳中求进、创新驱动、以人为本、开放合作的基本原则，实现五大发展目标：评估法律制度体系基本健全、有效实施；评估专业服务领域巩固深化、不断拓展；行业人才队伍规模扩大、素质提升；资产评估机构合理布局、规范运营；评估执业环境切实改善、全面优化。

其中，在资产评估法律制度体系方面，《发展规划》提出要推动形成以《资产评估法》为统领，由相关法律、行政法规、部门规章和其他规范性文件，以及由执业准则、考试培训、会员管理、监督检查等行业自律管理制度共同组成的全面、系统、完备的资产评估法律制度体系。充分发挥资产评估协会的作用，推动行政管理和行业自律管理形成合力，保障资产评估法律制度有效实施。

在评估专业服务领域方面，《发展规划》提出，既做好法定评估服务，又做好创新评估服务，不断拓展国际市场，推进业务链条的纵向延伸和横向延展。

在人才队伍建设方面，《发展规划》要求，培养 200 名具有国际视野和能够提供综合性高端服务的行业领军人才，培养 1000 名资产评估机构和行业协会高级管理人才，培养 1 万名精通传统业务、胜任新兴业务的骨干人才；到 2020 年，资产评估师超过 5 万人，从业人员超过 15 万人。

（三）"十三五"时期资产评估行业发展的主要任务

《发展规划》明确了"十三五"时期资产评估行业发展的主要任务。其中，针对行业法治建设，《发展规划》提出了 3 条措施，包括深入学习宣传《资产评估法》、建立完善资产评估相关配套制度、积极做好《资产评估法》实施工作。

按照《资产评估法》要求，中评协将配合财政部修订《关于加强和规范评估行业管理的意见》；积极关注《证券法》等法律修订进展情况，为做好证券评估资格管理工作提出意见建议；修订完善资产评估执业、职业道德准则以及考试培训、会员管理、自律检查、信用档案等各项行业自律管理制度。

在行业创新发展方面，《发展规划》提出，深入推进评估行业管理方式改革、不断巩固拓展评估专业服务领域、加强评估准则和技术研究。例如，《发展规划》建议，要巩固整体资产评估、企业并购评估等传统业务，延伸知识产权评估、环境资源评估、私募风投评估等新兴业务，拓展财政资金绩效评价、PPP项目咨询等咨询业务，积极参与海外并购重组、海外投资经营等国际评估业务。

在引导评估机构发展方面，《发展规划》提出，推动大中小评估机构协调发展、指导评估机构加强内部管理、净化评估执业市场环境。资产评估行业需要积极探索解决评估执业收费问题路径，加强规范评估业务招投标行为，不断完善评估服务收费管理机制，抵制低价恶性竞争。

在人才队伍建设方面，《发展规划》提出改革完善资产评估师资格考试制度、着力推进领军人才培养和使用、持续加强继续教育与后备人才培训3条措施。例如，《规划》要求，要整合培训资源，丰富培训方式方法，依托3家国家会计学院，创新"互联网＋"培训模式，建立功能完整、安全便利、互联互通的网络教学平台。

在行业自律监管方面，《发展规划》提出了3条措施，包括完善自律监管制度体系和机制建设、加快转变行业自律监管方式、扎实做好行业自律监管工作。

在信息化建设方面，《发展规划》提出，加强信息化建设统筹协调，夯实信息化建设基础，推进评估行业大数据建设。为此，需要改进完善评估行业现有数据库，利用互联网思维优化整合共享资源，探索建立行业数据网络和平台，为评估行业发展提供现代信息技术支撑。

在国际化方面，《发展规划》提出了3条措施，包括深化评估国际交流与合作、加强国际评估市场和国际评估理论研究、强化境外评估业务指导和服务。例如，《发展规划》建议，要配合"一带一路"倡议等国家战略实施，加强规划和组织，推动我国评估机构拓展海外业务和国际化发展。积极与有关政府部门沟通协调，为评估机构服务我国有企业业"走出去"，开展境外评估业务争取政策和资金支持。要加强对相关国家有关评估法律法规、评估准则、执业环境、社会文化等方面的研究，积极为利用外资、境外投资、国际合作区建设、海外工程承包等提供信息服务和业务指导。

二、《中国资产评估行业信息化规划（2018—2022）》

为深入贯彻党的十九大精神，以新发展理念为指引，全面加强我国资产评估行业信息化建设，以信息化引领行业创新发展、高质量发展，开创新时代资产评估行业发展新局面，中国资产评估协会制定了《中国资产评估行业信息化规划（2018—2022）》（中评协〔2018〕46号）（以下简称《信息化规划》），并于2018年12月20日印发。

《信息化规划》从发展现状及面临形势、指导思想、基本原则和建设目标、主要任务、保障措施四个大的方面系统阐述了我国资产评估行业未来信息化建设的发展方向和主要目标任务，对于科学指导各资产评估机构充分发挥信息化建设的主体作用，推进资产评估技术及业务模式创新，推动现代信息技术与资产评估服务深度融合，努力打造现代信息化资产评估行业，更好地服务于国家经济社会发展具有重要意义。其主要内容如下：

第一，明确了在中国资产评估协会、各级地方资产评估协会和各资产评估机构的重视与努力下，我国资产评估行业信息化建设已经取得了显著的发展成果，包括初步建成集行业管理、宣传、服务功能于一体的行业信息化平台，自主研发评估项目管理、评估质量控制、内部办公管理等信息系统，并在评估专业数据库、智能评估等领域取得有效进展，为更好更快推进评估行业信息化奠定了基础。

但是，行业信息化建设仍存在许多短板，表现在：行业对信息化的认识和重视程度不一，投入不足，保障不到位；信息化建设分散化、碎片化，缺乏统筹规划，尚未形成有效的资源共享机制；信息化服务供给匮乏，执业数据来源有限，采集标准不统一，获取成本较高；评估机构内部管理及评估作业信息化、智能化水平较低等。

第二，指出以互联网、云计算、大数据、人工智能及区块链为核心的信息技术迅猛发展，已成为推动各种业态转型升级的主要动力，资产评估行业应切实推动行业信息化建设，加快资产评估业态与信息技术的融合，推动资产评估行业向数字化、网络化、智能化方向转型升级。

第三，提出资产评估行业信息化建设目标是逐步形成以信息化设施为基础、以数据资源为核心、以智能化作业为手段、以技术支持和安全管理为保障的资产评估现代化信息体系。

到2022年末，建立以数据支持为核心的专业服务信息化体系，显著提升评估执业操作信息化和智能化水平，基本实现资产评估行业管理、评估机构内部管理以及评估作业管理信息化。

第四，明确提出行业信息化建设的主要任务，涵盖三个方面。

一是夯实资产评估行业信息化基础。制定科学的行业信息化技术标准及管理规范，以有效管理和指导行业信息化建设；完善行业信息化基础设施，加强网络建设，完善计算机设备、网络和安全设备、机房等基础硬件设施，实现服务器部署全面升级，以适应行业信息化未来发展需求；优化完善行业基础应用信息管理系统平台，完善功能互补及数据互通，推进行业管理、机构治理、会员服务全覆盖。

二是构建资产评估专业服务信息化体系。建设中评协专业数据服务平台，优化完善评估行业现有数据库，打造网上知识中心，加强与政府相关部门数据共享共用；分步推进市场化专业数据服务平台建设；鼓励评估机构逐步开放自主产权专业数据服务产品，推动实现行业有偿共享；开辟多种方式的专业服务信息化渠道。

三是推进建设资产评估行业智能化体系。以"网络化、智能化"为目标，组织推动研发覆盖人力资源、财务管理、继续教育、客户关系、风险管理、绩效考核等模块的评估机构内部管理信息系统；在评估准则基本要求基础上，组织推动研发覆盖项目流程管理、财务数据导入、移动现场勘查、评定估算、报告自动生成、底稿和档案管理等模块的评估机构作业平台，实现评估执业电子化。推进评估行业大数据建设，研究基于评估作业平台的数据分析挖掘体系和算法，鼓励有条件的评估机构开发内部管理、评估作业一体化智能平台，提升评估机构管理及执业智能化水平。

第五，指出了资产评估行业信息化建设的保障措施，包括组织、资金、人才、政策保障等。

第三节　积极推动行业党建和统战工作

改革开放 40 年来中国特色社会主义事业建设的伟大实践证明，只有坚持党的领导，国家富强、民族复兴的中国梦才能真正实现。资产评估 30 年的发展实践表明，资产评估行业从无到有、从小到大，不断发展，都是在党的领导下取得的，是与党的正确领导分不开的，资产评估行业只有在党的正确领导下努力践行党的路线方针政策才能实现真正的科学发展，才能有更大的作为、更大的发展。

党的十八大以来，以习近平同志为核心的党中央把统一战线摆在治国理政的重要位置，对巩固发展新形势下统一战线工作作出了系统部署，特别是将加强包括资产评估行业在内的新的社会阶层人士统战工作提到了前所未有的高度，提出了一系列新思想新要求。党的十九大报告中提出了一系列法治新判断、新论述和新思想，为新时代法治中国建设提出了新要求、指明了新方向。站在新的历史起点上，资产评估行业要深入贯彻落实习近平新时代中国特色社会主义思想和党的十九大精神，进一步加强党对评估行业的全面领导，加强行业统战工作，带领全国广大资产评估行业的从业人员更好地服务经济社会发展。

一、中国资产评估行业党委成立

在资产评估行业 30 年发展历程中，资产评估人始终保持坚定的政治站位，坚持党的领导，推动行业党建工作顺利开展。2001 年，全国第一家资产评估行业党委——上海市资产评估行业党委成立。2017 年 12 月 22 日，深圳市资产评估行业党委成立。通过党建引领资产评估行业发展的政治方向，凝聚行业力量发挥专业功能，加强自律管理、诚信执业，推动党建和业务共同发展，取得了显著成效。

为深入贯彻落实党的十九大精神，全面落实依法治国总方略，实现党对资产评估行业的全面领导，开创评估行业发展的新局面，2017 年 12 月 23 日，经中央组织部同意，财政部党组批准成立中国共产党中国资产评估行业委员会，任命许宏才同志为中国资产评估行业党委书记，张国春同志为中国资产评估行业党委常务副书记。12 月 27 日，中国共产党中国资产评估行业委员会成立大会在北京召开，开启了资产评估行业党建工作的新征程（图 4-3）。

图 4-3　中国共产党资产评估行业委员会成立会议

中国资产评估行业党委的主要职责是发挥政治核心作用，组织开展资产评估行业党建工作，确保党的路线方针政策在行业得到贯彻落实，促进行业健康发展。

财政部党组成员、副部长、机关党委书记胡静林在成立大会上指出，资产评估行业党委是行业发展的政治核心和组织保障，肩负着重要职责使命，要把党的政治优势、组织优势转化为行业的管理优势和发展优势，让党建工作成为行业健康发展的引领、成为行业发挥专业作用的动力、成为自律管理的保障。他要求，要加强党对资产评估行业的领导；要以坚定理想信念宗旨为根基，深入贯彻落实党的十九大精神，用习近平新时代中国特色社会主义思想武装头脑；要以提升组织力为重点，打造贯彻落实党的路线方针政策和决策部署的战斗堡垒；要充分发挥行业党建优势，更好地服务资产评估行业改革发展。

中国资产评估行业党委书记许宏才指出，全行业要深刻领会加强资产评估行业党建工作的重大意义，扎实推进行业党建工作有序开展。要以行业党委成立为新起点，开启行业党建工作新征程，开创行业党建工作新局面，推动资产评估行业发展再上新台阶。要把行业党委建设成为宣传党的主张、贯彻党的决定、团结动员广大从业人员、推动行业改革发展的坚强战斗堡垒。

二、资产评估行业党建和统战工作近年来取得的成效

近年来，在全国政协和中央统战部的指导下，在财政部党组的领导下，资产评估行业统战工作不断推进，取得了显著成效。

一是形成了党领导下的行业统战工作体系。2017 年 12 月，中国资产评估行业党委成立，开启了行业党建工作的新征程。行业内基本形成了以行业党委为领导，地方各级行业党组织为重要依托和纽带，资产评估机构党组织为基础的党领导下的资产评估行业统战工作体系。

二是形成了较为完善的统战工作各项机制。资产评估行业党委把统战工作作为行业党建的工作重点任务之一，科学谋划，多措并举，建立了较为完善的党外代表人士推荐任命机制和统战人才培养机制，搭建了凝聚智慧和力量的统战工作和统战人士的联络机制，形成了能够充分发挥资产评估机构基层党组织作用，顺畅的行业统战工作上下联动机制。相应的机制的建设和完善，确保了中央关于新的社会阶层人士统战工作的精神落到实处。

三是形成了党外代表人士积极履职、发挥作用的良好工作态势。在有效完善的统战工作机制下，资产评估行业培养了一批优秀的代表人士。2003 年 3 月，陈江灵、刘公勤首次作为评估行业的全国政协委员，分别出席了十届全国人大与十届全国政协会议。在本届人大和政协中，全国资产评估行业约 130 人当选各级人大和政协委员，其中涉及22 个省区市，有 38 人当选省级及以上的人大代表和政协委员，樊芸当选全国人大代表，黄西勤、范树奎等 3 人当选全国政协委员。现任和曾任的各级人大和政协委员积极履职、参政议政，累计提交的议案、提案达 400 份以上，他们充分发挥价值评估领域的独特专业优势，为促进社会发展、维护改革开放稳定大局作出了积极的努力和奉献。

三、进一步加强行业党建和统战工作的要求

一是坚持和加强党对资产评估行业统战工作的全面领导，以党建引领行业统战工

作。中央反复强调，做好新的社会阶层人士统战工作根本在于加强党的领导。我们目前建立了行业党委，为两级协会进一步做好行业统战工作提供了组织保障。我们要坚持和加强党对资产评估行业统战工作的全面领导，通过党建来带领和强化统战工作，深入探索基层党建和统战工作相结合的途径与方式，通过着力加强党对行业统战工作的领导，促进行业统战工作的进一步加强。以国众联集团党建工作为例，2009 年 7 月 1 日，中国共产党国众联资产评估土地房地产估价有限公司党支部委员会经批准成立，历经 10 年征程，实现了已从无到有、从小到大，从成立初期的几个人发展成为拥有 62 名党员强大队伍的重大转变。国众联集团在落实党对行业发展的领导上始终将党中央全面从严治党贯彻工作始终，不断发挥行业专业优势，积极发挥党员先锋模范作用，努力推动资产评估行业健康发展。同时，国众联党支部的成立，在一定程度上推动了中国资产评估行业的党建工作进程，间接推动了深圳市资产评估行业党委的成立，具有重大的现实意义。随着时间的推进，行业机构队伍的不断壮大和新形势下对党建工作的需求，国众联集团于 2018 年 5 月 15 日在经中共深圳市资产评估行业党委批准后，由原国众联党支部升格为国众联党总支，并下设 5 个党支部。在这 10 年里，国众联党总支始终把抓好党建工作作为第一要务，坚持党建与业务两手抓，以党建工作带动业务发展，以业务实效助推党建发展，力争实现党的建设在评估机构的全覆盖。事实证明，在中国共产党的坚强领导下和行业党委的指导下，国众联集团在资产评估行业这条道路上焕发出前所未有的活力，并正在朝着行业专业化道路前行。

二是不断深化和加强对行业统战人士的培养和使用，拓宽参政议政的渠道和范围。虽然行业统战工作取得了一定成绩，但是随着资产评估行业在服务市场经济发展中的作用越来越重要，特别是《资产评估法》颁布实施后，资产评估行业专业人士被赋予了更重的任务、更大的责任，在更广范围内、更大程度上，参政议政的自身诉求和需求也越来越强烈，因此要不断加强行业统战人士的培养力度，搭建平台，多种方式、多种形式拓宽行业优秀党外人士的参政议政渠道，确保行业统战集聚奉献，凝聚爱国奉献优秀人才的作用有效发挥。

三是不断发挥党外代表人士的积极作用，助力经济社会发展。在各级人大和政协担任代表和委员职务的资产评估行业精英人才，是人大、政协履职的主角，应该充分发挥其积极作用。对于这些党外代表人士而言，应不断增强责任意识，认真履职，不负使命，恪尽职守，发挥专长，充分履行好自己的权利与义务，以主人翁的态度关注经济社会发展和民生的热点、难点问题，发挥专业优势，积极建诤言献良策，争做参政议政的模范，为助力经济社会发展贡献积极的力量。

资产评估行业作为新的社会阶层人士的重要组成部分，30 年来，不断努力探索、实践创新，积极服务于改革开放和国家社会发展，行业建设取得巨大成就，走出了一条适合中国经济建设和社会发展的评估专业服务之路。进一步加强包括资产评估行业在内的新的社会阶层人士统战工作，积极贯彻落实党中央对加强新的社会阶层人士统战工作的各项要求，必将为经济社会发展贡献更大的专业力量，必将为社会主义现代化建设和实现"两个一百年"奋斗目标起到重要的助推作用。

第四节 资产评估行业国际化

习近平总书记于 2013 年提出建设"丝绸之路经济带"和"21 世纪海上丝绸之路"的构想，简称"一带一路"。"一带一路"涵盖了中亚、南亚、西亚、东南亚和中东欧等沿线 65 个国家和地区，沿线区域总人口约 44 亿、GDP 总量约 21 万亿美元。

基于政治互信、经济融合、文化包容的利益共同体、命运共同体和责任共同体而构建的"一带一路"，是中国与沿途国家分享优质产能、共商投资项目、共建基础设施、共享合作发展成果的重要举措，是中国与其他国家共同发展，实现国际资本、技术和科技发展成果全面融合与分享的通道。随着"一带一路"倡议的不断推进和我国经济对外开放的持续深化，产业链的全球性优化是我国产业结构升级和供给侧结构性改革的必然要求，我国有企业业参与国际并购的意愿和能力也在不断增强。在全球化布局的过程中，包括资产评估在内的各类中介服务为我国有企业业的海外发展之路提供了重要保障。特别是资产评估服务，应当充分发挥价值发现、价值分析、价值引导和价值守护等方面的专业作用。

另外，在"一带一路"沿线的待发展地区进行产业投资、基础设施建设和房地产开发建设等合作，为资产评估行业进一步提升专业化、迈向多元化和国际化，实现高质量发展提供了广阔的发展契机。

一、资产评估服务"一带一路"建设的现状

在 2013 年习近平总书记提出共建"一带一路"的重大倡议后，我国有企业业"走出去"寻求海外合作的步伐明显加快，尤其是在"一带一路"沿线国家和地区。据商务部统计，2016 年我国有企业业共实施对外投资并购 765 起，涉及 74 个国家（地区），实际交易金额 1353.3 亿美元，其中"一带一路"沿线国家（地区）53 个，直接投资145.3 亿美元。随着我国国有企业业境外投资并购的快速发展，资产评估作为交易定价的核心环节，在维护公共利益当中越来越成为不可或缺的重要力量。在众多的境外并购业务中，中央企业、地方国有企业的境外并购因涉及国有资产监督管理而需要进

行资产评估或估值，同时，资本市场上各类上市公司的境外并购因并购合规性要求也需要进行资产评估或估值。截至 2015 年末，我国非金融类对外直接投资当中，国有企业占 50.4%，非国有企业占 49.6%。而在前十大交易中，国有企业境外并购 7 起，并购金额占比 76.2%。其中，地方国有企业占 48.6%，中央企业占 27.6%。为国有企业境外投资并购提供资产评估服务，是目前资产评估机构境外业务的最主要组成部分。

资产评估机构可以紧随我国有企业业的全球化步伐，在交易定价、信息沟通、博弈谈判、投后管理等重要环节提供决策依据和建议提示，协助企业甄别交易风险，引导市场优化资源配置，守护国家经济安全。在这个阶段，资产评估机构的交易定价核心作用得以初步体现，而博弈谈判和投资后管理等服务还需要不断深入和加强，并最终为并购交易双方提供更加优质的专业服务，保障境外并购顺利进行。

二、资产评估服务"一带一路"建设的主要意义

（一）对评估行业自身的意义

评估行业服务"一带一路"建设具有四大意义。第一，评估行业直接服务于"一带一路"倡议，可以提高行业地位。第二，随着客户走出去，有助于加速评估行业的国际化进程。第三，由于"一带一路"对评估机构服务的需求多样化，可以促进评估行业的转型升级。第四，为了满足"一带一路"倡议沿线各国客户的需求，需要评估机构加强对投资价值、国际评估准则等专业问题的研究，可以促进评估行业的技术进步。"一带一路"建设为我国资产评估行业拓展海外市场创造了难得的发展机遇。评估机构在评估业务走向全球的同时，也在积极开展国际评估行业的合作。

（二）对参与"一带一路"建设的中国企业的意义

近年来，在"一带一路"政策支持下，中国企业境外并购数量明显增加。评估行业在引导全球资产配置、规范并购市场秩序、实现国有资本的安全运营和资产增值等方面为"一带一路"建设保驾护航。

首先，交易价格是境外收购的关键因素，而资产评估为公允的交易定价提供了合理保障。作为独立的第三方机构，资产评估机构根据不同的交易情景，对境外标的企业进行股权或债权相关的资产估值，帮助收购方确定了合理的交易定价和收购价格分摊，保证了境外并购交易的顺利进行。资产评估机构的价值还在于发现并评估一些难以被企业确定的、但对交易价格有重大影响的资产价值，例如品牌价值、专利权/非专利技术、特许经营权、客户关系等无形资产。资产评估机构通过对这些资产价值进行评估，使其以公允价值记载于收购方的合并资产负债表中。由此可

见，资产评估在"一带一路"产业中发挥了价值发现和评估、价值管理和引导等举足轻重的作用。

第二，资产评估对跨国公司合理配置海外资源提供了指引。目前国内部分产业，例如矿产能源、通讯电信等，存在产能过剩问题。但在"一带一路"沿线的部分国家这些产业的整体竞争力还相对落后，且中国企业在这些市场具备了较大的领先优势，因此很多中国企业通过跨国并购以及产业输出，在国际范围内配置生产要素。资产评估机构帮助这些中国企业发现和提升价值，有序推进了这些企业在海外的战略布局。例如，资产评估机构通过搭建财务模型帮助"走出去"的中国企业分析"一带一路"沿线国家的项目投资成本及项目内部回报率（IRR），使得这些企业有针对性地进行产业输出。在国际税收筹划的大框架下，资产评估机构还配合对跨境的转移定价安排进行分析，帮助"走出去"的企业规避了潜在的国际税收风险，一定程度上帮助我国企业实现了海外生产要素的合理配置。此外，资产评估机构还帮助中国企业对其国外投资组合进行整体估值，通过分析各项目之间的关联性和协同效应，对投资组合的整体价值进行动态分析和评估，科学合理地引导了中国公司在国际范围内做出资源配置最优决策。

第三，资产评估促进了境外资产的保值和增值，实现我国境外投资资本的安全运营。例如过去几年，能源及矿业公司的业绩随着资源价格的变化产生了剧烈波动，不少"一带一路"企业收购的海外能源及矿业资产均面临资产减值和可持续经营风险的困扰，加上"一带一路"国家有关环境保护、劳动保障及税收法规的不同，都增加了能源及矿业公司对外投资的风险。因为能源及矿业资产的特殊性和复杂性，可类比的公开市场信息相对较少，公开信息可靠性较低，所以能源及矿业公司只能求助于资产评估机构以合理确定这些资产的可收回价值。资产评估机构以丰富的行业经验和专业的分析模型，逐一分析营运资金的关键假设、合理测算未来现金流量折现率，最终帮助这些公司合理确定了可收回价值。由此可见，资产评估机构通过提供优质的专业服务，帮助了中国企业及时发现减值资产，为我国资本的安全运营保驾护航。

资产评估机构持续在中国企业实行"一带一路"倡议中发挥了决策参考、价值评估和守护以及资源配置等不可替代的作用，帮助中国企业一步一个脚印地实施海外扩张战略。

三、我国资产评估行业国际化发展已取得的成果

近年来，中国资产评估行业的国际化发展不断深入，国际评估事务的参与度与日

俱增，境外考察学习形成常态，并多次举办各类评估行业国际会议，人才交流和理论建设取得丰富成果，国际影响力和话语权不断提升。

（一）积极参加国际评估组织

2005 年，中国资产评估协会正式加入世界评估组织联合会（WAVO）并成为常务理事。WAVO 是目前国际评估界最具影响力和权威性的组织之一。2012 年，中国资产评估协会升任 WAVO 副主席单位。2008 年，国际评估准则委员会改组并更名为国际评估准则理事会（IVSC），中国资产评估协会担任管委会委员并连任至今。2008 年，为促进资产评估人才培养工作，中国资产评估协会引进国际企业价值评估分析师协会（IACVA）的注册企业价值评估分析师（ICVS）资格认证课程。此外，中国资产评估协会代表还担任国际财产税学会（IPTI）和国际企业价值评估学会（IIBV）理事。中国资产评估行业在国际评估界的地位和作用不断强化。

图 4-4　2016 年 11 月，中国资产评估协会张国春秘书长作为世界评估组织联合会副主席出席了 WAVO 常务理事会会议、国际评估准则理事会（IVSC）与 WAVO 合作备忘录签署仪式、大会开幕式及系列专业交流活动

（二）大力承办国际评估会议

近年来，中国资产评估协会主导承办了众多的国际评估会议，主要包括"2006 昆明国际评估论坛"，2008 年"资产评估与财政收入——国际经验与中国改革"国际论

坛，2012 年"国际企业价值评估大会"，2013 年以"评估·创新·发展"为主题的国际研讨会，2015 年"评估市场创新与发展"的世界评估组织联合会第七届评估师大会等。这些国际会议的承办不仅为中国资产评估行业搭建国际交流平台，与国内外社会各界代表、协会组织及十多个国家及地区的国际评估界代表进行广泛而深入的探讨，同时也彰显出中国资产评估行业的快速发展和国际影响力的极大提升。

此外，中国资产评估协会与各国行业协会及国际评估组织分别共同举办了"中澳资产评估国际论坛"（2008 年）、"中俄资产评估研讨会"（2008 年）、"世界评估组织联合会第四届评估师大会"（2009 年）、"第七届国际机器设备评估大会"（2011 年）等在国际评估界具有广泛影响力的双边及多边国际会议，就众多前沿理论和热点问题与国际评估界开展了深入交流，分享了我国资产评估的理论研究和实践经验，获得国际资产评估行业的广泛尊重。

（三）持续参与国际评估事务

2010 年，在伦敦召开的 IVSC 管委会会议上，中国资产评估协会应邀就"中国资产评估行业发展经验"作专题报告，就中国评估行业最初为服务国企而诞生的特殊国情以及在此环境下中国评估行业为适应市场需求所采取的积极努力和积累的成功经验作了简要而全面的阐述，获得了管委会主席及委员们的充分肯定和高度评价。

同时，中国资产评估协会通过推荐国内评估行业专家在 IVSC 准则委员会任职和组织行业专家参与准则制定征求意见，在国际评估准则的制定中积极发挥作用，紧密关注并参与 IVSC 准则和指引的整个制定过程。IVSC 也十分重视中国评估行业的经验，充分考虑中国代表的观点，中国资产评估协会依据中国评估准则的框架体系结构对新版国际评估准则的结构体系提出合理化建议，得到 IVSC 的认可，实现了在新版国际评估准则的制定过程中提升中国评估准则影响力，促进了全球评估准则的趋同。

（四）日益扩大国际组织合作

在中国资产评估行业国际化发展的进程中，中国资产评估协会与美国评估师协会、英国皇家特许测量师学会、澳大利亚资产学会、俄罗斯评估师协会、罗马尼亚评估师协会以及香港测量师学会等多个评估组织持续开展交流，通过签订合作备忘录、开展专业研究等内容，为双方在各领域进行交流与合作奠定良好基础。

中国资产评估行业发展至今，国际交流已经深入行业发展的各个领域并取得了丰硕的成果。从虚心求教到双向交流，再到参与国际评估组织决策管理，中国资产评估行业在 30 年的时间里，国际影响力和话语权已得到极大的提高。

四、资产评估境外服务面临的主要挑战

不同于我们所熟悉的国内以国有资产评估为代表的资产评估服务，"一带一路"相关评估业务由于涉及跨境交易，会因为对相关国家政治、经济、文化、政策、语言等情况的不了解以及不确定性，使我国的资产评估机构和资产评估专业人员在参与境外资产评估服务时面临许多困难与挑战。

一是与外方存在语言障碍。"一带一路"沿线65个国家和地区，其中有许多国家的主要语言为小语种，英语普及率很低，这种情况下，项目的沟通交流就会很困难，项目进度就会拖慢。而雇佣熟悉该语种的人员又会大大增加企业的成本投入。

二是对境外当地的政治、经济环境和法律不熟悉。对于境外评估项目，评估人员有时对评估对象及业务所属区域相关政策不熟悉，常常无从下手，前期需投入大量的精力深入了解评估对象及业务所属区域相关政策，这也是境外项目最关键的程序。经济考量之外的"政治""社会""战略""文化"相关的项目评估，量化相对主观而缺乏客观依据。此外，有的项目还会受到当地包括政治、社会、民众等因素的干扰，部分国家的政府部门和金融机构对中国资产评估机构的执业配合度较低，因此评估专业人员可能无法履行完整的评估程序，对方提供的项目资料可能有限。

三是相关行业标准的差异。在境外并购交易的资产评估服务过程中，境外谈判惯例与国内评估执业程序的巨大差异是资产评估机构遇到的最大障碍。譬如，在前期进行约束性报价的环节，资产评估机构往往难以开展具体的核查验证工作，数据资料也非常有限，而配合国内企业进行谈判以及出具符合国内相关规定的报告也就无法进行。又如，在正式开展资产评估工作时，因交易双方相关标准的差异，按照国内资产评估准则要求进行的评估程序可能无法完全执行到位，例如财务核查程序等。再如，在完成收购后的以财务报告为目的（合并对价分摊）的资产评估中，因时间和成本等问题使得现场工作受到较大的限制。

虽然我国资产评估的准则建设已经在国际上处于领先地位，但在上述情形下，资产评估机构应该如何控制风险、履行程序、合理披露等都需要有相关更深入和细化的标准进行指导。此外，"一带一路"沿线涉及的境外投资并购项目，主要是利用我国企业的技术和资金优势，有效结合被投资地区的市场、人力成本和资源优势等形成投资协同效应，此时的资产定价应该以投资价值作为定价参考，而目前国内投资价值相关的资产评估准则尚在征求意见过程中。

四是缺乏具备国际视野和相应专业能力的高素质、复合型资产评估人才。人才是资产评估服务得以正常开展的前提与基础，但是境外资产评估服务对资产评估专业人

员提出了更高的要求，目前就整个评估行业而言，拥有一支具备国际执业技术水平、能够胜任跨国资产评估服务要求的评估师团队的资产评估机构屈指可数。

五、助力评估机构国际化发展的相关建议

第一，要培养一批擅长国际语言交流，熟悉国外政策、经济、文化等环境，具有国际视野和相应专业能力的高素质、复合型资产评估人才，这样我们的评估机构才能胜任跨国的资产评估服务。

第二，虽然目前我国的评估机构数量众多，但多数都是规模较小、技术实力薄弱、技术创新能力缺乏的小机构，很难参与国际市场竞争中去。因此，面对"一带一路"倡议带来的机遇，我们的中小机构要想参与其中，就必须打破竞争壁垒，通过资源共享和区域合作、结盟的形式，实现强强联合，整合优势资源，降低经营成本，扩大企业规模，从而在国际竞争中充分发挥资源整合的聚变效应。

第三，想要提高我国评估机构的国际竞争力，就必须以技术创新为手段，逐渐树立起资产评估机构的品牌效应。技术创新，最有效、最直接的途径就是利用当今的科技手段为资产评估服务，如大数据技术。

第四，要从传统评估服务向综合咨询类高端服务拓展，不断拓展业务服务范围，优化产品结构，为投身国际评估市场奠定基础。

第五，资产评估协会应该充分发挥建设性作用，组织对"一带一路"沿线国家政治、经济、文化等情况和相关标准的研究，开展专题交流、分享与培训，加深评估机构和评估人员对这些情况的了解。

第六，主管部门和资产评估协会可以研究出台"一带一路"评估项目中技术难点的指引性政策。由于"一带一路"倡议实施过程中企业境外投资业务的多样性和复杂性，资产评估机构可能会面临一些新的技术问题和难点，针对这一情况，我国资产评估行业应当积极参与国际评估理论研究、重大课题研讨，组织行业内专家进行讨论，尽早出台"一带一路"评估项目中技术难点的指引性政策，指导评估机构境外业务的顺利开展和国际评估实践相接轨。

第七，搭建"一带一路"资源共享平台。为了提高我国评估行业的整体专业素质和能力，行业协会可以积极组织不同评估机构之间的交流，搭建"一带一路"资源共享平台，分享的资源包括但不限于评估业务机会的识别、海外评估经验分享、具备跨国业务能力的人才培养与培训，从而实现不同评估机构之间的优势互补，为我国评估机构国际化业务的开展提供有力的支持。

第六章

资产评估应用

根据中国资产评估协会制定的《资产评估行业市场开拓路线指引（2019年）》（以下简称《指引2019》），将资产评估行业业务分为评估类业务、评价类业务及咨询类业务三类。

评估类业务是根据《资产评估法》和《资产评估行业财政监督管理办法》等有关规定，以"评定、估算"为基本方法的业务，其中也包括估值业务。

评价类业务是指评估专业人员根据评价标准，对评价对象的财务、运营、偿债、发展或者内控等方面进行审核，通过量化和非量化的测评，最终得出评审（评价）结论并出具评审（评价）意见或报告的业务。

咨询类业务是指评估专业人员根据委托方需求，应用科学的方法进行定量和定性分析，查出存在的主要问题和原因，提出并指导实施改进方案，从而提高委托方的经济效益或管理水平的业务。

《指引2019》对资产评估行业业务的需求方进行了梳理，并根据需求方的不同，对触发资产评估行业业务的126项经济行为进行逐一分析。其中：评估类业务中涉及的需求方分为8个类别，对应具体的经济行为85项；评价类业务中涉及的需求方分为2个类别，对应具体的经济行为12项；咨询类业务中涉及的需求方分为2个类别，对应的具体经济行为29项，详见本书附表 资产评估行业业务一览表。

第一节 评估类业务

评估类业务涉及的需求方包括：国资委、财政部及其授权履行国有资产监管的中央企业和中央金融企业、国有企业、国有金融企业、中央文化企业、上市公司与非上市公众公司、行政事业单位、企业及其他主体等，触发资产评估行业业务的经济行为共计85项。

一、国资委、财政部及其授权履行国有资产监管的中央企业和中央金融企业评估类业务需求

国资委、财政部及其授权履行国有资产监管的中央企业和中央金融企业触发评估类业务需求的经济行为主要包括资产处置、公司制改建、企业合并与分立、产权变动等，涉及的相关业务是资产评估机构开展多年的业务类型，是资产评估机构的基本服务项目。

资产处置经济行为包括：资产转让、拍卖、偿债、租赁、抵质押、资产重组、资产捐赠、资产补偿、资产涉讼、对外投资、接受投资、接受抵债资产和债务重组等。

企业合并与分立经济行为包括：企业合并、企业分立、企业破产、企业清算、企业解散等。

产权变动经济行为包括：增资扩股、IPO、股权转让、债转股等。

二、国有企业评估类业务需求

在发展混合所有制经济和国有经济优化布局、调整结构过程中，触发评估类业务需求的经济行为包括国有企业股权投资、股权激励、僵尸企业处置、国有企业办教育医疗机构改革等，具体如下：

（一）中央企业的股权投资

《中央企业投资监督管理办法》（国资委令第34号）和《中央企业境外投资监督管理办法》（国资委令第35号）规定，中央企业在投资事前管理中，"股权投资项目应开展必要的尽职调查，并按要求履行资产评估或估值程序"；在投资风险管理中，"中央企业股权类重大投资项目在投资决策前应当由独立第三方有资质咨询机构出具投资

项目风险评估报告"。因此，中央企业在开展股权投资前，应履行资产评估或者估值程序，在投后需要进行项目风险评估。

此处股权投资主要是指针对中央企业在股权投资业务开展前进行的业务。

（二）国有企业发展混合所有制经济

《关于国有企业发展混合所有制经济的意见》（国发〔2015〕54号），指出"国有资本、集体资本、非公有资本等交叉持股、相互融合的混合所有制经济，是基本经济制度的重要实现形式""发展混合所有制经济，是深化国有企业改革的重要举措"。以此为契机，员工持股和股权奖励等产生评估类业务需求的经济行为不断出现。具体如下：

国有控股混合所有制企业开展员工持股。2016年12月，国务院国资委、财政部、证监会发布《关于国有控股混合所有制企业开展员工持股试点的意见》（国资发改革〔2016〕133号），对处于充分竞争领域的商业类企业进行员工持股试点。同时规定"金融、文化等国有企业实施员工持股，中央另有规定的依其规定执行。国有科技型企业的股权和分红激励，按国务院有关规定执行"。文件规定员工出资和入股价格等应以评估为基础：

国有科技型企业股权和分红激励。《国有科技型企业股权和分红激励暂行办法》（财资〔2016〕4号）第11条规定"企业实施股权出售，应按不低于资产评估结果的价格，以协议方式将企业股权有偿出售给激励对象。资产评估结果，应当根据国有资产评估的管理规定，报相关部门、机构或者企业核准或者备案"。第14条规定"企业用于股权奖励的激励额，应当依据经核准或者备案的资产评估结果折合股权，并确定向每个激励对象奖励的股权"。

中央企业及其属科技型企业股权和分红激励。《国有科技型企业股权和分红激励暂行办法》（财资〔2016〕4号）和《关于做好中央科技型企业股权和分红激励工作的通知》（国资发分配〔2016〕274号）对中央企业及所属国有科技型企业股权和分红激励做出规定和要求，明确中央企业及所属国有科技型企业股权和分红中涉及股权出售和股权奖励时应以核准或者备案的资产评估结果为基础。

（三）化解过剩产能

《关于化解产能严重过剩矛盾的指导意见》（国发〔2013〕41号）指出"化解产能严重过剩矛盾是当前和今后一个时期推进产业结构调整的工作重点。积极有效地化解钢铁、水泥、电解铝、平板玻璃、船舶等行业产能严重过剩矛盾"。在此过程中涉及的评估经济行为主要有：

僵尸企业处置。2016 年国务院国资委摸底梳理出中央企业需要专项处置和治理的"僵尸企业"及特困企业 2041 户,涉及资产 3 万亿元。另据 2016 年中国人民大学《中国僵尸企业研究报告》指出,电力、热力、冶金、石油加工等行业中"僵尸企业"的比例较高,其中钢铁行业的比例是 51.43%、房地产行业为 44.53%、建筑装饰行业为 31.76%。

过剩产能资产处置。2016 年化解钢铁煤炭过剩产能,涉及 28 个省份 1905 家企业。2018 年国家发展和改革委员会、工业和信息化部、国家能源局、财政部、人力资源和社会保障部、国务院国资委《关于做好 2018 年重点领域化解过剩产能工作的通知》(发改运行〔2018〕554 号),指出"钢铁方面:2018 年退出粗钢产能 3000 万吨左右,基本完成'十三五'期间压减粗钢产能 1.5 亿吨的上限目标任务。煤炭方面:力争化解过剩产能 1.5 亿吨左右,确保 8 亿吨左右煤炭去产能目标实现。煤电方面:淘汰关停不达标的 30 万千瓦以下煤电机组"。

(四)国有企业办教育医疗机构的改革

2017 年国资委、中央编办、教育部、财政部、人社部和国家卫计委六部委联合制定和发布《关于国有企业办教育医疗机构深化改革的指导意见》(国资发改革〔2017〕34 号),规定企业办医疗机构进行资源整合,实现专业化运营和集中管理中涉及的资产转让、产权转让等经济行为应当进行评估。

(五)国有企业职工家属区"三供一业"分离移交

根据国务院国资委、财政部《关于国有企业职工家属区"三供一业"分离移交工作的指导意见》(国办发〔2016〕45 号),全面推进国有企业(含中央企业和地方国有企业)职工家属区"三供一业"分离移交工作,移交企业要做好移交资产清查、财务清理、审计评估、产权变更及登记等工作。

三、国有金融企业评估类业务需求

国有金融企业触发评估类业务需求的经济行为主要包括国有金融企业直接股权投资和市场化银行债权转股权等。

(一)国有金融企业直接股权投资

《关于进一步明确国有金融企业直接股权投资有关资产管理问题的通知》(财金〔2014〕31 号)中要求"国有金融企业开展直接股权投资,应当根据拟投资项目的具体情况,采用国际通用的估值方法，对拟投资企业的投资价值进行评估，得出审慎合理的估值结果"，同时规定"国有金融企业可以按照成本效益和效率原则，自主确定是否聘请专业机构对拟投资企业进行资产评估，资产评估结果由企业履行内部备案程序"。

（二）市场化银行债权转股权

《关于市场化银行债权转股权实施中有关具体政策问题的通知》（发改财金〔2018〕152号）中对银行和市场化债转股实施机构规定"可根据对象企业降低杠杆率的目标，设计股债结合、以股为主的综合性降杠杆方案，并允许有条件、分阶段实现转股。鼓励以收债转股模式开展市场化债转股"。在"市场化银行债权转股权"工作中，市场化的最核心要素就是价值，以买卖双方都能够认可的价值作为交换的基础，资产评估在此过程中属于必需的经济行为。

四、中央文化企业评估类业务需求

2012年，《中央文化企业国有资产评估管理暂行办法》（财文资〔2012〕15号）对中央文化企业应当进行资产评估的12个事项进行了明确规定。中央文化企业触发评估类业务需求的经济行为主要包括：

（一）经营性文化事业单位转制为企业

2014年国务院办公厅发布《关于印发文化体制改革中经营性文化事业单位转制为企业和进一步支持文化企业发展两个规定的通知》（国办发〔2014〕15号），要求"经营性文化事业单位转制为企业，要认真做好资产清查、资产评估、产权登记等基础工作"。

（二）中央文化企业改制

2017年中共中央宣传部和财政部发布《中央文化企业国有资产监督管理暂行办法》（中宣发〔2017〕3号），明确规定"财政部负责研究制定中央文化企业国有资产基础管理相关制度，对中央文化企业国有资产产权界定、产权登记、资产评估、清产核资、资产统计、财务等进行监督管理"。

2018年财政部和中共中央宣传部发布《关于中央文化企业公司制改制工作实施方案的通知》（财文〔2018〕6号），要求中央文化企业"改制为股权多元化企业，要符合文化市场准入有关规定，不得违规引入社会资本，按要求履行清产核资、财务审计、资产评估、进场交易等各项程序，并以资产评估值作为认缴出资的依据"。

（三）中央文化企业国有资产交易

2017 年财政部发布《关于进一步规范中央文化企业国有资产交易管理的通知》（财文〔2017〕140 号），要求中央文化企业国有资产交易应充分发挥市场配置资源作用，遵循等价有偿和公开公平公正的原则。中央文化企业国有资产交易行为包括产权转让、增资、资产转让行为，根据《中央文化企业国有资产评估管理暂行办法》（财文资〔2012〕15 号），这三类国有资产交易行为在涉及国有产权变动中均应进行资产评估。

五、上市公司及非上市公众公司评估类业务需求

上市公司触发评估类业务需求的经济行为主要包括资产重组、业务重组、发行股份购买资产、定向增发、退市评估、外国投资者对 A 股上市公司的战略投资等；非上市公众公司触发资产评估的经济行为主要包括重大资产重组和收购资产。

六、行政事业单位评估类业务需求

2017 年财政部发布《关于从事生产经营活动事业单位改革中国有资产管理的若干规定》（财资〔2017〕13 号），对从事生产经营活动事业单位改革中国有资产管理进行了规范，行政事业单位触发评估类业务需求的经济行为主要包括：

1. 资产清查；
2. 经营类事业单位整体或部分改制为有限责任公司或者股份有限公司及进行产权转让、国有资产流转等；
3. 经营类事业单位国有资产出售等经济行为中，应进行资产评估，其中涉及改制行为的，资产评估结果在转制单位内部公示，经主管部门审核后，报财政部门核准或备案。

七、企业评估类业务需求

此处企业触发评估类业务需求的经济行为主要与会计核算相关，包括商誉减值测试、其他资产或资产组减值测试、非货币性资产公允价值评估、金融工具公允价值评估、基金估值、合并对价分摊评估等。其他还包括金融企业抵押物管理及评估和外国投资者对境内企业并购资产评估，这主要与企业的管理、并购等需求相关。

八、其他机构评估类业务需求

其他机构触发评估类业务需求的经济行为主要包括生态环境评估业务、基于财政部门的 PPP 项目中的资产评估、基于司法部门的司法鉴证评估以及国家中小企业发展基金价值评估等。

（一）生态环境评估

生态环境评估包括碳排放权评估、生态补偿价值评估、环境损失评估和森林生态价值评估等。

（二）PPP 项目中的评估

2013 年以来，财政部、国家发展改革委等部门陆续出台多个关于 PPP 模式建设的文件，其中涉及资产评估的主要有两个方面：一是政府与社会资本合作中涉及的评估；二是 PPP 项目资产证券化中涉及的评估。

政府与社会资本合作。《关于〈政府和社会资本合作项目财政管理暂行办法〉的通知》（财金〔2016〕92 号）规定，"存量项目实施方案中应包括资产评估报告""项目实施机构应该通过政府采购方式委托专家或第三方专业机构，编制项目物有所值评价报告""各级财政部门应当会同行业主管部门开展 PPP 项目绩效运行监控，开展中期绩效评估""存量 PPP 项目中涉及存量国有资产、股权转让的，应由项目实施机构会同行业主管部门和财政部门按照国有资产管理相关办法，依法进行资产评估""项目合作期满移交的，项目实施机构或政府指定的其他机构应组建项目移交工作组，对移交资产进行性能测试、资产评估和登记入账"。这 5 个环节 5 种评估事项，既有传统的资产评估，也有绩效评估，还有 PPP 项目特有的物有所值评价。《关于在公共服务领域深入推进政府和社会资本合作工作的通知》（财金〔2016〕90 号）和《关于深入推进农业领域政府和社会资本合作的实施意见》（财金〔2017〕50 号）中关于资产评估的规定，属于《关于〈政府和社会资本合作项目财政管理暂行办法〉的通知》（财金〔2016〕92 号）在公共服务领域和农业领域的具体化。

PPP 项目资产证券化。财政部 2017 年发布《关于规范开展政府和社会资本合作项目资产证券化有关事宜的通知》（财金〔2017〕55 号），部署分类稳妥推进 PPP 项目证券化，包括：一是项目公司资产证券化，以能够给项目带来现金流的收益权、合同债权作为基础资产，发行资产证券化产品。二是项目公司股东资产证券化，除 PPP 合同对项目公司股东的股权转让质押等权利有限制性约定外，在项目建成运营 2 年后，项目公司的股东可以以能够带来现金流的股权作为基础资产，发行资产证券化产品，盘活存量股权资产，提高资产流动性。三是项目公司其他相关主体资产证券化，在项目运营阶段，为项目公司提供融资支持的各类债权人，以及为项目公司提供建设支持的承包商等企业作为发起人（原始权益人），可以合同债权、收益权等作为基础资产，按监管规定发行资产证券化产品。在 PPP 项目资产证券化过程中，按照深圳证券交易所的有关规定，应出具《现金流预测报告》和证券化所涉及基础资产的评估报告。

（三）司法鉴证评估

司法鉴证评估主要包括资产损害鉴定评估、资产变价评估和刑事案件定罪量刑中相关损失的估算、人民法院委托司法执行财产处置资产评估等。

（四）国家中小企业发展基金价值评估

国家中小企业发展基金通过设立母基金、直投基金等，用市场化的办法，重点支持种子期、初创期成长型中小企业发展，其中在基金募资、设立、管理、收益分配、到期退出等环节都可以对基金价值进行评估。

（五）行业协会商会与行政机关脱钩有关国有资产管理

为了加强行业协会商会与行政机关脱钩过程中以及脱钩后国有资产（包括无形资产）管理，财政部于 2015 年发布《关于加强行业协会商会与行政机关脱钩有关国有资产管理的意见（试行）》（财资〔2015〕44 号），规定"在脱钩过程中，需要进行资产评估的，应当按照《国有资产评估管理办法》（国务院令第 91 号）、《国有资产评估管理若干问题的规定》（财政部令第 14 号）等规定执行"。

（六）中国足球协会资产处置等经济行为

财政部 2017 年发布《中国足球协会资产管理暂行办法》（财资〔2017〕32 号）规定：大额资产以出售与置换方式处置的，应委托具有相应专业能力的资产评估机构进行评估，并通过拍卖、招投标的方式进行；中国足协所持的国有企业股权资产，应按照《中华人民共和国企业国有资产法》等国有企业有关法律法规进行管理。

（七）包装产业转型中需要资产评估的经济行为

2016 年工信部和商务部联合发文《关于加快我国包装产业转型发展的指导意见》（工信部联消费〔2016〕397 号），其中需要资产评估的经济行为包括：发展混合所有制经济中涉及的国有资产；大中型企业的股权分置改革中涉及的国有产权变动；企业与科研院所间的资产重组。

九、案例分析

（一）案例背景

A公司是一家汽车和摩托车零配件制造加工企业，B公司为一家研发、生产精密模具企业，A公司为了完善其产业链，决定通过发行股份及支付现金方式购买B公司股权。

（二）评估方法

企业价值评估的基本方法主要有收益法、市场法和资产基础法。企业价值评估中的收益法，是指将预期收益资本化或者折现，确定评估对象价值的评估方法。收益法常用的具体方法包括股利折现法和现金流量折现法。

企业价值评估中的市场法，是指将评估对象与可比上市公司或者可比交易案例进行比较，确定评估对象价值的评估方法。市场法常用的两种具体方法是上市公司比较法和交易案例比较法。

企业价值评估中的资产基础法，是指以被评估企业评估基准日的资产负债表为基础，合理评估企业表内及表外各项资产、负债价值，确定评估对象价值的评估方法。

（三）评估过程

1. 收益法

1）收益法模型

本次评估选用的是现金流量折现法，即将企业自由现金流量作为企业预期收益的量化指标，并使用加权平均资本成本模型（WACC）计算折现率。

2）计算公式

本次收益法评估模型选用企业自由现金流。

企业价值由正常经营活动中产生的经营性资产价值和与正常经营活动无关的非经营性资产价值构成。

企业价值 = 经营性资产价值 + 溢余资产价值 + 非经营性资产价值 + 长期股权投资价值。

股东全部权益价值 = 企业价值 − 有息债务

计算公式为：

$$P = \sum_{i=1}^{n} A_i / (1+r)^i + A_n / r / (1+r)^n + N - D$$

其中：P 为股东全部权益价值；

A_i 为明确预测期的第 i 期的预期收益；

r 为折现率；

i 为预测期；

A_n 为无限年期的年收益；

n 为预测期的最后一期；

N 为非经营性资产及负债评估净值；

D 为有息负债。

3）收益期的确定

评估时在对企业收入成本结构、资本结构、资本性支出、投资收益和风险水平等综合分析的基础上，结合宏观政策、行业周期及其他影响企业进入稳定期的因素合理确定预测期，假设收益年限为无限期。

4）预期收益的确定

本次将企业自由现金流量作为企业预期收益的量化指标。

企业自由现金流量就是在支付了经营费用和所得税之后，向公司权利要求者支付现金之前的全部现金流。其计算公式为：

企业自由现金流量 = 税后净利润 + 折旧与摊销 + 利息费用 ×（1 - 所得税率）- 资本性支出 - 营运资金增加

5）折现率的确定

确定折现率有多种方法和途径，按照收益额与折现率口径一致的原则，本次评估收益额口径为企业自由现金流量，则折现率选取加权平均资本成本（WACC）确定。

$$WACC = (R_e \times W_e) + R_d \times (1-T) \times W_d$$

其中：R_e 为公司权益资本成本；

R_d 为公司负息负债成本；

W_e 为权益资本在资本结构中的百分比；

W_d 为债务资本在资本结构中的百分比；

T 为公司有效的所得税税率。

本次评估中的公司权益资本成本（R_e）采用资本资产定价修正模型（CAPM）来确定，CAPM 可用下述公式表示：

$$R_e = R_f + \beta \times ERP + R_c$$

其中：R_f 为无风险报酬率；

β 为企业风险系数；

ERP 为市场超额收益率；

R_c 为企业特定风险调整系数。

2. 资产基础法

资产基础法，是指在合理评估企业各项资产价值和负债的基础上确定评估对象价值的评估思路。其基本计算公式为：

评估值 = 各单项资产评估值之和 − 负债评估值之和。

1）流动资产的评估方法

（1）货币资金包括现金、银行存款、其他货币资金等。对于库存现金通过盘点、依据盘点结果对评估基准日现金数额进行倒轧核对；对银行存款进行函证，检查银行对账单和银行存款余额调节表；对其他货币资产查验被评估单位其他货币资金对账系统。货币资金经核对无误后，以经核实后的账面价值确认评估价值。

（2）各种应收款项在核实无误的基础上，根据每笔款项可能收回的数额确定评估值。

2）非流动资产的评估方法

（1）长期股权投资的评估方法

本次评估对所有纳入评估范围的被投资单位进行整体评估，确定其在评估基准日的股东全部权益价值，以评估后该公司的股东全部权益价值乘以投资单位的持股比例得出长期投资的评估价值。

（2）房屋建筑物评估方法

房屋建筑物评估方法的选择应按照《房地产估价规范》的要求，根据当地房地产市场发育情况并结合评估对象的具体特点及评估目的等适当选择，本次评估采用市场法和收益法，评估方法如下：

市场法是选取一定数量的可比实例，将它们与评估对象进行比较，根据其间的差异对可比实例成交价格进行修正后得到评估对象价值或价格的方法。

计算公式：

$$P = \left(\sum_{i=1}^{n} X_i a_i b_i c_i \right) / n$$

其中：P——评估对象房地产价格；

n——选取的可比实例个数；

X_i——第 i 个可比实例的价格；

a_i、b_i、c_i——第 i 个可供比较实例的交易情况、市场状况、房地产状况的修正系数。

收益法：预测估价对象的未来收益，利用报酬率将未来收益转换为价值得到估价对象价值或价格的方法。

$$V = \sum_{i=1}^{n} A_i / (1+R)^n$$

其中：V——估价对象在价值时点的收益价格，即现值；

A_i——未来第 i 年的净收益；

R——报酬率；

n——房地产的收益年限。

（3）设备类固定资产的评估

对于设备类固定资产主要采用成本法进行评估。成本法计算公式如下：

评估值 ＝ 重置全价 × 综合成新率

（4）无形资产

截至评估基准日，被评估单位账面列示的无形资产为软件及专利等，根据两类无形资产长期待摊费用。

对长期待摊费用，在核实支出和摊销政策的基础上，以评估目的实现后的资产占有者还存在的且与其他评估对象没有重复的资产和权利的价值确定评估值。

（5）递延所得税资产

递延所得税资产主要为资产的账面价值和计税基础的差异所导致的所得税纳税调整，本次评估评估人员对递延所得税资产进行了分析、核实。被评估单位递延所得税资产主要由应收款项的账面价值与其计税基础不同所产生的递延，评估人员在清查中对产生递延所得税资产的具体差异进行了核实，按核实后的差异额确定递延所得税资产的评估值。

3）负债的评估方法

各类负债在清查核实的基础上，根据评估目的实现后的被评估企业实际需要承担的负债项目及金额确定评估值。

（四）评估结论

此次评估采用资产基础法及收益法，根据以上评估工作，得出如下评估结论：收益法评估后的股东全部权益价值为 55028.05 万元，资产基础法评估后的股东全部权益价值为 38458.03 万元，两者相 16570.02 万元，差异率为 43.09%。

从评估结论看，资产基础法评估结论低于收益法评估结论。资产基础法评估是以资产的成本重置为价值标准，反映的是资产投入（购建成本）所耗费的社会必要劳动，这种购建成本通常随着国民经济的变化而变化；收益法评估是以资产的预期收益为价值标准，反映的是资产的产出能力（获利能力）的大小，是企业整体资产预期获利能力的量化与现值化，强调的是企业的整体预期盈利能力。在如此两种不同价值标准前提下会产生一定的差异。

收益法评估结果增值较大，主要原因是企业收益的持续增长。考虑到收益法能综合反映企业的品牌效应、客户资源、内控管理、核心技术和管理经验，且公司所面临的经营环境相对稳定，在未来年度经营过程中能够获得较为稳定的收益，因此收益法评估结果能够很好地反映企业的预期盈利能力。因此，本次选取收益法评估结论作为最终的评估结论。

（五）案例分析

本案例为企业价值评估项目，根据《资产评估执业准则——企业价值》规定，执行企业价值评估业务，应当根据评估目的、评估对象、价值类型、资料收集等情况，分析收益法、市场法、成本法（资产基础法）三种基本方法的适用性，选择评估方法，对于适合采用不同评估方法进行企业价值评估的，资产评估专业人员应当采用两种以上评估方法进行评估。本案例遵循上述规定，采用了收益法、和资产基础法进行评估。而在我国资产评估初期，企业价值评估一般只采用成本法（资产基础法）这一种评估方法，在《企业价值评估指导意见》颁布实施之后，收益法才逐步被采用，那个时候的收益法多数采用的还是净利润折现模型。随着资产评估理论的不断完善和发展，市场法也被广泛使用，资产评估收益法、市场法、成本法（资产基础法）三种基本方法理论体系已经相当成熟，从评估方法的发展演变过程也可以看出资产评估行业的发展。

第二节　评价类业务

评价类业务涉及企业、财政部门和预算部门（单位）等需求方，触发资产评估行业业务的经济行为共计 12 项。

一、企业评价类业务需求

企业触发评价类业务需求的具体经济行为主要包括绩效评价、内部控制评价和品牌评价等。其中绩效评价又大致可分为企业绩效评价、金融企业绩效评价、现代服务业综合试点工作绩效评价、上市公司业绩评价等。

二、财政部门和预算部门（单位）等评价类业务需求

（一）业务来源

财政部门和预算部门（单位）等触发评价类业务需求的具体经济行为主要包括财政支出绩效评价和政府出资产业投资基金评价等。其中，财政支出绩效评价主要包括财政支出绩效评价、国有资本经营预算支出项目绩效评价、中小企业发展专项资金评审；政府出资产业投资基金评价主要包括政府出资产业投资基金的绩效评价、政府投资基金绩效评价、"互联网＋流通"发展基金评价等。

（二）案例分析

党的十九大报告中提出"建立全面规范透明、标准科学、约束有力的预算制度，全面实施绩效管理"。而预算绩效管理则是政府绩效管理的重要组成部分，随着我国财政管理体制框架的建立和完善，如何强化财政支出管理、提高财政支出的绩效水平，已成为社会主义市场经济条件下财政管理工作的新课题，财政资金使用效益的问题也越来越受到重视。通过引入第三方机构开展绩效评价，建立健全财政资金使用绩效的社会评价体系，对于提高财政资金使用绩效评价的公信力、民主性和科学性，促进财政工作和预算信息的公开透明具有重要的现实意义和深远影响。

目前，第三方评价机构主要包括资产评估机构、会计师事务所、社会研究机构、高等院校、社会咨询机构等。第三方评价机构较政府和公共项目管理者具有更强的独立性，有助于保证评价结果的客观公正，同时，第三方评价机构较财政部门、预算部门而言具备明显的人才储备、技术理论和学术研发等优势，可以充分发挥自身优势保证预算绩效评价工作的长期、有效开展。

财政支出范围广泛，支出对象层次复杂，支出效益表现多样，决定了财政支出绩效评价是一项复杂的综合性系统工程，其需要有强有力的专业团队协作支撑。由于评估市场的复杂性和灵活性等特点，需要评估人员具备多元化的知识结构，除了对自己从事专业的知识和技术的理解具有一定的深度外，还要求对其他相关学科历史和现状、理论体系、国内外最新信息等都要有一定的了解和把握。评估师通常具备资产评估、工程技术、房地产估价、财务会计、法律等方面的专业知识，对资产的价值属性及计价标准较为熟悉。

相比其他第三方评价机构，评估行业机构参与绩效评价项目，在项目人员配备上拥有综合的优势，同时在知识结构方面也较为完备，更能够满足绩效评价复杂性、多样性的特点。另外，评估师在日常学习和业务实践中积累形成的职业技能，与财政支

出绩效评价的特点较为匹配。下面以财政支出工程建设类项目为例，介绍评估机构如何发挥专业特长开展绩效评价业务。

某市投入财政专项资金 28000 万元，建设该市中心图书馆项目，项目建成经营后，财政部门为全面了解财政专项资金使用情况，以及中心图书馆的施工建设情况，同时客观评判该项目在建设、运营、管理等方面的合规性与效果，特委托第三方评估机构开展此次项目绩效后评价。

经调查，该中心图书馆建设项目，是为了全面落实该市"图书馆之城"建设规划（2016—2020）和"文化立市"战略，通过当地发展改革部门审批的一个政府投资建设类项目。我们以结果为导向，通过对该中心图书馆进行审计调查，进一步摸清图书馆的资金投入规模及结构，挖掘该项目在投入和使用过程中存在的隐患与问题，通过层次分析，提出加强图书馆建设与运营管理的改进建议，为财政部门提供决策支持，推动资金使用方向的公平化、合理化和透明化；提高公共投资项目的管理水平。

绩效评价工作流程如图 4-5 所示。

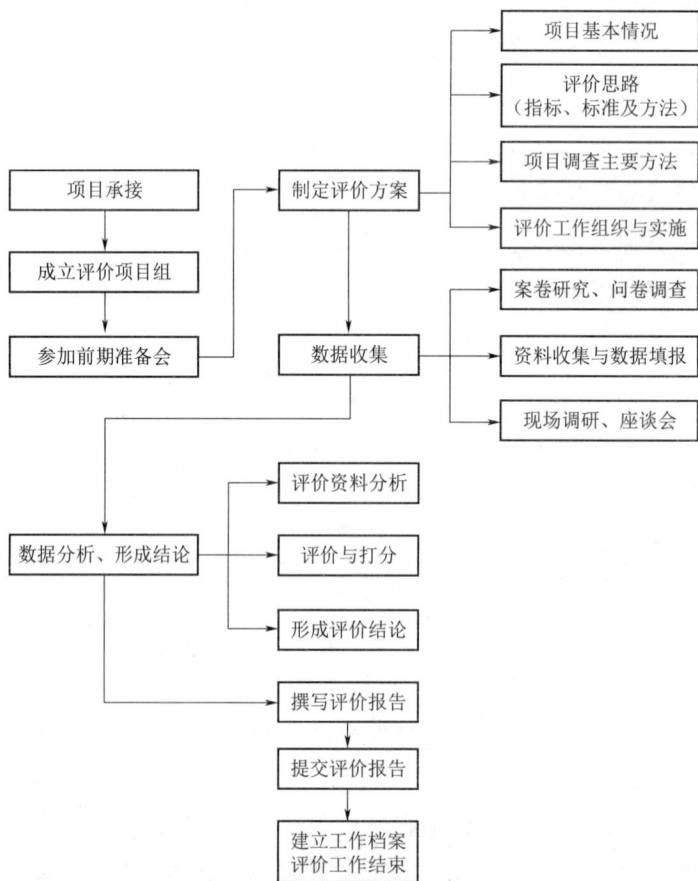

图 4-5　绩效评价工作流程

本次绩效评价工作根据项目实际情况，主要采用了以下五种方法进行评价：

1. 比较分析法

根据绩效评价调查工作中取得的相关资料，对照项目立项时所确定的直接目标和宏观目标以及其他绩效指标，找出之间的偏差和变化，分析原因，得出结论和经验教训。对比基准可以是计划、预算、标准、设计、历史、同行业绩效等。

2. 因素分析法

将影响投入（项目支出）和产出（效益效果）的各项因素罗列出来进行分析，计算投入产出比。

3. 分析研究法

包括定量分析法、定性分析法和逻辑框架法。分析项目原定的预期目标和目的、各目标层次、目标实现程度及其原因，以分析原定的项目目标是否合理，通过投入、产出、直接目的、宏观影响四个层面对项目活动进行分析和总结。

4. 调查收集资料法

包括利用现有资料法、访谈法、专题调查会、抽样调查，采用上述多种方法对同一调查内容相互验证，以提高调查成果的可信度和准确度。

5. 衡工量值法

以项目实施为切入点，在政策执行过程中对不同阶段的政策绩效进行观察，评判各个阶段实现分目标的绩效，并与政策执行前后有关情况联系起来，衡量政策本身的价值和为实现政策目标所采取措施的价值。

另外，根据该项目的自身特点，在进行绩效评价时，我们在工作的不同阶段分别使用上述的一种方法或混合使用几种方法。

绩效评价始终围绕项目合规性、经济性、效率性、效果性四个方面展开：

1. 项目合规性评价

包括立项决策、招投标（采购）及合管理、建设管理、财务管理、竣工移交管理及运营管理六个方面内容。

2. 项目经济性评价

包括财政资金投入、使用控制情况、项目质量控制情况、项目安全实现情况及运营资金控制情况四方面内容。

3. 项目效率性评价

主要包括工作内容完成度、项目资金拨付情况、全过程进度控制情况、资金使用情况等四个方面内容。

4. 项目效果性评价

项目效果性评价主要包括社会效益、目标达成度、服务发挥程度、服务对象满意度等四个方面。

经过对该项目取得资料进行充分的研究分析，根据相关性、重要性、可比性、系统性和经济性原则，在财政部绩效评价指标体系的框架内，编制了本次绩效评价项目的评价指标体系，以预算全过程管理为主线，全面涵盖了财政项目支出预算管理的关注点和要求，系以结果导向为核心的指标体系框架。通过对绩效评价指标逐项进行打分，深层次查找其中的扣分原因，根据问题提出具有针对性的建议。

第三节　咨询类业务

咨询类业务涉及企业及其他主体等需求方，触发资产评估行业业务的经济行为共计 29 项。

一、企业咨询类业务需求

企业触发咨询类业务需求的经济行为主要包括尽职调查、税基评估、财务管理、合规管理、经营管理、特定行为管理等。

其中，尽职调查主要包括一般尽职调查和企业境外资产巡查等；税基评估主要包括计税价格评估、认定报关价格等；经营管理主要包括价值驱动因素识别、资产配置研究、投资前的尽职调查、投资后的评价管理、资产管理、人力资源管理咨询、激励约束机制设计及评价、流程重构/重整、风险管理、价值管理和战略管理等；特定行为管理包括并购重组的交易结构/路径/方案等咨询、并购重组的税收问题咨询、破产顾问/托管人与接管人服务、破产诉讼与赔偿管理咨询和企业争端分析与调查等。

二、其他咨询类业务需求

（一）业务来源

其他咨询类业务需求主要包括为政府部门提供的管理咨询业务和为其他领域提供的管理咨询业务。其中，触发前者的经济行为主要包括质量信用评估、社会组织评估和预算绩效管理咨询等；触发后者的经济行为主要包括为农村集体经济提供咨询服务、工程造价咨询业务、家庭资产配置服务和个人理财服务等。

（二）案例分析

1. 项目背景

T&T 的母公司凸版印刷株式会社成立于 1900 年，总部位于日本东京，是一个拥有 5 万名员工的大型国际性公司，位于世界 500 强之列，当时报道的销售额达 1.3 万亿日元。凸版印刷利用其在印刷中获得的核心技术不断扩展其经营活动到各个新领域之中，从证卡印刷、商业印刷、出版印刷、包装印刷、精密电子、建筑装修材料，扩展至多媒体等数字化内容及相关文化事业，成为全球印刷界的跨国企业。

新纶科技看中其技术优势和产品优势，拟收购其离店铝塑膜软包业务，利用自身在涂布领域的优势，实现产品升级和转型。

本次收购除涉及 T&T 锂电铝塑膜软包业务生产所使用的必要生产设备、资金、存货外，还包括目前及将来生产所需的专利、专有技术在中国的独占许可使用权，商标许可使用权，以及 T&T 未来年度为新纶科技扩大生产所必需的建设、培训、设备搬迁等相关技术支持。

新纶科技收购 T&T 锂电铝塑膜软包业务项目由并购和新建两个部分组成：

1）并购部分

新纶科技并购有形资产包括：T&T 在日本三重的工厂的一条生产线及相关的货币资金和存货。

并购范围内涉及的无形资产包括：专利和专有技术在中国独占许可（生产管理、品质管理、原材料、设备、生产工艺包、产品资料、质量体系、岗位配置等）、商标使用权、与专有技术相关的技术支持协议等，并签订新建生产线及日本生产前搬迁的技术支持协议。

2）新建部分

新纶科技在收购 T&T 锂电铝塑膜软包业务后，在常州市武进区已有工业园预留用地开展新项目建设，目标是建设 1 条月产 300 万平方米铝塑膜产品的生产线。其中，第一条生产线在 T&T 的指导下进行，包括日方提供涉密的全部专有技术资料（包括机器设备选型、原材料选型、工厂布局与建设要求等）由新纶科技团队消化吸收；新纶科技派团队到日方工厂培训教育；日方技术人员到常州工厂持续的技术支持，最终将使得常州工厂的产品的品质和生产优良率达到或超过原有日方所生产的产品，使产品在市场上更加具有竞争力，在此期间，所收购的日方生产线将继续开展产品的生产，目标是月产 200 万平方米；第二条生产线建设的基础为收购的原日方生产线设备。在第一生产线达产后，将启动日方三重工厂设备的搬迁工作。与第一生产线相同，日方亦将提供技术支持，同时将月产升级改造到 300 万平方米。最终，本项目将达成两条生产线年产 7200 万平方米的目标。

2. 技术方案

报告形式

本次在报告表现形式上我们选取的是估值报告。估值报告属于咨询报告范畴，并非法定意义项下的资产评估报告。之所以选择估值报告主要基于以下几点：

1）获取资料的限制：本次交易涉及被收购方核心技术，在没有签订正式协议前被收购方可以提供相关明细（设备、存货、知识产权、框架协议涉及的服务），但对于评估机构抽查核实的合同采取严格保密措施，对部分内容进行保密处理；在现场勘查阶段，禁止评估机构对生产人员进行问询；对主要客户及供应商名称采用代码转换。尽管被收购方已经对访谈内容和隐蔽条款进行承诺，但按照目前国内评估准则的要求但仍无法满足出具评估报告所必需的全部资料。

2）报告用途的考虑：本次是给委托方拟收购行为提供价值参考，是基于委托人这一特定主体的角度，在若干设定条件及相关假设下进行的价值咨询。这些假设和前提条件是基于委托方经营决策之需要，不必然适应公众，报告用途仅限于委托方内部决策。我们认为估值报告在表现形式上较评估报告更为灵活，更适应与委托方的委托目的和使用。

3）关于投资价值的理解：既往业内对于投资价值的理解仅仅局限于"针对特定主体"这样一个理解范畴。并没有准确地将"协同价值"进行定义，也没有将计算投资价值的两种途径进行规范。2016 年 1 月国务院国资委产权管理局投资价值评估课题组编制的《投资价值评估》出版，本次咨询也主要借鉴该课题成果。由于理论的完善需要一个被认知和证明的过程，因此关于投资价值的理解也是我们考虑的一个因素。

3. 评估目的

本次受新纶科技公司委托，对其拟收购行为涉及的 T&T 的锂电铝塑膜软包业务投资价值发表意见，为其收购行为提供价值参考依据。

4. 评估对象和范围

根据与委托方沟通、委托方和被收购方达成的协议确定本次咨询对象为收购方拟收购行为所涉及的株式会社 T&T Enertechno 锂电铝塑膜软包业务（含约定服务）于咨询基准日的投资价值。

评估范围是深圳市新纶科技股份有限公司拟收购株式会社 T&T Enertechno 锂电铝塑膜软包业务所涉及的资产组，该资产组包括实物资产和各项约定权利，具体如下：

1）株式会社 T&T Enertechno 的三重工厂与锂电铝塑膜软包业务生产相关的设备、货币资金、存货等资产；

2）株式会社 T&T Enertechno 授予深圳市新纶科技股份有限公司及其全资子公司

在中国的独占使用的锂电铝塑膜软包产品制造及销售所需要的全部专利及全部专有技术（生产管理、品质管理、原材料、设备、生产工艺包、产品资料、质量体系、岗位配置等）许可；

3）株式会社 T&T Enertechno 授予深圳市新纶科技股份有限公司"T&T Enertechno"商标附条件的使用许可；

4）株式会社 T&T Enertechno 授权深圳市新纶科技股份有限公司在中国境内制造及销售锂电铝塑膜软包产品的独占权；

5）株式会社 T&T Enertechno 为深圳市新纶科技股份有限公司在中国的生产线的建设和日本的三重工厂生产线的搬迁提供技术支持。

5.价值类型

本次我们采用投资价值，投资价值与市场价值最主要的差异在于是否是"针对特定主体"。我们认为由于上述交易所约定的事项决定了不可能存在一个"公开的、充分竞争、信息对称"的市场环境，显然不适用与市场价值。

此外，从本次收购行为上看，收购方看中日方的技术优势以及在行业内的地位，如果收购顺利将会在时间上为收购方实现快速占有市场提供保障；在产品合格率上优于国内竞争对手、降低成本和售价，提供竞争优势；能够利用收购方现有销售渠道，丰富产品结构；能够为企业从传统制造业向高端装备制造转型提供帮助；减少国内扩大再生产安装、调试、生产环节的技术困扰；为企业员工培训和技术提高找到良好途径；为企业目前涂布工艺水平提升带来帮助。这些通过并购行为所带来的协同效应，是并购方本次并购的动因所在。

收购方出于自身对协同效应的考虑而追加的付出的对价，往往很难在市场价值中予以体现，因此我们基于收购方这一特定主体和交易框架协议条款所覆盖的权利和义务，选取投资价值作为本次咨询的价值类型。

6.技术路线

投资价值测算总体思路可以概括为直接法和间接法，所谓直接法（也称：加法路径）是通过计算目标资产的市场价值与并购后形成的增量价值（包括：被并购和并购方形成的增量价值）相加来计算投资价值的方法；所谓间接法（也称：减法路径）是通过计算投资并购整合后资产的市场价值，扣除并购方市场价值后计算投资价值的方法。

如果采用直接法计算，除了被收购标的市场价值以外，还需要单独计算并购双方的协同价值，获取资料难度大于间接法。所以本次采用间接法进行计算。

首先，计算并购后锂电软包业务的权益价值 E_1；其次，计算不考虑被收购方资产价值和协同效应情况下，新纶科技投入资产的市场价值价值 E_2；最后，通过 E_1 和 E_2

相减计算投资价值 E。即：

投资价值 $E = E_1 - E_2$。

现场核查关注重点。在这类项目中，现场勘查实际上也是很重要的一个环节。尤其是收购业务或者是资产组的项目。业务（或资产组）的完整性需要重点关注。是否能够独立形成可量化的现金流是关注的重点。此外，生产性资产产能匹配性，主要设备的稳定性、精度、能耗、先进性都需要给予足够重视。有些知识产权是嵌入在生产设备中的应用软件、控制系统，合法权限，授权期限都要予以核实。

第五篇

中国港澳台地区评估

香港、澳门、台湾自古以来便是我国固有领土，虽然在历史上由于内外战乱纷争几经坎坷，但是目前经济社会也保持着良好的发展面貌，特别是香港和澳门在 20 世纪末回归以来，凭借良好的经济发展基础以及"一国两制"的制度优势，经济社会持续保持着稳定发展。

谈到港澳台三地的评估行业，我们会发现由于特殊的历史和行政管理体制的差异，三地评估行业与内地评估行业是存在着许多差异的，包括行业发展史、监督管理体制、行业准入门槛和行业文化等方面。进一步了解三地评估行业的发展状况，对于我们全面认识整个中国评估行业发展现状、并从不同的评估行业发展制度中发掘有益的制度设计，从而推动我国评估行业进一步发展完善具有十分重要的积极意义。

香港测量业起源于英国的测量师制度，得益于香港的国际自由港地位和高度发展的房地产业以及良好的测量业制度设计，使得香港测量业始终保持着高度的专业化和国际化水平。澳门评估行业虽然以其房地产业的发展为核心依托，且在制度设计上深受香港影响，但是由于市场的局限和人才的缺乏，评估行业发展缓慢且较为弱势。台湾评估行业起源于法院拍卖物的估价，发展至今，由于社会经济不景气以及本土狭小市场的限制，业务范围也较为局限，且评估机构和从业人员少，承接大型业务的能力弱。

站在新的历史起点，希望港澳台三地的评估行业能进一步融入国家发展大局，积极把握"一带一路"和粤港澳大湾区建设的机遇，从容应对各种挑战，从而取得更好的发展。

第一章

中国香港测量业

　　在香港，我们所熟知的评估行业及其专业技术人员被称为测量业和测量师，这是由其特殊的历史和社会发展状况造就的，其中承载了一段难忘的历史，也蕴含着香港测量业的特色。

　　香港测量业的发展最早可追溯至 1842 年鸦片战争清政府战败、割让香港岛给英国的历史时期。香港测量业起源于一位来自英国的测量师在 1844 年 1 月为港英政府拍卖两块土地的行为，其中涉及的估价行为也是香港历史上的首次房地产估价行为，标志着香港测量业的开端。发展至今，香港测量业已经跨越了近 180 年的漫长历史，并且在发展过程中取得了许多重要成就，在经济社会发展过程中发挥着越来越重要的作用，彰显着香港测量业的社会价值，实现着测量师的个人价值与梦想。

第一节　香港测量业简述

　　众所周知，香港在回归祖国之前经历了英国长达一百多年的殖民统治，因此各种社会制度深受英国的影响，其评估行业的相关制度便是其中之一。在香港，我们一般所称的"评估行业"被称为"测量业"，测量业的叫法便来源于英国的测量师制度。在英联邦国家或地区以及深受英国文化影响的国家或地区，往往把服务于房地产业和建筑业且服务对象为地产开发商和房产所有权人的专业服务，如土地测量、造价测算、城市规划、地产发展咨询顾问，乃至房地产和土地估价等活动统一归为"测量"

（Survey）活动，从事这些活动的行业则被称作测量业，该行业内的专业技术人员则被称作测量师。

由于测量活动涉及的范围非常广泛，所以在测量业发展的过程中，香港测量业的自律组织和专业团体——香港测量师学会也根据行业实际进行了一些制度创设。根据测量师专业侧重的不同，把测量师分为建筑测量师、产业测量师、土地测量师、规划及发展测量师、物业设施管理测量师和工料测量师等，其中与内地资产评估师、房地产估价师和土地估价师专业服务内容相似的便是产业测量师。

当然，产业测量师的专业服务范围并非局限于资产评估、房地产估价和土地估价。为了在执业活动中充分满足客户的需求，同时拓宽收入来源并降低市场风险，产业测量师的专业服务范围还包括房地产发展顾问、物业租售代理、物业管理、土地和项目管理等诸多领域，即在整体上覆盖了技术性的评估服务和咨询性的顾问、代理、管理等服务，可见服务领域十分丰富和全面。

在香港，测量师凭借自身的丰富专业知识和值得信赖的专业服务，拥有较高的社会地位，经常能在房地产市场、城市规划建设、土地利用规划等方面为政府决策提供专业意见，从而凭借专业知识在承担社会责任的过程中实现行业和个人的价值追求。在历史上，就有一些优秀的测量师在改革开放过程中将香港的先进经验和成熟制度介绍到内地，如梁振英、简福饴在改革开放初期就受邀到上海、深圳等地为土地制度改革和土地批租试点提供协助，并在香港回归的过程中特别是为《香港特别行政区基本法》的制定发挥了重要作用。

图 5-1　香港

第二节　香港测量业的发展历程

一、香港测量业起源

谈起香港测量业的起源，就不得不提及历史上那一段极为屈辱的历史。1840年，英国政府以林则徐虎门销烟等为借口，悍然决定派出远征军侵华，这场史称"第一次鸦片战争"的战争从1840年6月英军封锁广州、厦门等处的出海口为开始，到1842年8月清政府战败、被迫签订中英《南京条约》为结束，条约中非常重要的一条内容便是"割让香港岛给英国"，由此开启了香港近代150多年被殖民统治的历史。

香港测量业就起源于英国割占香港岛、开始殖民统治的初期。1843年，即英国割占香港岛的第二年，一位来自英国的测量师来到香港，担任了港英政府的首任测量总监。这位测量总监于次年1月22日为港英政府拍卖了两块土地，这次土地拍卖中的估价活动是香港历史上的首次房地产估价活动，也是香港测量业的开端。

虽然进行了第一次房地产估价活动，且测量业也由此发端，但直至20世纪60年代的很长时间里香港测量业并未有明显的发展，也没有进入大众的视野，主要原因是香港那时的经济还较为落后，社会对于估价的需求还很少。另一方面，这段时期香港大多数的专业测量师均来自英国，人数也比较少。虽然1929年香港测量业的专业团体和自律组织——英国皇家特许测量师学会香港分会开始运作，但是香港测量业无论专业服务领域还是社会影响力都很有限。

二、香港测量业发展的黄金时期

经历了近百年的缓慢发展，香港测量业于20世纪60年代末开始迎来发展的黄金阶段。这一时期，香港测量业随着金融资本市场和房地产市场的发展周期，或繁荣，或缓慢前行，但始终保持着良好的发展势头，这也是香港测量业的特点之一，即受金融资本市场和房地产市场的影响较大。在某种程度上，可以说香港测量业的发展面貌反映着同时期香港金融和房地产市场的发展状况。

20世纪60年代末开始，香港借由发展劳动密集型制造业和出口导向型发展战略，开始了经济腾飞，逐步跻身于"亚洲四小龙"之列。但是在金融领域，香港当时仅有的香港证券交易所为英国人主导，上市条件苛刻，同时投资门槛过高，并不能满足迅速发展壮大的华资和华资企业的需求。1969 年 12 月，香港本土财经人士所组建的远东证券交易所开始营业，打破了当时香港证券交易所一家垄断的局面。不同于条件苛刻的香港证券交易所，远东证券交易所放宽了华资企业上市条件，同时为投资者提供了诸多便利，顺应了香港经济繁荣时期的企业上市需求和投资需求，华资企业的香港上市潮开始袭来。

这一时期，依托香港本土四大证券交易所提供的华资企业和资本进入金融市场的畅通渠道，同时伴随着 1972 年美国总统尼克松访华，以及随后九龙和香港岛之间的红磡过海隧道正式通车等积极市场因素，香港的金融资本市场和房地产市场逐渐进入景气阶段。据有关资料记载，1968 年底，香港股市恒生指数仅有 100 点出头，到了 1971 年 11 月第 25 任港督上任时，恒指已经涨至 341 点，在 1972 年底更是涨到了 843 点，并于 1973 年 3 月冲上 1774.96 点的高峰。从这些数字的变化里可以清楚地看到，香港资本市场和房地产市场迎来一段狂欢期，当然也是香港测量业迎来迅猛发展的黄金阶段。

一方面，企业上市需要进行资产评估；另一方面，金融市场的活跃也带动了房地产市场的发展，而房地产市场对估价的需求显然是十分庞大的。在这样的背景下，香港的测量师行开始如雨后春笋般纷纷涌现，测量业开始快速发展壮大。

也是在这个时期，许多原本在政府部门从事土地管理工作的测量专业人员嗅到了商机。他们离开了政府的岗位，以多年的土地管理经验和丰富的人际关系为资本，或自立门户创立测量师行，或任职于房地产公司等商业公司，寻求一片新的发展空间。由此，测量业开始走出政府的办公楼，进入香港民众的视野，开始为广泛的市场主体提供市场化、多领域的测量专业服务。

众所周知，资本市场具有极大的不确定性，风险与机遇并存，狂欢过后或许就是下挫的到来。1973 年 4 月 9 日，香港股市在才创下 1774 点新高的一个月后，恒生指数就跌破了 1000 点，一个月下跌超过四成，意味着资本市场泡沫破裂到来了。此后受到美联储加息以及石油危机等利空消息的冲击，恒生指数于 1974 年 12 月跌到 150 点，两年间即跌去九成。由于香港房地产市场和金融资本市场关系密切，地价、楼价也随着股市一路暴跌。

但在股灾肆虐的同时，港英政府也先后实行了许多救市措施，以推动香港楼市走出股灾的阴霾、走向复苏。1972 年，港英政府宣布了为香港市民提供保障性住房的"十年建屋计划"；1973 年，成立了专门负责推进保障性住房计划的香港房屋委员会；1976 年，开始地铁修建计划，提升城市土地价值；1978 年，开始推行"居者有其屋计划"，这一计划旨在建设低于市价出售的保障性住房。而这些基础设施和保障性住房建设计划的施行，使得香港楼市逐渐复苏。据统计，截至 2018 年 3 月，香港的出租和出售型保障性住房共计满足了 44.7% 的香港人口的居住需求。

据统计，1977 年香港人口超过 450 万，1979 年更是达到了 500 万，人口的增加导致房地产的需求也剧增，使得楼宇供不应求，屯门、沙田、葵涌等新兴市镇也在这一时期逐步形成。楼市的复苏以及人口的剧增，使得香港房地产业又迎来了一段高速发展时期，同时也再次带动了测量业的繁荣。

香港资本市场与房地产市场联系密切，特别是伴随着资本市场的周期性起伏，房地产市场也会随之繁荣或萧条，在这样起伏不定的市场环境中，香港测量业界逐步意识到要在这样的发展环境里壮大起来，一方面，需要不断提升自己的专业水平和信誉，从而为自己争取稳定和广泛的客户来源；另一方面，要不断拓宽专业服务领域，从单纯的价值评估走向更加全面的咨询顾问服务领域，从而能承接更为广泛的业务，并增强自身的抗风险能力，在不稳定的市场环境中生存下来。因此，香港测量业发展至今，虽然经历了数次金融资本市场和房地产市场的巨大波动，但在整体上越发成熟，并且保持着良好的发展趋势。

三、香港测量业的逐步规范化

1978 年，党的十一届三中全会作出了"改革开放"的历史性决定。1979 年 7 月 15 日，中共中央、国务院决定在深圳、珠海、汕头和厦门试办经济特区。此时，经过长期发展，香港的土地和人力成本已经上涨到了较高的程度，这对于香港当时众多的劳动密集型企业而言压力较大。因此，顺应内地的政策优惠，许多香港资本家开始带着资本和技术，到内地经济特区投资开办工厂，开展"三来一补"等劳动力密集型的制造业生产，这些产品多数需要到香港进行转口贸易进而出口海外，由此，香港本土的制造业就迅速地转移到内地，其中的突出代表就是深圳经济特区。香港制造业转移的同时，还得益于改革开放产生了大量针对内地开展的离岸金融服务和贸易与物流业的商机，香港的服务业得到迅猛发展，香港的经济发展模式就在较短时间内从制造业主导转为了服务业主导。

总之，在参与内地改革开放的过程中，香港逐渐实现了经济发展方式的转型升级和经济的快速发展，而经济的快速发展也使得人口快速增长，房地产需求也由此剧增，房地产市场因此呈现一幅蒸蒸日上的良好景象。但是在伴随房地产市场和金融市场保持繁荣发展的过程中，香港测量业的一些问题逐渐突出。一方面，测量业虽已逐渐为大众所知晓，但是仍然不够成熟，缺乏一个统一的、具有权威性的测量准则或规范，各测量业机构的执业活动没有专业规范加以约束；另一方面，尽管香港工业专门学院（现香港理工大学）已经在 20 世纪 60 年代开设了测量学的专业课程，开始培养香港本土的测量专业人才，但此时香港并没有代表本土测量师的专业团体，每个测量师从业都需要持有英国皇家特许测量师学会香港分会的会员资格。这样显然不利于香港测量业的专业化和持续健康发展，因此这一局面亟需改变。

这一时期，也发生了一些决定日后香港命运的大事。1982 年，英国首相撒切尔夫人访华，中英两国政府开始就香港前途问题展开谈判。这一消息爆出，即引发了香港社会对未来前途的广泛担忧和恐惧，但是也有一些有识之士始终坚信香港必将顺利回归祖国，并将得到更好的发展，其中就包括在内地改革开放和此后香港回归的进程中发挥了重要作用的简福饴测量师。

1984 年 7 月，香港测量师学会正式成立，简福饴测量师成功当选首任会长，至此，香港终于有了完全代表本土测量师的专业团体，香港测量师学会的正式成立标志着香港测量业开启了新的征程。

1984 年 12 月，中英两国政府发表了《中华人民共和国政府和大不列颠及北爱尔兰联合王国政府关于香港问题的联合声明》，使广大香港市民因回归而对未来的担忧一扫而空。联合声明中明确指出，土地房地产在香港回归之后无需补交地价，使这一时期遇冷的市场再次燃起了热情，特别是这段时间外资和内地资本也开始大量进入香港市场，香港的资本市场和房地产市场再次进入了火爆的牛市，香港测量业也再次激起发展的狂潮。

1987~1988 年对于香港测量业来说是难忘的。由于香港是市场经济高度发达的国际自由港城市，经济发展对外依存度高，因此，经济发展状况极易受外部影响。1987 年，源于美国的"黑色星期一"股灾在爆发后迅速蔓延至香港，使香港经济一片萧条，但对长期随股市、楼市起伏而发展的香港测量业而言，为了不断增强市场抗风险能力，只有不断加强内功修炼，提升行业综合实力，才能在激烈的市场竞争中生存并强人起来。1988 年 6 月，英国皇家特许测量师学会香港分会与香港测量师学会联合发布了《香港物业资产评估指引》，这是香港测量业的第一份评估准则，它的发布标志着香港测量业正式走上规范化和标准化的轨道。从那时起，香港测量师学会定期发布与修订评估指引，以不断适应市场发展对测量业专业化和规范化的需要，满足客户更加个性化的需求。

我们都知道数据对于测量业的重要性，但是在那时由于电脑和互联网并未开始市场化应用，所以房地产市场的交易信息传播并不很畅通，数据库更是无从谈起。但在那时，已经有有心之人注意搜集整理房地产市场成交数据，交易数据需要从港英政府的田土注册厅查找，由于政府文件不能复印故而只能手抄交易记录，编制成一份分析成交记录的册子，定期出版。直到现在，这种小册子仍有出版，成了香港测量业在那个时期发展特色的印证。

四、后过渡期香港测量业的蓬勃发展

1984 年《中英两国政府关于香港问题的联合声明》发布之后，香港便开始进入回归祖国的过渡时期。其中，1990~1997 年，是回归之前十几年的后半段，被称作"后过渡期"。虽然此时还未正式回归，但是鉴于香港与内地在经济、民生等方面的密切联系，内地的一些风吹草动都会对香港产生影响。

1992 年，党的十四大正式提出，中国经济体制改革的目标是建立社会主义市场经济体制，改革开放在"摸着石头过河"中找到了清晰的前路。改革开放的继续推进和深化，吸引了更多香港资本在内地进行投资，内地在香港的转口贸易数额也在增加。就这样，香港和内地的经济联系越来越紧密。

随着改革开放的进一步深化和推进，沿海开放城市和沿海开放经济区陆续设立，内地的酒店、公寓、办公楼等综合房地产项目蓬勃发展起来。一方面，为内地评估行业的发展提供了广阔的发展机遇，特别是随着土地制度改革、住房制度改革、国有企业改革等稳步推进，内地评估行业已然产生并日渐成长起来；另一方面，还处于探索阶段的内地评估行业，发展尚不完善，不能完全满足市场对于先进技术和管理经验的需求；最后，内地也缺少大型的商业房地产开发和运营管理的人才、技术和经验。因此，一些香港测量师瞅准了商机，纷纷到内地开展业务，比如为内地的重要工程项目提供物业发展咨询和租售管理等服务。他们日渐频繁地来往于香港和内地之间，甚至长期居住在内地，推进内地房地产项目。一方面，他们为有关项目提供测量专业服务；另一方面，参与政府的会议和培训班、研讨会，介绍香港的土地管理和房地产经纪方面的管理技术和先进经验。

那时，由于内地普遍缺乏经营管理商业性房地产项目的经验和人才，房地产项目一般都是按照这样的模式进行：即由中方出地，外方进行投资建设，完成之后外方会负责经营一个时期，一般是 25 年左右，到期之后整个项目就会交还给中方。在这个过程中，内地土地、房地产开发项目从业人员的经营管理经验和技术得到积累，也使香港测量业的专业服务范围得到拓展，专业服务知名度得到提高。

同一时期的香港，由于再次经历了股市和楼市的几番起伏，以及中英两国政府就香港主权移交所牵涉的问题进行了多次或针锋相对、或冷静让步的谈判，使社会上再次弥漫起对前途未知的迷茫和焦虑。1992 年，香港爆发了一连串的请愿示威，包括反通胀、反加租、反加差饷（地税）、反输入外劳、无证妈妈申请来港等，直接或间接反映了当时仍处于港英政府统治下的香港累积的很多问题。当时的香港楼价已推高至每平方英尺售价 4000~5000 港元，且首付为三成，楼市成为投机者的乐园，虽然政府征收楼花（期房）及楼宇转手印花税以打击炒楼风，但始终不奏效。直至政府要求银行维持七成按揭贷款，打击投机才渐显成效。这样的时代背景下，香港测量业依然在潮起潮落中坚定前行，迈着成熟的脚步稳步前进。

1990 年，香港立法局通过了《香港测量师学会条例》，规定香港测量师学会是唯一依法例成立的香港测量师专业团体。次年，在该条例基础上更进一步，通过了《测量师注册条例》，并根据该法例成立了测量师注册管理局，专门管理香港测量师的注册。香港测量师学会更在 1991 年与英国皇家特许测量师学会签订互认协议，香港测量业开始步入发展的新时代。

五、步入特区时代，香港测量业稳步前进

1997 年 7 月 1 日零点整，中英两国政府在香港会议展览中心举行香港政权交接仪式，随着中华人民共和国国旗和香港特别行政区区旗在香港升起，标志着在被英国殖民统治 155 年后，香港正式回归祖国怀抱，香港同胞从此成为祖国这片土地上的真正主人，也标志着香港测量业步入稳步发展的特区时代。

不久之后的 8 月 31 日，香港测量业又发生了一件大事，英国皇家特许测量师学会（香港分会）解散，自此，香港测量师学会成为唯一代表香港测量师和测量业的专业团体，香港测量业也如同香港这座城市一样迎来了"主权回归"的时刻。

回归之后的香港，并没有安宁多久就受到了亚洲金融风暴的考验。亚洲金融风暴于 1997 年 10 月压境，始于泰国，席卷至全亚洲，不久蔓延至全世界，这场危机曾被人形容为"第二次世界大战结束以来亚洲最严重的危机"。香港资本市场受到的影响甚大：恒生指数持续暴跌，从 8 月份的 16673 点下跌至 12 月份的 8700 点；住宅价格暴跌 40%；商业物业价格比起 1997 年的峰值下跌了 30%。香港测量业的业务与资本市场密切相关，自然不能在这场巨大的危机中独善其身，业务量比起往年同期大幅度减少。

1998 年，香港经济出现史上首次通货紧缩，特区政府以中央政府为坚强后盾实施救市举措，同国际做空资金恶战一场，成功保护了港币和人民币的汇率，阻止了亚洲金融风暴影响的进一步恶化。1999 年，香港经济开始从亚洲金融风暴的影响中复苏，香港测量业也开始重整旗鼓。1999 年 9 月，香港测量师学会发布了《物业资产评估指引》的第二版，这是香港测量师学会第一份独立制定与发布（之前都是和英国皇家特许测量师学会（香港分会）联合制定与发布）的评估指引，印证了香港测量业在香港主权回归祖国后，变得更加独立自主，更加规范和成熟。

进入 21 世纪以后，香港经济依然面临着各种各样的挑战。2000 年，科技互联网

泡沫在全世界范围内破灭，导致香港经济在亚洲金融风暴之后的复苏势头被削弱。直到 2004 年 7 月，1997 年爆发的亚洲金融风暴导致香港进入通货紧缩时期才告结束。这场延续 6 年的经济寒冬里，香港负资产单位（房屋套数）一度超过 20 万，2001 年，每 5 个供楼人士就有 1 个负资产。因为亚洲金融风暴导致香港楼市遭受巨大冲击，使得时任特首董建华曾提出的"八万五建屋计划"不了了之。2002 年 11 月，特区政府又为稳定楼市而提出了"孙九招"（因负责推出政策的官员是房屋及规划地政局局长孙明扬而得名），做出了限制土地供应、放开买房限制乃至取消居屋（以折扣市价出售给特定群体的保障性住房）等激进措施。对于香港测量业来说，这段时间也是缺乏业务的寒冬时期，不少测量师的资产在这段时间内严重缩水。

不过，这次亚洲金融风暴造成的香港测量业寒冬并未持续太久，转机就出现了。2001 年 12 月中华人民共和国正式加入世界贸易组织。次年，大量的大型内地企业赴港上市，为香港测量业带来了大量与 IPO（首次公开募股）相关联的估价与咨询服务业务。估价业务数量增多，测量行业就需要一份专门规范该类测量行为的具有权威性的专业指引。这一次，香港测量业并没有等待太长时间。2004 年 8 月，香港测量师学会发布了《香港测量师学会商业企业及贸易相关商业资产评估准则》，这是香港测量师学会制定的第一份具有强制性的评估准则。2004 年 12 月，香港测量师学会发布《香港测量师学会物业评估准则》，是学会制定的第二份强制性评估准则。2005 年 7 月，香港测量师学会发布《香港物业就抵押贷款用途的评估指引（第二版）》。2012 年 12 月，香港测量师学会发布《香港测量师学会评估准则》，以取代 2012 年以前发布的所有评估准则及指引，该准则也就成为香港测量业第一份强制性综合评估准则。这一份评估准则的发布是香港测量业发展的重大里程碑，对香港测量业的专业发展和市场的公开透明作出了重大的贡献，标志着香港测量业的进一步完善和规范化。目前，《香港测量师学会评估准则》已经更新到了 2017 年版，基本全面引用了国际评估标准，体现了香港测量业与时俱进和与国际接轨的精神。

也是在这一时期，内地评估行业已经逐渐发展壮大起来，香港测量业和内地评估行业逐渐开展了越来越多的交流与合作，并在交流合作中相互学习与进步。

2001 年，香港和内地的评估行业主管部门及行业组织表达了开展资格互认的意愿，并积极推动相关工作。2003 年，中央政府和香港特别行政区政府签署了《内地与香港关于建立更紧密经贸关系的安排》（即 CEPA 框架），推动了资格互认的进程。2003 年 6 月，香港测量师学会与中国房地产估价师学会签署了资格互认协议。2004 年 3 月，完成了首批资格互认，其中香港 97 名产业测量师、内地 111 名房地产估价师取得对方资格，成为 CEPA 框架下最早完成专业资格互认的产业测量师、房地产估价师。2011 年，两地又完成了第二批资格互认，香港 99 名产业测量师、内地 99 名房地产估价师取得对方资格。截至 2018 年，香港与内地已经完成了三次资格互认，共有 276 名香港产业测量师，300 名内地房地产估价师取得了对方资格。

CEPA 框架的签署，使得 273 种香港货品可获免关税进入内地，18 种服务行业可抢占先机进军内地市场。在诸多对港优惠措施里，见效最快的举措还是开放"自由行"，"自由行"的开放使来自内地的游客数量立刻增加了三成。游客的增加，不单零售业、服务业受惠，就连奢侈消费品、金融保险产品、房地产业都一概受惠。另一方面，2001 年底中国加入世界贸易组织时，承诺于 2006 年底全面开放外资银行进入。同时，在 CEPA 框架之下，内地自 2004 年 1 月 1 日起，率先开放港澳地区的金融机构进入内地的金融市场，放宽经营权限制和资本额门槛。放宽了对外资准入的限制，自然就有许多外资进入内地金融资本市场，甚至部分银行还会向外资出售股权，如曾经的深圳发展银行（现平安银行）。鉴于香港测量师的经验和对外资的了解程度，香港测量师因此非常受内地银行的青睐，时常有测量师受聘到内地开展此类测量与咨询工作。总之，中央对香港经济的优惠政策是香港经济的一剂灵丹妙药，且"补身"作用强效至今。

本地经济好转使香港的证券及衍生产品市场在 2004 年表现强劲，并刷新多项纪录。证券市场（包括创业板）2004 全年成交额达 39741 亿港元，突破 1997 年创下的 37890 亿港元历史高位。另外，2004 年底的股市总市值也创下 66959 亿港元的新高。市场兴旺使香港 2004 年全年集资额荣登国际证券交易所联会会员排名榜第三位，市值名列全球第九位。恒生指数于年底时攀升至 14230 点，较 2003 年上升 13%。年内恒生香港中资企业指数（红筹股指数）上升 9%，恒生中国企业指数（H 股指数）则下跌 6%。2004 年新上市公司数目，主板有 49 家、创业板有 21 家，通过 IPO（首次公开招股）集资额达到 972 亿港元，现今炙手可热的腾讯也是 2004 年在香港上市的。在港 IPO 的估值和咨询业务是香港测量业的重要业务来源之一，由此香港测量业再次迎来了繁荣大发展。

与此同时，受国际经济形势复苏的带动，香港测量业也有了越来越多的香港之外的业务，来自内地的业务数量也明显增长。当时，内地很多房地产投资项目都牵涉外资，一些重点咨询服务的业务收费可达数万美金，在外资看来，香港测量业房地产专业服务的专业水平尤为值得信赖。当时，由于立项等事情的需要，很多开发项目都要进行可行性分析和详细的前期规划设计，故香港测量业的专业测量师团队时常受聘于不同开发商，为各种项目发展提供全面顾问服务。

2008 年，美国房地产次贷危机引发了全球金融海啸，资本流动性不足引发的严重问题从股市蔓延到金融市场，到楼市再到实体经济，再一次打击了全世界的经济发展，使世界经济再次遭受了和 20 世纪 30 年代类似的萧条。随后，以美国为首的各国政府都开始实行货币量化宽松政策以解燃眉之急，中国内地也推出了 4 万亿的救市措施。量化宽松政策引发资产膨胀，尤其是房地产，数年间全球各地房地产价格急升，但这客观上也带动全球房地产估价及咨询专业服务发展，香港测量业在此间获得不计其数的业务，从而得以进一步发展。

2010 年以后，内地一些大型企业看准海外资产价格低迷的契机，大规模投资海外，其中，国有企业占据主导地位，通过海外并购获取新的技术和市场，重塑中国企业在全球产业价值链中的地位。从蹒跚学步到越行越稳，带动的总投资额以数千亿美元计，内地企业在进行海外并购的过程中香港测量业所提供的资产估值和咨询服务发挥了重要作用（图 5-2）。

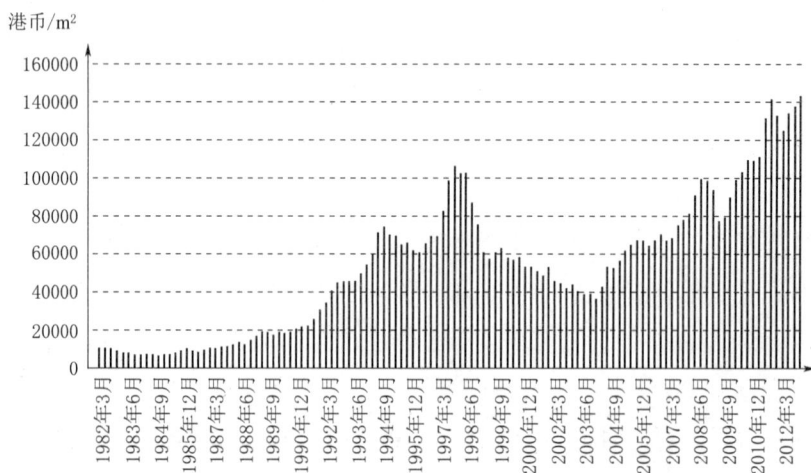

图 5-2　香港房价走势图

此后，受益于内地及其他新兴市场的强劲经济表现对香港经济的积极影响，以及私人消费的活跃和政府投资、净出口的带动，香港经济从全球金融危机中逐渐复苏。由于香港没有外汇管制，金融市场环境宽松自由，大量热钱流入香港并抬高香港的资产价格，包括房地产在内的资产价格甚至突破 1997 年的历史高位。香港测量业也紧抓这段资产价格大涨的狂欢，获得了在土地收购、合并发展、资产买卖等领域为众多的央企或民企提供估价及咨询服务的机会。

香港测量业在逐步完善专业化、规范化、多元化发展的过程中，也一直积极融入国家改革开放的大势，紧随企业"走出去"的步伐。特别是在"一带一路"倡议加速推进的过程中，香港测量业凭借专业能力、丰富的经验积累和国际化水平较高的优势，在中国资本"走出去"以及将海外资本"引进来"的过程中发挥着越来越重要的作用，无论是中国资本寻求海外资源配置，还是海外资本寻求开拓中国市场，香港测量业都能深度参与其中。比如，目前国内投资者对海外优质项目有很大的兴趣，急切希望投资海外主要城市的地标性项目。在帮助国内资金购买海外房地产尤其是英联邦国家或地区房地产的过程中，香港测量业就能起到关键的作用。一方面，香港测量师团队不仅会为客户介绍项目包括房产景观、配套设施等各方面的信息；另一方面，还会发挥专业优势对楼盘的投资价值进行深入分析，例如该项目将来出租的租金会达到哪一个水平，将来周边交通配套有什么发展前景，或者将来的海景会不会被附近重建项目所影响等；再者，为客户做好尽职调查工作，进而为客户一一分析该项目投资回报，该房产将来的升值潜力等。

目前，内地正在积极推行供给侧结构性改革，去除过剩产能，去杠杆，由此产生了较多的不良资产，这也为香港测量业开拓内地市场提供了大量的评估不良资产的新业务。

总而言之，香港测量业凭借自身过硬的专业实力、广泛的专业服务领域和丰富的经验积累，在香港回归祖国后，始终能紧紧抓住两地经济发展的各种机遇，积极开拓市场，将香港测量专业服务从香港、向内地和全世界其他国家或地区推广。即使经历了各种经济风暴与萧条，也始终能以坚定的信念度过去，并实现稳步向前发展。

六、香港测量师学会

在香港测量业诞生至今的近 180 年间，香港测量师学会自成立之日起便始终为香港测量业的持续健康发展发挥着不可替代的作用。因此，在了解香港测量业发展历程的同时，我们也有必要对香港测量师学会进行较为深入全面的认知。

1984 年香港测量师学会成立时，创会会员仅有 85 人，截至 2018 年 12 月 4 日，会员人数已增至 10592 人，其中 6791 人为正式会员，76 人为副会员，见习测量师和学生 3725 人，是一个人数较为庞大的专业团体。

目前，香港测量师学会的主要工作是制订专业服务的标准，包括制订专业守则、厘定加入专业测量师行列的要求，并鼓励会员透过持续专业进修以增进专业技能。此外，学会在政府制定政策方面担当重要的咨询角色，曾向政府提供的意见包括楼宇僭建问题、楼宇安全运动、物业管理问题、城市规划及发展策略、建筑质素和房屋问题，并就楼宇面积的量度标准发出指引。

根据会员不同的专业类别，学会内设物业设施管理、规划及发展、工料测量、土地测量、建筑测量和产业测量六大会员专业组别以及一个由 40 岁以下会员、见习测量师和学生组成的青年组。其中，归属于产业测量组的产业测量师的专业服务内容与内地资产评估师、房地产估价师和土地估价师相近。产业测量师能为客户在土地规划、发展、使用及资质管理上，提供实效的专业意见，从而有助于资产的增值。产业测量师的工作范围包括资产的商业估值，物业出售、收购、出租及按揭的估值，物业资产的差饷、厘印税、遗产税等的法定估值，资产法定收购和收地赔偿的估值，代表客户进行物业的租赁、翻新、重建、拍卖和资产的管理，提供企业房地产项目管理服务，就土地契约事宜进行市场调查、发展研究和可行性研究等，涵盖的服务范围十分丰富和广泛。

第三节 香港测量业和内地评估行业的简要比较

香港测量业由于深受英国测量业的影响，与内地评估行业存在着诸多方面的不同。以下将从行业形态和业务范围、行业发展历史、行业自律组织和从业机构的特点、评估专业标准的制定、行业监管、行业准入门槛、行业文化和社会地位等七个方面对香港测量业和内地评估行业进行简要比较。

第一，从行业形态和业务范围上来说，内地评估行业涵盖了资产评估、房地产估价、土地估价、二手车鉴定评估、保险公估和矿业权评估六大评估专业。香港测量业的业务范围，除了价值评估外还包括房地产咨询顾问、房地产租售经纪、物业设施管理、城市规划、建设监理、摄影测量和遥感，甚至基金管理、资产管理、市场研究及分析、投资、开发、资本市场上市及收购合并顾问等。内地评估行业中与建筑和房地产业相关性较少的专业领域，比如矿业权评估、保险公估、二手车鉴定评估等，是香港测量业一般不涉及的。总的来说，香港测量业形成这样广泛的专业范围，主要是为了满足客户的需要，是为了提供发展咨询、市场调查、可行性研究、租售代理、物业经营顾问等全流程的服务而形成的，而内地评估行业的行业形态和业务范围的形成则与其评估行业的管理体制分不开。

第二，从行业的发展历史来说，内地评估行业是伴随着改革开放不断推进，为顺应国有企业改革、土地制度改革和住房制度改革等各方面的需要而通过行政强制命令催生的（即通过各种行政强制性规定要求必须进行评估）。一开始评估机构基本都挂靠于政府机关或部门，作为其下属企事业单位存在。随着行业发展的需要，政府管理部门开始在评估行业进行机构脱钩改制，放宽评估行业准入门槛，评估行业逐渐摆脱浓重的行政管理体制的束缚，实现较大程度的市场化发展。一方面，原来的垄断现象得到一定程度的消除；另一方面，民营评估机构成为评估市场的绝对主力。由此，评估行业以评估机构为市场主体逐步实现发展壮大。相比之下，香港测量业则是完全靠着市场的力量发展兴旺起来。香港测量业虽然最初同样只有来自于政府部门的少数测量师，但政府并未限制民间资本进入该行业，香港测量业的发展和兴盛完全归功于香港的经济繁荣所产生的市场需求的增长，香港测量业也应市场需求的增长和需要，不断拓展其专业范围，力求为客户提供完备的"一站式"服务，而不局限于价值评估领域的业务。

第三，从行业自律组织和从业机构的特点来说，内地评估行业受到了较多的监管，比如在内地成立评估机构需要满足《资产评估法》要求的评估师数量、是否有固定办公地点等相关约束性规定。而在香港，一直以来政府对于测量业采取的是最少干预政策，政府的主要作用在于认可香港测量师学会在测量业的地位。在香港，成立测量师行的门槛很低，只需要拿到开设公司的营业执照即可，并不需要满足额外的特定条件。另外，内地评估行业的自律组织里一般除了个人会员之外，还有单位会员，评估机构一般同时是评估行业的各级自律组织（各级资产评估协会和房地产估价学会以及土地估价师协会等）的单位会员，需要遵守自律组织制定的各项约束性规章制度，行业自律组织也会对评估机构进行检查和考核并评定资质和等级。而在香港，香港测量师学会不对测量师行进行管理和约束，也不存在对测量师行的资质管理。当然，正规的测量师行需要雇佣专业的测量师，而测量师行也是评估活动的主体。

第四，从评估专业标准的制定上看，内地评估专业标准的制定离不开相关政府监管部门。《资产评估基本准则》由财政部发布，《房地产估价规范》由住房城乡建设部和国家质检总局联合印发。而香港的测量专业标准，是完全由香港测量业的自律组织和专业团体——香港测量师学会制定并发布的，制定过程中并没有政府部门的参与。此外，不同于内地评估行业全面且分类详尽的各种评估专业标准，香港的测量专业标准只有两个，即适用于房地产估价的《香港测量师学会评估准则（HKIS Valuation Standards 2017）》和适用于商业评估的《香港商业测量准则（HK Business Valuation Standards 2005）》。同时，香港测量业所采用的评估准则与国际评估准则理事会发布的《国际评估准则》基本接轨，而内地评估行业所采用的评估准则由于基本国情的限制，并不能在较大程度上与国际接轨。

第五，从行业监管来看，不同于内地评估行业的评估机构需要受《资产评估法》和《房地产估价机构管理办法》等法律法规的约束，还要受到住房城乡建设部、财政部和自然资源部等政府部门、中国证券监督管理委员会以及各类行业自律组织的监管，香港的评估机构——测量师行仅需要履行普通公司所需要履行的一般义务即可，并不需要因为处于测量业而承担额外的被监管义务，香港测量师学会也并不会对测量师行进行监管和限制，测量师行拿到了合法的营业执照就可以开门营业。不过，香港的测量师需要严格接受香港测量师学会的监管与约束，同时接受香港测量师学会的考核。香港的测量师需要在执业过程中遵守香港测量师学会制定的专业操守规则，如果违反则会受到学会的处分，严重情况下会被注销测量师资格。同时测量师在职业过程中也需要保持谨慎的态度，若因失误而导致客户的损失，可能会被客户告上法庭。

第六，从行业准入门槛上看，香港测量业的准入门槛明显较内地评估行业更高。内地评估行业对从业者的就读院校和学历没有硬性要求，满足了对应的条件，如从业年限等即可报考对应的评估师资格考试，通过考试即可获得专业技术人员即评估师资格。而在香港，成为测量师则困难得多。必须就读于香港大学、香港理工大学或香港城市大学的测量学专业或相近专业，并在毕业后成为见习测量师，参加在职专业培训，有至少2年的从业经历，通过香港测量师学会的专业考核可成为学会的副会员。成为副会员后至少再经过3年从业并通过学会专业考核之后方可成为正式会员，从而获得专业测量师资格。严格的准入门槛，在一定程度上保证了测量师的专业水平，也有利于行业保持较高的服务水平。

第七，从行业文化和社会地位上看，相较于内地的评估师，香港的测量师特别是产业测量师在社会中具有更高的美誉度，更受社会大众的尊敬。其中原因包括成功通过重重门槛成为正式测量师的能力让人敬佩，测量业是高收入行业，令人羡慕，更重要的是测量师的敬业精神和专业素养值得尊敬。香港测量师学会鼓励取得测量师资格的会员在需要显示名字的场合下，在中文名字之后加上"测量师"，在英文名前加上"Sr"——"测量师"的英文简称（Surveyor），作为测量师独有的身份标识。与此同时，香港测量业较为重视对民众宣传自身业界，例如香港测量师学会时常举办社区展览、学生交流等宣传活动，以增进民众对测量业的认识，这也是香港测量业在香港社会上具有较高美誉度和知名度的原因之一。

通过以上简要比较可以发现，香港测量业相关制度有许多值得内地评估行业借鉴学习。

一是行业协会的自律性管理。在香港测量业的管理中，政府并不直接参与行业管理，而是间接管理。政府一方面授权香港测量师学会制定行业规范和标准，管理行业，规范测量师与从业人员的行为；另一方面，在有关法律中规定从业人员和机构必须遵循香港测量师学会制定的估价规范。在《资产评估法》统领下，应进一步扶持内地评估行业的发展与规范，充分发挥行业协会的管理职能，作为政府必要的社会管理职能和监管作用的有益补充。

二是信息数据高度公开化。在香港，房地产市场的交易信息公开化程度高，估价行业现代化水平也较高。政府提供了大量的信息服务，如家庭收入状况、人口状况、住房状况、财产所有者的名单、评估财产的价值等信息，有利于房地产估价公开、公平与公正。信息技术的发展，使评估专业人员在网络上易于获得诸如地理信息、人口统计、邻里身份等有关房地产的宏观与微观信息，评估专业人员运用卫星设备的无纸评估、人工智能，结合自身的经验和判断，使计算机自动化评估成为可能，相应地，房地产价格评估作业时间大大减少，评估费用也有所降低。香港房地产市场的信息公开化程度高，市场比较法是其最常用的、最主要的评估方法。在内地，房地产估价所需数据信息往往难以获取且真实性偏低，目前深圳推行"三价合一"，中国房地产估价师与房地产经纪人学会也提出了"真房源"的规定，但是未来房地产估价行业仍需进一步加强新技术的开发与利用、努力提高我国房地产市场的信息公开化程度。

三是机构设立的较高开放性。在内地成立评估机构需要满足《资产评估法》等相关法律法规的约束性规定，行政主管部门和行业协会也会对评估机构进行检查和考核并评定资质与等级。而在香港，成立测量师行的门槛很低，只需要拿到开设公司的营业执照即可，并不需要满足额外的特定条件。行业自律组织（香港测量师学会）不对测量师行进行管理和约束。因此，内地应充分发挥市场机制促进评估行业的发展，进一步放宽对评估机构的管理与约束，提高其发展建设的自由度。

四是高标准的执业资格准入制度。香港测量业较高的执业准入标准，使得香港的测量师普遍具有较高的专业服务水平、较高上限的收入水平以及较高的社会美誉度和认同感。因此，内地评估行业应进一步制定严格的评估师执业资格准入标准，提高行业准入门槛，以提高评估行业的整体执业质量和执业水平，增强评估行业市场竞争力及社会认可度与美誉度。

第二章

中国澳门评估行业

澳门评估行业的起源可追溯至 20 世纪 60 年代，在 21 世纪初开始作为独立行业存在，并取并得较快发展。由于澳门与香港在地域、经济、社会等方面联系紧密，澳门评估行业深受香港影响，相关评估制度基本都学自香港。

在澳门，由于地域、市场、人口等方面的局限，评估行业属于小众行业，整体规模偏小，行业影响力和知名度也较小，相关制度也不尽完善。但是，在当前"一带一路"倡议加速推进和粤港澳大湾区建设逐步落实的背景下，内地与澳门的交流合作日益密切，澳门评估行业未来发展前景可期。

图 5-3　澳门

第一节 澳门评估行业发展概况

澳门评估行业起源于房地产业兴起并迅速发展的 20 世纪 60 年代。20 世纪 60 年代以前,澳门的经济十分落后。但是自 60 年代末 70 年代初开始,澳门依靠廉价劳动力、低廉地租以及享有欧美市场纺织品配额的优势,经济得到了蓬勃发展,吸引了大量香港工业资本前来投资,由此带动和活跃了房地产交易、租赁、抵押、担保、商品房开发与销售等活动。

特别是 1967 年 12 月,澳葡政府颁布《物业登记法典》,标志着澳门房地产业开始起步。此后,通过采用香港房地产商"分层出售,分期付款"的发展经验,使发展商可预售楼花、提前收取定金,这促进了澳门房屋土地的买卖交易和资金的流动,使得房地产业发展迅速,出现了高潮。而在商品房开发与销售、房地产交易、抵押、租赁、担保等一系列活动中,为了降低风险、促进交易快速进行,房地产评估是必不可少的,因此,在这样的背景下,澳门评估行业应运而生。

当时,澳门本地的中国银行澳门分行(原称南通银行)在处理房地产抵押贷款的时候,为避免和减少银行的金融风险,需要对贷款人的房产价值进行准确的评估,因而成立了专门负责房产评估的部门,这也可看作是澳门评估行业历史上最早的评估机构之一。内部设立房地产评估部门也成了澳门本地银行的惯例。

房地产评估与房地产业的发展密切相关,这在澳门这个以房地产业为四大支柱产业之一的城市也显得尤为突出。1987 年,中国和葡萄牙签署了《中华人民共和国政府和葡萄牙共和国政府关于澳门问题的联合声明》,使澳门政治稳定的局面得到强化,也提振了人们对澳门投资特别是投资房地产领域的信心。这一时期,更多的港资和内地资本投入澳门房地产领域,同时,银行推出了只需支付二至三成房款即可入住和较低的房贷利率等优惠措施,使得澳门房地产业再一次进入了发展的高潮,而澳门评估行业也得以发展。这一时期,澳门评估行业虽已诞生,但在社会上的认知度很低,房地产评估工作基本都由银行内部相关部门处理,尚未有专门的第三方公司开展此类业务。

21 世纪初,澳门评估行业开始快速发展。2004 年之后大量外企入驻澳门,其购买或租赁房地产时要求出具正式的房地产评估报告,因此评估的概念才开始广泛深入澳门当地,普通澳门居民在购买或者遗产分配上也开始要求执行正式的评估程序,也正是这一时期,澳门才开始有专门的房地产评估公司成立,从事房地产评估工作。因此可以看到,澳门评估行业虽然起源较早,但是正式起步较晚,严格意义来讲,澳门评估行业作为第三方中介行业的发展历史只有十多年,相比与内地和香港是较为滞后的。目前，澳门评估行业的现状主要体现在以下几个方面：

一是澳门没有评估师执业资格考试制度，评估专业人员一般都是从事房地产研究人员或者房地产业从业者，被称为"估值员"，其专业资格由澳门房地产评估业协会确认。此外，澳门评估行业并没有完善的评估师登记制度，故个人和机构都可承接评估业务，只需得到委托方认可即可。

二是澳门的评估业务分为政府业务与非政府业务，评估机构只做房地产评估这一类业务，评估目的较为单一，集中在抵押、买卖、遗产分配上，不涉及无形资产、机器设备等领域的评估。政府业务则由政府下设部门——不动产估价委员会承接，该委员会由3各政府公务人员和3个社会人士组成。

三是澳门评估公司数量很少，近5年评估公司数量平均10家左右，5家本地公司（从业人数50~60人），5家来自香港。每年口头询价30万宗左右。

四是澳门评估市场很小，客户需要的大部分评估服务是银行抵押贷款业务。澳门房地产评估公司全部是银行信贷部门中的内部评估师独立出来成立的公司，但是评估公司跟银行并没有完全脱钩。

五是澳门的高等院校没有开设资产评估、房地产估价、土地估价或者产业测量等相关专业。

六是澳门本地的评估机构主要从事房地产抵押贷款和房地产买卖方面的评估工作，项目投资额度较大的基本都由香港的测量师行完成。

七是澳门的评估机构独立性不完全，市场化程度不彻底。虽然很多评估机构是银行内部的评估部门独立出来后成立的，但实际上还是银行控股的子公司。

总体而言，澳门评估行业发展较缓慢且整体水平不高。以博彩旅游业为主的单一经济结构、较少的人口和较小的市场，都使得澳门评估行业未能取得较大的发展成就，但这也没有影响评估行业在澳门经济社会中持续发挥专业作用，商品房开发与销售、房地产交易、抵押、担保、遗产继承、财产纠纷等经济活动都离不开房地产评估。如今，随着《粤港澳大湾区发展规划纲要》发布，粤港澳大湾区建设进入加速落实阶段，澳门与内地、香港评估行业的交流合作日益密切，既有利于澳门评估行业学习借鉴内地和香港的先进经验，又可以开拓内地评估市场，对推动澳门评估行业发展大有裨益。同时，随着时间推移，澳门大部分房屋楼龄会超过50年，大批老旧房屋有待拆除重建，除房地产评估业务外，还涉及资产评估等潜在业务，这对于澳门评估行业拓宽专业服务范围、拓展市场提供了重要的机遇。最后，近年来澳门特区政府正逐步公开住宅成交案例，房地产市场交易数据逐渐公开化，有利于降低房地产评估工作难度。可见，澳门评估行业未来可期，紧抓发展机遇，澳门评估行业大有可为。

第二节 澳门房地产评估业协会

虽然澳门评估行业发展相对缓慢，制度不尽完善，但是澳门的评估专业人士一直积极致力于提高本地评估人员的素质，推动澳门评估行业的发展。2005 年 11 月 10 日，由梁竞成、何志光、柯庆耀和谈振康筹组成立的以澳门当地房地产评估专业人士和服务人员组成的非营利团体——澳门房地产评估业协会，就是带着这种美好愿景的组织（图 5-4）。至今，澳门房地产评估业协会已经成为澳门评估行业的代表，在推动澳门评估行业与内地和香港评估行业的交流与合作，以及促进澳门评估行业发展的过程中发挥着不可替代的作用。目前，协会有个人会员 69 个，机构会员 6 个，其评估章程也基本被澳门特区政府认可。

图 5-4 2006 年协会成立典礼，第一届领导层成员与创会会员合照

一、成立背景

首先，20 世纪 70 年代至 80 年代初的 10 多年里，建筑房地产业逐步成为澳门四大经济支柱之一。其次，随着澳门博彩业的开放，外资大量涌入，居民的收入节节攀升，银行的抵押贷款利率很低，这一切推动着澳门房屋需求的增长。第三，特别是在 2004 年和 2005 年以后，外企入驻澳门时购买或租赁房产时要求出具房地产评估报告成为常例，而澳门居民已养成了房地产评估的习惯，这一切都促进了房地产评估行业的发展。第四，香港的一两家房地产评估培训企业进入澳门市场，然而澳门的多所大学并未设置相关专业。在这种环境下，澳门房地产评估业协会应势而生。

二、使命目标

协会致力于提高澳门房地产评估人员的专业素质，并严格规范从业人员的操守准则。协会成立以来，不仅加强了与珠海、广州、香港等同行业间的交流沟通和良好的合作关系，而且得到了澳门特区政府的支持，并与澳门生产力暨科技转移中心合办了"房地产专业评估入门课程"及"房地产专业评估应用课程"，目的是完善行业和从业人员的服务守则，为澳门培养更多以独立、客观、公正、专业为宗旨的从业人员。

三、作用

澳门房地产评估业协会在提高澳门房地产评估专业人员专业素质、逐步建立和完善行业相关制度等方面发挥着重要作用。特别是近年来，澳门房地产评估业协会积极参与评估行业活动，同内地和香港评估行业的交流与合作日益增多，有利于澳门学习借鉴内地和香港评估行业的先进经验，推动澳门评估行业的发展。

第三节　澳门评估行业的服务范围

由于香港对澳门房地产估价行业的巨大影响，澳门房地产估价服务的领域与香港也基本一致。当然也由于相关制度的差异，也会有澳门本地特色。澳门早期的房地产估价咨询业务以传统的测量评估为主，开展传统的估价业务如房地产买卖、租赁及按揭的评估，企业投资组合估值等业务。随着社会经济技术的发展，单一的评估服务显然已不能满足市场发展的需要，物业财务等估值部分的相关咨询业务得到了发掘与拓展。具体包括：

第一，物业财务咨询服务：为提供房地产按揭服务的银行客户提供量身定制的服务，并可为制定财务决策的客户，提供价值指示及其他具有价值的数据。

第二，企业服务：为业主和占有人评估房地产价值、未来的空间需求、交易策略和售后回租潜力等，并定期重新评估房地产价值和调查其他可运用资源，使客户能充分利用物业资源，包括税务、占用及投资等方面的差饷值、租值及资本值等。

第三，土地咨询服务：包括选址、土地收购或出售，以至重新分区和规划应用、契约修订、地价和豁免限制费用协商等，其他服务包括最高及最佳用途分析、未来发展计划的详细可行性研究、合资计划及其他土地用途研究。

　　第四，房屋税估价：房屋税是指对澳门特别行政区市区房屋产生的收益，针对房屋权利人以及房屋的实际占有人征收税款的制度。房屋税相关制度规定，对于无租赁关系的房屋，其可课税收益的确定以通过直接估价核定的价值为准，对于有租赁关系的房屋，则以出租人依据租赁合同实际收受的租金为可课税收益。另一方面，对于无租赁关系的房屋，经改良、扩建或重建的房屋，未在房屋记录中登记的房屋，房屋记录所载的收益低于实际收益的房屋和未获得核计的出租房屋以及终止租赁关系后原估值不合实际的房屋，应当由财税处处长提出再进行评估的建议，经由财政司司长许可后可进行估价。此外，纳税人也可主动提出对房屋进行估价。具体的估价由澳门、氹仔及路环各地的"房屋估价常设委员会"进行，房屋估价常设委员会是澳门特别行政区财政局的下属部门。估价委员会根据物业所有权人所呈报的各独立单位的数据，评估各单位每年的租值，并将评估结果或对于租值的定期性调整邮寄告知物业所有权人。估价委员会的估价应当有充分的依据，评估出来的租值应该反映在契约自由制度下的全面合理租金，选取作为估价比较对象的房屋也应当有恰当的理由。

第三章

中国台湾评估行业

中国台湾评估行业的起源可追溯至日本占领时期。20 世纪 30 年代，台湾已经有不动产估价业务产生。当时法律规定，法院有任何资产拍卖，都需要委托专门的鉴定人确定拍卖物的价值，而鉴定人即为如今的估价师。迄今为止，台湾评估行业已经发展了近 100 年，专业服务领域涵盖司法拍卖、都市更新、财产分配、上市企业资产交易、不动产证券化、土地整理、土地征收、建筑物开发、融资借贷、遗产继承和资产纠纷等经济社会生活的方方面面，在服务台湾经济社会发展的过程中发挥着重要的作用。但由于估价技术和估价规范的一些不足及估价法律制度等方面的地域差异，台湾评估行业的业务开展基本局限于台湾本土，发展壮大受到影响（图 5-5）。

图 5-5　台湾

当前，"一带一路"倡议加速推进，为包括香港、澳门和台湾评估行业在内的专业服务业创造了光明的发展前景，若能积极参与"一带一路"建设，台湾评估行业或可迎来一个美好的未来。

第一节　台湾评估行业概述

台湾评估行业起源于20世纪中期的法院拍卖物估价，迄今已有近百年的历史。目前，台湾评估行业的服务领域包括法院拍卖物估价、上市企业资产交易估价、财产权益分配估价、银行抵押担保物估价、都市更新中的权利变换估价、不动产证券化估价、地铁开发权益分配估价、基准地估价、投资性不动产估价、土地分割合并估价和不动产作价入股估价等，其中，银行抵押担保物估价占了主要业务量的45%，法院拍卖物估价占25%，其他估价业务占30%。台湾评估行业的各种情况和制度设计充分体现了其评估行业的特色，主要体现在以下几个方面：

第一，在执业资格制度方面，台湾从2001年开始实行不动产估价师考试制度，迄今已举办20次，考试由考试院负责，通过后由内政部门发放不动产估价师证书。考试科目包括国文、估价理论、估价实务、民法物权及不动产法规、土地利用法规、土地经济学、不动产投资等，通过考试难度较大。只有通过考试，取得不动产估价师证书，才能从业。

此外，台湾不动产估价师证书有效期为4年，4年之后需要更换证书。估价师在4年中要接受一些专门机构的训练，而提供专门训练的机构和训练的课程都必须经过内政部门认可。估价师如果在4年中没有接受教育训练，就不能继续开业，而原来的开业证书也会作废。由此，保证了台湾不动产估价师和估价机构良好的职业素养和较高的专业服务水平。

第二，在估价师人数方面，据数据统计，截至2017年底，台湾取得不动产估价师资格的人数有678人，但申请开业的不动产估价师仅有392位，所以整个台湾评估行业的从业人数少，属于小众行业。

第三，在估价师开业制度方面，台湾的估价师开业制度较为严格。台湾估价师开业有三个必经程序：首先，通过前述不动产估价师考试，取得不动产估价师证书；其次，要有2年以上的估价经验才能向所在县市政府申请开业证书；最后，取得开业证书，成立不动产估价师事务所之后，要马上加入属地的不动产估价师公会。根据台湾地区有关规定，若开业却未加入公会，开展业务要受处分。不动产估价师公会属于民间社团组织，与政府管理部门没有关系，由所在县市区域内的15名以上不动产估价师发起成立，其理事长由公会成员选出。

第四，在估价机构形式方面，台湾所谓"不动产估价师法"第9条规定：台湾不动产估价师开业，应设立不动产估价师事务所，或由两个以上不动产估价师组成联合事务所，共同执业，以一处为限，不得设立分所。台湾估价机构也不得以股份有限公司、有限责任公司等形式开业。据数据统计，截至2017年底，全台湾有300余家估价机构，其中近九成为个人独立开业，其余为2人以上的联合估价师事务所。

个人不动产估价师事务所又称独资不动产估价师事务所，由具有不动产估价师资格的个人独立开业，不动产估价师对事务所的债务承担无限责任。这种组织形式的事务所容易设立，执业灵活，独资人需要承担无限责任，其主要缺点是专业服务水平高低受事务所人数和不动产估价师个人能力限制，且无力承担大型业务。

第五，在外籍人士从业方面，外籍人士若要到台湾开展估价业务，也必须通过不动产估价师考试，即取得不动产估价师证书。

第六，在行业管理方面，目前，台湾不动产估价师和不动产估价师事务所由不动产估价师公会全台联合会（简称全联会）和各地不动产估价师公会进行自律管理。2003年，台湾第一个不动产估价师公会——台北不动产估价师公会成立。不动产估价师公会全台联合会则成立于2005年，宏大不动产估价师联合事务所所长卓辉华为第一任理事长。

如上述，估价师开业设所后必须加入不动产估价师公会。全联会会针对管理部门发布的行业法令、规则未规范到的内容，拟定相关估价公报并发布。目前全联会已拟定的估价公报有所谓"收益法"、《不动产估价师职业道德规范》、《叙述式不动产估价报告书范本》、《不动产估价师事务所名称登录预查办法》、《营建或施工费标准表》、《都市更新权利变换不动产估价报告书范本》、《估价委托契约》和《报告书撰写原则》等，类似于大陆的资产评估准则和房地产估价规范等。

第七，在评估行业规定方面，目前，台湾评估行业主要由内政部门制定的所谓"不动产估价师法"、"不动产估价师法施行细则"和《不动产估价技术规则》进行规范。其中所谓"不动产估价师法"由台湾地区立法机构于2000年三读通过，标志着台湾不动产估价制度的正式建立，是台湾评估行业发展迈入新纪元的良好开端。

第八，在估价师专业类别方面，台湾的不动产估价师主要从事不动产相关的估价服务，资产估价服务一般由会计师负责，但是由于台湾的资产估价业务占评估服务市场业务总量比例不到5%，因此估价师只要受过相关资产估价训练，不需要考试获得资格，也可以从事资产估价。此外，在法院拍卖涉及的建筑物估价方面，建筑师可以进行此类估价。

近几十年来，台湾的估价服务需求，逐渐由司法拍卖、贷款抵押等慢慢普及到财产权或房地产权益保障层面的估价，因此评估行业在经济社会中公允估值、保障合法权益，维护市场经济正常秩序和社会稳定等方面的作用越来越重要。

第二节 台湾评估行业发展历程

一、估价师的前身——鉴定人

20 世纪 30 年代，台湾已有不动产估价业务产生，最早需要估价服务的单位是法院。根据所谓《强制执行法》的规定，法院有任何资产拍卖，包括不动产，都要委托专业的鉴定人。鉴定人作为第三方需要对拟拍卖资产进行价值估算和衡量，其中一项就是需要估算拟拍卖的不动产的价值。因此，鉴定人在房地产估价领域就对应着如今的估价师。而且，当房地产市场发展得越不好的时候，法院拍卖资产的估价需求就会越多。

二、20 世纪 70 年代融资借贷估价

20 世纪 60 年代，台湾利用自身人力资源丰富和港口众多、交通便利等优势，吸引外资大力发展加工业，逐步完成了从农业经济向工业经济的转型。经济的迅速发展，使得人口逐渐从农村涌入城市，加速了台湾的城市化。

当时人均经济收入从 20 世纪 60 年代初的 152 美元增长到 389 美元，房地产业也开始起步。1961 年开始出现区分所有权的公寓式产品；1964 年 3 月起有一定规模的建设公司陆续成立；1969 年 3 月，台北市成立了台湾地区第一个建筑投资商业同业公会。大量的劳动力涌入城市，人均居住楼地板面积仅 8~10 平方公尺，住宅需求极为强烈。

经济的增长、住宅需求的增加推动房地产价格的攀升。1967 年，台湾房价比 1966 年上涨了 100%，超过了国民经济增长的速度。进入 20 世纪 70 年代，蒋经国主政期间推动十大建设，台湾经济飞速发展，房地产业也随之发展兴盛。当时，台北市的平均房价从 8900 元 / 平方公尺（台币）上升到 24900 元 / 平方公尺（台币），平均上涨约 280%，银行房贷放贷利率高达 13.25%。

1970 年左右，台湾经济开始起飞。企业的投资、扩厂都需要银行融资，房地产市场也开始蓬勃发展，建筑开发公司和民众买房也要向银行借贷融资。

所以，从 1970 年起，银行的融资估价业务量剧增，台湾评估行业也从 1970 年开始快速发展。那时候台湾还没有估价师，主要学习的是日本的不动产鉴定评价制度，以不动产鉴定公司的形式开展估价工作，从业人员无需经过专业资格考试。

三、20 世纪 80 年代移民海外的财产估价

进入 20 世纪 80 年代，台湾的出口贸易增长迅速，贸易盈余不断增多，外汇储备急剧增长。1980~1987 年，台湾出口贸易额由 198 亿美元增至 535 亿美元，外汇储备由 0.47 亿美元激增至 190 亿美元。特别是 1987 年，对台湾人来说，发生了许多难以想象、不可思议的事情。这一年台湾地区外汇存底（大陆习惯称"外汇储备"）达到新高，居世界第二，仅次于日本。资本严重过剩，且台湾当局放开外汇管制，台湾形成资本多且流动自由的局面，使台湾民众掀起一股移民海外的热潮。

再者，由于当时台湾的政治因素，社会政局动荡，环境污染严重，再加上台湾当局和外国的鼓励政策，台湾企业纷纷开始"走出去"。

特殊的环境背景下，大量的民众开始移民到发达的西方国家。在移民海外过程中，民众的财产也需要进行转移。由此，产生了针对移民海外民众的财产的估价服务。

1980~2000 年左右，随着经济增长与企业的国际化，海外移民的数量逐年增加，办理海外移民的公司都会跟估价师合作。因为西方国家的所得税法规定，房地产交易所得税以市价为基础来课税，如果在移民时没有提出明确的不动产价格，未来房地产卖出时的课税将非常高。所以从 1980 年至今，海外移民的房地产估价都是估价师的主要业务之一。

四、20 世纪 90 年代产生的估价服务

（一）工程损害邻房的估价

1990 年左右，台湾当局推动公共基础设施建设，房地产开发也很兴盛。很多工程在施工过程中，由于不小心而损坏相邻的建筑物，过去通常只需要土木技师或结构技师评估工程，修复补偿，可是民众财产权保护意识提高后，除了修复性的补偿外，如果房屋有市场价值损失，就需要估价师进行评估。因为工程实施造成邻房的损失，在所谓"民法"上属于毁损他人不动产，如果施工单位不跟受损单位或个人达成协议，受损单位或个人可以向政府或法院申请工程停工。所以工程损害邻房除了协议补偿和工程补偿之外，一般都会委托估价师评估减损的市场价值。

（二）土地联合开发的权益分配估价

1995 年，台湾开始第一条地铁开始运营。由于台湾地铁在开发与运营的过程中，台湾当局希望地方财政能够自担费用，所以每一个地铁站基本上都会规划一处联合开发工程，由地主、投资者和政府三方合作，三方合作后的权益如何公平客观分配，就

需要通过评估来确定了。

《台北市大众捷运系统市有土地参与土地开发权益分配须知》规定，每一个联合开发站的开发，要找 5 家估价师事务所开展估价工作，估价结果必须经过政府审议委员会把关，作为联合开发权益分配的基础。

此外，台湾市地重划（土地整理）也关系到地主权益的分配，所以也必须委托估价师进行评估，以确保土地所有权人的权益得到公平保护。

（三）都市更新中的权利变换估价

1999 年，台湾中部遭遇了 7.4 级大地震，数以万计的房屋倒塌，导致大量房屋需要重建。此外，台北都会区的都市化发展已经超过 40 年，很多老旧房屋也需要更新重建，因此此时开始积极推动都市更新。1998 年底，通过《都市更新条例》，规定主要以权利变换的办法实施都市更新。在《都市更新权利变换实施办法》里规定，每一个都市更新项目要找 3 家估价师事务所开展估价工作，以确保参与的地主与开发商的权益都能得到合理分配与保障。

2017 年 4 月，为了防灾型建筑物更新，又推出《都市危险及老旧建筑物加速重建条例》，规定 3 种类型房屋要加速重建：第 1 类，不符合所谓"建筑法"、所谓"灾害防救法"等规定，需要限期修缮或强制拆除的建筑物；第 2 类，经安全性能评估未达最低等级的建筑物；第 3 类，屋龄 30 年以上，经结构安全性能评估，建筑物抗震能力未达一定标准，且改善不具效益或未设置升降设备的，这些房屋都可以独自申请更新重建，至于更新后权益如何分配，就需要估价师来进行估价确定。

（四）上市公司资产交易估价

20 世纪 90 年代，台湾的工商业企业发展成熟到一定程度，许多具有一定规模的公司开始上市公开发行。当时，上市公司归台湾地区财政事务主管部门（如今是归台湾地区金融监管机构）监管，为了避免公司和股东之间进行不正当的利益输送，或公司借由不动产低价高买图利，台湾当局发布《公开发行公司取得或处分资产处理准则》，规定新台币 3 亿元以上的不动产交易，必须委托 1 家估价师事务所进行估价，新台币 10 亿元以上则须委托 2 家估价师事务所进行估价。

五、2000 年后产生的估价服务

（一）不动产证券化估价

2004 年 7 月，台湾出台了所谓"不动产证券化条例"。第一档不动产投资信托基金于 2005 年 3 月正式发行。不动产证券化发行与监管的机关分别是台湾地区内政事务主管部门和金融监督管理机构,为了让证券化的收益性不动产以合理的价格发行,特别是这些不动产的收益、合理价格与未来展望等信息必须充分披露。因此,估价师就承担起很重要的评估工作与责任,每一件证券化标的至少要经过两家估价师事务所的评估,并以估价金额作为发行的依据。

(二)政府基准地价估价

台湾的房地产税中,土地要课征地价税和土地增值税,房屋要课征房屋税。因此,政府定期有土地公告现值(每年)、公告地价(每二年)、房屋标准价格(每三年)的评定与公告。但是,政府评定的房地税基通常只有市价的三至五成,造成很大的不公平。所以 2003 年起,台湾地区内政事务主管部门要求各县市地政机关开始进行基准地价估价,并委托估价师协助政府查估基准地的价值。

(三)土地重划的维权估价

土地重划、土地区价的整理,过去都是根据地主之间的协议或由顾问公司规划,但经常产生很多价值分配的争议,所以在 2006 年进行了规范,如果是自办重划,就要委托估价师进行估价,公办重划仍由政府部门估价人员来进行估价,以确保土地所有权人之间的权益与公平。

(四)民事裁判费估价

台湾所谓"民事诉讼法"采用有偿主义,即进行诉讼程序必须缴纳裁判费。依据民事诉讼法规定,因财产权纠纷而起诉,根据诉讼标的的金额采取分级累退的计算方式缴纳裁判费。因此,财产权争议诉讼,需要按争议标的的价值先缴纳一笔裁判费。例如,10 亿新台币财产权的争议到法院诉讼,可能要先缴近 800 万新台币的裁判费,如果争议财产的价值无法确定,就需要委托估价师进行估价。在评估确定标的价值的过程中,估价师必须以非常严谨的标准进行,因为进入司法程序后,这个标的的价值必须客观公正。

六、2010 年后产生的估价服务

(一)土地征收估价

台湾的土地征收,真正尊重人民财产的权益以市价补偿始于 2012 年。 2012 年之前的补偿费都以土地公告现值为基础,多数情况是低于市价三到五成,所以 2012 年修正通过的所谓"土地征收条例"规定，土地要用市价补偿，且直辖市或县市主管机关依规定办理土地征收补偿市价查估时，须将查估程序全部或一部分委托不动产估价师办理，委托费用由土地使用人负担。

（二）投资性不动产估价

2013 年起，为了使企业的会计准则与国际接轨，规范投资性不动产交易都需要进行估价。估价师对于投资性不动产的公允价值，应以独立估价人员的评价为基础，做出合理的价值评估，若未经独立估价人员评估，应于财务或会计报表中披露。

（三）"国有不动产"的让售估价

"国有不动产"过去让售给民间的时候，偶尔存在买卖价格争议，因为"国有土地"购买者希望能以低价购买"国有土地"，如果主管单位因疏失而低估价格，就有可能被司法机关调查或起诉。所以 2010 年以后，只要"国有不动产"的让售价格有异议，就会委托估价师评估合理价值，作为确定让售价格的基础。

（四）城市规划容积买卖的估价

台湾地区从 1990 年开始，就有文化资产或古迹保存的容积移转制度，其价值以土地公告现值折算。自 2014 年起，台湾当局在所谓"都市计划容积移转实施办法"里规定，重点地区的建筑基地得以折缴代金方式移入容积，折缴代金的金额由县市主管机关委托 3 家以上估价师事务所查估后评定。

（五）争议遗产继承估价

2015 年是台湾战后婴儿潮进入老人潮的开始，老龄化趋势越来越明显。 2016 年，全台湾有 2350 万人，老人已经超过 300 万，预计 25 年后将超过 700 万。2016 年，台湾继承不动产数量超过 5 万件，占不动产交易总量的 20%，预计 20 年后，每年继承不动产的数量将超过 10 万件。最近几年，因遗产继承纷争而需要专业估价的情形有增加的趋势，财产价值公平估价将是未来解决遗产合理分配的最佳方式。

（六）离婚财产估价

最近几年，台湾每年大概有 15 万对新人结婚，但也有 5 万对夫妻离婚，离婚比例相当高。台湾很多估价师经常收到法院要求对离婚财产进行估价的委托，因为离婚时的财产更要公平估价与清楚折算。

（七）工业区土地拍卖估价

由于近几年工业区土地成为投机炒作标的，地价飙涨，政府为了减少工业区土地的闲置，2017 年 10 月作出规定，工业区土地取得所有权 3 年未完成建厂的，均视为闲置土地。经政府通知后，2 年内未完成使用，先处以土地公告现值 10% 以下罚款。其后 1 个月内未改善的，启动强制拍卖程序，强制拍卖土地依市价审定，由合格的不动产估价师进行估价，并设定底价拍卖。

（八）房市衰退下的交屋纠纷估价

从 1990 年初期起，台湾开始推行所谓"公平交易法"和"消费者保护法"，内政事务主管部门陆续推出《不动产委托销售契约书范本》《预售屋买卖契约书范本》《成屋买卖契约书范本》《不动产委托销售定型化契约应记载及不得记载事项》等规定，对房地产交易做出严格的规范。在房价上涨过程中的交易，买卖双方都有获利，所以交易纠纷比较少见。但从 2015 年开始，房地产市场从高峰转向衰退，全台湾至今平均房价跌幅在 10%~20%。当房价处于下跌趋势时，交易纠纷也越来越多，尤其是购买预售屋的民众，对于开发商交屋过程中涉及的广告不实或房屋瑕疵问题，经常到法院提起诉讼。涉及"导致房屋价值减损"的争议诉讼，通常需要委托估价师进行价值减损评估，例如预售房屋没有依约兴建社区活动中心、图书室、游泳池或健身房等情况的价值减损估价，或者建筑物有龟裂、漏水等瑕疵的价值减损估价，甚至是中古成屋（中古：半旧）有辐射钢筋、海沙屋、凶宅、违章建筑、漏水、占用邻地等情形的价值减损估价。

第三节　台湾评估行业和大陆评估行业的简要比较

台湾评估行业由于其特殊的历史，以及受到政治、经济、社会等因素的影响，因此在许多方面与大陆评估行业发展有所不同，表 5-1 将对台湾评估行业和大陆评估行业进行简要的比较，以更好体现两岸评估行业发展的差异。

台湾和大陆评估行业的简要比较　　　　　　　　　　　　　表 5-1

	大　陆	台　湾
法律法规	《中华人民共和国资产评估法》 《中华人民共和国城市房地产管理法》 《中华人民共和国土地管理法》等	所谓"不动产估价师法" "不动产估价师法施行细则"

续表

	大　陆	台　湾
管理部门	财政部、住房城乡建设部、自然资源部等	台湾内政事务部门
行业协会	中国资产评估协会、 中国房地产估价师与房地产经纪人学会、 中国土地估价师与土地登记代理人协会等	不动产估价师公会全台联合会、 不动产估价师公会
专业人员资格	资产评估师、房地产估价师、土地估价师等	不动产估价师
职业资格考试	资产评估师考试由中评协负责，房地产估价师考试由人社部、住房城乡建设部负责，土地估价师考试暂停。资产评估师执业资格考试成绩连续滚动4年有效，房地产估价师考试成绩连续滚动2年有效，考试成绩达到所考科目总分的60%即为及格	台湾不动产估价师考试由台湾考试事务主管部门负责，通过考试后由台湾内政事务主管部门发证。考试包括普通科目和专业科目，共6科，必须在1年内通过，无成绩有效滚动年限。成绩计算要求较高，不仅普通科目与专业科目合计的总分要达到一定要求且6科专业科目若平均成绩未满50分的，均不予通过
估价机构设立条件	资产评估机构：合伙形式的评估机构，应当有2名以上评估师；其合伙人2/3以上应当是具有3年以上从业经历且最近3年内未受停止从业处罚的评估师。详见《资产评估法》； 房地产估价机构：房地产估价机构实行资质核准制度，共分三个等级，新设立机构按照三级资质标准成立，需具备3名以上专职注册房地产估价师，法定代表人或者执行合伙人是注册后从事房地产估价工作3年以上的专职注册房地产估价师等十条规定。详见《房地产估价机构管理办法》； 土地估价机构：设立土地估价中介机构应以由执业土地估价师为主发起，且为主具有执业条件的土地估价师等人员发起（以下简称执业土地估价师），不少于发起人总数的2/3等五条规定。详见《土地估价中介机构管理办法》	一个人即可申请设立不动产估价师事务所，2人及以上为联合事务所，不得以股份有限公司、有限责任公司等方式开业
评估准则	《资产评估基本准则》《资产评估职业道德准则》和11项具体准则，另有5项评估指南和9项评估指导意见，《房地产估价规范》等	《不动产估价技术规则》 《证券化不动产估价报告书范本》 《叙述式不动产估价报告书范本》等
业务开展范围	不动产，机器设备、金融不良资产、企业价值、无形资产、知识产权、珠宝、土地使用权、拍卖国有资产、资产损失或者其他经济权益等	①诉讼相关的法院拍卖和法院诉讼； ②与金融机构相关的金融保险机构房屋贷款估价和金融保险机构企业贷款估价； ③企业或个人委托； ④共有土地分割价值分算、不动产损害赔偿、用地征收地上物拆迁补偿、不动产证券化、捷运联合开发价值分配等
评估方法	以成本法、市场法和收益法为主	比较法、收益法、成本法和土地开发分析法等

第六篇

中国其他评估

第一章

矿业权评估

第一节　矿业权评估概述

我国矿业资源资产评估的概念经历过两个阶段：第一阶段是 1986~1997 年，评估概念与我国第一部《矿产资源法》紧密相连，其实质是"地质勘查成果价值评估"；第二阶段是 1998 年至今，评估概念是与 1996 年修订的《中华人民共和国矿产资源法》紧密相连，是真正意义上的"矿业权评估"，即"探矿权采矿权评估"。

探矿权是指在依法取得的勘查许可证规定的范围内，勘查矿产资源的权利。取得勘查许可证的单位或者个人称为探矿权人。

采矿权是指在依法取得的采矿许可证规定的范围内，开采矿产资源和获得所开采的矿产品的权利。取得采矿许可证的单位或者个人称为采矿权人。

矿业权评估是基于委托关系，矿业权评估机构和评估人员按照国家矿业权管理有关法律法规和矿业权评估准则，根据特定评估目的，遵循评估原则，依照相关评估程序，运用恰当的评估方法，对约定评估矿业权在一定时点的价值进行分析、估算并提供专业意见的服务行为和过程。

随着中国经济的迅猛发展，矿产资源对经济发展的支撑作用越来越重要，矿业投资热潮不断兴起，矿业权交易市场逐渐形成。为充分利用现有人力资源，发挥自身优势，更好地服务社会，资产评估机构申请增加矿业权评估业务，或者矿业权评估机构联合资产评估机构扩充执业空间的现象不断涌现，形成各评估专业融合的趋势。

矿业权评估工作专业性较强、涉及领域较广，不仅评估对象涵盖不同行业、部门的矿种，评估工作本身也涉及地质勘查、采矿、选矿、财务会计、法律等跨学科专业知识和管理实践。随着经济社会发展对评估工作的要求不断提高，矿业权评估工作也急需我们不断去探索、研究。

第二节　矿业权评估发展历程

一、初期启蒙

在计划经济时期，我国矿产资源开发以国有企业为主，极少部分项目由集体企业开发，这种环境下不存在矿业权转让情况，所以也不存在矿业权评估需求。20 世纪 80 年代末，随着经济体制改革深入，各种经济主体参与到矿产资源勘查、开发市场中，急需对矿业权价值作出评判。1999 年，财政部、国土资源部发布《探矿权采矿权使用费和价款管理办法》（财综字〔1999〕74 号）及补充通知。2000 年，国土资源部办公厅发布《关于清理国家出资勘查已探明矿产地的通知》（国土资厅发〔2000〕32 号）。这些规章对探矿权价款、采矿权价款、国家出资、探明矿产地等概念进行了界定，明确了探矿权价款是国家将其出资勘查形成的探矿权出让给探矿权人按规定收取的价款，采矿权价款是国家将其出资勘查形成的采矿权出让给采矿权人按规定收取的价款。

1995 年 5 月，国家国有资产管理局和地质矿产部发布《地质勘查成果资产评估管理若干规定（试行）》，明确地勘成果应作为无形资产进行资产评估作价，以上法规的发布开始了矿业权评估的初始需求。

二、规范发展

1996 年《中华人民共和国矿产资源法》修订，1998 年国务院三个行政法规《矿产资源勘查区块登记管理办法》（国务院令第 240 号）、《矿产资源开采登记管理办法》（国务院令第 241 号）和《探矿权采矿权转让管理办法》（国务院令第 242 号）颁布，这些文件奠定了探矿权采矿权评估的法律基础。

1998 年《矿产资源勘查区块登记管理办法》（国务院令第 240 号）规定："申请国家出资勘查并已经探明矿产地区块的探矿权，探矿权申请人除依照本办法第十条的规定缴纳探矿权使用费外，还应当缴纳经评估确认的国家出资勘查形成的探矿权价款"。《矿产资源开采登记管理办法》（国务院令第 241 号）规定："申请国家出资勘查并已经探明矿产地的采矿权，采矿权申请人除依照本办法第九条的规定缴纳采矿权使用费外，还应当缴纳经评估确认的国家出资勘查形成的采矿权价款"。

2003 年，国土资源部出台的《探矿权采矿权招标拍卖挂牌管理办法（试行）》（国土资发〔2003〕197 号）首次提出，将国家勘查探明的矿产地、探矿权灭失的矿产地、国家和省两级矿产资源勘查专项规划划定的勘查区块等新设探矿权进行"招拍挂"的方式授予；国家出资勘查并已探明可开采的矿产地、采矿权灭失的矿产地、主管部门规定无须勘查即可直接开采的矿产地等采矿权进行"招拍挂"的方式授予。该办法的规定突破了之前对探矿权价款、采矿权价款的界定，将收取矿业权价款的范围进行了扩大。

2004 年，国土资源部《关于进一步加强探矿权采矿权价款管理的通知》（国土资发〔2004〕97 号）对价款进行了定义，"价款是国家对依法出让探矿权采矿权所取得的收入，包括以行政审批方式出让的探矿权采矿权取得的全部收入和以招标拍卖挂牌等方式出让探矿权采矿权并按照成交确认书或出让合同等取得的全部收入"。2006 年，财政部、国土资源部《关于深化探矿权采矿权有偿取得制度改革有关问题的通知》（财建〔2006〕694 号）规定，"探矿权、采矿权全面实行有偿取得制度"。

以上管理制度的实施不断对矿业权评估工作提出新的要求，同时也初步规范了评估工作行为，拓展了评估业务范围。

三、专业化、市场化发展

2006 年中国矿业权评估师协会成立，在国土资源部的监督、领导下，矿业权评估工作由协会进行行业自律管理，对矿业权评估师和评估机构实行会员制管理。在协会全体同仁共同努力下，矿业权评估事业取得了长足发展，每两年进行一次评估师考试，不断增强了矿业权专业行业力量；2008 年完成了矿业权评估准则体系的制定、发布，进一步规范、提高了评估工作依据和专业性；行业自律管理体系和行业技术规范体系从无到有，逐步完备；拓展了矿业权评估工作从一级市场向二级市场的发展空间，矿业权评估业绩显著增长，成为矿业市场不可或缺的一部分，为经济社会的发展作出了重要贡献。

中国矿业权评估准则体系由四个层次组成，分别为矿业权评估基本准则、矿业权评估技术规范、矿业权评估指南、矿业权评估指导意见。

1. 矿业权评估基本准则包括《评估师职业道德基本准则》和《矿业权评估技术基本准则》两部分。前者规范职业道德行为，后者规范评估中的技术行为。基本准则是强制性执行的行为准则，评估师必须遵守。《矿业权评估技术基本准则》主要包括术语定义、评估适用范围、价值内涵、评估原则、评估执业胜任能力与责任、评估报告提交责任等强制约束性内容。

2. 矿业权评估技术规范是非强制性技术要求，但是最佳优化的方案，强烈建议评估师采用，包括评估程序规范和评估方法规范。

评估程序规范包括《矿业权评估程序规范》《矿业权评估业务约定书规范》《矿业权评估项目工作底稿规范》《矿业权评估项目档案管理规范》《矿业权评估报告编制规范》。

评估方法规范包括《收益途径评估方法规范》《成本途径评估方法规范》《市场途径评估方法规范》。

3. 矿业权评估应用指南主要是对不同评估目的、不同资产类别的特殊要求和重要事项进行专门的约定，以解决各种评估业务类型特殊性问题。评估指南是最常用的方法，积极建议评估师采用。如《矿业权价款评估应用指南》《矿业权转让评估应用指南》《以抵押贷款为目的的评估应用指南》《以法律诉讼为目的的评估应用指南》《以上市融资、信息披露为目的的评估应用指南》和《以企业改制为目的的评估应用指南》等。

4. 矿业权评估指导意见是针对矿业权评估业务中的某些具体问题的指导性文件。主要是帮助理解、解释、如何运用的说明、具体操作的办法等，属于在行业内的一般做法，建议评估师采用。主要包括《确定评估基准日指导意见》《矿业权评估利用矿产资源储量指导意见》《矿业权评估利用地质勘查文件指导意见》《矿业权评估利用后续地质勘查设计及投入预算指导意见》《矿业权评估利用可行性研究报告及矿山设计文件指导意见》《矿业权评估参数指导意见》《矿业权评估利用企业财务报告指导意见》。

第三节 矿业权评估现状

一、行业运营

经过 30 年评估实践，矿业权评估已成为评估行业重要组成部分，矿业权评估行为越来越多地出现在经济社会发展的各个方面。从矿产资源管理、股权交易、抵押贷款行为，到司法鉴定、损害赔偿纠纷解决等事项，都需矿业权评估深度参与。

在国土资源部的指导下，中国矿业权评估师协会完成了第一版矿业权评估准则的制定，初步建立起矿业权评估师和评估机构的监督、评价制度。到 2017 年底，全国共有执业矿业权评估机构 112 家，登记执业矿业权评估师 828 人，从业人员总数 1539 人。全年行业完成矿业权评估项目 6151 项，评估总价值 9541.83 亿元。矿业权评估机构营业收入 3.36 亿元，纳税总额 0.25 亿元。

2017 年 3 月，中国矿业权评估师协会建立并实施了矿业权评估报告统一编码系统，要求会员单位出具的所有矿业权评估报告必须取得编码、统一上传存档，这一制度大大强化了评估机构、执业矿业权评估人员的责任意识，落实了对整个评估过程的监督和管理，增强了矿业权评估工作的社会公信力。

二、评估方法

矿业权作为无形资产的一种，其价值评估共有三种途径，即收益途径、市场途径和成本途径。采矿权评估一般采用收益途径评估方法较多，市场途径次之，很少采用成本途径评估。探矿权根据所处勘查阶段不同采用不同评估方法，详查、勘探阶段探矿权评估方法与采矿权接近，预查、普查阶段探矿权一般采用成本途径评估，市场途径次之，较少采用收益途径评估。

（一）收益途径评估方法

收益途径评估方法包括：折现现金流量法、收入权益法和折现现金流量风险系数调整法三种。

1. 折现现金流量法

折现现金流量法基本原理是将矿业权所对应的矿产资源勘查、开发作为现金流量系统，将评估计算年限内各年的净现金流量以与净现金流量口径相匹配的折现率，折现到评估基准日的现值之和，作为矿业权评估价值。计算净现金流量现值采用的折现率中包含了矿产开发投资的合理报酬，以此折现率计算的项目净现金流量现值即为项目超出矿产开发投资合理回报水平的"超额收益"，也即矿业权评估价值。折现现金流量法计算公式为：

$$P = \sum_{t=1}^{n} (CI - CO)_t \cdot \frac{1}{(1+i)^t} \qquad （6-1）$$

式中：　P——矿业权评估价值；

　　　　CI——年现金流入量；

　　　CO——年现金流出量；

$(CI - CO)_t$——年净现金流量；

　　　　i——折现率；

　　　　t——年序号（$t=1,2,\cdots,n$）；

　　　　n——评估计算年限。

2. 收入权益法

一般原理：收入权益法是基于替代原则的一种间接估算采矿权价值的方法，是通过采矿权权益系数对销售收入现值进行调整，作为采矿权价值。

采矿权权益系数反映采矿权评估价值与销售收入现值的比例关系。

收入权益法计算公式为：

$$P = \sum_{t=1}^{n} \left[SI_t \cdot \frac{1}{(1+i)^t} \right] \cdot K \qquad (6-2)$$

式中：P——采矿权评估价值；

$\quad SI_t$——年销售收入；

$\quad K$——采矿权权益系数；

$\quad i$——折现率；

$\quad t$——年序号（$t=1,2,\cdots,n$）；

$\quad n$——评估计算年限号（$t=1,2,\cdots,n$）；

式中折现系数 t 的计算，与折现现金流量法相同。

适用范围：

1）适用于矿产资源储量规模和矿山生产规模均为小型，且不具备其他收益途径评估方法的条件的采矿权评估。

2）适用于服务年限较短生产矿山的采矿权评估。

3）适用于资源接近枯竭的大中型矿山，其剩余服务年限小于 5 年的采矿权评估。

3. 折现现金流量风险系数调整法

一般原理：折现现金流量风险系数调整法，是针对地质勘查程度较低的稳定分布的大中型沉积矿产的探矿权价值评估而设定的一种评估方法。首先，根据毗邻区矿产勘查开发的情况，采用折现现金流量法或折现剩余现金流量法估算出评估对象的基础价值，然后，采用矿产开发地质风险系数进行调整得到探矿权评估价值。

矿产开发地质风险系数是针对地质勘查工作程度不足而设定的，反映因地质勘查工作程度不足所存在的地质可靠性低、开发风险高等情形。该系数一般通过对地质、采矿、选矿等因素进行半定量分析确定。

该方法的理论思想为：

1）任何矿床未经必要的勘查工作控制，其资源储量的可靠性是很低的。

2）假设评估对象的资源储量是可靠的，并可以预测其未来收益，可以用折现现金流量法或折现剩余现金流量法估算其价值。

3）未经必要的勘查工作控制，资源储量的可靠性低，通过矿产开发地质风险系数调整。

计算公式为：

$$P = P_n \cdot (1 - R) \tag{6-3}$$

式中：P——探矿权评估价值；

P_n——采用折现现金流量法或折现剩余现金流量法估算的探矿权基础价值；

R——矿产开发地质风险系数。

使用的前提条件：

1）区域内矿层的层位和厚度基本稳定，赋存状况好；

2）评估对象是毗邻区矿床的延续部分，或者与毗邻区已开发矿产有相同地质成矿环境；

3）毗邻区有同类型矿产勘查开发背景、评估对象周边已进行过较高程度的勘查或已进行开发，相关地质信息可以收集到；

4）通过与已进行过较高程度的勘查或已进行开发的毗邻区的类比和推断，可以预测出评估对象的资源储量、矿层赋存情况和开采条件等开发利用所必需的参数。

适用范围：适用于赋存稳定的沉积型矿种的大中型矿床中勘查程度较低的预查及普查区的探矿权评估。

（二）成本途径评估方法

成本途径评估方法包括勘查成本效用法、地质要素评序法，适用于矿产资源的预查和普查阶段的探矿权评估，但不适用于赋存稳定的沉积型大中型矿床中勘查程度较低的预查和普查阶段的探矿权评估。

1.勘查成本效用法

计算公式为：

$$P_c = C_r \times F = \left[\sum_{i=1}^{n} U_i \times P_i \times (1+\varepsilon) \right] \times F \tag{6-4}$$

式中：P_c——勘查成本效用法探矿权评估价值；

C_r——重置成本；

U_i——各类地质勘查技术方法完成的实物工作量；

P_i——各类地质勘查实物工作量相对应的现行价格和费用标准；

ε——岩矿测试、其他地质工作（含综合研究及编写报告）、工地建筑等间接费用的分摊系数；

F——效用系数；

$F = f_1 \times f_2$

f_1——勘查工作布置合理性系数；

f_2——勘查工作加权平均质量系数;

i——各实物工作量序号($i=1,2,3,\cdots,n$);

n——勘查实物工作量项数。

$$P_c = C_r \times F = \left[\sum_{i=1}^{n} U_i \times P_i + C\right] \times F \qquad (6-5)$$

式中:P_c、C_r、U_i、P_i、F、I、n 涵义与公式(6-4)相同。

C——岩矿测试、其他地质工作(含综合研究及编写报告)、工地建筑等间接费用。

适用范围:投入少量地表或浅部地质工作的预查阶段的探矿权评估,或者经一定勘查工作后找矿前景仍不明朗的普查探矿权评估。

运用中需注意的问题:

1)实物工作量的选取必须是有关、有效的勘查工作量,不包含公益性地质工作;

2)依据的评估资料中的主要实物工作量,能够说明其有关、有效和质量状况;

3)评估范围应当与勘查许可证中所载明的或登记管理机关划定的地理位置(经纬度坐标)和面积一致。

4)公式(6-4)适用于通过占各类勘查技术方法实物工作重置成本的一定比例(分摊系数)的方式估算间接费用的情形,一般取30%;公式(6-5)适用于分项估算间接费用的情形,一般应根据现行费用水平确定。

2. 地质要素评序法

地质要素评序法是基于替代原则的一种间接估算探矿权价值的方法。具体是将勘查成本效用法估算所得的价值作为基础成本,对其进行调整,得出探矿权价值。调整的根据是评估对象的找矿潜力和矿产资源的开发前景。

计算公式为:

$$P_g = P_c \times \alpha = \left[\sum_{i=1}^{n} \tau_i^7 \times P_i \times (1+\varepsilon)\right] \times F \times \prod_{j=1}^{m} \alpha_j \qquad (6-6)$$

式中:P_g——地质要素评序法探矿权评估价值;

P_c——基础成本(勘查成本效用法探矿权评估价值);

α_j——第 j 个地质要素的价值指数($j=1,2,\cdots,m$);

α——调整系数(价值指数的乘积,$\alpha=\alpha_1 \times \alpha_2 \times \alpha_3 \times \cdots \alpha_m$);

m——地质要素的个数。

$$P_g = P_c \times \alpha = \left[\sum_{i=1}^{n} U_i \times P_i + C\right] \times F \times \prod_{j=1}^{m} \alpha_j \qquad (6-7)$$

式中:P_g——地质要素评序法探矿权评估价值;

P_c——基础成本(勘查成本效用法探矿权评估价值);

a_j——第 j 个地质要素的价值指数（$j=1,2,\cdots,m$）；

a——调整系数（价值指数的乘积，$a=a_1 \times a_2 \times a_3 \times \cdots a_m$）；

m——地质要素的个数。

价值指数一般采用专家评判方式进行。

运用的前提条件：勘查区块内已进行较系统的地质勘查工作，有符合勘查规范要求的地质勘查报告或地质资料，并具备比较具体的、可满足评判指数所需的地质、矿产信息，在勘查区块外围有符合要求的区域地质矿产资料。

适用范围：适用于除成本途径的一般要求外，主要用于普查阶段的探矿权评估，也用于能够满足要求的预查阶段的探矿权评估。

（三）市场途径评估方法

市场途径评估方法包括：可比销售法、单位面积探矿权价值评判法、资源品级探矿权价值估算法。

1. 可比销售法

一般原理：基于替代原则，将评估对象与在近期相似交易环境中成交，满足各项可比条件的矿业权的地、采、选等各项技术、经济参数进行对照比较，分析其差异，对相似参照物的成交价格进行调整估算评估对象的价值。

应用的前提条件：

（1）有一个较发育的、正常的、活跃的矿业权市场；

（2）可以找到相似的参照物；

（3）具有可比量化的指标、技术经济参数等资料。

计算公式如下：

1）详查以上探矿权及采矿权评估（含简单勘查或调查即可达到矿山建设和开采要求的无风险的地表矿产的采矿权评估）计算公式为：

$$P=\frac{\sum_{i=1}^{n}\left(P_i \cdot (\mu \cdot \omega \cdot t \cdot \theta \cdot \lambda \cdot \delta)\right)_i}{n} \quad (6-8)$$

式中：P——评估对象的评估价值；

P_i——相似参照物的成交价格；

μ——可采储量调整系数；

ω——矿石品位（质级）调整系数；

t——生产规模调整系数；

θ——产品价格调整系数；

λ——矿体赋存开采条件的调整系数；

δ——区位与基础设施条件的调整系数；

n——相似参照物个数。

2）勘查程度较低阶段的探矿权评估计算公式为：

$$P = \frac{\sum\limits_{i=1}^{n}\left(P_i \cdot (P_a \cdot \xi \cdot \omega \cdot v \cdot \phi \cdot \delta)\right)_i}{n} \qquad (6-9)$$

式中：P——评估对象的评估价值；

$\quad P_i$——相似参照物的成交价格；

$\quad P_a$——勘查投入调整系数；

$\quad \xi$——资源储量调整系数；

$\quad \omega$——矿石品位（品质）调整系数；

$\quad v$——物化探异常调整系数；

$\quad \phi$——地质环境与矿化类型调整系数；

$\quad \delta$——区位与基础设施条件调整系数；

$\quad n$——相似参照物个数。

c 可比因素调整系数的确定

$$调整系数 = 1 - \left(1 - \frac{评估对象的可比因素评判值}{参照矿业权的可比因素评判值}\right) \times 该可比因素的权重$$

适用范围：通常适用于各勘查阶段的探矿权及采矿权价值评估。

2. 单位面积探矿权价值评判法

一般原理：在收集国内地质勘查相关统计资料、矿产资源储量动态信息、上市公司公开披露的地质信息报告、"招拍挂"公开披露的地质资料、公开市场类似矿业权交易情况信息、有关部门和组织发布或矿业权评估师掌握的有关信息的基础上，综合分析评估对象实际情况，分析确定单位面积探矿权价值，从而估算评估对象价值的一种方法。

应用的前提条件：

1）勘查区应做过相关的研究工作，并以其成果为基础；

2）勘查区地质矿产特征能够得到充分了解；

3）具备可以分析影响该评估对象价值的资料。

计算公式为：

$$P = S \times P_a^1 \qquad (6-10)$$

式中：P——评估对象的评估价值；

$\quad S$——评估对象勘查区面积；

P_a^1——单位面积探矿权价值。

适用范围：通常适用于勘查程度较低、地质信息较少的探矿权价值评估。

3. 资源品级探矿权价值估算法

一般原理：在了解勘查区内金属矿产资源的品位和质级数据或有关信息的基础上，与已知矿产地的品位质级价值进行比较，分析确定单位资源品级价值，然后分析并合理确定矿业权价值占资源毛价值的比例，从而估算矿业权价值的一种评估方法。

应用的前提条件：

1）该区域的地质矿产特征能够得到充分了解；

2）具备可以分析影响该评估对象价值的资料。

计算公式为：

$$P = Q_d \times \varepsilon \times \omega \times c \tag{6-11}$$

式中：P——评估价值；

　　　Q_d——资源储量；

　　　ε——单位资源品级价值；

　　　ω——资源品级；

　　　c——矿业权价值占资源毛价值的比例。

适用范围：通常适用于勘查程度较低、地质信息较少的金属矿产探矿权价值评估。

三、服务领域

经过三十多年的发展，目前矿业权评估除服务于矿业权出让一级市场外，更多的评估项目来源于其他方面需求，如抵押贷款、资产（股权）转让、司法鉴定、侵权赔偿或补偿业务等，其中司法鉴定、侵权赔偿评估业务往往涉及纠纷复杂，牵涉标的额较大，对评估工作质量、服务内容要求较高，但这方面业务评估费用也较高。从矿种方面看，现阶段矿业权评估对象涉及矿种包括能源、金属、非金属、水汽矿产，几乎已涵盖《矿产资源法实施细则》已公示的所有细目种类。

其中能源矿产包括：煤、煤成气、石煤、油页岩、石油、天然气、油砂、天然沥青、铀、钍、地热。

金属矿产主要包括：铁、锰、铬、钒、钛；铜、铅、锌、铝土矿、镍、钴、钨、锡、铋、钼、汞、锑、镁；铂、钯、钌、锇、铱、铑；金、银；铌、钽、铍、锂、锆、锶、铷、铯；镧、铈、镨、钕、钐、铕、钇、钆、铽、镝、钬、铒、铥、镱、镥；钪、锗、镓、铟、铊、铪、铼、镉、硒、碲。

非金属矿产主要包括：金刚石、石墨、磷、自然硫、硫铁矿、钾盐、硼、水晶（压电水晶、熔炼水晶、光学水晶、工艺水晶）、刚玉、蓝晶石、硅线石、红柱石、硅灰石、钠硝石、滑石、石棉、蓝石棉、云母、长石、石榴子石、叶蜡石、透辉石、透闪石、蛭石、沸石、明矾石、芒硝（含钙芒硝）、石膏、（含硬石膏）、重晶石、毒重石、天然碱、方解石、冰洲石、菱镁矿、萤石（普通萤石、光学萤石）、宝石、黄玉、玉石、电气石、玛瑙、颜料矿物（赭石、颜料黄土）、石灰岩（电石用灰岩、制碱用灰岩、化肥用灰岩、熔剂用灰岩、玻璃用灰岩、水泥用灰岩、建筑石料用灰岩、制灰用灰岩、饰面用灰岩）、泥灰岩、白垩、含钾岩石、白云岩（冶金用白云岩、化肥用白云岩、玻璃用白云岩、建筑用白云岩）、石英岩（冶金用石英岩、玻璃用石英岩、化肥用石英岩）、砂岩（冶金用砂岩、玻璃用砂岩、水泥配料用砂岩、砖瓦用砂岩、化肥用砂岩、铸型用砂岩、陶瓷用砂岩）、天然石英砂（玻璃用砂、铸型用砂、建筑用砂、水泥配料用砂、水泥标准砂、砖瓦用砂），脉石英（冶金用脉石英、玻璃用脉石英）、粉石英、天然油石、含钾砂页岩、硅藻土、页岩（陶粒页岩、砖瓦用页岩、水泥配料用页岩）、高岭土、陶瓷土、耐火黏土、凹凸棒石黏土、海泡石黏土、伊利石黏土、累托石黏土、膨润土、铁矾土、其他黏土（铸型用黏土、砖瓦用黏土、陶粒用黏土、水泥配料用黏土、水泥配料用红土、水泥配料用黄土、水泥配料用泥岩、保温材料用黏土）、橄榄岩（化肥用橄榄岩、建筑用橄榄岩）、蛇纹岩（化肥用蛇纹岩、熔剂用蛇纹岩、饰面用蛇纹岩）、玄武岩（铸石用玄武岩、岩棉用玄武岩）、辉绿岩（水泥用辉绿岩、铸石用辉绿岩、饰面用辉绿岩、建筑用辉绿岩）、安山岩（饰面用安山岩、建筑用安山岩、水泥混合材用安山玢岩）、闪长岩（水泥混合材用闪长玢岩、建筑用闪长岩）、花岗岩（建筑用花岗岩、饰面用花岗岩）、麦饭石、珍珠岩、黑曜岩、松脂岩、浮石、粗面岩（水泥用粗面岩、铸石用粗面岩）、霞石正长岩、凝灰岩（玻璃用凝灰岩、水泥用凝灰岩、建筑用凝灰岩）、火山灰、火山渣、大理岩（饰面用大理岩、建筑用大理岩、水泥用大理岩、玻璃用大理岩）、板岩（饰面用板岩、水泥配料用板岩）、片麻岩、角闪岩、泥炭、矿盐（湖盐、岩盐、天然卤水）、镁盐、碘、溴、砷。

水气矿产包括：地下水、矿泉水、二氧化碳气、硫化氢气、氦气、氡气。

第四节　未来展望

在中国矿业权评估师协会管理下，国内矿业权评估行业已建立自己的评估准则、会员管理、评价考核制度，矿业权评估已在矿政管理、资产价值判断等方面发挥越来越大的作用。

2017年以来，国家层面先后发布《生态文明体制改革总体方案》、《关于全民所有自然资源资产有偿使用制度改革的指导意见》（国发〔2016〕82号）、《矿业权出让制度改革方案》等政策文件，这些政策是今后经济运行的纲领性文件，必将对包括矿业行业在内的各个经济领域发展造成影响。随着我国经济发展模式转变，生态文明、环境保护、市场作用越来越被强化，矿业权评估行业必须深刻领会各项改革制度的目的、要求，率先行动，积极贯彻落实，在下一轮更高质量经济发展中发挥应有的作用。

第一、应进一步强化协会会员管理，对评估机构、评估执业人员及时做出执业质量考核评价，优胜劣汰，对社会上反映强烈的评估热点问题及时、准确地做出回应，维护协会矿业权评估工作的社会公信力；

第二、加强矿业权评估理论研究，及时修订矿业权评估准则，适应国家政策和矿业管理制度变化的要求；

第三、适当选择主要矿产品或矿种矿业权标的对象，建立本行业市场价格信息发布渠道，扩大行业协会社会影响力；

第四、加强其他自然资源资产评估工作的研究，拓展业务和发展空间，满足自然资源资产的监管服务需求。

第二章

保 险 公 估

第一节 保险公估概述

一、保险公估人的概念

在我国，保险公估机构是指符合中国保险监督管理委员规定的资格条件，经中国保险监督管理委员批准取得经营保险公估业务许可证，接受保险当事人委托，从事保险标的评估、勘验、鉴定、估损、理算等业务的单位。保险公估机构在国外也称为保险公估行、保险公证行、保险理算人或保险理算局等。习惯上，保险公估机构被称为保险公估人。保险公估人和保险代理人、保险经纪人一起构成了保险中介体系的"三大支柱"，在整个保险体系中发挥着无可替代的作用。正确理解保险公估人的概念，必须掌握四个方面的内容：第一，特许资格。保险公估人从事的是特殊性质的业务，必须满足特许的资格条件。在我国，保险公估人需要具备中国保险监督管理委员规定的资格条件，并经其批准取得保险公估业务许可证后方可营业。第二，服务对象。保险公估人是服务于保险合同当事人的，它接受保险人或被保险人或双方共同的委托，为其提供保险标的评估、勘验、理算等服务。第三，服务性质。保险公估人受保险当事人委托而提供的服务，是一种市场的公证行为。保险公估是以法律法规为准则，以科学技术为手段，以客观事实为依据，对委托业务进行公正、公平、合理的评估。第四，业务范围。保险公估人的经营业务范围包括对保险标的评估、勘验、鉴定、估损和理算等。这与为投保人购买保险提供的专业知识服务的保险经纪人以及在保险人授权范围内代为办理保险业务的保险代理人的业务范围完全不同，保险公估人的业务更具专业性。

二、保险公估人的特征

保险公估人作为保险中介市场主体重要的组成部分之一，具有保险中介市场主体的共性，但与保险经纪人和保险代理人相比，也有明显的区别，主要体现为：

1. 地位的独立性。保险公估人与保险合同当事人没有现存或者预期的利益关系，不受任何一方的制约与干预。保险公估人是以法律法规和有关政策为准则，以科学技术为手段，以客观事实和各项数据为依据，进行客观、合理、科学的估测。

2. 立场的中立性。保险公估人按照委托人的要求，对所委托的保险标的进行评估、勘验、鉴定、估损或理算等并出具公估报告书。保险公估人在开展业务时，既不偏向保险人，也不偏向被保险人。保险公估人依靠本身所掌握的专业知识，根据保险合同条款的规定，在公平、公正、公开的基础上，进行公估工作。

3. 业务的广泛性。在我国，保险公估机构可以经营的业务包括：对保险标的承保前和承保后进行检验、估价及风险评估；对保险标的出险后进行查勘、检验、估损、理算及出险保险标的的残值处理；中国保险监督管理委员规定的其他业务。实际上保险公估涵盖了保险业务由始至终的整个过程。从保险公估业务的过程看，公估业务包括承保公估业务和理赔公估业务；从保险公估业务的险种看，公估业务包括企业财产保险公估、机器损坏保险公估、建筑及安装工程保险公估、机动车辆保险公估、货物运输保险公估、船舶保险公估、责任保险公估、飞机保险公估、意外伤害保险公估和健康保险公估等各类险种的公估；从公估标的自身特性看，公估业务又涉及物理、化学、生物、机械、土木建筑、电子和法律等多学科知识的保险公估。

4. 专业的技术性。保险公估人面向众多的保险人或被保险人处理不同类型的保险理赔、评估业务，因此保险公估机构必须拥有具有各种专业背景，并熟悉保险业务的专业工程技术人员。对保险公估人专业技术性的具体要求包括：第一，要求保险公估人掌握并精通保险专业知识；第二，要求保险公估人通晓与保险业务相关的法律专业知识；第三，由于保险标的自身特性以及自然灾害或突发事故所涉及的物理、化学或生物过程，保险公估人必须了解相关的工程技术领域的知识，了解各种公估对象在各种灾害中可能产生的后果，以及恢复它们的方法、损失的计算和灾害的预防。

5. 结论的客观性。保险公估机构要依法经营，在法律许可的范围内从事保险公估业务。就保险公估行为而言，保险公估人在承保前或承保后对保险标的进行评估时，不能凭空编造任何结论，应该依据相关法律或法规行事，做到有章可循、有法可依。

保险公估业务中分析和理算所采用的数据、资料必须是在现场查勘的基础上得到客观、真实、可靠的第一手资料。在现场查勘前，要先调查了解，掌握被保险人资产的真实数据资料，而后再综合分析损失发生的原因、经过及标的损失情况。在对保险资产及受损标的进行检验时，保险公估人应当调查出险现场的情况，实事求是地进行清点、勘验、鉴定，不能有丝毫的主观隐瞒与串通等行为，应使出具的保险公估报告真实可信。

6. 结果的经济性。保险公估人作为独立的、专门的公估机构，接受诸多保险人或被保险人委托，凭借自身的专业知识和机构储备的专业技术人员的专业技术，处理不同类型的保险公估业务，并公正地、客观地对委托业务提出合理、可操作的公估结论。因而，保险公估人一方面可以帮助保险人降低理赔成本，提高保险公司的竞争力；另一方面，通过合理理赔，维护了被保险人获得经济补偿的权利，最终提高了整个社会的经济活动能力。

三、保险公估的服务范围

1. 承保公估。保险公估人对保险标的承保前的检验、估价及风险评估称为承保公估。承保公估的内容主要包括两个部分：一是对保险标的物现时价值的评估，即通过对保险标的物进行查勘、检验和鉴定，借助科学分析、研究和计算等方法，对其现时价值进行合理估计，以便确定合理的保险价值和保险金额。二是对承保风险的评估，即在承保前通过对保险标的物客观存在的风险进行查勘、鉴定、分析、预测和判断，以便对承保标的物性质、条件及风险程度、责任范围等作出科学判断。承保公估的出现，突破了保险公估人原来只限于从事理赔公估的局面，有利于推动保险市场的专业化发展。

2. 理赔公估。保险公估人对出险后的保险标的进行的查勘、检验、估损及理算等属于理赔公估。理赔公估是保险公估人的主要业务，理赔公估的主要程序包括：第一，现场查勘。查明保险事故发生的原因，是否有除外责任因素的介入，是否有第三者责任情况存在。清点现场受损及未受损的财产，查清保险标的与受损财产之间的关系，进行损失定量等。第二，损失理算。确定保险财产的损失程度，确认是否全损或是否可以修复，修复费用是否超过财产的实际价值。第三，完成初步调查后，向保险公司出具初步公估报告，列明保险事故发生的时间及情况、损失原因、损失清单、损失理算、赔偿建议和代理追偿等事项，在结案前与保险双方充分沟通协商，结案时，提交最后公估报告。

3. 参与防灾防损。"事前的预防"重于"事后的补偿"。对于保险人来讲，承保后的防灾防损与承保时的风险控制同等重要，被保险人购买保险可以使其财产获得保险保障，但获取保险赔款并不是被保险人直接目的，被保险人更希望保险公司能提供防灾防损措施和建议，以避免或减少保险事故的发生。保险公估机构聘请的技术专家都是在相应专业领域内有一定经验的技术人员，经过较长时间的保险知识培训，能从保险角度对各个生产环节提出安全设防等中肯意见，在防灾防损工作中发挥重要作用。

4. 残值处理。保险公估人在参与理赔公估过程中，对保险标的物的损失程度和损余残值进行估价，并向保险公司提出残值处理建议。保险公估人还可以接受保险公司委托，通过拍卖、折价出售、租让等形式对损余残值进行处理。另外，在接受保险公司委托的条件下，保险公估人还可以从事代位追偿或代为支付赔偿金等事项。

5. 监装监卸。监装监卸是指对运输工具装载、卸载标的物进行监视和鉴证，主要与海上运输货物保险的货物检验有关。船东或其代理人为了日后追偿方便，可能长期委托保险公估人代表其监视、记录装载和下卸的过程。

6. 信息咨询。保险公估人凭借其专业技术人员和专家网络优势，能够为有关各方提供风险咨询、防灾防损、检验和定损等服务。此外，保险公估人还可以接受保险公司委托代为理赔、清理事故损余物资，接受被保险人代为索赔，协调保险公司和被保险人之间的矛盾等。

第二节　保险公估的重要性

作为专门处理保险理赔事宜的机构，具有独立性、客观性、公正性、专业性、经济性和合法性等特点，通过发挥评估职能、公正职能、中介职能和调整职能，保险公估人得以在保险市场上发挥其重要作用。

第一、有利于建立健全保险市场体系。一个完整的保险市场体系，其主体由保险人、保险中介人和投保人三方所构成。而保险中介人包括保险代理人、保险经纪人和保险公估人，三者缺一不可。

第二、有利于化解保险人和被保险人因保险理赔而产生的矛盾。制约保险双方当事人权利义务的保险条款由保险人单方面制定，投保人只能被动接受，这可能导致对被保险人的利益保障存在不足。而保险公估人是以中立的第三者身份协助双方处理理赔纠纷的，保险公估人本着客观、公平、公正的原则，对损失和相关的责任进行判断，争取保险双方的合理权利得以实现。

第三、有利于形成合理水平的保险费率。在现有保险市场体制下，我国保险产品的保险费率受到保险监督管理机构较多的限制，各家保险公司不能完全按照自身运作的实际情况与市场竞争的需要自由确定费率。保险公估人处理大量的同类公估业务，能够掌握大量风险背景信息，这些信息对保险公司的费率研究或制定大有帮助，是保险公司形成合理保险费率的重要条件。

第四、有利于促使保险理赔技术的提升。保险理赔所涉及的知识领域广泛，不仅有经济、金融、财会和法律等专业知识，而且还包括众多工程领域，如锅炉、汽车、船舶、地震、洪水和化工等方面的知识和技术。如果要求保险公司依据自身力量解决如此纷繁复杂的问题，无疑是比较困难的。随着保险公估人替代保险公司独立承担保险理赔领域中的工作，实现了保险理赔工作的专业化分工。由于保险公估人潜心保险理赔技术的研究和进行专业化的理赔业务操作，必将带来保险理赔技术的提升。

第五、有利于实现保险的集约化经营。重承保规模的扩张、轻承保质量的提高是我国保险业长期以来的明显弊端。引进保险公估制度后，保险公估人就可以专门从事承保时的风险评估和理赔时的损失理算，使保险业务经营环节分散化、专业化，从而提高保险业的整体经营效率，提高保险质量。

第六、有利于促进再保险的发展。再保险是对原保险人的保险。对于卫星发射、核电站等金额巨大、风险性很高的标的，保险人只能在办妥分保的前提下进行承保。当原保险人承保的保险标的发生保险事故时，再保险人需要及时准确地了解事故发生的原因、损失程度、相关责任以及其他情况，以便明确自己应承担的责任。在再保险市场上，保险公估人能够充分发挥作用，以其中立的第三者身份对保险标的进行查勘、定损，将有效地消除原保险人与再保险人之间潜在的不信任，促使保险理赔工作顺利进行，并进而推动原保险人与再保险人之间的合作。

第七、有利于推动我国保险业与国际惯例接轨。在市场化程度较高、分工较细的西方发达国家保险市场上，保险公司通常只承担核保、核赔和相应的管理任务，而保险标的的检验、鉴定、估损、理算等则由保险公估人进行，在处理国际保险业务的活动中，保险公估人的介入符合国际上的一贯做法。

第三节　保险公估发展历程

一、保险公估的起源

保险公估业起源于英国，是伴随着保险业的发展而逐渐兴起的。1666 年伦敦大火之后，建筑物火灾保险得到了人们的高度重视。火灾保险的理赔工作日趋复杂化，并提出了专业化理赔的要求，这成为保险公估业产生的最直接动力。

早在 1781 年的英国，保险理赔工作的高技术含量就已使保险公司内部专门从事理赔工作的人员难于应付。当时的理赔工作仅仅是由保险公司内部雇员进行现场查勘，但查勘工作不仅需要丰富的经验，更要求理赔人员具备相应的专业知识与技能，能够对保险标的发生损害的原因、程度、责任划分做出正确合理的判断，提出进一步赔偿建议，并在必要时运用法律手段协助保险人处理赔案。这种复杂的要求对于保险公司，特别是一些新成立、规模较小的公司而言是一项难题。此时，权宜之计就是将与保险理赔内容相关的各行各业的工程技术人员纳入保险理赔环节，协助保险人开展理赔业务。这些人员运用自己的专业知识向保险公司提供有关赔偿的建议，他们只与保险人相关联，相当于保险人的雇员或代理人。到了 19 世纪，大多数开展火灾保险业务的保险公司都采用雇佣独立的专门技术人员作为其代理人，这类人就被称为"估价人"，可以算是保险公估人的雏形。估价人涉及建筑、测量、估价、买卖、商业及法律各个行业，并由此逐渐发展出财产估价公司。1867 年，英国防火保险委员会又进一步提出保险公司在支付赔款时，必须委托独立人士提供关于火灾原因的调查报告，使调查结果免受双方关系人的左右，具有客观公正性。从此，雇佣独立公估人作为一种行业习惯被各保险公司接受并沿袭下来。

二、我国保险公估业发展现状

我国保险公估起步于 1990 年，第一家保险公估公司是内蒙古的保险公估技术服务中心，但因没有相应的法律规范引导，发展较为缓慢。

随后 1993~1995 年间国内许多保险公估机构纷纷成立，一些其他专业领域的企业也开始进入保险公估业务领域，保险市场主体多元化拉开了保险市场竞争的序幕。一方面，在竞争中，为了取得主动权、占领市场，各家保险公司开始重视保险的服务功能，包括理赔服务。在理赔时聘请监察部门进行查勘和定损，凭借监察部门的公正性、权威性，取信于客户，提高自身的信誉度；另一方面，一些保险意识较强的客户开始懂得利用理赔中介机构来维护自己的利益。这些做法，在当时被视为保险公估行为。这段时期保险公估业因为主体数量激增而产生了激烈的竞争，同时还存在多头审批、粗放管理的现象。

随着国民经济的不断发展，在国家政策的扶持下，我国保险公估业进入了快速的粗放型发展阶段。在一批批外国保险公司纷纷加入我国保险市场的同时，我国一些保险公估公司相继挂牌成立，如上海的"东方公估行"、天津的"北方公估行"、广州的"平量行有限公司"等。

1994 年下半年，我国保险市场的无序竞争引起了当时国家保险监管部门的关注，监管部门采取了一系列监管措施，使保险业的混乱情况得到改善，一些缺少竞争力的保险公估人退出市场。1995 年，我国第一部保险法《中华人民共和国保险法》通过。1998 年 11 月，中国保险监督管理委员会成立。

1997 年以来，随着我国保险体制改革的进一步深化和经营机制的转变，保险市场上专业化、分工细的要求显得尤为重要。其中保险公估人以技术服务和理赔经验及质量为依托，逐步被保险公司所接纳，成为保险公司处理相关理赔业务的得力助手。再者，近年来，我国保险市场竞争日趋激烈，为了争取客户和维护与客户之间的关系，提高自身的服务质量，国内保险公司开始进一步扩大使用保险公估人的范围，尽可能地委请公估人。因此，保险市场上对公估人的需求不断增加，相应地公估人的工作范围也在不断扩大，我国保险公估业取得了一定的发展。

2000 年 1 月，中国保险监督管理委员会发布《保险公估人管理规定（试行）》，并于同年 12 月举行了首次保险公估从业人员资格考试。

2002 年，修订后的《保险公估机构管理规定》正式实施，该规定明确，未经中国保险监督管理委员会批准，任何单位和个人不得在中华人民共和国境内以保险公估机构名义从事保险标的的评估、勘验、鉴定、估损、理算等业务，保险公估业逐步规范发展起来。

随后，保险公估业的监管法规越来越完善。原《保险公估机构管理规定》（保监会令 2001 年第 3 号）于 2009 年 10 月 1 日废止，而新发布的《保险公估机构监管规定》（中国保险监督管理委员会令 2009 年第 7 号）开始施行，用于监管保险公估从业人员的监管办法《保险经纪从业人员、保险公估从业人员监管办法》（中国保险监督管理委员会令 2013 年第 3 号）则于 2013 年 7 月 1 日起施行。上述两项监管政策又于 2018 年 5 月 1 日废止，而结合了这两项政策内容的《保险公估人监管规定》（保监会〔2018〕2 号）同日开始施行。《保险公估人监管规定》在《保险公估机构监管规定》《保险经纪从业人员、保险公估从业人员监管办法》的基础上，结合市场出现的新情况以及监管面临的新环境完善了有关制度，落实《保险法》《资产评估法》的有关要求，以求起到规定经营条件、加强事中事后监管、规范市场经营秩序的作用。《保险公估人监管规定》的发布是中国保险监督管理委员会认真贯彻党的十九大精神和全国金融工作会议精神的重要举措。《保险公估人监管规定》的发布施行对进一步明确经营保险公估业务备案、优化保险公估监管体系、保护保险公估活动当事人合法权益具有重要作用，将为实现保险公估由业务许可转为业务备案提供有效制度支撑。

2016 年 12 月 1 日起中国保险监督管理委员不再实施经营保险公估业务许可，保险公估机构应依法向中国保险监督管理委员备案，未经备案的机构不得经营保险公估业务。

从上述发展历程来看，保险公估行业在 2002 年通过《保险公估机构管理规定》确立了自己的法律地位，并于 2009 年进一步修改完善后执行。由于有了法律保障以及与世界金融市场接轨的趋势要求，我国保险公估行业虽然只有 20 多年的历史，但近几年发展较为迅速。保险公估机构从 2002 年的 23 家，增长到 2018 年的 360 多家，保险公估机构实现业务收入较 2002 年增长了 30 多倍，因此可以看出 2002 年以来是我国保险公估行业高速发展的时期。但最近几年保险公估机构数量及业务收入基本保持稳定，整体发展速度有放缓迹象。

三、我国保险公估业发展的局限

1. 缺乏产业政策支持，生存空间狭窄。保险监督管理委员会制定《保险公估人监管规定》的出台，使我国公估业有法可依，并奠定了保险公估的法律基础。但与之相匹配的产业政策仍然缺乏，以致市场化程度不高、产业政策缺乏明确分工。在我国保险市场上，保险公司大多仍然习惯于自己查勘定损或风险评估，即使遇到技术难题，也是通过聘请兼职专家的方式加以解决。除非极个别理赔案件发生纠纷时，才可能让保险公估公司介入，以便化解矛盾或向裁决机关提供有效的公证资料。而保险监管部门，目前也无法让保险公司把占据的中介市场让出，使得保险公估公司的生存空间比较狭窄。

2. 尚未建立统一的公估价格标准。目前，保险公估公司的收费尚无统一的标准，公估价格完全由保险公估公司自行制定。而且，在市场主体相对缺乏又无价格管制政策的情况下，收费高的公估人实际上获取了相对的高额垄断利润，这种混乱的公估价格机制可能导致保险公司降低对保险公估公司的认可程度，进而影响保险公估行业的健康稳定发展。

3. 保险公估人才较缺乏。保险公估作为一种特别的职业，其性质要求从业人员必须掌握包括保险、法律、会计等专业知识。同时，保险公估从业人员还必须掌握损失对象专业知识，如工程、机械、建筑、医药、电子电器及其价格等。最后还需要求保险公估从业人员具备良好的沟通协商能力，而这种从业人员很难培养。

4. 保险公估社会认知度低。当前存在的一个不争事实就是，我国公民保险意识普遍不高，对保险的需求层次较低，公众对保险服务的信任度也不高，这就决定了我国广大的投保人及被保险人对保险公估的需求十分有限。

第三章

二手车鉴定评估

车辆作为人们的交通工具，随着科技和经济的发展已经进入千家万户的生活中，成为众多居家用具之一。

机动车消费水平上升，我国汽车总量增多，意味着交易市场繁荣，随之衍生的机动车相关市场、服务领域也在不断增加。二手车市场作为机动车市场的一部分，随着我国机动车的消费水平上升而扩大。面对广大的二手车市场，对二手车的价值评定就尤显重要，由此衍生出了二手车鉴定评估师这一职业。

二手车鉴定评估指对二手车进行技术状况检测、鉴定，确定其在某一时点价值的过程。在鉴定中，二手车鉴定评估师会对车辆技术状况进行缺陷描述、等级评定，从而确定二手车辆的价值。

二手车鉴定评估起源于工业进程较快的欧美国家。伴随着汽车工业的迅猛发展，汽车保有量的急速上升而快速发展。今天，一些发达国家已经形成了较为成熟的二手车市场，二手车因其具有较高的性价比和较低的消费门槛而得到消费者的青睐。2016年，美国的二手车交易量约为新车的 3 倍，英国约为 3.2 倍，日本约为 1.5 倍，而我国的二手车交易量仅约为新车销售量的 37%。国外能够建立起成熟和发达的二手车交易市场，专业的二手车评估行业功不可没。

第一节　二手车鉴定评估的作用

汽车是一种严管商品，也是一种高科技产品，价值一般较高。但是，一般人都不具备汽车相关的专业知识，想要购买一辆放心的、性价比合适的二手车，还是需要通过专业人士对其进行检查、鉴定，并进行全面的评估，得出一个合理的参考价值。

汽车在使用的过程中，为了确保广大人民群众的生命安全和财产安全，国家要求对汽车产品从"生"到"死"都要严加管理。为把汽车的生产制造、新车销售、二手车交易和报废车的回收、拆解各个方面，都有机结合起来，用科学化、法制化的管理手段，建立汽车产品的流通体系，以促进我国汽车工业有序、健康、持续、稳定的发展。在整个汽车使用过程中，必须要有专设机构对其技术性能，特别是安全性能进行鉴定和评估，以确保行车安全。作为具有汽车领域知识专业评估人员，二手车鉴定评估师在二手车进行买卖、拍卖、租赁、置换、车检、抵押贷款等活动时，能够以中立的身份接受二手车市场的各方主体的委托并出具二手车鉴定评估报告。二手车鉴定评估的作用主要体现在以下几个方面：

一是能依据专业知识提供客观的二手车估价，维护二手车交易市场的各方利益与市场秩序。二手车鉴定评估机构所出具的报告能为二手车交易提供重要价值参考，并可以结合自身专业知识为利益相关方解释估价依据，给出专业建议，从而消除信息不对称，促进二手车交易的透明。同时，若出现了二手车交易纠纷，二手车鉴定评估机构同样可以利用自身的中立地位与专业知识进行评判和调停。

二是促进二手车市场和汽车工业发展。具有公信力的二手车鉴定评估行业，能够有效提高社会对二手车行业的信赖度，消除社会上认为二手车行业不透明的观感，从而有效促进更多市场主体进入二手车消费市场，促进二手车市场的健康发展。同时，具有公信力的二手车评估报告还是反映汽车品质的窗口，在第三方的角度起到对汽车工业产品的监督作用，有助于汽车工业的发展。

三是有利于国家监管二手车市场。一方面，为流通领域的二手车出具二手车鉴定评估报告是对二手车流通领域征税的重要参考依据，有助于政府部门对二手车交易更合理地征税；另一方面，二手车鉴定评估机构所出具的二手车鉴定评估报告，若加以存档，能够作为政府部门监管二手车市场的重要依据，有效避免涉案、涉赃车辆的流通。

第二节　二手车鉴定评估发展历程

1978 年我国实行改革开放，市场经济的活力逐渐得到释放，人们的生活用品逐渐增多，但是汽车还属于管制用品，还未普及民众手中，民间几乎很少拥有属于自己的汽车。1980 年，全国生产汽车 22.2 万辆，民用汽车保有量 169 万辆，其中载货汽车 148 万辆。面对庞大的人口基数，169 万辆汽车其中大多属于公用，因此车辆的市场需求不大，而且大多汽车属于政府和企业购买，市场经济在其中发挥的作用极小，造成二手车市场更小，几乎可以忽略。

1985 年以前，虽然社会上始终对于具有高性价比的二手车存在一定需求，但受到当时尚未建立起市场经济制度的客观条件限制，国内未能形成二手车交易市场。1985~1992 年，我国开始实行有计划的商品经济，二手车的交易量缓慢上升。1992 年中共十四大确立了建立社会主义市场经济体制的目标，在进一步深化改革开放的春风中，我国的二手车市场逐渐发展起来。

为了规范逐渐发展起来的二手车交易市场，1998 年国家贸易部发布了《旧机动车交易管理办法》（内贸机字〔1988〕33 号），规定进行二手车交易的旧机动车交易中心必须有专业的评估定价人员，并规定"旧机动车评估定价从业人员必须取得《旧机动车评估定价师》证书方可上岗"，二手车鉴定评估行业由此诞生。

1999 年，劳动和社会保障部发布了《旧机动车鉴定估价师国家职业标准》，并举办了首次旧机动车鉴定估价师考试。

2004 年，国家发展改革委出台《汽车产业发展政策》（中华人民共和国国家发展和改革委员会令第 8 号），其中第六十六条规定，"建立二手车自愿申请评估制度。除涉及国有资产的车辆外，二手车的交易价格由买卖双方商定；当事人可以自愿委托具有资质证书的中介机构进行评估，供交易时参考；任何单位和部门不得强制或变相强制对交易车辆进行评估。"

2005 年，为加强二手车流通管理，规范二手车经营行为，保障二手车交易双方的合法权益，促进二手车流通健康发展，商务部和公安部联合发布了《二手车流通管理办法》（商务部、公安部、工商总局、税务总局令 2005 年第 2 号），该办法打破了原来的法规中对于二手车交易必须在旧机动车交易中心进行的限制，实现了二手车市场经营主体的多样化。同时，该办法还取消了对于二手车交易需要强制性评估的规定，标志着国家正在积极推动、培育、引导和规范二手车市场的发展。

二手车市场是汽车市场的重要组成部分，二手车交易将逐渐成为汽车市场的经济增长点。国内 2009 年二手车年交易量达到 334 万辆，2017 年二手车全年交易量为 1002 万辆。二手车市场虽然起步较晚，但发展潜力很大，且二手车经营相对于新车经营来说，利润十分可观。各主要汽车厂家、经销商、服务商都纷纷上马二手车业务，越来越多的汽车行业从业人员选择步入二手车交易领域。

二手车交易中最重要的一环是价格评估。由于二手车价格构成有一定特殊性，需要有一套科学、统一的鉴定估价标准和方法来客观反映旧机动车的现时价格。按照国家相关部委规定，为提高旧机动车鉴定估价人员的素质，统一鉴定估价职业标准，规范旧机动车鉴定估价行为，将对旧机动车鉴定估价人员进行职业技能鉴定，实行职业资格证书制度。根据国家《劳动法》的规定，从事资产价值鉴定职业的，必须持有国家劳动部门颁发的职业资格证书。

2007 年，旧机动车鉴定估价师更名为二手车鉴定评估师，并改革为由各省人社厅组织职业资格考试。2013 年，国家质检总局和国家标准化管理委员会发布了《二手车鉴定评估技术规范》GB/T 30323，该规范由中国汽车流通协会制定并于 2014 年 6 月 1 日起正式施行，作为推荐性国家标准，在二手车鉴定评估市场有重要的指导价值。二手车鉴定评估师就是在这样的时代背景下，依据国家劳动法律法规、相关管理条例和政策而产生的，旨在推动形成二手车市场规范经营、健康发展的职业资格考评体系。

2016 年，国务院公布了第七批取消 114 项职业资格许可和认定事项，其中包括拍卖典当鉴定估价师类别，二手车鉴定评估师属于拍卖典当鉴定估价师下的职业工种。取消二手车鉴定评估师等众多职业资格的行政许可，不是取消对职业岗位的要求标准，而是改由中国汽车流通协会等专业领域的行业组织按照岗位条件和职业标准进行管理，自主实施评价，政府部门仍将加强职业标准和评价规范的制定工作。通过减少行政干预，降低就业门槛，有利于激发二手车评估市场活力。

2017 年，为贯彻国务院常务工作会议关于国家职业准入的指导方针和《资产评估法》，依法开展二手车鉴定评估工作，提高二手车鉴定评估行业队伍的素质和岗位技能水平，加强对二手车鉴定评估师的监督管理，顺利实现二手车鉴定评估师由职业准入类向职业水平评价类的过度，中国汽车流通协会特制定了《二手车鉴定评估师管理办法（试行）》，并于 2 月 24 日发布，该管理办法规定，中国汽车流通协会依法组织实施初级、中级、高级二手车鉴定评估师岗位技能全国统一考试，负责二手车鉴定评估师资格鉴定和证书颁发。此外，实行初级二手车鉴定评估师岗位技能水平的备案，中级、高级二手车鉴定评估师岗位技能水平的执业注册制度。

2017 年 9 月 14 日，《商务部关于废止和修改部分规章的决定》（商务部令 2017 年第 3 号）发布，该决定将对 2005 年颁布实施的《二手车流通管理办法》进行了修改，删除其第九条、第十条和第十一条。该三项条款的删除，对于二手车鉴定评估和二手车交易市场的发展具有积极意义。一是设立二手车鉴定评估机构不再需要商务部门审批的《二手车鉴定评估机构核准证书》，可直接去工商部门申请设立企业，降低了执业准入门槛，有利于二手车鉴定评估的发展；二是解除了外资进入二手车市场的限制，进一步释放了二手车流通市场活力。

2017 年，我国二手车全年交易量达到 1240.9 万辆，较 2016 年的 1039.07 万辆同比增长 19.4%，2018 年全年的交易规模接近 1500 万辆。此外，截至 2018 年，全国汽车保有量达 2 亿多辆，排名世界第二，二手车已然成为下一个万亿级大市场。但是，从发展趋势来看，二手车鉴定评估正逐渐退出专门评估机构的服务舞台，不再属于独立第三方中介机构从事的专业服务之一，而是作为二手车交易市场的一个必需服务类型，由二手车交易企业向客户提供相应的评估服务。

第四章

珠 宝 评 估

第一节　珠宝评估行业发展历程

早在 100 多年前，资产评估服务已经作为一种职业出现于世界经济文化活动中，随着社会需求不断增加，珠宝首饰艺术品评估也逐渐成为资产评估服务领域中的一个重要类别。20 世纪 70 年代的美国，宝石投资、捐赠税务和易价交易的数量与规模都在不断增加，宝石评估的作用逐渐显露，珠宝评估行业开始产生并不断壮大发展。

我国的资产评估行业诞生于 20 世纪 80 年代末 ~90 年代初。1998 年，财政部和国土资源部主管领导都意识到进一步规范珠宝首饰评估的重要性，1999 年，国土资源部珠宝首饰玉石管理中心（国家珠宝玉石质量监督检验中心）和中国资产评估协会在北京联合举办了首届国际珠宝首饰评估高级培训班，邀请美国评估师协会（ASA）珠宝首饰评估委员会主席和资深珠宝评估师来华授课，培训了一批与国际接轨的珠宝首饰评估专业人员。

2001 年 9 月，中国资产评估师协会珠宝首饰艺术品评估专业委员会成立，从此创新性地构建了珠宝评估的行业组织体系，是我国珠宝评估行业第一个专业管理机构。

2003 年，为了进一步规范评估行为，维护公众利益，更好地发挥珠宝评估在社会中的中介服务作用。财政部和人事部颁发了《关于在注册资产评估师执业资格中增设珠宝评估专业有关问题的通知》（国人部发〔2003〕19 号），建立了注册资产评估师（珠宝）执业资格准入制度，注册资产评估师（珠宝）执业资格准入制度首次实现了资产评估分专业的突破，并于 2004 年开始实施执业资格考试，原则上每两年举行一次。

2005 年、2007 年由中国资产评估协会、国土资源部珠宝玉石首饰管理中心和中国珠宝玉石首饰行业协会联合主办的 "中国珠宝首饰艺术品评估高层论坛" 分别在北京和广州番禺举行，论坛的主题分别是 "珠宝首饰艺术品鉴定评估市场的规范与发展" 和 "全面提升珠宝鉴定的社会影响力"，全面探讨了国内外珠宝鉴定方面的热点与难点问题，分享了珠宝评估方面最新的资讯与研究成果，加深了社会各界对珠宝鉴定评估行业的了解与认识。

2007 年 7 月，财政部下发了《财政部关于规范珠宝首饰艺术品评估管理有关问题的通知》（财企〔2007〕141 号），明确规定了从事珠宝首饰艺术品评估业务的资产评估机构，在出具报告时应由两名注册资产评估师（珠宝）签字。该通知也规定了评估机构开展珠宝类资产评估业务的准入条件。

2009 年 12 月 18 日，中国资产评估协会发布《资产评估准则——珠宝首饰》（中评协〔2017〕40 号），该准则于 2017 年 9 月 8 日重新修订发布，修订后的准则为《资产评估执业准则——珠宝首饰》，该准则对执行珠宝首饰评估应遵循的基本原则、具体操作要求、评估方法、评估报告的信息披露要求等进行了详细规定，有利于规范了珠宝首饰评估行为，保护珠宝首饰评估当事人合法权益和公共利益。

珠宝首饰评估已经成为资产评估的重要组成部分，具有鲜明的专业特点。在财政部与国土资源部的大力支持下，在国土资源部珠宝玉石首饰管理中心（国家珠宝玉石质量监督检验中心）和中国资产评估协会的共同努力下，经过 10 多年的努力探索，已逐步建立了符合珠宝首饰评估专业特点、满足珠宝首饰评估管理要求的管理体系，为珠宝评估行业的持续健康发展奠定了坚实的基础。

第二节　珠宝评估方法和行业服务领域

与其他资产评估方法类似，珠宝首饰评估方法也有三种途径，即市场途径、成本途径和收益途径。但珠宝首饰评估的专业特性更强，评估过程更侧重于评估对象的鉴定方面，评估方法以市场途径为主，成本途径次之，较少采用收益途径的评估方法。

在国家大力发展文化产业的政策背景下，文化产业已成为国民经济的支柱性产业。珠宝首饰艺术品作为文化产业的重要分支，最近 10 年伴随着经济的快速发展和国民收入的提高，中国已比肩美国和英国，成为全球三大珠宝首饰艺术品市场之一。珠宝首饰艺术品成为文化精神和财富管理需求的重要载体，人们的关注度和参与度也越来越高。

正因珠宝首饰艺术品作为一种具有保值性、艺术性、投资性、文物性等特点的特殊性资产，现在的人们对珠宝首饰艺术品价值量化的需求逐渐增多。但目前大众对珠宝评估这一新兴行业认知度普遍不高，对珠宝评估的应用范围也所知甚少。

珠宝首饰艺术品评估作为新时代经济发展的产物，应用范围十分广泛。珠宝首饰作为流通品，不但涉及生产企业、销售企业和消费者，而且与金融、拍卖、典当、保险、收藏等行业和领域休戚相关。珠宝首饰评估专业性强、服务对象众多，小到家庭财产的分配、产品定价，大到企业上市、融资、银行质押贷款、资产清算以及司法评估等涉及珠宝首饰艺术品价值的方面。珠宝首饰评估为各种珠宝首饰交易提供价值尺度，已成为联系珠宝行业与其他行业和领域的重要纽带，在显示珠宝价值、规范珠宝交易市场秩序等诸多方面发挥着不可或缺的作用。珠宝首饰评估的范围具体可分为以下几个方面：

（一）资产确认、产权变换

当公司成立、上市、增资、解散、珠宝企业改制、资产重组或产权变换时，需要对珠宝首饰进行评估，确认资产数额。

（二）财产分割

随着我国对物权的认可，对珠宝首饰艺术品价值量化需求也逐渐增多，比如婚前财产公证、离婚财产分割、遗产分割以及合作关系终结而进行财产分割等，都需要对其现时价值进行专业评估。

（三）质押评估

企业或个人在向金融机构或其他非金融机构进行融资的时候，机构会要求企业或个人提供用于质押资产的评估报告，以了解用于质押资产的价值。

（四）债务抵偿

珠宝首饰是个人和企业投资收藏的对象，当面临债务问题或经营问题时，珠宝首饰成为偿还债务的重要资产。

（五）司法诉讼

受法院等相关部门的直接委托，对涉及诉讼的珠宝首饰进行价值评估。

（六）损坏赔偿评估

受个人或企业的委托，对已经损坏的珠宝首饰进行相应的价值评估。

（七）改良评估

主要针对因款式陈旧，佩戴或保存不当而产生实体损失的珠宝首饰。帮助委托人考量是否可以通过对宝石的重新切磨、重新镶嵌等进行改良，以及改良所需的成本和改良后的价值。

（八）售前定价评估

对于高档和稀少的宝石、设计制作独特的珠宝首饰或大型的玉雕作品，商家在推向市场前或作为拍卖品送拍前，对这类珠宝首饰的市场价值进行评估，以确定市场售价或确定拍卖品的拍卖底价和估价。也可帮助消费者了解到该商品的价值，对购买做出判断。

（九）价值咨询

当委托人对交易价格产生怀疑，或者希望得到专家关于价格的明确意见时，通常会咨询专业评估师。由于珠宝市场信息的不对称，消费者为了获得"可接受的价格"，需要通过评估获得可信度高的参考价格。

（十）保险评估

随着我国珠宝企业保险意识的增强及外资保险公司的进入，保险评估在我国将成为重要的评估目的之一。

（十一）财产纳税评估

珠宝首饰的纳税评估目前主要针对进出口珠宝首饰进行价值评估，以此为基础征收关税。未来可能会涉及遗产税、捐赠税等方面的评估。

（十二）捐赠

捐赠是指将珠宝首饰赠送给博物馆、学校、慈善机构等非营利性的单位，再确认赠品的价值，给捐赠人提供收据，由此可获得收入税的减免等。

第三节　珠宝评估未来展望

珠宝评估行业发展的基础是珠宝交易市场。随着改革开放后中国经济的迅猛发展，由于消费结构升级、刚性婚庆市场需求巨大、奢侈品市场崛起等原因，中国珠宝市场近年来增长迅速，市场容量不断扩张，珠宝首饰正在成为继住房、汽车之后我国百姓的第三大消费热点，我国也已成为世界上重要的珠宝首饰生产国和消费国（图6-1）。

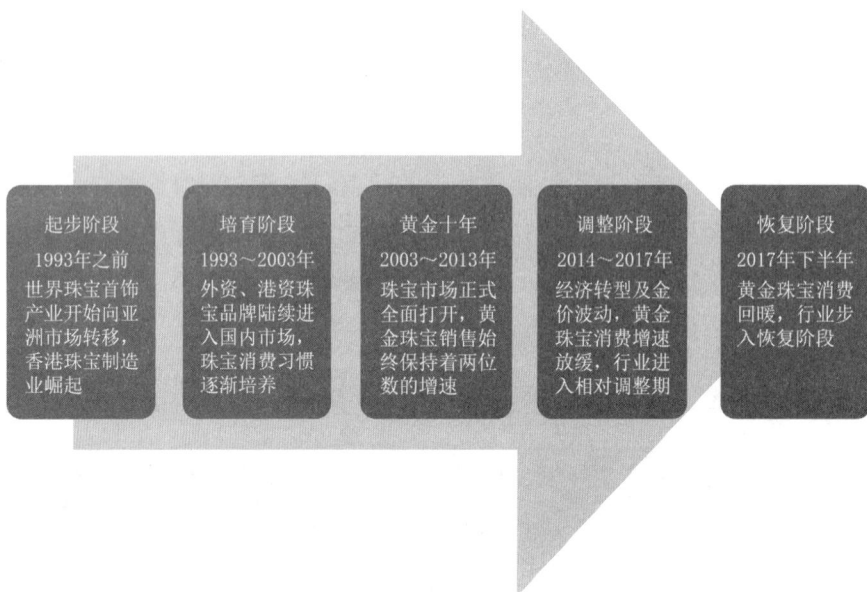

| 起步阶段 | 培育阶段 | 黄金十年 | 调整阶段 | 恢复阶段 |

起步阶段　1993年之前世界珠宝首饰产业开始向亚洲市场转移，香港珠宝制造业崛起

培育阶段　1993~2003年外资、港资珠宝品牌陆续进入国内市场，珠宝消费习惯逐渐培养

黄金十年　2003~2013年珠宝市场正式全面打开，黄金珠宝销售始终保持着两位数的增速

调整阶段　2014~2017年经济转型及金价波动，黄金珠宝消费增速放缓，行业进入相对调整期

恢复阶段　2017年下半年黄金珠宝消费回暖，行业步入恢复阶段

图6-1　中国珠宝行业发展阶段分析

据国家统计局数据，2018年1~11月，限额以上黄金珠宝社会消费品零售累计同比增长8.1%，高于限额以上社会消费品零售总额累计增长2个百分点，延续2017年行业回暖态势。随着黄金珠宝消费渗透叠加人均可支配收入的不断增加，未来黄金珠宝行业发展可期（图6-2）。

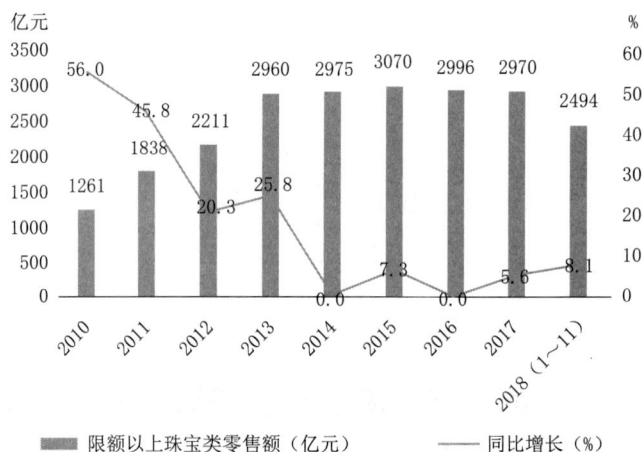

图6-2　2010~2018年中国限额以上珠宝类零售额及增速

　　另外，我国黄金珠宝消费总量居全球前列，但人均消费水平还较低，与全球主要珠宝消费市场对比，2018 年我国人均珠宝消费额仅为 56 美元，而同期美国、日本人均珠宝消费为 322 美元、187 美元，分别是我国的 5.75 倍、3.34 倍。我国人均珠宝消费额低于世界其他主要国家，成长空间广阔，因此未来珠宝评估行业的发展具有良好的前景。

　　除了珠宝交易市场的规模扩大，促进珠宝评估行业发展的因素还有珠宝类资产在金融领域和资本市场的稳步增长。未来随着珠宝类企业资产证券化、资本化的加强，珠宝评估市场未来一定大有可为。

第七篇

中国评估行业未来发展机遇

伴随改革开放的时代潮流，我国评估行业历经近 40 年快速发展，取得了一系列成就，行业规模、收入、综合实力处于世界前列，国际影响力不断扩大。从引进、学习西方先进制度和经验，到结合中国自身实际，建立具有中国特色的评估理论体系、专业评估服务体系、法律制度体系、监督管理体系和人才选拔培养体系，中国评估行业用近 40 年时间在世界评估行业发展史上留下了浓墨重彩的一笔。中国的评估专业队伍，至今活跃于经济社会发展的各个领域，实现着个人和行业的价值，为国家的改革开放和特色社会主义现代化建设事业贡献着力量。

评估行业作为市场经济发展到一定阶段的产物，体现了人们对市场价值规律的认同及对专业服务的追求。随着我国经济社会的发展，评估行业已经呈现一种"大评估"的发展趋势。

一是在《资产评估法》的统领下，资产评估、房地产估价、土地估价、保险公估、矿业权评估和珠宝评估等专业领域多元共生、交叉融合，服务内容精细化。

二是评估机构的专业服务迈向多元化，以传统的价值评估服务为基础，咨询顾问服务的比重将逐渐提高，评估服务和咨询服务融会贯通、互为支撑。

三是对评估专业人员的需求逐渐趋向高素质、综合化、复合型。大评估时代，评估行业知识密集型劳动的特征将更加凸显，对评估专业人员的专业能力要求更高，要求其拥有更高的专业素质、熟悉一门以上外语、精通两个以上专业服务领域并能为客户提供全过程咨询化服务（图 7-1）。

从英国、美国等国著名评估机构的发展历程来看，无论是世邦魏理仕，还是仲量联行，均在企业发展的关键阶段，收购了大量优秀的专业咨询机构，在评估服务的基础上形成了提供一站式个性化全程服务的模式，这种极富远见和创新理念的安排极大

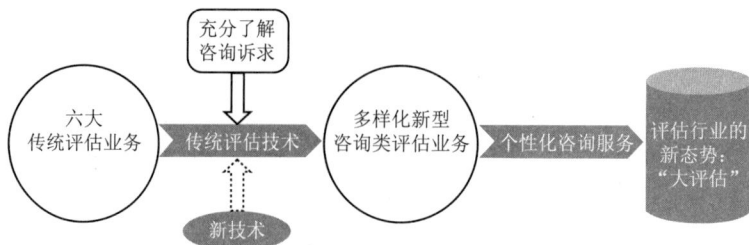

图 7-1 "大评估"概念示意图

拓展了企业的服务空间，增强了综合竞争力，提高了知名度，也为世界评估行业的新发展带来了启示。

从我国的评估实践来看，自 2001 年我国加入世界贸易组织以来，企业"走出去"参与国际竞争的步伐加快，特别是"一带一路"倡议的提出和加速推进，越来越多的企业参与境外投资、进军竞争激烈的海外市场，而单纯的价值评估服务显然已不能满足企业的需求，个性化的投资方案、投资可行性研究、尽职调查、投资风险管理等综合性咨询化的服务需求与日俱增。此外，随着国内市场经济体制改革的纵深推进和经济的高质量发展，财政支出预算绩效评价、PPP、资产证券化、无形资产知识产权保护和转化、土地经营权流转、城市更新升级等领域的评估咨询需求涌现，专业化咨询服务的作用越来越重要。根据委托方的需求，提供个性化一站式高质量咨询服务，已然成了评估行业驶向专业服务新蓝海的指针。

"大评估"时代背景下，现代化经济体系建设、深化供给侧结构性改革、创新型国家建设、乡村振兴战略和区域协调发展战略稳步实施，"一带一路"倡议加速推进，以及互联网、云计算、大数据、人工智能为核心的信息技术发展迅猛。一方面，评估咨询服务需求日益增长、范围日益广泛；另一方面，新经济、新业态、新市场和新技术的涌现，也对评估行业拓展服务领域、延伸服务链条、创新服务技术和丰富服务内容提出了更高的要求。因此，"大评估"时代，评估行业大有可为。

第一章

市场及企业改革

当前，党的十九大确立的新发展理念和经济社会发展目标深入贯彻，随着市场经济体制改革向纵深推进，供给侧结构性改革深化开展，资产证券化、科创板助推多层次资本市场高质量发展，国有企业混合所有制改革再上新台阶，紧抓市场及企业改革的机遇，评估行业推进市场化改革、技术创新、综合性高端人才培养、实现产业转型升级和高质量发展将拥有更加广阔的社会舞台和市场空间。

第一节　供给侧结构性改革

深化供给侧结构性改革是实现我国经济高质量、可持续发展和人民生活水平不断提高的客观要求，其重点内容是去产能、去库存、去杠杆、降成本、补短板，以实现存量资源的优化配置，拉动有效投资、消费需求，降低生产成本，推动基础设施建设，为我国市场经济体制改革持续注入内生动力。

评估行业作为市场经济发展到一定阶段的产物，是连接政府和市场的枢纽环节，是沟通供给侧和需求侧的中介行业，在为资产交易双方及政府决策提供客观、公正、合理的价值资讯和政策咨询服务，促进市场资源优化配置，引导经济资源向价值高端化流动等方面具有非常重要的作用。因此，经济新常态下，评估行业是推动实现供给侧结构性改革主要目标的重要助力，应当在服务企业、市场和政府方面充分发挥专业作用。

党的十九大报告中强调，深化供给侧结构性改革，建设现代化经济体系，必须把发展经济的着力点放在实体经济上，把提高供给体系质量作为主攻方向，显著增强我国经济质量优势。支持传统产业优化升级，加快发展现代服务业，瞄准国际标准提高水平。坚持去产能、去库存、去杠杆、降成本、补短板，优化存量资源配置，扩大优质增量供给，实现供需动态平衡。

2019 年《政府工作报告》中提出，要继续坚持以供给侧结构性改革为主线，在"巩固、增强、提升、畅通"八个字上下功夫。更多采取改革的办法，更多运用市场化、法治化手段，巩固"三去一降一补"成果，增强微观主体活力，提升产业链水平，畅通国民经济循环，推动经济高质量发展。

在供给侧结构性改革进一步深化的市场背景下，大量的资源、资产重组或重新配置，必然对评估服务产生巨大的市场需求，评估行业由此将迎来改革发展的巨大机遇期，其价值尺度、价值发现、价值管理、价值优化等功能将得到重点关注，专业咨询服务也将迎来大展拳脚的广阔舞台。

一是大量的资源、资产重组并购释放出巨大的评估咨询服务需求。在企业资产并购重组的这一去产能、实现资源优化配置的过程中，评估行业能够充分发挥价值发现和价值尺度功能，合理评估市场交易中企业资产的真实价值，为资产重组或并购各方提供客观的价值参考和科学的方案设计，从供给侧引导市场对资源配置做出科学、合理的决定，促进交易双方依据市场规则进行资源优化组合。

二是政府扩大基础设施建设投资，为专业评估咨询服务拓展了空间。PPP 项目作为当前缓解政府财政压力，实现财政资金和民间资本有效组合与利用的基础设施建设主流合作模式，有利于提升经济活力，促进经济结构调整和转型升级。评估行业在PPP 项目中，可以充分发挥"谋士"作用，为项目开展提供项目发起及项目筛选咨询、尽职调查、初步实施方案编制、物有所值评价、财政承受能力论证、实施方案编制和项目绩效评价等全过程的评估咨询服务，从而为政府和社会资本相结合、补足我国基础设施建设的短板添砖加瓦。

此外，深化供给侧结构性改革带来的产业转型升级和城市加速发展，使城市评估服务需求越来越多样化，从传统的以物业资产的价值为基础的评估服务，到企业整体或单项资产评估以及城市更新咨询服务等，都对评估行业为企业价值提升和转型升级提供资产管理、价值链改造、投资可行性建议等高附加值服务提出了大量的需求，也为评估行业迈向多元化、咨询化发展和实现转型升级创造了良好条件。

第二节　多层次资本市场高质量发展

我国资本市场的发展起步于 1990 年底的上海证券交易所和深圳证券交易所相继成立，经过近 30 年的不断发展与完善，其规模不断扩大，市场参与主体日趋广泛，对国民经济的影响日益增强，在提高我国资本配置效率、改善企业投融资结构以及推动企业建立现代公司制度等方面发挥着越来越重要的作用。随着资本市场改革的持续推进，我国已经基本建立起了初具规模、分工明确的，以主板、中小板、创业板和新三板为框架的多层次资本市场体系。

据统计，截至 2017 年底，我国各大版块上市公司近 3500 家，主板上市公司 1800 多家，中小板上市公司 900 多家，创业板上市公司近 700 家，新三板挂牌公司 11600 多家。多层次资本市场的存在，畅通了企业融资发展的渠道，提高了资本的流动性和使用效率，促进了企业的规范化运作，推动了企业质量的进步。

虽然我国多层次资本市场已初具规模，但与美国等发达国家的多层次资本市场相比，还存在一些较为明显的问题。一是上市公司质量参差不齐，许多企业在治理结构方面尚未完全市场化；二是市场结构不合理，长期以来，我国企业一直是重间接融资、轻直接融资；重银行融资，轻债权融资，这种融资模式既影响了金融资源的合理配置和市场风险的分散，也不利于多层次资本市场的完善。

近年来，防范金融风险、重塑市场秩序成为国家资本市场关注的关键问题。加强并购重组监管、调整完善再融资政策、规范上市公司股东和董监高股份减持行为、推进实施投资者适当性管理制度等，紧紧围绕风险防范、稳定市场发展进行资本市场的监管。市场监管日趋严格、不断升级对我国多层次资本市场不断向着规范化、市场化的方向转变和迈向高质量发展提出了更高要求。同时，也为与资本市场紧密相关的评估行业带来了广阔的机遇，企业上市、资产并购重组、股权增购等方面将更加需要评估行业发挥价值鉴证、价值发现、计量公允价值等方面的作用，以提高企业融资效率和质量，降低投资风险。

当前，评估行业服务资本市场规范化和高质量发展，再次迎来了一个前途光明的舞台。

2018 年 11 月 5 日，国家主席习近平出席首届中国国际进口博览会开幕式并发表主旨演讲，宣布在上海证券交易所设立科创板并试点注册制。

2019 年 1 月 30 日，中国证监会发布了《关于在上海证券交易所设立科创板并试点注册制的实施意见》（中国证券监督管理委员会公告〔2019〕2 号）。该实施意见强调，在上交所新设科创板，坚持面向世界科技前沿、面向经济主战场、面向国家重大需求，主要服务于符合国家战略、突破关键核心技术、市场认可度高的科技创新企业。重点支持新一代信息技术、高端装备、新材料、新能源、节能环保以及生物医药等高新技术产业和战略性新兴产业。

2019年3月2日，中国证监会发布了设立科创板并试点注册制主要制度规则，上海证券交易所发布了实施设立科创板并试点注册制相关业务规则和配套指引，标志着设立科创板并试点注册制的相关制度正式出台。

设立科创板并试点注册制，是完善我国多层次资本市场体系，提升资本市场服务实体经济的能力，以资本市场服务推动创新型国家建设的关键举措，对促进上海国际金融中心、科创中心建设具有重要意义，同时也为上海证券交易所发挥市场功能、弥补制度短板、增强包容性提供了至关重要的突破口和实现路径。

科创板的设立也为评估行业服务于拥有关键核心技术、科技创新能力突出、具有良好成长性的科技企业打开了一扇大门，为评估行业助力国家科技创新和多层次资本市场高质量发展提供了有力的现实载体。一是可以为科创板发行企业自身核心技术即无形资产提供资产入账、公允价值等"以财务报告为目的"的资产评估服务；二是具有证券期货业务资产评估资格的评估机构可以为科创板发行企业的股份制改造提供评估服务；三是可以为科创板上市发行企业的承销券商提供发行定价等评估服务，合理量化拟上市企业的预计市值；四是为拟发行上市企业提供员工持股计划、股权激励等事项的资产评估服务；五是为机构投资者、个人投资者投资科创板企业提供专业价值分析报告等。

总之，科创板设立并试点注册制，必将带来庞大的评估服务需求。因此，既迫切需要评估机构和行业组织利用各种平台在相关政策制定过程中积极发声建言，更重要的是评估机构自身要加快技术创新和转型升级的步伐，强化评估专业人员能力培养，加强内功修炼，从而更好地在科创板设立的市场机遇中充分发挥专业服务的力量。

第三节　混合所有制改革

改革开放40年，我国国有企业改革也经历了初步探索、制度创新和稳步推进的40年，国有企业改革已经成为加快完善社会主义市场经济的重要举措之一，为推动经济社会发展、保障和改善民生、开拓国际市场、增强我国综合国力作出了重大贡献。

发展混合所有制经济是我国社会主义市场经济制度自我完善的重要体现，有利于增强国有经济活力、控制力和影响力，有利于各种所有制资本取长补短、相互促进、共同发展。深化国有企业混合所有制改革是发展混合所有制经济的主攻方向，是国有企业完善产权制度、破除体制机制束缚、迸发国有资本活力和市场竞争力的必经之路，也是经济新常态下，我国国有企业迈向高质量发展的客观要求。

一直以来，国有资产产权交易变动、兼并重组和有关制度改革带来的评估需求都为我国评估行业发展壮大提供了强大动力，也为评估行业维护国有资产权益、发挥在市场经济体制改革中的作用提供了平台。

习近平总书记在党的十九大报告中明确提出要"深化国有企业改革，发展混合所有制经济，培育具有全球竞争力的世界一流企业"。2018 年中央经济工作会议提出要"积极推进混合所有制改革"，要加快国资国企改革，坚持政企分开、政资分开和公平竞争原则，做强做优做大国有资本，加快实现从管企业向管资本转变。

混合所有制改革是一项涉及巨大经济体量的改革措施。据有关统计，我国国有企业有 14 多万家，总资产 90 多万亿元。随着混合所有制改革的加速推进，股权多元化和资产证券化必将引发大量的国企上市、产权交易变动、并购重组和境外投资等资本运作，将会有更多的国有企业通过市场平台实现资本融合。其中牵动各方利益，涉及大量的资产重组和评估定价，需要评估行业在降低市场交易成本，提高市场交易效率，维护国家经济安全、社会公众利益等方面发挥专业作用，担负起保证公平交易及防范国有资产流失的双重重任。

国有企业混合所有制改革的大幅度推进，为评估行业带来了根本性的市场需求。同时，也对评估行业提出了更高的要求，即立足市场，积极开拓多元化的评估咨询专业服务。如评估机构在为国有企业并购重组提供评估服务时，不仅作为第三方中介提供资产价值评定服务，还可以作为交易单方的价值咨询顾问，全程参与交易的各个环节，为委托方提供投资价值类型的价值咨询建议，以及帮助委托方确定沟通谈判的定价区间，为定价决策提供参考，提供投资并购后评价等跟踪服务，从而实现业务发展多元化，推动自身转型升级。

总之，评估行业要牢牢把握混合所有制改革所带来的难得发展机遇，立足市场发展的需要，不断提高专业服务水平和竞争力，聚合优势资源，打造优势品牌，使全社会认识到评估行业在混合所有制改革中的重要价值。

第四节　资产证券化

我国的资产证券化始于 20 世纪 90 年代。在 2010 年之前，资产证券化在我国处于探索试点阶段，特别是 2008 年的金融危机席卷全球，以美国的次贷危机为首，导致资产证券化受到一次前所未有的打击，令这一新兴事物的成长戛然而止。2011 年至今，我国的资产证券化新规陆续颁布实施，同时推出了资产证券化备案制，标志着我国的资产证券化已经进入了快速发展阶段。

资产证券化发展至今，资产证券化产品涉及的领域广泛，丰富了金融市场的投融资渠道，也是金融产品的创新。资产证券化产品可分为信贷资产证券化、企业资产证券化、资产支持票据和项目资产支持专项计划四大类，具体包括企业贷款、住房抵押贷款、金融租赁、不良资产重组、REITs、融资租赁、收费收益权、保理融资、信托收益权、BT 项目回购、PPP、股票质押回购、CMBS 和票据收益权等四十多种。

资产证券化的目的在于将缺乏流动性的资产提前变现，解决流动性风险。资产证券化受到了银行和资产管理公司的青睐，金融机构如中国建设银行、国家开发银行、信达资产管理公司、华融资产管理公司等都在参与资产证券化的工作。资产证券化的优点主要体现在：

1. 金融产品的创新，丰富金融市场的交易种类；

2. 利用资产证券化来提高金融机构的资本充足率；

3. 利用资产证券化来降低金融机构或原始权益人的融资成本；

4. 利用资产证券化来减少金融机构的风险资产；

5. 增加资产流动性来改善银行资产与负债结构失衡；

6. 有利于中小投资者参与投资房地产产业。

随着资产证券化的发展，评估机构在其中的作用日益显现出来。在资产证券化项目中，评估机构可提供的服务包括：标的物业的市场价值评估，标的物业的市场租金评估，标的物业的现金流预测报告，标的物所属物业类型的市场调研报告和可行性研究分析等其他增值服务。

对于评估机构服务资产证券化的安排，我国于 2014 年 12 月 24 日出台的《资产证券化业务风险控制指引》就规定，对不动产等专业性较强的基础资产价值的评估，管理人应当委托符合条件的专业资产评估机构出具评估报告。2017 年 3 月，《深圳证券交易所资产证券化业务问答（2017 年 3 月修订）》中规定，底层资产涉及不动产评估的，建议出具不动产评估报告的评估机构应具备住房城乡建设部核准的房地产估价机构一级资质，并建议选用收益法作为最主要的评估方法。专项计划存续期间，建议对底层不动产进行定期重新评估；发生收购或者处置等影响基础资产价值的重大事项时，也应当进行重新评估。

2018 年 4 月 25 日，中国证监会和住房城乡建设部联合印发《关于推进住房租赁资产证券化相关工作的通知》（证监发〔2018〕30 号），对开展住房租赁资产证券化的基本条件、政策优先支持领域、资产证券化开展程序以及资产价值评估方法等作出规定。该通知规定，房地产估价机构对住房租赁资产证券化底层不动产物业进行评估时，应以收益法作为最主要的评估方法，严格按照房地产资产证券化物业评估有关规定出具房地产估价报告。承担房地产资产证券化物业估值的机构，应当为在住房城乡建设部门备案的专业力量强、声誉良好的房地产估价机构。资产支持证券存续期间，房地产估价机构应按照规定或约定对底层不动产物业进行定期或不定期评估，发生收购或者处置资产等重大事项的，应当重新评估。

从 2016 年开始，随着诸多金融政策开始完善，资产证券化项目日益活跃。从资产证券化项目的规模来看，2016 年，我国资产证券化产品发行总数为 515 单，发行总额为 9134.89 亿元；2017 年，发行总数为 694 单，发行总额为 15414.4 亿元；2018 年发行总数为 947 单，发行总额为 20129.97 亿元。增长的速度越来越快，规模越来越大，为资本市场注入了新的活力。

因此，从政府政策支持和资产证券化的发展趋势来看，评估行业在资产证券化中拥有非常广阔的发展前景。特别是当前资产证券化在我国还处于探索阶段，评估机构积极参与资产证券化项目不仅能够开拓巨大的市场，还能丰富自身服务金融领域改革的实践经验，提升机构知名度，更重要的是可以培养大批熟悉资产证券化业务的人才，以便在未来资产证券化立法逐渐完善、监管更加严格的时候，可以凭借良好的服务在这一领域站稳脚跟。

第二章

国　家　战　略

党的十九大报告高屋建瓴、气势磅礴，发出了时代最强音。习近平总书记在党的十九大报告中提出了一系列推动新时代国家经济社会持续健康发展的举措，从"一带一路"倡议、粤港澳大湾区建设、创新型国家建设、乡村振兴、区域协调发展等国家战略的高度对新时期我国特色社会主义现代化建设作了明确规划。评估行业应抢抓落实党的十九大战略部署带来的发展机遇，紧紧依托国家发展战略，大力拓展市场，扩大服务范围，增加服务品种，创新服务方式，提高服务效率，牢牢把握新时代行业发展的主动权，保证行业在新时代有新作为、新起色和新成就。

第一节　"一带一路"倡议

改革开放 40 年来，我国开放的范围、领域和层次不断扩大，全面对外开放的格局逐渐形成，越来越多的中国企业走出国门，开展对外贸易和投资，我国经济持续保持着稳定增长，已成为世界第二大经济体，外汇储备连续多年位居世界第一。纵观国家对外开放大局，"一带一路"倡议无疑已经成为推动形成全面对外开放格局的有力抓手。

2013 年，习近平总书记提出了"一带一路"倡议，为新时代我国经济社会的持续健康发展开出了一剂良方，向世界贡献了中国方案。2017 年，党的十九大报告强调，推动形成全面开放新格局，要以"一带一路"建设为重点，坚持"引进来"和"走出去"

并重，遵循共商共建共享原则，加强创新能力开放合作，形成陆海内外联动、东西双向互济的开放格局。2018年，习近平总书记在庆祝改革开放四十周年大会上的讲话中强调，"必须坚持扩大开放""要以共建'一带一路'为重点"，并指出"坚持对外开放的基本国策，实行积极主动的开放政策，形成全方位、多层次、宽领域的全面开放新格局，为我国创造了良好国际环境、开拓了广阔发展空间。"

推进"一带一路"建设，加强与沿线相关国家或地区的互联互通，是党中央、国务院在经济发展新常态下，统筹国内、国际两个大局作出的重大战略决策，是我国经济转方式、调结构、实现区域协调发展的重要举措，无疑将成为新常态下经济发展的重要动力引擎。

作为现代专业服务业的重要组成部分，我国评估行业在服务国有企业改革、住房制度改革、土地制度改革、资本市场发展和对外开放事业等方面发挥了积极作用，已成为社会主义市场经济体系的重要组成部分。随着"一带一路"倡议的深入推进，我国企业"走出去"的步伐加快、对外投资日益增多，为我国评估行业在新时期、新阶段谋取国际化新发展和实现高质量发展提供了重要机遇和有利环境。

在积极参与"一带一路"建设、推动全面开放新格局逐渐形成的过程中，评估行业通过为我国企业的对外投资提供并购资产价值评估、并购方案咨询、风险管理等多元化服务，充分发挥评估行业在规范境外并购市场经济秩序、引导资源在全球范围内合理配置、服务境外国有资本管理和维护公共利益等方面的重要作用，从而实现行业价值和转型升级。当前，我国评估行业服务全面开放有良好的基础。一方面，改革开放40年来，我国外向型经济发展取得了巨大成就，评估行业在走出国门提供评估服务的过程中积累了丰富的经验；另一方面，内地与香港已经开展了三批房地产估价师和测量师资格互认，为内地和香港评估行业携手走向国际，创造了有利的条件。当然，最重要的是"一带一路"建设加速推进带来的巨大机遇。

由于"一带一路"建设带来的沿线国内地区及域外国家新增的基础设施建设和产业投资项目，将产生大量的土地开发需求，而项目建设必然要考虑其区位布局、成本、环境、城市规划等因素，以实现成本最优，同时又要避免因市场波动、规划变动等方面带来的投资风险和不稳定情况。所以，在项目投资决策的前期甚至建成后的运营阶段，投资者都需要根据项目建设和生产经营的特点对其中的风险、收益和相应的策略进行评估，以便能够做出最恰当的决策，从而实现投资效益的最大化。因此，评估机构能够凭借其专业性，参与相关项目的投资开发过程中来，为相关企业提供项目选址分析、投资价值评估、投资风险管理和投资运营方案等多元化服务，以帮助这些企业降低投资风险，并最大限度地实现投资效益。

在巨大的市场效益之外，评估机构自身的转型升级将得到快速推进，市场竞争力和社会知名度也将得到极大提高。

一是从单一的传统评估服务向业务多元化、咨询化转变。目前，在评估机构的业务结构中，评估业务大约占93%的比重，咨询类业务大约占7%。在服务参与"一带一路"建设的企业的过程中，传统的单纯价值评估服务显然已不能完全满足市场的需求，项目可行性研究、尽职调查与产业分析、并购方案咨询、投资风险评估和投资风险管理等咨询类服务的需求日益增多，这必将推动评估机构延长服务产业链、丰富服务内容，为客户提供综合化的解决方案和"一站式"全过程服务，推动行业综合化经营、多元化发展。

二是行业和机构知名度及影响力显著提升，国际化水平极大提高。参与"一带一路"建设的企业相当一部分属于国有企业，规模庞大，为推动其顺利实施"走出去"战略，开展产业有效输出或跨国投资并购等活动来和国外市场对接，实现国有资本的安全运营和国有资产的保值增值，就需要评估行业充分发挥定价参考、信息导向和战略咨询等作用，提供优质专业服务。作为市场经济的通用语言，评估行业已成为推动全球信息交流和资本流动不可或缺的桥梁。评估机构通过为"一带一路"建设的相关项目提供评估咨询等多元化服务，将推动评估行业国际化水平极大提高，有力提升评估机构自身和评估行业的知名度及影响力，有利于评估机构发展为具有国际影响力和较强综合实力的大型机构。

积极融入国家全面开放新格局，参与"一带一路"建设，开拓国际市场，推动评估机构多元化、综合化和国际化发展。一方面，需要进一步强化开放意识和国际观念，及时把握国际经济和国际评估行业发展新动态、新趋势，充分利用开放型经济建设为评估行业发展带来的新机遇，结合行业改革和发展创新，努力为评估服务"走出去"营造良好的制度和政策环境；另一方面，要重视和积极加强国际评估业务的理论与实践研究，推动评估理论和实践与国际接轨；此外，要注重强化国际化评估专业人才及管理人才的培养，只有培养大批具有国际执业能力的复合型高水平专业人才，我国评估行业才能逐步占据国际评估市场的高地。

第二节　粤港澳大湾区

建设粤港澳大湾区，是习近平总书记亲自谋划、亲自部署、亲自推动的国家战略，是新时代推动形成全面开放新格局的新举措，也是推动"一国两制"事业发展的新实践。推进建设粤港澳大湾区，有利于深化内地和港澳交流合作，对港澳参与国家发展战略、提升竞争力、保持长期繁荣稳定具有重要意义。评估行业作为现代高端服务业，是衡量经济、社会现代化水平的重要标志，更是推进社会经济高质量发展的重要助力。在粤港澳大湾区建设过程中，评估行业将迎来广阔的发展机遇和市场空间，将会发挥越来越大的作用。

粤港澳大湾区是由香港、澳门两个特别行政区和广东省的广州、深圳、珠海、佛山、中山、东莞、惠州、江门、肇庆九市组成的城市群，总面积5.6万平方公里，截至2018年底人口达7000万，是国家建设世界级城市群和参与全球竞争的重要空间载体，是继美国纽约湾区和旧金山湾区、日本东京湾区之后的世界第四大湾区。

"粤港澳大湾区"的概念从学术界的讨论，到政府层面正式提出，直至上升为国家战略，经历了20多年。1994年，时任香港科技大学校长吴家玮提出，对标旧金山，建设深港湾区。此后，地方政府多有提出"湾区"概念。2015年3月，国家发展改革委、外交部、商务部发布《推动共建丝绸之路经济带和21世纪海上丝绸之路的愿景与行动》，首次提出要"深化与港澳台合作，打造粤港澳大湾区"，这是官方首次正式提出"粤港澳大湾区"。2017年3月5日召开的十二届全国人大五次会议上，国务院总理李克强在政府工作报告中正式提出，"要推动内地与港澳深化合作，研究制定粤港澳大湾区城市群发展规划，发挥港澳独特优势，提升在国家经济发展和对外开放中的地位与功能。"标志着继京津冀、长江经济带之后，粤港澳大湾区正式上升为国家战略。

2017年7月1日，习近平总书记在香港亲自见证了《深化粤港澳合作推进大湾区建设框架协议》的签署。按照协议，粤港澳三地将在中央有关部门支持下，打造国际一流湾区和世界级城市群。充分体现了中央对保持港澳长期繁荣稳定、深化粤港澳合作发展的高度重视，标志着粤港澳大湾区建设全面启动。

2019年2月18日，中共中央、国务院印发了《粤港澳大湾区发展规划纲要》，对未来近20年粤港澳大湾区的建设发展进行了总体部署，指明了区域未来经济、社会、生态、制度等诸多领域努力的方向，标志着大湾区建设进入加速落实阶段。规划纲要中指出，粤港澳大湾区战略定位为充满活力的世界级城市群、具有全球影响力的国际科技创新中心、"一带一路"建设的重要支撑、内地与港澳深度合作示范区、宜居宜业宜游的优质生活圈。规划纲要中十次提及专业服务，明确提出"鼓励粤港澳共建专业服务机构"，意味着评估行业在助力大湾区建设，推动经济高质量发展的过程中担当着至关重要的角色，激励着以评估咨询为代表的专业服务业助力粤港澳大湾区建设的决心与勇气。

据统计，截至2017年底，粤港澳大湾区GDP总量达10.3万亿元，占全国GDP总量的12.57%，与纽约湾区相当，在世界国家GDP总量排名中与韩国相差无几，位居第12位。粤港澳大湾区是我国对外开放程度最高、经济发展最活跃的地区，在四大湾区中经济总量居第二位，人口、土地面积、港口和机场吞吐量均居四大湾区之首。

按照摩根士丹利中国首席经济学家邢自强的预测，在进一步改革开放政策的支持下，基于枢纽城市间的协同效应和对卫星城的辐射作用，粤港澳大湾区的全要素生产率增速有望在未来 10 年保持在 1.5% ～ 2.2%，参考国际城市群的人口密度和本区域的人口结构，预计粤港澳大湾区人口规模可在未来 10 年增至 7 600 万~8 800 万。如此一来，到 2030 年，粤港澳大湾区的经济总量或将翻一番以上，达到 3.2 万亿～ 4.1 万亿美元的范畴（2017 年为 1.6 万亿美元），超过英国的经济规模而相当于全球 GDP 第五大经济体，为全国 GDP 的增长贡献 1/5。同时，通过经济一体化，区域内收入趋同步伐加快，卫星城市与枢纽大都市（广州、深圳）的人均收入差距有望从目前的 43% 缩小至2030 年的 1/3 左右。

在如此黄金区域，随着《粤港澳大湾区发展规划纲要》的颁布实施，依托粤港澳大湾区在产业基础、经济规模、区位条件、市场化水平、资源环境、对方开放度、可持续发展潜力等方面的显著优势和巨大潜力，以及国家重磅优惠政策，粤港澳大湾区将对其他区域的经济、社会资源要素产生巨大的"虹吸效应"，包括资本、人才、技术创新、产业升级、制度变革红利等在内的要素资源将在这一区域内加速流动和重新调整，资源优化再配置的效用逐渐显现，政策红利逐渐释放，整体建设将更加聚焦内生发展动力的培育、产业格局的调整、制度与规则的完善以及区域内部协同整合等效用的发挥和提升。伴随着后续要素流入，尤其是区域内部包括基础设施、资源要素、制度规则的互联互通，将有力推动区域内整体资源配置效率的显著提升和包括范围经济、规模经济、协同效应的充分发挥。此外，通过全面提升对外开放水平、制度创新与改革红利等诸多因素，也将有力推动粤港澳大湾区中长期经济可持续增长和繁荣。

伴随大湾区的繁荣发展，粤港澳评估行业将迎来前所未有的发展机遇。第一，巨大的市场业务需求。可以预见，随着大湾区建设的加速推进，房地产开发、建设和交易，银行金融，企业新设、合并、并购重组、上市，产业转型升级，新型城市化建设等将在这一区域全面开花，由此将催生出巨量的评估咨询服务需求，为评估行业开拓业务创造无限可能和光明前景。以商业写字楼为例，据世邦魏理仕研究报告，目前，广州、深圳和香港的写字楼空置率维持在 5%~10%，由于缺乏新增供应，三个城市都有新兴商务区发展计划，包括广州的琶洲和金融城、深圳的后海和前海以及香港的九龙东。未来，随着新增供应陆续入市，在 2028 年前，三地新增写字楼面积将分别达305 万平方米、143 万平方米和 25 万平方米。

第二，有利于加强粤港澳评估行业融合与创新，实现优势互补、资源共享，提高专业服务水平和专业服务能力，提高专业化、国际化水平。一方面，广东、澳门乃至内地评估行业可以学习借鉴香港测量业的先进经验和制度设计，对标国际最高水平，共同推动建立与国际接轨的评估行业"湾区服务标准"，从而促进我国评估行业走向高端化和国际化。特别是可以充分发挥香港测量业在大湾区评估行业国际化发展中的"超级联络人"作用，积极开拓国际业务，参与国际竞争。另一方面，内地和港澳专业人士各有所长、优势互补，通过合作举办专业培训与行业高峰论坛，将有利于评估行业培养和储备更多具有国际视野的高水平综合性专业人才，提高湾区专业人员的素质，打造湾区创新人才高地，推进中国整体评估服务提质增效，打造具有国际影响力的湾区专业服务业品牌。

第三节　建设创新型国家

目前，我国经济已由高速增长阶段转向高质量发展阶段，同时也正由知识产权大国迈向知识产权强国。推进知识产权强国建设，核心就是要鼓励和支持科技创新，提高创新成果转化和利用效率，使创新成果真正发挥价值。科技创新能够为高质量发展提供新的成长空间、关键着力点和重要支撑，是促进实体经济升级、引领高质量发展的核心驱动力。因此，推进创新型国家建设，深化科技创新的驱动作用，推动科技与经济的深度融合，强化知识产权创新成果的创造、保护、转化和运用，是加快推动经济高质量发展、建设中国特色社会主义现代化强国的必然要求。在知识产权等科技创新成果的保护、转化和运用的过程中，评估行业价值尺度、价值发现、价值管理的功能已经被日益发掘，受到了市场的广泛青睐。

改革开放 40 年来，我国科技实力显著增强，主要科技创新指标稳步提升，在全球创新版图中的影响力和贡献度不断扩大，创新型国家建设迈出坚实步伐。2018 年，全社会 R&D 支出占 GDP 比重预计为 2.15%。研发人员总量预计达到 418 万人年，居世界第一。国家综合创新能力列世界第 17 位。国际科技论文总量和被引次数稳居世界第二。发明专利申请量和授权量居世界首位。科技进步贡献率预计超过 58.5%。高新技术企业达到 18.1 万家，科技型中小企业突破 13 万家。168 个国家高新区预计实现营业收入 33 万亿元，出口总额 3.3 万亿元，实际上缴税费 1.7 万亿元。全国技术合同成交额为 1.78 万亿元。

党的十八大以来，习近平总书记关于科技创新的重要论述不断丰富与发展，成为实施创新驱动发展战略、建设创新型国家的根本遵循和行动指南。习近平总书记在党的十九大报告中指出，"倡导创新文化，强化知识产权创造、保护、运用"。对于当下的中国而言，保护知识产权，既是建设知识产权强国的客观要求，也是实现经济高质量发展的重要抓手，还是我国履行国际义务的必然选择。由于历史等原因，我国在知识产权保护上仍然面临不少问题，比如，社会和民众对保护知识产权的重要性认识不足、了解片面，"网络盗版"等侵犯知识产权的现象屡禁不绝，国际社会对我国知识产权保护工作存在质疑等。

要从根源上解决我国知识产权保护的各种问题，可以从这几个方面着力。一是将"保护知识产权"确立为我国基本国策，在国家意志的层面上，充分体现对创新成果的高度重视，强化保护知识产权的权威性、严肃性、强制性。二是加大投入，支持我国企业在国内外知识产权纠纷中的维权，着力保护企业权益。三是搭建国家知识产权保护大数据研究中心，把创新数据和保护数据合并建库。

创新型国家是以科技创新作为社会发展核心驱动力，以技术和知识作为国民财富创造的主要源泉，具有强大创新竞争优势的国家。科技创新已经成为提高国家综合实力和国际竞争力的决定性力量，在党和国家发展全局中的地位和作用更加凸显。

提高全社会科技创新能力的关键在于，一方面要支持鼓励企业开展核心技术自主创新，从源头上增加有效的创新供给；另一方面要提高知识产权的转化和利用率，使创新成果真正应用到促进经济社会发展和增强国家综合实力上来；此外，同样重要的是要加大对知识产权的保护力度，推动全社会形成尊重、保护知识产权的良好氛围。

在创新型国家建设加速推进、科技创新的发展理念深入人心的背景下，涉及知识产权转让、许可使用、出资、财务报告、涉税、质押、诉讼等经济行为快速增长，这都对知识产权管理、保护、转化和运用提出了更高要求。而在知识产权等科技创新成果转化、交易和保护等过程中，对资产评估价值鉴定有着巨大的需求。作为无形资产的一种，知识产权价值的鉴定存在着许多困难，但是评估行业恰好凭借专业特性能合理确定知识产权的价值，从而保护各方的权益。特别是在《知识产权资产评估指南》施行后，评估行业有效服务知识产权管理、保护和转化的能力得到极大增强，评估行业的深度介入将为合理体现知识产权价值，促进知识产权有效转化发挥巨大作用。具体有以下几个方面：

第一，在知识产权创造的过程中，经常需要对科技创新型的项目进行可行性研究分析，评估专业人员可以就项目资金投入与未来可能产生的收益发表专业意见。

第二，在知识产权管理中，评估行业可以在知识产权制度建设、人员培训、专业研究等方面能为政府管理部门、企业和相关组织提供咨询意见。另一方面，知识产权资产评估管理也是知识产权管理的重要方面，加强知识产权资产评估的管理有利于完善知识产权工作的管理，知识产权资产评估管理的规范化有利于促进知识产权管理工作的规范化。

第三，在知识产权运用中，知识产权商品化、产业化最大的问题就是难以对知识产权的经济价值做出合理判断，但是评估的专业特性决定评估专业人员可以独立、客观、公正地对知识产权的价值发表专业意见，为当事各方提供参考，促进顺畅流转，进而促进知识产权市场化和产业化。

第四，在知识产权保护方面，知识产权的有效保护和正当行使是实施知识产权战略的重要环节。依法保护当事人的创新成果，有效制止他人侵犯其知识产权的行为，善于应对他人提出的知识产权侵权指控，依法维护自身的合法权益。知识产权损害赔偿是知识产权保护的重要内容，在知识产权损害赔偿的司法实践中，资产评估既可以帮助当事方确定知识产权的价值，保护合法权益，还可以为司法管理部门提供专业服务。

此外，把握创新型国家建设的机遇，推动知识产权战略实施，也应积极推动评估行业全方位创新。一是要以创新为引领行业发展第一动力，加快实现行业转型升级，走多元化、咨询化发展道路。二是要加快专业理论创新和制度创新。三是要强化技术研发和准则创新。

第四节　乡村振兴

党的十九大报告和 2017 年中央农村经济工作会议，均明确提出"乡村振兴"战略，并明确提出乡村振兴时间表，到 2020 年，乡村振兴取得重要进展，制度框架和政策体系基本形成；到 2035 年，乡村振兴取得决定性进展，农业农村现代化基本实现；到 2050 年，乡村全面振兴，农业强、农村美、农民富全面实现。由此可见，党的十九大和 2017 年中央农村经济工作会议已然成为国内农村改革的重要时间节点。乡村振兴的提出，并上升到国家战略，其本质是增强农村的产业基础，让农民从传统农业中解放出来，实现增收致富。让广大农民生产生活富裕，促进农村经济、社会、文化的整体转型升级。近年来，党中央、国务院进一步丰富乡村振兴路径，提出特色小镇和特色小城镇是新型城镇化与乡村振兴的重要结合点，也是促进经济高质量发展的重要平台，要求把加快建设美丽特色小（城）镇作为落实新型城镇化战略部署和推进供给侧结构性改革的重要抓手，坚持用改革的思路、创新的举措发挥统筹协调作用，努力打造一批新兴产业集聚、传统产业升级、体制机制灵活、人文气息浓厚、生态环境优美的美丽特色小（城）镇。要求各地以政府引导、企业主体、市场化运作为导向，稳步推动符合规律、富有潜力的特色小镇和特色小城镇高质量发展，为产生更多先进典型提供制度土壤。

当前我国拥有耕地 22 亿亩，保耕地的红线也有 18 亿亩，家庭承包的也有 15 亿亩。为此，土地资本化将会是今后农村政策的重要切入点。实施承包地"三权"分置制度，是实施乡村振兴战略、完善农村土地经营权流转、增加农民收入、实现农业现代化和可持续发展的必然要求。早在 2016 年，党中央就印发了《关于完善农村土地所有权承包权经营权分置办法的意见》，确定了坚持所有权、稳定承包权、放活经营权的"三权分置"改革方案。2018 年，十三届全国人大常委会第七次会议对《中华人民共和国农村土地承包法》作了修改，正式确立农村承包地"三权分置"制度，将农村土地实行"三权分置"的制度法制化。过去 40 年，我国城镇化建设取得巨大成效，但农村地区所遇到的发展问题并没有因城镇化的快速推进而得到彻底解决，例如全速推进城乡一体化过程中存在的易地搬迁户，有些农民会流转"失地"，失去"农民"身份。很多地方只落实了人员搬迁，但没有真正在根基上做到彻底解决农民的就业问题，导致了农民对土地交易、土地承包开发和土地转让经营等方面不与政府、企业联动，从而引起土地评估交易偏少和经营权交易流转不畅，这是评估服务在农村土地市场上所需要深度思考和兼顾统筹的方向点。

近年来，重庆通过地票制度对农村集体土地流转已开展了积极探索，中信也完成了首单农村土地流转信托，江浙地区特色小镇实现了农业用地和生态用地综合利用。按照党的十八大提出的"同地同权"，未来我国的土地流转制度将会不断完善，土地流转将进一步加快和深化，农村土地无论在实体发展还是金融资本运作方面，都将开启一个潜力巨大的土地交易市场。

以往，城市是评估行业发挥专业作用、实现专业价值的主战场。党的十九大报告把坚持农业农村优先发展，与优先发展教育事业和坚持就业优先战略共同作为优先发展的事业，充分体现了其重要性，但由于中国地域辽阔，各地区乡村情况不同。随着国家"乡村振兴"战略的推进和政策的倾斜，现代工业信息技术、互联网等逐渐融入乡村生活，这种信息传导正在逐步改变中国传统农民的生活方式。在此背景下，各级政府势必坚持以市场为导向，围绕现有特色产业，不断加大扶持力度，发挥产业优势，让乡村居民实现增收致富，要想实现这一愿景，必将在乡村土地上兴起乡土特色产业和资金流入乡村建设，加之随着承包地"三权分置"制度的实施，会加速农村土地经营权的流转。如何在信息化快速发展的今天，将城市工业、资本、技术等生产要素往三四线城市乃至最广阔的农村、乡镇地区转移，并在保持乡村生态环境的基础上，找寻到乡村居民与城市企业双赢的最大公约数，最大限度地发挥出乡村土地的经济价值，是评估行业服务乡村振兴的重要着力点。

据有关数据统计，截至 2017 年 6 月底，全国承包耕地流转面积达到了 4.6 亿亩，超过承包地的三分之一。农村土地经营权要顺畅流转，就必须评估出土地的真正价值，因此，针对土地经营权流转已经有了大量的评估需求，农村评估服务市场潜力巨大。随着土地承包权有偿退出、土地经营权抵押贷款、土地经营权入股农业产业化经营等试点工作的积极开展，以及农村土地规划利用工作的完善，评估行业价值鉴证和评价规划的功能将更加受到青睐。这既是新机遇也是挑战。如何突破传统国有土地估价的技术体系，建立适应广大农村的房地分离的估价制度，是评估行业需要进一步探索的方向。现在的乡村振兴不仅是土地管理制度的改革创新，并且是全方位、多角度的，对经济、社会、文化都将带来巨大的影响。

首先，从经济发展上看。中国自实施"改革开放"后，经济得到了迅速发展，城乡间人口流动不断加快，双向交流日益密切，城镇化水平显著提高。从理论上讲，乡村与都市本是相关的一体。乡村是农产品的生产基地，都市是工业的中心，前者所生产的产品并不能自销，若无市场的消化，剩余的产品将会失去经济价值；在后者生活的人并不从事农业生产，工业需要原料，一部分是经济农作物，恰好都市所需的产品则是乡村所需的市场。但实际上，过去 20 年，我国处于城镇化加速发展阶段，实现了飞跃发展，但农村经济却日渐萎缩。根据国家统计局的年报，2018 年我国农业（农林渔业）占国内生产总值的比重已经降到 7.2%，农村人口占 40.42%。城乡间发展不平衡、城乡差距日益扩大的问题更加突出，农村基础设施建设亟待加强，农村发展资金依旧短缺、多数偏远地区农村基础设施依然陈旧、农民收入和生活水平仍需大力提高。通过一批美丽乡村、特色小镇的建设，实施乡村振兴，促进农村稳定、健康发展，稳步提高广大农民的收入和生活水平，必然加大产业建设、基础设施投入。从目前来看，以往单纯依靠政府的投入治标不治本，是输血并不能造血。政府引导、市场运作，发挥市场的积极配置作用，对乡村振兴同样重要。对此，评估服务等第三方的服务必然随之而发展。

其次，从生产生活方式看，中国过去是一个典型的农业国，中国社会是一个乡土社会，大部分农村的生产模式还比较单一，靠山吃山、靠水吃水，传统的农村是自给自足的半封闭经济，在这种生活方式下，需要的物品以家庭为单位组织生产，自给自足，与外界的生产资料则交换集中在农副产品。2013 年以来，国家每年的 1 号文件都与农业农民农村相关，三农问题被提到前所未有的高度。扩大内需，搞活经济，吸引人才返乡，多元化发展，提供更多的就业岗位，大力发展文化、科技、旅游、生态等乡村特色产业，将会出现更加活跃的农村市场，参与的主体更多元，生产要素的品种将增多，交换的频率将加快，形成规模经济，企业融资、并购等也将随之发展。结合各地乡村特色，寻找合适的切入点，提前布局乡村，是未来评估行业发展的另一个重要方向。

再次，在农村金融发展方面。传统上，我们经常忽视农村的金融，将金融等同于城市的发展。在农村，存在大量分散的小农和中小企业，由于交易规模小、次数频繁、投资周期长、收益低、缺乏担保或抵押，难以获得建立信用体系所必需的信息，而农民的文化素质和农业生产的季节性等特点，要求金融服务简便、灵活、及时，这使得现代化的、有组织的正规商业性金融，不愿意涉足农村金融市场。农村金融市场长期以来处于缺位状态。党的十九大以来，乡村振兴战略明确提出提升金融服务水平，支持符合条件的涉农企业发展上市、新三板挂牌和融资、并购重组，深入推进农产品期货期权市场建设，稳步扩大"保险+期货"试点，探索"订单农业+保险+期货（权）"试点。在这些领域，评估作为重要服务性环节，也将发挥积极作用。

特别说明的是，自国家 2016 年提出发展特色小镇以来，特色小镇作为乡村振兴的重要战略手段，已成为助推农业农村现代化的重要抓手。通过发展特色小镇，培育有基础、有特色、有潜力的产业，可以推动乡村基础设施、公共服务建设，实现农民就业增收，带动农村地区经济发展。特色小镇面积不大，在产业上是小而强，体制上是小而活，形态上是小而美，功能上是小而优。一个特色小镇，能够改善人们的居住环境，提供休闲娱乐的空间，使得人们多了一个旅游的去处，而且能够吸引新经济在当地落户，改善一个区域的投资品质和投资环境，解决当地的就业，吸引中小企业和一些特色产业入驻，源源不断产生税收。

但是从近两年特色小镇发展的实际来看，许多地方没能抓住特色小镇可持续发展的核心问题，"泥沙俱下"之后，便是大量特色小镇因为业态重复，文化灵魂缺乏，没有自己的商业特色和亮点，没有培育特色核心产业，而最终被市场所淘汰，成为特色小镇发展中的率先出局者。究其根源是地方政府没有做好特色小镇项目的规划，仅凭一腔热血盲目上马开工搞建设，而忽略了"特色"二字和对市场需求的调查与研究。因此，在特色小镇建设的风口，评估行业拥有非常重要的机遇。通过为特色小镇项目提供前期可行性研究、投资价值评估、中期规划建设方案、招商运营方案和后期运营管理方案等评估咨询服务，评估行业的参与将有利于特色小镇事业更稳、更好、更健康的发展，降低被市场淘汰的风险。

总之，乡村振兴战略的实施对于评估行业来说是一个巨大的市场机遇，无论是土地经营权流转、农村金融市场发展还是特色小镇建设，评估行业的介入都是巨大的助益，所以评估机构一定要开拓视野，摆脱目光囿于城市的局限，积极融入乡村振兴战略之中，好好发掘下一个行业增长点。

第五节　区域协调发展

改革开放以来，中国经历了人类历史上最大规模的城市化进程。在 40 年时间里，中国的人口城市化率平均每年增加 1 个百分点，从改革开放初期的 18% 增加到 2018 年的 59.58%。到 2018 年底，中国已经有 10 个城市人口超过 1000 万，同时，GDP 超过 1 万亿人民币。和许多其他经济体一样，中国城市化过程不仅有城市数量、规模和人口的增长，人口和经济活动也在向城市群地区聚集。可以说，抓住了城市群，就抓住了中国经济的根本。当前，中国经济正由高速增长向高质量发展转型，而高质量发展转型依托的主战场就是高度一体化的城市群。

2017 年，党的十九大报告中提出，实施区域协调发展战略，以城市群为主体构建大中小城市和小城镇协调发展的城镇格局，加快农村转移人口市民化。2018 年 11 月，党中央、国务院发布《关于建立更加有效的区域协调发展新机制的意见》，对全面落实区域协调发展战略的各项任务，建立更加有效的区域协调发展新机制作了具体安排。

从目前看，雄安新区所在京津冀协同发展圈和长江经济带、粤港澳大湾区为主的区域经济正逐渐成长为中国经济发展的重要引擎，促进区域协调发展，既需要各地区因地制宜，充分利用优势资源，又需要各区域深化各领域合作与互助，更需要充分发挥经济核心区域的引领和示范作用，形成中心城市集群带动效应。

由此，区域协调发展战略的推进实施，将带动大量的公共基础设施建设和产业、资本、技术、土地、信息等要素跨区域流动，由此将产生巨大的评估服务需求，为评估行业参与项目可行性研究分析、房地产开发咨询、PPP 项目咨询顾问、投资风险评估咨询和企业资产交易评估等专业服务提供了广阔平台。因此，评估行业在这些区域协调发展战略推进中将大有可为。

另外，区域发展和定位的差异，使得评估行业的布局也宜因地制宜。雄安新区地处北京、天津、保定腹地，距北京、天津均为 105 公里，距石家庄 155 公里，距保定 30 公里，距北京新机场 55 公里，区位优势明显，交通便捷通畅，地质条件稳定，生态环境优良，资源环境承载能力较强，现有开发程度较低，发展空间充裕，具备高起点高标准开发建设的基本条件。雄安新区定位二类大城市。设立雄安新区，主要目标在于集中疏解北京非首都功能，探索人口经济密集地区优化开发新模式，调整优化京津冀城市布局和空间结构，培育创新驱动发展新引擎。按照《河北雄安新区总体规划（2018—2035 年）》本次新区规划面积 1770 平方公里，将选择特定区域作为起步区先行开发，在起步区划出一定范围规划建设启动区，条件成熟后再有序稳步推进中期发展区建设，并划定远期控制区为未来发展预留空间。

2018 年 8 月，雄安新区已启动了拆地拆迁，行政服务厅、机场等基础设施工程已进入建设阶段，伴随着新区的建设和不断涌入大量的疏导的机构与职能，在核心领域的建设中将需要大量中介咨询服务，产权、股权等领域也需要大量中介咨询与评估服务。但我们应该清醒地认识到，党中央反复强调雄安新区是留给子孙后代的历史遗产，要有功成不必在我的精神境界，保持历史耐心，合理把握开发节奏，因此，雄安开发建设绝不是一拥而上，而是持续的、高标准的、有序的。所以，对于评估行业要紧紧围绕雄安的发展定位，立足服务于新一代信息技术产业、现代生命科学和生物技术产业、新材料产业等产业发展重点。另外，智慧城市、数字城市是雄安的另一项创新课题。新一代信息技术对城市的作用正在从数字呈现转向智能体验。借助大数据深度挖掘技术、人工智能、物联网技术和互联网平台，未来城市将会在规划内容、决策机制、建设标准、编制模式四个维度发生变革。通过天地空一体化的云网融合体系，汇聚海量数据并进行处理，在数据平台连接、融合，借助智能引擎联动、进化，智能化将应用于雄安新区生产、生活、社会治理各领域。如何与数字城市接轨，拓展新的评估领域，探索智慧评估等也是未来评估行业进驻雄安新区的重要命题。

一方面，长三角是我国区域一体化起步最早、基础最好、程度最高的地区，包括上海、江苏、浙江、安徽三省一市，常住人口2.2亿，是全国的1/6，2017年经济总量约20万亿元，是全国的近1/4，是我国经济增长的重要引擎，根据人民网报道，在2018年11月发布的TOP10中国创新城市中长三角地区占比高达40%。2018年11月5日，国家主席习近平在首届中国国际进口博览会开幕式发表演讲时提到，将支持长江三角洲区域一体化发展并上升为国家战略，着力落实新发展理念，构建现代化经济体系，推进更高起点的深化改革和更高层次的对外开放，同"一带一路"建设、京津冀协同发展、长江经济带发展、粤港澳大湾区建设相互配合，完善中国改革开放空间布局。长三角区域一体化进程驶入快车道。另一方面，我们也要看到长三角一体化发展还有一些难点需要攻克，如基础设施一体化建设中的"断头路"问题，市场一体化构建中的共同市场问题，产业发展和布局中的错位问题等，都存在着不断深化合作的空间。基于区域战略和全球化视角，可以看到，"新时代"长三角一体化作为国家战略将承载着示范效应使命在区域内（特别是上海）围绕"开放""创新"两条主线展开，并与区域内相应重大政策或规划形成共振，比如上海自贸区、杭州大湾区、科创板、上海科创中心等。据悉，国家发展改革委正编制的《长三角一体化发展规划纲要》目前，对此，建议评估行业立足传统服务对象，重点关注长三角地区三省一市间产业融合和创新发展，围绕跨省市产业布局和区域融合发展，提前布局。

粤港澳大湾区作为中国改革开放最前沿，长期以来是中国市场化程度和国际化水平最高、私营经济活力最强、创新驱动发展全国领先的重要区域之一。据统计，该区域以不到全国1%的土地面积、5%的人口创造了全国约12%的GDP。作为继美国纽约湾区、旧金山湾区、日本东京湾区之后，即将崛起的又一具有世界影响力的湾区，粤港澳大湾区无疑将对全球产业格局调整、包括资本、技术、人才等资源要素流动及世界城市群的分布都将产生深远影响，未来发展空间和潜力极具想象力。随着《粤港澳大湾区发展规划纲要》出台实施，与要素流向转变、资源重新配置、技术创新变革、区域发展格局重塑相伴随的，是未来区域间在投资机会、产业集聚、行业发展、商业模式、盈利能力的变迁。这些为评估行业带来的机遇是前所未有的。

总之，随着雄安新区、粤港澳大湾区和长三角一体化建设加速落实，我国区域协调发展战略将呈现多点开花、全面繁荣的景象。而在这些地区经济加速融合发展、产业转型升级的过程中，基础设施建设和城市更新升级的需求将更加旺盛和迫切，由此将对评估机构提供高质量、覆盖全过程的一站式评估咨询服务产生大量的需求，为评估机构拓展巨大的发展空间。

第三章

未 来 方 向

从我国评估行业 40 年发展历程看，其业务领域已覆盖经济社会生活的方方面面，业务类型除传统价值评估外，已逐渐涵盖面向政府部门、企事业单位的咨询顾问服务，特别是财政预算绩效管理和城市土地二次开发咨询，在很大程度上考验着评估机构的综合服务能力与专业技术水平。其中，随着法治政府建设的深入，政府各项管理更加规范化、透明化，财政预算绩效评价服务的地位将更加突出。

同时，业务领域的极大拓展也对评估行业加强内功修炼，深化行业管理方式改革，完善高素质人才选拔和培养机制，加快推进行业信息化建设，提出了更高更迫切的要求。只有以市场需求为导向，以良好的专业服务为依托，以创新为驱动力，以人才为基础，以信息化建设为润滑剂，评估行业才能在专业服务的蓝海中驶向更远的彼岸。

第一节　财政预算绩效管理

我国财政预算绩效管理工作始于 2003 年，党的十六届三中全会《中共中央关于完善社会主义市场经济体制若干问题的决定》中首次提出"建立预算绩效评价体系"。随着行政管理体制改革的推进，预算绩效管理制度得到进一步发展。2014 年，新《预算法》中共有五条六款提及预算绩效管理内容，首次在国家层面确立了预算绩效管理的法律地位。2017 年，党的十九大报告中指出，要建立全面规范透明、标准科学、约束有力的预算制度，全面实施绩效管理。2018 年，中共中央、国务院正式发布《全面实施预算绩效管理的意见》（中发〔2018〕34 号），标志着预算绩效管理工作的全面实施。

预算绩效管理是为解决国内当前预算绩效管理存在的问题、优化财政资源配置、提升公共服务质量的关键举措，是深化财税体制改革、建立现代财政制度的重要内容，是推进国家治理体系和治理能力现代化的内在要求，并从"全方位、全过程、全覆盖"三个维度推动绩效管理全面实施，着眼健全长效机制，力求从整体上提高财政资源配置效率和使用效益，增强政府公信力和执行力。全面实施预算绩效管理的重点任务包括四个方面：

一是绩效管理全覆盖。即将一般公共预算、政府性基金预算、国有资本经营预算的所有资金或支出项目纳入绩效管理范围，社保基金预算也要参照执行。

二是贯穿预算全过程。即不仅预算编制、执行、结果要引入绩效理念和绩效管理，还要对重大项目全周期进行绩效评价，注重成本效益分析，关注支出结果和政策目标实现程度，推动改进预算编制和调整财政政策。

三是绩效方法全系列。包括绩效自评、重点评价相结合，并逐步建立起第三方评价体系和评价结果运用机制，形成一套完整绩效管理闭环体系。

四是评价对象全方位。由目前对部门项目支出和重大政策绩效评价为主，拓展到对部门整体支出绩效评价；由对地方转移支付绩效评价为主，拓展到对地方财政运行绩效评价，更好地促进部门、地方履职尽责，提高执政能力和领导水平。

全面实施预算绩效管理是新时代加快建立现代财政制度的新阶段、新要求、新战略。总结国外预算绩效的经验，规范的绩效指标体系、健全的绩效法律保障、完善的绩效结果应用机制、充分的民间社会组织参与等措施，对于我国加快建立现代预算制度具有重要的启示价值。从国外实践来看，绩效目标管理具有完备的法律制度基础，高效的组织管理框架以及完整的绩效目标设定、跟踪、评价和运用体系。以美国为例，在20世纪50年代就已经开始推行绩效预算，随后历经了计划项目预算系统（PPBS）、目标管理、零基预算、自上而下预算。1993年国会颁布了《政府绩效与成果法案》（GPRA），联邦政府部门建立了"战略规划、绩效计划、绩效报告（包括项目绩效报告）、绩效责任与改善"为主要内容的部门预算绩效管理制度。2002年布什总统为了实现预算和绩效整合，引入了项目绩效评级（Program Assessment Rating Tool，PART）工具，该工具为预算决策和项目改进提供了证据信息，但是也引发了诸多争议。奥巴马在保留历史资料的基础上停用了PART，国会在2010年颁布了《政府绩效与成果法现代化法案》（GPRAMA），推动了预算绩效管理转向追求在战略引领下，政府层面、部门层面和项目层面的整体协调。我国应在借鉴国外预算绩效改革经验的基础上，从预算绩效法律法规、指标体系、结果应用以及大数据技术等方面推动全面实施预算绩效路径研究，为构建现代预算制度提供理论支持。

对于绩效评价实践探索，我国于2011年就出台了《财政支出绩效评价管理暂行办法》（财预〔2011〕285号），对评价原则、评价依据、评价对象、评价内容、评价指标、评价方法等方面都做了具体规定。2013年出台了《预算绩效评价共性指标体系框架》（财预〔2013〕53号），建立了项目支出绩效评价共性指标体系框架。2017年出台了《关于规范绩效评价结果等级划分标准的通知》（财预便〔2017〕44号）。

2018年，财政部发布了《财政部关于推进政府购买服务第三方绩效评价工作的指导意见》（财综〔2018〕42号）。一是坚持问题导向。针对当前政府购买服务存在的问题，准确把握公共服务需求，创新财政支持方式，加快转变政府职能，将第三方绩效评价作为推动政府购买服务改革的重要措施。二是坚持分类实施。结合开展政府购买服务指导性目录编制工作，进一步研究细化项目分类，探索创新评价路径。三是坚持统筹协调。按照全面实施绩效管理和推广政府购买服务的要求，加强政府购买第三方绩效评价服务与事业单位分类改革、行业协会商会脱钩改革等之间的衔接，形成合力，统筹考虑各地区、领域和部门的实际情况，提高评价实效。四是坚持公开透明。遵循公开、公平、公正原则，鼓励竞争择优，注重规范操作，充分发挥第三方评价机构的专业优势，确保评价结果客观、公正、可信。

受益对象为社会公众的政府购买公共服务项目，应当积极引入第三方机构开展绩效评价工作，就购买服务行为的经济性、规范性、效率性、公平性开展评价。各地区、各部门可以结合自身实际，具体确定重点领域、重点项目，并逐步扩大范围。严格按照政府购买服务相关规定，择优选择具备条件的研究机构、高校、中介机构等第三方机构开展评价工作，确保评价工作的专业性、独立性、权威性。探索完善培育第三方机构的政策措施，引导第三方机构提高服务能力和管理水平。结合政务信息系统整合共享，充分利用现有第三方机构库组织开展评价工作。

同时，各级地方财政部门相继出台了绩效评价管理办法，中国资产评估协会为指导资产评估机构开展绩效评价业务，也制定并出台了《财政支出（项目支出）绩效评价操作指引（试行）》（中评协〔2014〕70号）的通知，对于规范绩效评价业务具有较强的指导作用。

2017年，财政部选择部分重点项目绩效评价报告作为参阅资料，随同2016年中央部门年度决算报告提交全国人大常委会，较为全面地反映了有关支出政策实施情况和项目资金使用绩效情况。

从2016年开始，财政部建立重点民生政策和重大专项支出绩效评价常态化机制，每年选择部分党中央和国务院重视、社会关注度高、资金规模大、政策持续时间长的中央部门项目，以财政部为主体开展重点绩效评价。

从项目规模看，2017年提交的10个项目涉及资金1502.8亿元，相比2016年5

个项目的 180.2 亿元，增加了 7 倍多。从涵盖领域看，具体分三类：教育、住房、水利等重点民生领域支出，如中央高校教育教学改革专项、农村义务教育学生营养改善计划国家试点补助、城镇保障性安居工程补助资金、农村水电增效扩容改造补助等；支持供给侧结构性改革的部分专项支出，如国家重点基础研究发展计划、深部资源探测核心装备研发项目；文化、信息化等社会关注度较高的其他领域支出，如国家数字图书馆资源建设及服务经费、国家出版基金、"金税"三期工程第二阶段项目、博士后日常经费等。

地方财政也积极开展绩效评价，作为改革开放的前沿阵地——广东，佛山市南海区财政局绩效评价的有益做法走在全国的前列。

从 2003 年起，南海财政按照公共财政管理的要求，在全国率先探索预算绩效管理改革，把绩效管理理念和方法引入财政管理。先从"以结果为导向"的专项资金支出后评价为抓手，逐步向纵深发展，经历了从无到有、从小到大，至今形成了良性循环的预算绩效"闭环"管理体系。十多年的历程，形成了如今的"事前预算评审，项目资金引入预算听证、竞争性等分配形式，事中绩效跟踪，事后绩效评价及绩效问责"的环环相扣的财政资金绩效管理新格局，摸索出了一条阳光理财、科学理财、民主理财的新路子。

2019 年 8 月，上海市制定出台了《全面实施预算绩效管理的实施意见》（沪委发〔2019〕12 号），从 2019 年起在市、区、镇（乡）全面实施预算绩效管理；到 2020 年底在市、区两级率先建成全方位、全过程、全覆盖的预算绩效管理新体系；到 2021 年底在全市范围内全面形成"预算决策有评估、预算编制有目标、预算执行有监控、预算完成有评价、评价结果有应用"的预算绩效管理新体制。全面实施预算绩效管理是党的十九大作出的一项重大战略部署，是政府治理和预算管理方式的深刻变革，可加快实施预算绩效的开展，是从深层次上实现全面深化财政改革、完成推进国家治理现代化的重大举措。

从上述政策形势来看，未来各地政府将积极贯彻落实中央全面开展预算绩效管理的政策要求，绩效评估业务将日益增多，财政部门也将迫切需要第三方机构协助开展预算绩效评价工作，这将给评估机构带来更多的发展机遇。但是，财政支出项目涉及社会经济各个方面，这就需要评估机构储备各类型且具备一定综合素质的复合型人才，同时积极研究创新，利用新技术、新手段，设计出适合绩效评价的技术系统，提高绩效评价工作效率。

另外，全面实施预算绩效管理是党的十九大作出的一项重大战略部署，是政府治理和预算管理方式的深刻变革，可见实施预算绩效从深层次上全面深化财政改革，是推进国家治理现代化的重大举措。预算绩效改革与财政治理现代化紧密相连，但是在实践中一些地区对落实全面实施绩效管理的意识不强，面临着引入第三方机构参与绩效评价制度不完善、中央缺乏明确指导性文件、第三方机构参与绩效评价范围有限等问题。要想实现全面实施预算绩效管理的有效落地，还要充分发挥第三机构的独立性与专业性作用。可从以下几个方面着手：

完善第三方机构开展绩效评价制度建设。可以先行通过立法手段保障我国政府绩效评价走上制度化、规范化道路。立法上确立预算绩效评价工作的地位，颁布有关预算绩效评价工作的具体法律制度和规范，使绩效评价工作有法可依、有章可循。另外在完善机构设置上，要统筹指导地方财政部门设立绩效评价管理专门机构，财政部及部分地方财政部门如广东省财政厅、北京市财政局、上海市财政局等已设立绩效评价或绩效管理处，建议指导地方省市财政部门成立绩效评价处等，加大对绩效评价的人员及技术支撑。成立全国性绩效评价行业协会，探索绩效评价实施过程、评价指标等系统性标准文件，指导地方绩效评价开展。在推动政策落地上，要不断地完善制度，按照全面实施绩效管理要求，财政部尽快出台引入第三方机构开展绩效评价的指导意见。从中央到地方各级财政及预算执行部门，大力引入第三方机构开展绩效评价工作。提高预算绩效管理规范化水平，进一步健全和完善预算绩效管理制度体系。重点制定第三方中介机构参与绩效管理工作考核办法，修订绩效评价结果应用暂行办法等，不断提高预算绩效管理工作的规范性、科学性和有效性。健全以政府购买服务方式引入第三方机构绩效评价工作规程、技术支撑、业务规范及内部细则等各类制度规范，逐步形成层级配套、功能协调的制度体系，并指导地方落实中央文件要求，以适应第三方评价改革深化的需要。确保第三方评价工作有章可循和可持续推进。

推进绩效评价行业化管理，提高绩效评价质量和效率。从中央到地方财政部门要尽快建立第三方机构参与绩效评价准入制度，择优选用第三方评价服务机构，探索建立为绩效评价服务机构颁发执业资格证书制度。对第三方机构进行评级认定。建立对第三方评价机构评价工作质量的考核机制，对第三方机构服务能力和质量进行分级评定，优胜劣汰，稳步提升绩效评价报告的科学性、公信力和权威性，为评价结果应用奠定基础。进一步完善绩效评价结果应用制度，促进绩效评价结果应用方式的多样化，建立评价结果与预算安排、政策调整挂钩机制，提升评价结果的约束力和权威性，硬化绩效评价结果应用，探索将部分绩效评价报告向人大报告，推动预算单位绩效信息公开，接受社会监督，使预算单位自觉加强预算管理和提高财政资金使用效益。

合理确定第三方评价费用，培育和稳定第三方队伍。将第三方绩效评价购买服务纳入政府集中采购目录管理，所需资金应纳入部门年度财政预算，以支持第三方机构的人才培养、基础性研究及专业性提高。在评价经费管理方面，财政部门和购买主体要做好评价成本核算工作，合理测算评价经费。对于一般项目，评价费用在购买服务支出预算中安排；对于重大项目或多个项目一并开展评价工作的，可以单独安排预算。不断强化对第三方机构的业务培训和指导，通过专门机构的培训、网络平台介绍，引导第三方机构提升评价能力，提高评价质量。

第二节　城市土地二次开发

20 世纪 70 年代末开始的改革开放，极大地解放了生产力，使我国经济蓬勃发展，城镇化也进入高速发展的阶段，一座座现代化城市拔地而起，土地成为城市发展最重要、最具价值的资源之一。但是城镇建设用地需求增长速度过快，以及城镇土地资源的低效利用、盲目扩张和重复建设等问题，进一步推高了对于土地资源的需求。不断增长的土地资源需求和粗放式的土地利用方式，使得城市建设用地趋向饱和，城市空间拓展和品质提升受到制约，土地的供需矛盾日益尖锐。

在经济高质量发展和产业转型升级的背景下，我国城镇化已经步入了新的发展阶段，科技创新和产业转型升级成为深度城市化发展的主要动力。约到 2050 年，我国将基本完成城镇化，届时城乡人口结构、土地结构、空间结构趋于稳定，城镇化率约达到 80%~85%。因此，以往单纯依靠增量土地的无序扩张式的城市发展模式，显然已经难以满足城镇化发展新阶段的要求。所以，内向挖掘城市存量土地资源，进行城市土地二次开发，向存量要增量，就成了解决制约城市发展的土地资源瓶颈的关键举措。通过土地二次开发，可以有效释放城市存量土地资源，实现土地资源集约化利用、释放土地效能，推动产业转型升级，提高公共基础设施配套水平，拓展城市品质提升所需空间，满足居民对美好生活的追求。

当前，我国主要城市都面临着新增建设用地不足、城市空间拓展受阻、生态环境问题频发的窘境。因此，都纷纷开展城市土地二次开发，释放存量土地资源，形成了政府型、开发商主导型和政府主导下开发商参与型等整体运作模式，以及土地整备、房屋征收、城市更新和棚户区改造等具体实施形式。通过市场机制与政府机制的结合，以利益补偿和利益置换等方式，实现土地资源二次开发的目标。

以深圳为例，作为我国的经济特区和改革开放前沿阵地，其市场化程度高、城市化水平高，是我国经济最发达的城市之一，但是地少人多，土地供需矛盾非常突出。与北京、上海、广州等城市相比，深圳一直面临着土地资源紧张的问题。根据 2016年深圳市政府统计数据，全市城区建成面积 923.25 平方公里，早已达到城区可建成区域的 9 成以上，可供新出让的建设用地储备十分有限。同时，深圳还面临着土地利用率不高、集体土地上违建多、老旧住宅区和城中村人居环境有待改善和人才住房建设压力大等问题，产业转型升级和粤港澳大湾区建设也对拓展产业空间，优化空间载体，提出了更高的要求。因此，深圳早在 2009 年就颁布《深圳市城市更新办法》（深圳市人民政府令第 211 号），探索存量土地的二次开发路径。2015 年，发布了《土地整备利益统筹试点项目管理办法（试行）》，整合零散用地，推动土地集约化利用。2018 年，又出台了《深圳市人民政府关于加强棚户区改造工作的实施意见》，以加快城市品质更新升级的步伐。目前，形成了城市更新、土地整备利益统筹和棚户区改造等模式为主的土地二次开发多元化途径，从而在城市土地二次开发、释放存量土地资源、破解城市发展难题、实现土地资源集约利用方面走在了全国前列，为各地城市做了一个良好示范。

城市土地二次开发是一项系统性与复杂性兼具的工程，涉及政策方针、法律法规、价值评定、协商谈判、签约搬迁、利益补偿和临时安置等各方面的问题。如何保证项目进展顺畅、顺利开发、取得合理的利润，充分协调好各方利益，需要评估等专业第三方中介机构在项目的各个阶段，为开发商和政府部门提供专业服务。特别是未来的土地二次开发路径将呈现多元化、组合化和综合化的趋势，将采取综合整治、拆除重建和土地整备利益统筹综合实施的方式。因此，评估机构的全程介入对于城市土地二次开发项目的重要性不言而喻。

在各种模式的城市土地二次开发项目中，评估机构凭借自身第三方中介的专业优势，拥有广阔的市场机遇和实现自身转型升级的契机，推动机构由传统价值评估为主向全过程评估咨询服务转变。比如，在土地二次开发项目中，可以提供项目开发及合作可行性研究分析、协助签约谈判、编制综合整治运营方案、编制集体资产合作开发或运营招商方案、政策研究顾问和编制个性化解决方案等服务，在全过程咨询的过程中，具体的价值评估等技术性事项相对弱化，方案编制和协商谈判签约等综合性事项贯穿始终，考验并提高着评估机构和专业服务人员的综合服务能力，为评估机构向评估和咨询相融合、逐步实现转型升级创造了广阔的舞台。

目前，通过土地整备、房屋征收、城市更新和棚户区改造等方式实现土地二次开发，释放存量土地资源，从而破解制约城市可持续发展的土地资源不足问题已经是大势所趋，也成了我国主要城市的共识，特别是在经济高质量发展阶段，高品质、深度城市化的需求越来越强烈。因此，随着全国各地土地二次开发热潮的兴起，评估行业也将迎来综合化、咨询化发展的重大机遇期。为了更好地服务于高品质城市化建设，牢牢把握城市土地二次开发带来的评估行业发展契机，评估机构应该加强对各地相关政策的学习，加强对相关理论的研究，不断提高自身综合化、咨询化服务能力和服务水平。

第三节 行业转型升级

展望未来，紧扣国家大政方针、融入国家发展战略，为评估行业拓展市场、创新技术，创造了广阔的机遇。但是，市场机遇之外，更需要评估行业以国家深化改革和全面推进依法治国战略为契机，主动适应经济发展新常态，着力推进评估行业管理方式改革，加强高素质复合型人才队伍建设，强化和完善行业自律管理体制机制，加快推进信息化建设，全面推动新时代评估行业转型升级，在复杂的国际国内市场竞争中，以不变应万变，牢牢把握实现更高发展的广泛契机。

一、深化行业管理方式改革

我国评估行业实行的是政府主管部门行政管理和行业协会自律管理相结合的管理模式，随着"放管服"的深入推进，政府主管部门的行政管理职能将逐渐弱化，行业协会在加强和优化评估行业内部治理中将发挥着越来越重要的作用。因此，行业协会应该在现有制度框架内，充分调动资源、发挥活力，积极推动行业管理方式改革，推动大中小评估机构协调持续发展，带领行业持续健康发展壮大。

（一）加强对评估机构的管理与服务

一是协助相关政府部门建立健全评估机构管理机制，按照《资产评估法》等有关法律法规的要求，建立健全评估机构备案信息管理机制。二是研究建立评估报告统一编码信息系统，在全国范围内实现对所有评估报告信息管理全覆盖。三是完善评估机构评价工作，修改完善评估机构综合评价办法，探索单项专业指标分类统计排名，促进评估机构优化特色、精细化服务，更好地服务经济社会发展。四是开展评估机构服务收费相关问题研究，了解掌握国内外评估业务服务收费情况，探索解决评估服务收费标准问题，遏制评估机构服务收费中的恶性竞争行为，为评估行业营造良好执业环境。

（二）推动大中小评估机构协调发展

一是推动大型评估机构做优做强做大，完善百强评估机构评选机制，支持大型评估机构通过兼并、联合、重组等方式，实现跨区域、规模化、品牌化发展，全面提升机构综合服务能力，充分发挥大机构在行业发展中的引领作用。加快大型评估机构国际布局，组建中国评估机构的全球服务网络，设立海外联络点或分支机构，打造评估服务行业的"中国品牌"。二是推动中小评估机构做精、做专、做优，研究建立中小机构综合评价体系，加强个性化建设，突出差异化、区域化服务特色，满足区域经济发展、小微企业成长等多元化服务需求，以品牌战略指导中小机构精专优发展，塑造"术业专攻"的品牌形象。

二、完善专业人才培养选拔及管理机制

人才是评估执业活动得以顺利开展的基础和保障，是彰显评估专业价值的重要载体。随着经济社会的发展，评估服务知识密集型的特点日益突出，对专业人才的要求也越来越高，因此，促进评估行业的持续健康发展，需要不断完善专业人才培养选拔及管理机制，并且要着重培养高素质复合型人才，以适应日益个性化、高质化、国际化的评估咨询服务需求，为新时代评估行业转型升级奠定人才基础。

（一）完善评估师资格考试制度

多年来，资产评估师、房地产估价师、土地估价师等评估师资格考试制度，为我国评估行业选拔了大批专业人才，但是，相对于评估行业日益增长的人才需求，现有的评估机构专业人才缺口很大，评估行业人才老龄化、未来储备人才不足的问题日益突出。因此，要不断完善评估师资格考试制度，充分发挥考试制度选拔和培养人才的活力。一方面，可以探索建立评估师（估价师）分级管理制度，巩固和深化行业人才评价改革的成果；另一方面，加大对评估行业和评估师资格考试的宣传力度，提升行业的社会认知度，吸引更多的优秀人才参与评估师职业资格考试，夯实评估专业人才队伍。

（二）推进行业高端人才培养和使用

积极推进评估行业高端人才培养和使用，要完善行业高端人才选拔培养机制。

一是做好行业高端人才集中培训、论文撰写和毕业考核等工作，使行业高端人才培养的各项目标落到实处。同时要研究改进对行业高端人才的培养和使用，完善高端人才培养方案，使高端人才培养切实步入高层次、高水平、高质量。二是完善和优化行业优秀人才选拔和培养机制，使更多评估理论知识和实践经验兼具的专业人才进入行业重点关注和培养的梯队，在行业高端人才制度之外，还可研究创设行业杰出人才、优秀人才选拔培养等制度，可与国内一流院校、国际评估组织等加强交流与合作，推进形成行业高层次人才联合培养力量。从而培养具有国际视野和创新能力，能够提供

综合性高端服务的复合型人才，满足行业综合性、国际化高端业务发展需要，形成有水平、有层次、有重点的评估专业人才体系。

（三）加强继续教育和后备高素质人才培养

一是围绕新法规、新准则、新业务、新形势等，创新继续教育培训的内容与方式，聚焦行业热点和前沿，扎实开展分类分层次培训，不断提高行业人才的综合素养和专业服务能力。二是加强后备高素质人才培养。多年来，我国众多高等院校向评估机构输送了一定数量的高学历人才，但实际上评估机构高学历、年轻型专业人才依然相当缺乏，主要原因在于高校招生规模不大且高校教学重理论轻实践，培养的学生实践动手能力不强，以及大部分高学历评估专业人才就业偏离评估行业。因此，加强高素质后备人才培养，一方面，要求行业协会、评估机构与高校评估专业加强联系与交流，合作建立评估专业实训基地，促进产学研有机结合，使高校评估专业人才培养更有针对性，更能满足评估机构和评估服务市场的需要；另一方面，需要有关部门协力推动增加招收评估专业硕士乃至博士等高学历人才的高校数量，扩大高学历评估专业人才的培养规模；此外，可设立相应的高素质评估专业人才职称评定制度等，发挥制度的引导和激励作用。

三、加快推进信息化建设

互联网大数据人工智能时代已经到来，一场新技术革命和新产业变革正在进行，面对新技术、新形势、新挑战，加快推进评估行业信息化建设，是互联网时代实现行业转型升级的必经之路。

推进行业信息化发展，是行业顺应时代发展趋势的客观要求，各评估专业领域行业协会应结合行业发展实际，积极制定出台相应的信息化建设规划，指导相应专业领域的信息化建设，引导评估机构积极贯彻落实规划内容，以促进评估行业信息化发展。如2018年底，中国资产评估协会发布了《中国资产评估行业信息化规划（2018—2022）》，为资产评估行业未来几年的信息化建设指明了方向，确立了目标与任务。

（一）强化信息化建设顶层设计

一是统筹开展行业信息化建设研究，研究建设行业数据网络的可行性和具体路径，提出行业大数据服务和智能化建设思路，制定行业信息化建设规划和具体建设方案、实施路径等，有序推进行业信息化建设。二是有效管理和指导行业信息化建设。一方面，发挥行业协会的资源和平台优势，促进政府政策和资源为评估行业信息化建设提供支持；另一方面，充分发挥评估机构在信息化建设中的主体作用，引导评估机构在信息化建设方面积极探索和尝试。

（二）走协会与机构共建之路，鼓励和扶持有条件的评估机构在信息化建设方面开拓创新

评估机构是评估行业发展的主体，是各种信息化系统的直接使用者，也是行业信息化建设的受益者，评估机构的信息化水平决定了整个行业的信息化水平。因此，深度发挥评估机构信息化建设的主体作用，以评估机构为主要支撑开展行业信息化建设将实现利用评估机构人力、物力、经验等资源和满足评估行业信息化真实需求的双重效果。目前，国内部分服务水平高、综合实力强的评估机构在信息化建设方面已实施了切实举措，并取得了一定成效，这在一定程度上，为后续进一步建立全面的行业信息化体系奠定了良好的基础。但是，不同机构由于规模、资金、管理意识等的不同，在信息化建设方面也存在较大差异。同时，信息化建设投入大、维护成本高等特点，也极大制约了评估机构开展信息化建设的力度。

因此，需要有关主管部门在财政资金上予以支持，并鼓励和扶持有条件的评估机构利用自身人力、物力优势，探索与协会共建的中国评估行业信息化建设模式，以提高行业信息化建设的水平。

附表 资产评估行业业务一览表

序号			需求方	触发资产评估行业业务的具体经济行为	政策依据
一				评估类业务	
1		1.1.1	国资委、财政部及其授权履行国有资产监管的中央企业和中央金融企业	资产转让	（1）《企业国有资产评估管理暂行办法》（国资委令第 12 号）； （2）《金融企业国有资产评估监督管理暂行办法》（财政部令第 47 号）； （3）《行政单位国有资产管理暂行办法》（财政部令第 35 号根据 2017 年 12 月 4 日中华人民共和国财政部令第 90 号《财政部关于修改〈注册会计师注册办法〉等 6 部规章的决定》修正）； （4）《事业单位国有资产管理暂行办法》（财政部令第 36 号根据 2017 年 12 月 4 日财政部令第 90 号《财政部关于修改〈注册会计师注册办法〉等 6 部规章的决定》第一次修改根据 2019 年 3 月 29 日《财政部关于修改〈事业单位国有资产管理暂行办法〉的决定》第二次修改）； （5）《中央级事业单位国有资产管理暂行办法》（财教〔2008〕13 号）； （6）《中央级事业单位国有资产使用管理暂行办法》（财教〔2009〕192 号）； （7）《企业国有资产交易监督管理办法》（国务院国资委财政部令第 32 号）
2		1.1.2		资产拍卖	
3		1.1.3		资产偿债	
4		1.1.4		资产租赁	
5		1.1.5		资产抵押	
6		1.1.6		资产质押	
7		1.1.7		资产重组	
8	1.1	1.1.8		资产捐赠	
9		1.1.9		资产补偿	
10		1.1.10		资产涉讼	
11		1.1.11		对外投资	
12		1.1.12		接受投资	
13		1.1.13		接受抵债资产	
14		1.1.14		债务重组	
15		1.1.15		公司制改建	

续表

序号		需求方		触发资产评估行业业务的具体经济行为		政策依据
16	1.1	国资委、财政部及其授权履行国有资产监管的中央企业和中央金融企业	1.1.16	企业合并		
17			1.1.17	企业分立		
18			1.1.18	企业破产		
19			1.1.19	企业清算		
20			1.1.20	企业解散		
21			1.1.21	增资扩股		
22			1.1.22	IPO		
23			1.1.23	股权转让		
24			1.1.24	债转股		
N25	1.2	国有企业	1.2.1	中央企业的股权投资		（1）《中央企业境外国有产权管理暂行办法》（国资委令第27号）； （2）《中央企业投资监督管理办法》（国资委令第34号）； （3）《中央企业境外投资监督管理办法》（国资委令第35号）
N26			1.2.2	国有控股混合所有制企业员工以科技成果出资		（1）《关于国有控股混合所有制经济开展企业员工持股试点的意见》（国发〔2015〕54号）； （2）《关于国有控股混合所有制企业开展员工持股试点的意见》（国资发改革〔2016〕133号）
N27			1.2.3	国有控股混合所有制企业员工入股价格确定		
N28			1.2.4	国有科技型企业股权出售		（1）《国有科技型企业股权和分红激励暂行办法》（财资〔2016〕4号）； （2）《关于做好中央科技型企业股权和分红激励工作的通知》（国资发分配〔2016〕274号）
N29			1.2.5	国有科技型企业用于股权奖励的激励额折合股权确定		
N30			1.2.6	中央企业及其所有的科技型企业股权出售		
N31			1.2.7	中央企业及其所有的科技型企业股权奖励		
N32			1.2.8	"僵尸企业"处置		（1）《关于化解产能严重过剩矛盾的指导意见》（国发〔2013〕41号）； （2）《关于做好2018年重点领域化解过剩产能工作的通知》（发改运行〔2018〕554号）
N33			1.2.9	过剩产能资产处置		

续表

序号	需求方			触发资产评估行业业务的具体经济行为	政策依据
N34	1.2	国有企业	1.2.10	企业办医疗机构资产转让	《关于国有企业办教育医疗机构深化改革的指导意见》(国资发改革[2017]34号)
N35			1.2.11	企业办医疗机构产权转让	
N36			1.2.12	国有企业职工家属区"三供一业"分离移交	《关于国有企业职工家属区"三供一业"分离移交工作的指导意见》(国办发[2016]45号)
N37	1.3	国有金融企业	1.3.1	国有金融企业直接股权投资	《关于进一步明确国有金融企业直接股权投资有关资产管理问题的通知》(财金[2014]31号)
N38			1.3.2	市场化银行债权转股权	(1)《关于市场化银行债权转股权实施中有关具体政策问题的通知》(发改财金[2018]152号);(2)《金融资产投资公司管理办法(试行)》(银保监会令[2018]4号)
N39	1.4	中央文化企业	1.4.1	经营性文化事业单位转制为企业	(1)《中央文化企业国有资产评估管理暂行办法》(财文[2012]15号);
N40			1.4.2	中央文化企业改制	(2)《关于印发文化体制改革中经营性文化事业单位转制为企业和进一步支持文化企业发展两个规定的通知》(国办发[2014]15号);
N41			1.4.3	中央文化企业产权转让	(3)《中央文化企业国有资产监督管理暂行办法》(中宣发[2017]3号);
N42			1.4.4	中央文化企业增资	(4)《关于中央文化企业公司制改制工作实施方案的通知》(财文[2018]6号);
N43			1.4.5	中央文化企业资产转让	(5)《关于进一步规范中央文化企业国有资产交易管理的通知》(财文[2017]140号)
44	1.5	上市公司及非上市公众公司	1.5.1	资产重组	(1)《上市公司重大资产重组管理办法(2016年修订)》(证监会令第127号);
45			1.5.2	业务重组	(2)《公开发行证券的公司信息披露内容与格式准则第26号——上市公司重大资产重组(2018年修订)》(证监会公告[2018]36号);
46			1.5.3	发行股份购买资产	
47			1.5.4	定向增发	(3)《上市公司收购管理办法》(证监会令第108号)等

续表

序号		需求方		触发资产评估行业业务的具体经济行为	政策依据
48	1.5	上市公司及非上市公众公司	1.5.5	重大资产重组	《非上市公众公司重大资产重组管理办法》（证监会令第103号）
49			1.5.6	收购资产	《非上市公众公司收购管理办法》（证监会令第102号）
50			1.5.7	外国投资者对上市公司战略投资	《外国投资者对上市公司战略投资管理办法》（商务部、中国证券监督管理委员会、国家税务总局、国家工商行政管理总局、国家外汇管理局令第28号根据商务部令2015年第2号《商务部关于修改部分规章和规范性文件的决定》修正）
N51	1.6	行政事业单位	1.6.1	资产清查	
N52			1.6.2	经营类事业单位整体或部分改制为有限责任公司或者股份有限公司	《关于从事生产经营活动事业单位改革中国有资产管理的若干规定》（财资〔2017〕13号）
N53			1.6.3	经营事业单位国有资产处置	
54	1.7	企业	1.7.1	商誉减值测试	（1）《企业会计准则第8号——资产减值》（财会〔2006〕3号）；（2）《会计监管风险提示第8号——商誉减值》（证监办发〔2018〕92号）
55			1.7.2	其他资产或资产组减值测试	《企业会计准则第8号——资产减值》（财会〔2006〕3号）
56			1.7.3	非货币性资产公允价值评估	《企业会计准则第7号——非货币性资产交换》（财会〔2006〕3号）
57			1.7.4	金融工具公允价值确认	《企业会计准则第22号——金融工具确认和计量》（财会〔2017〕7号）
58			1.7.5	基金估值	（1）《证券投资基金参与转融通证券出借业务会计核算和估值业务指引（试行）》（中基协发〔2019〕5号）；（2）《证券投资基金参与与同业存单会计核算业务指引（试行）》（中基协发〔2015〕12号）；（3）《证券投资基金参与港股通投资交易业务会计核算和估值业务指引（试行）》（中基协发〔2015〕17号）；（4）《基金估值业务指引（试行）》（中基协发〔2017〕6号）；（5）《证券投资基金投资流通受限股票估值指引（试行）》（中基协发〔2017〕6号）；（6）《私募投资基金非上市股权投资估值指引（试行）》（中基协发〔2018〕1号）等

续表

序号	需求方		触发资产评估行业业务的具体经济行为	政策依据
59			合并对价分摊评估	《企业会计准则第20号——企业合并》（财会〔2006〕3号）
N60			金融企业抵押物管理及评估	市场需求
61	1.7	企业	外国投资者对境内企业并购	（1）《外国投资者并购境内企业暂行规定》（商务部国家税务总局国家工商行政管理总局国家外汇管理局中国证券监督管理委员会令2006年第10号根据商务部监督管理委员会国家外汇管理局令第6号修订）2009年第6号修订）； （2）《关于外国投资者并购境内企业股权有关税收问题的通知》（国税发〔2003〕60号）等
62			碳排放权交易	《中华人民共和国环境影响评价法》（2002年10月28日第九届全国人民代表大会常务委员会第三十次会议通过　根据2016年7月2日第十二届全国人民代表大会常务委员会第二十一次会议《关于修改〈中华人民共和国节约能源法〉等六部法律的决定》第一次修正　根据2018年12月29日第十三届全国人民代表大会常务委员会第七次会议《关于修改〈中华人民共和国劳动法〉等七部法律的决定》第二次修正）
63			碳排放权质押	
64			生态价值补偿价值	
65			森林生态价值补偿	
66			环境损失评估	
N67	1.8	其他	存量PPP项目实施中的资产评估	（1）《关于〈政府和社会资本合作项目财政管理暂行办法〉的通知》（财金〔2016〕92号）；
N68			PPP项目物有所值评价	（2）《关于在公共服务领域深入推进政府和社会资本合作工作的通知》（财金〔2016〕90号）；
N69			PPP项目中期绩效评估	（3）《关于深入推进农业领域政府和社会资本合作的实施意见》（财金〔2017〕50号）等
N70			存量PPP项目中国有资产、股权转让	
N71			PPP项目合作期满移交资产评估	
N72			PPP项目公司资产证券化	《关于规范开展政府和社会资本合作项目资产证券化有关事宜的通知》（财金〔2017〕55号）
N73			PPP项目公司股东资产证券化	
N74			PPP项目公司其他相关主体资产证券化	

续表

序号		需求方	触发资产评估行业业务的具体经济行为	政策依据
75			资产损害赔偿鉴定	（1）《全国人民代表大会常务委员会关于司法鉴定管理问题的决定》（2005年2月28日第十届全国人民代表大会常务委员会第十四次会议通过根据2015年4月24日第十二届全国人民代表大会常务委员会第十四次会议《关于修改〈中华人民共和国义务教育法〉等五部法律的决定》修正）； （2）《中华人民共和国刑事诉讼法》（1979年7月1日第五届全国人民代表大会第二次会议通过 根据1996年3月17日第八届全国人民代表大会第四次会议《关于修改〈中华人民共和国刑事诉讼法〉的决定》第一次修正 根据2012年3月14日第十一届全国人民代表大会第五次会议《关于修改〈中华人民共和国刑事诉讼法〉的决定》第二次修正 根据2018年10月26日第十三届全国人民代表大会常务委员会第六次会议《关于修改〈中华人民共和国刑事诉讼法〉的决定》第三次修正）； （3）《中华人民共和国仲裁法》（1994年8月31日第八届全国人民代表大会常务委员会第九次会议通过 根据2009年8月27日第十一届全国人民代表大会常务委员会第十次会议《关于修改部分法律的决定》第一次修正 根据2017年9月1日第十二届全国人民代表大会常务委员会第二十九次会议《关于修改〈中华人民共和国法官法〉等八部法律的决定》第二次修正）； （4）《司法鉴定程序通则》（司法部令第107号）； （5）《最高人民法院关于人民法院民事执行中拍卖、变卖财产的规定》（法释〔2004〕16号）； （6）《最高人民法院关于冻结、拍卖上市公司国有股和社会法人股若干问题的规定》（法释〔2001〕28号）； （7）《最高人民法院关于人民法院委托评估、拍卖工作的若干规定》（法释〔2011〕21号，于2010年8月16日由最高人民法院审判委员会第1492次会议通过，2011年9月7日最高人民法院予以公布）； （8）《最高人民法院关于确定财产处置参考价若干问题的规定》（法释〔2018〕15号）； （9）《人民法院委托评估工作规范》（法办〔2018〕273号）等
76	1.8 其他		资产变价	
77			刑事案件定罪量刑中相关损失估算	
N78			人民法院委托司法执行财产处置资产评估	

续表

序号		需求方		触发资产评估行业业务的具体经济行为		政策依据
79				国家中小企业发展基金价值评估	1.8.18	《国务院关于进一步支持小型微型企业健康发展的意见》（国发〔2012〕14号）
N80	1.8	其他		行业协会商会与行政机关脱钩有关国有资产管理	1.8.19	《关于加强行业协会商会与行政机关脱钩有关国有资产管理的意见（试行）》（财资〔2015〕44号）
N81				中国足协大额资产出售与置换	1.8.20	《中国足球协会资产管理行为办法》（财资〔2017〕32号）
N82				中国足协所持的国有企业股权资产管理	1.8.21	
N83				包装产业所有制经济中涉及的国有资产评估	1.8.22	《关于加快我国包装产业转型发展的指导意见》（工信部联消费〔2016〕397号）
N84				大中型包装企业发展混合所有制改革中涉及国有的股权分置变动	1.8.23	
N85				包装企业与科研院所间的资产重组	1.8.24	
二				评价类业务		
86	2.1	企业		企业绩效评价	2.1.1	（1）《中央企业综合绩效评价管理暂行办法》（国资委令第14号）；（2）《中央企业综合绩效评价实施细则》（国资发评价〔2006〕157号）等
87				金融企业绩效评价	2.1.2	《金融企业绩效评价办法》（财金〔2011〕50号）
88				现代服务业业务综合试点工作绩效评价	2.1.3	《现代服务业综合试点工作绩效评价管理办法》（财建〔2012〕863号）
89				上市公司业绩评价	2.1.4	市场需求
90				企业内控制度评价	2.1.5	（1）《企业内部控制基本规范》（财会〔2008〕7号）；（2）《企业内部控制配套指引》（财会〔2010〕11号）等。
91				品牌评价	2.1.6	市场需求

续表

序号		需求方		触发资产评估行业业务的具体经济行为	政策依据
92	2.2	财政部门和预算部门（单位）等	2.2.1	财政支出绩效评价	《财政支出绩效评价管理暂行办法》（财预〔2011〕285号）
93			2.2.2	国有资本经营预算支出项目绩效评价	（1）《财政支出绩效评价管理暂行办法》（财预〔2011〕285号）；（2）《财政部关于印发〈加强企业财务信息管理规定〉的通知》（财企〔2012〕23号）等。
94			2.2.3	中小企业发展专项资金评审	《中小企业发展专项资金管理办法》（财建〔2015〕458号）
N95			2.2.4	政府出资产业投资基金的绩效评价	《政府出资产业投资基金管理暂行办法》（发改财金规〔2016〕2800号）
N96			2.2.5	政府投资基金绩效评价	《政府投资基金暂行管理办法》（财预〔2015〕210号）
N97			2.2.6	"互联网＋流通"发展基金评价	《关于深入实施"互联网＋流通"行动计划的意见》（国办发〔2016〕24号）
三					咨询类业务
98	3.1	企业	3.1.1	尽职调查	（1）《政府和社会资本合作（PPP）项目资产证券化业务尽职调查工作细则》（中基协字〔2019〕292号）；（2）市场需求等
99			3.1.2	企业境外资产巡查	《中央企业境外国有资产监督管理暂行办法》（国资委令第26号）
100			3.1.3	计税价格评估	（1）《企业重组业务企业所得税管理办法》（国家税务总局公告2010年第4号）；（2）《财政部国家税务总局关于企业清算业务企业所得税处理若干问题的通知》（财税〔2009〕60号）；（3）《特别纳税调整实施办法（试行）》（国税发〔2009〕2号）；（4）《关于完善关联申报和同期资料管理有关事项的公告》（国家税务总局公告2016年第42号）等

续表

序号		需求方	触发资产评估行业业务的具体经济行为		政策依据
101	3.1	企业	3.1.4	认定报关价格	《中华人民共和国海关法》（1987 年 1 月 22 日第六届全国人民代表大会常务委员会第十九次会议通过根据 2000 年 7 月 8 日第九届全国人民代表大会常务委员会第十六次会议《关于修改〈中华人民共和国海关法〉的决定》第一次修正根据 2013 年 6 月 29 日第十二届全国人民代表大会常务委员会第三次会议《关于修改〈中华人民共和国文物保护法〉等十二部法律的决定》第二次修正根据 2013 年 12 月 28 日第十二届全国人民代表大会常务委员会第六次会议《关于修改〈中华人民共和国海洋环境保护法〉等七部法律的决定》第三次修正根据 2016 年 11 月 7 日第十二届全国人民代表大会常务委员会第二十四次会议《关于修改〈中华人民共和国对外贸易法〉等十二部法律的决定》第四次修改根据 2017 年 11 月 4 日第十二届全国人民代表大会常务委员会第三十次会议《关于修改〈中华人民共和国会计法〉等十一部法律的决定》第五次修正）
102			3.1.5	企业财务管理评估	《企业财务通则》（财政部令第 41 号）
103			3.1.6	证券公司合规管理有效性评估	《证券公司合规管理试行规定》（证监会公告〔2008〕30 号）
N104			3.1.7	识别价值驱动因素	市场需求
N105			3.1.8	资产配置研究	市场需求
N106			3.1.9	投资前的尽职调查	市场需求
N107			3.1.10	投资后的评价管理	市场需求
108			3.1.11	资产管理	市场需求
109			3.1.12	人力资源管理咨询	市场需求
110			3.1.13	激励约束机制设计及评价	市场需求
111			3.1.14	流程重构／重整	市场需求

续表

序号	需求方			触发资产评估行业业务的具体经济行为		政策依据
112	3.1	企业	3.1.15	风险管理		市场需求
113			3.1.16	价值管理		市场需求
114			3.1.17	战略管理		市场需求
115			3.1.18	并购重组的交易结构、路径、方案等咨询业务		市场需求
116			3.1.19	并购重组的税收问题咨询		市场需求
117			3.1.20	破产顾问服务、托管人与接管人服务		市场需求
118			3.1.21	破产诉讼与赔偿管理咨询		市场需求
119			3.1.22	企业争端分析与调查		市场需求
120	3.2	其他	3.2.1	质量信用评估		《国家质量监督检验检疫总局关于加强企业质量信用评估监管工作的意见》（国质检质〔2006〕464号）
121			3.2.2	社会组织评估		《社会组织评估管理办法》（民政部令第39号）
122			3.2.3	预算绩效管理咨询		《关于推进预算绩效管理的指导意见》（财预〔2011〕416号）
123			3.2.4	为农村集体经济提供咨询服务		市场需求
124			3.2.5	工程造价咨询业务		市场需求
125			3.2.6	家庭资产配置服务		市场需求
126			3.2.7	个人理财服务		市场需求

参考文献

[1] 柴强. 房地产估价理论与方法 [M]. 北京：中国建筑工业出版社，2015.

[2] 李守光. 房地产估价研究 [D]. 河海大学，2004.

[3] 许军，颜莉. 房地产评估行业发展格局研究——基于发达国家和地区演进的思考 [J]. 上海房地，2016（12）：9–12.

[4] 陈颖昭. 中国房地产估价行业在经济全球化下的应对策略 [C]. 国际估价论坛论文集（第一册），2007.

[5] 张协奎，陈伟清. 中外房地产估价发展综述 [J]. 河南城建高等专科学校学报，2000（6）：52–57.

[6] 柴强，赵鑫明. 海外估价立法与管理体制及其启示 [J]. 中国房地产估价与经纪，2007（2）：19–22.

[7] 王学涵，刘金昌. 海外房地产估价 [M]. 北京：中国建筑工业出版社，1996.

[8] 王诚军. 国际评估标准委员会 97 年会成果丰硕 [J]. 中国资产评估，1997（6）：3.

[9] 菲利浦·马拉奎恩，王素云. 国际评估标准的产生及发展 [J]. 中国资产评估，1997（4）：2.

[10] 许腾. 国际评估标准对我国不动产评估的启示 [J]. 沿海经贸，2002（9）.

[11] 郑思齐. 国际估价标准委员会及其资产估价标准 [J]. 中国房地产估价师，1999（3）.

[12] 王诚军. 美国评估业管理现状 [J]. 国有资产管理，1998（11）：51–55.

[13] 周绍峰. 美国评估师协会 [J]. 中国商检，1995（1）：3.

[14] 柴强，张秀智，张清勇. 我国房地产估价历史沿革研究 [J]. 中国房地产估价师，2003（5）：12–15.

[15] 凌子越. 中国历史上的"不动产登记" [J]. 农村：农业，2015（6）：63.

[16] 田忠恩. 以"证"为鉴，可以明权属——新中国成立初期不动产统一登记权证实析 [D]. 徐州市土地学会，2015.

[17] 张光远. 房地产估价的几个问题 [J]. 中国物价，1999（3）：19–23+18.

[18] 石坚，陈文东．房地产税制的国际比较 [M]．北京：中国财政经济出版社，2011.

[19] 郑晓俐．浅析大数据对房地产估价行业的影响 [J]．上海房地，2016（6）：45-46.

[20] 张清勇．中国古代房地产估价初探 [C]．国际房地产估价学术研讨会，2005.

[21] 郝新艳．浅析大数据对房地产估价行业的影响 [J]．商情，2016（1）.

[22] 郑丹．我国司法拍卖制度改革研究 [D]．华东政法大学，2016.

[23] 柴强．从估价透视房地产市场 [J]．中国地产市场，2007（11）.

[24] 相均泳．两会再提农村改革 史上三次重大土地改革影响几何？ [EB/OL]．中国新闻网，2017[2017-03-06]．http://www.chinanews.com/gn/2017/03-06/8166868.shtml.

[25] 赵楠．"三权分置"背景下的农用地价格研究 [D]．南京师范大学，2018.

[26] 王辉．资产评估结果失真的原因及经济结果 [D]．上海财经大学，2007.

[27] 高鹤．回溯评估"第一单"：铭记改革初心 [N]．中国会计报，2018.

[28] 周春喜．估价机构面临的困难与发展战略 [J]．价格理论与实践，2001（12）：38-39.

[29] 逸文．《资产评估机构审批管理办法》纵横谈 [J]．中国资产评估，2005（9）：10-16.

[30] 杨松堂．推动新时代资产评估行业转型升级 [J]．中国资产评估，2018（1）：5-7+1.

[31] 卓辉华．台湾"新、奇、特"房地产估价项目发展 [J]．中国房地产估价师与房地产经纪人学会．中国房地产估价与经纪，2017（6）.

[32] 卓辉华．台湾估价制度与技术发展 [J]．中国房地产估价师与房地产经纪人学会．中国房地产估价与经纪，2014（6）.

[33] 孙建国．《关于人民法院确定财产处置参考价若干问题的规定》8 大亮点 [N]．人民法院报，2018.

[34] 蒋骁，冯赛平．从"搭船出海"提升到"造船出海"打造资产评估行业的"中国服务"品牌 [N]．中国会计报，2018.

[35] 王东．科创板给资产评估机构带来的业务机遇及未来发展的建议 [EB/OL]．评估师资讯，2019.[2019-03-20]．http://www.sohu.com/a/302700493_120053752.

[36] 张学俊．俄罗斯资产评估业概况 [J]．商情，2014（47）.

[37] 李永刚，唐克．中俄资产评估法对比分析 [J]．中国资产评估．2017（1）：32-34.

[38] 世联价值研究院．评估准则千万条，守规避险第一条 2018 年资产评估违规事件盘点与警示 [EB/OL]．世联评估，2019.[2019-02-27]．https://new.qq.com/omn/20190227/20190227A063VZ.html?pc.

[39] 中评协专题研究小组．中国资产评估行业发展报告 2017[R]．北京：中国资产评估协会，2018.

[40] 贺邦靖，刘萍．中国资产评估理论与实践 [M].北京：中国财政经济出版社，2013.

[41] 柴强．《资产评估法》对房地产估价行业的影响与机遇 [M]//.中国房地产估价师与房地产经纪人学会，新估价服务大市场——迎接《资产评估法》施行后时代——2016 中国房地产估价年会论文集．北京：中国城市出版社，2017.

[42] 许军，朱承颉．拥抱大数据，促进估价行业的创新驱动、转型发展 [C].挑战与展望——大数据时代房地产估价和经纪行业发展，2013.

[43] 费孝通．乡土中国 [M].北京：人民出版社，2013.

[44] 中国发展研究基金会．中国城市群一体化报告 [R].北京：中国发展研究基金会，2019.

[45] 翟立宏，杨朝晖．中国地方资产管理行业白皮书（2018）[R].成都：江苏资产管理有限公司、四川发展资产管理有限公司，2019.

[46] 天风证券．农林牧渔行业：乡村振兴战略推进，土地流转机遇到来 [R].2018.

[47] 孙聘仁．当前我国二手车行业发展的主要问题与对策研究 [J].中国商论，2018（35）：5-7.

[48] 张雪莉．二手车鉴定评估系统研究 [D].长安大学，2005.

[49] 闫斐．粤港澳大湾区：巨大发展潜力背后的机遇与挑战 [N].经济观察报，2019.

[50] 李燕．国家治理现代化视角下的全面预算绩效管理改革 [J].中国财政，2019（5）：16-18.

[51] 曹堂哲．推动实现"一个部门、一本预算、一份绩效" [J].中国财政，2019.

[52]《中共上海市委　上海市人民政府关于我市全面实施预算绩效管理的实施意见》（沪委发〔2019〕12 号）[Z].2019.

后　记

　　集大家之力编撰，历时两年，反复斟酌，数易其稿，《足迹与梦想　评估行业回顾与展望》终于付梓。组织编撰本书，藉以系统回顾中国评估行业发展历程，向社会展示评估行业在社会经济中的作用，勾勒评估行业未来美好发展蓝图。

　　本书由我倡议并担任主编，由国众联集团课题组成员负责编写。深圳市资产评估协会给予资金支持，并不遗余力组织业内专家对本书进行了全面评审，给出了合理化建议。

　　全国政协副主席梁振英作序，中国房地产估价师与房地产经纪人学会副会长兼秘书长柴强不辞辛苦、千里迢迢来到我司，现场为编写团队点评问题，提出解决思路。中国资产评估协会会长耿虹亲自审阅了书稿，并提出了许多宝贵的意见和建议。澳门房地产评估业协会会长柯庆耀、台湾宏大不动产估价师联合事务所所长卓辉华提供了许多宝贵的资料，为出版高质量的行业书籍奠定了基础。

　　为做好本书的编写工作，国众联采取了多项措施，全力推动本书编写工作。第一，汇集公司内部专业力量，组成课题队伍，在各地公司的大力配合下收集了大量有价值的素材和过往评估案例；第二，注重交流与研讨。对于书中所涉及的国外及中国香港、澳门、台湾等地评估行业发展史，在我本人的积极沟通下，得到香港、澳门、台湾等业内知名人士的帮助，特别是国众联香港公司执行总经理余锦雄亲自把关，提供大量的历史资料，多次往返深港两地指导团队工作；第三，通稿集思广益。在通稿阶段邀请行业专家，对本书提出修改意见和建议。这一系列有效措施，保证了全书的统一和完整性。

　　在两年的书籍编写过程中，编写组成员付出了大量的智慧和心血，收集与整理了大量的历史资料，研读了大量中外经济和评估方面的书籍，体现了严谨、执着、协作的专业精神，展示了热爱行业、乐于奉献的精神风貌。同时，编写组成员也为能亲身参与行业发展历史回顾与展望，加深对行业的理解而深感自豪。在这里对辛勤付出的编写组全体成员表示感谢，同时也对在本书编写过程中给予大力指导的各级领导和专家表示衷心的感谢。

回首评估行业发展历程，是一首壮丽的诗篇，其中的坎坷与艰辛，我们评估人铭记于心。我国评估行业发展历史与国外相比虽短，但年轻有活力，近 40 年来走出了一条具有中国特色的评估行业发展之路。展望未来，在政府、行业协会等各界的精细管理下，评估行业的营商环境将更加和谐。面对今天这样的好时代、新时代，面对行业发展的大好时机和环境，我们相信，中国评估一定会不负众望、不辱使命，奋发作为，再续辉煌。

由于编者水平有限，更由于中国评估行业仍处于不断发展变革时期，本书仍存在许多不完善、不够成熟之处，恳请广大读者批评指正。

黄西勤

2019 年 6 月 30 日